人民文库 第二辑

中国长城史

（增订本）

景　爱｜著

人民出版社

出 版 前 言

1921 年 9 月,刚刚成立的中国共产党就创办了第一家自己的出版机构——人民出版社。一百年来,在党的领导下,人民出版社大力传播马克思主义及其中国化的最新理论成果,为弘扬真理、繁荣学术、传承文明、普及文化出版了一批又一批影响深远的精品力作,引领着时代思潮与学术方向。

2009 年,在庆祝新中国成立 60 周年之际,我社从历年出版精品中,选取了一百余种图书作为《人民文库》第一辑。文库出版后,广受好评,其中不少图书一印再印。为庆祝中国共产党建党一百周年,反映当代中国学术文化大发展大繁荣的巨大成就,在建社一百周年之际,我社决定推出《人民文库》第二辑。

《人民文库》第二辑继续坚持思想性、学术性、原创性与可读性标准,重点选取 20 世纪 90 年代以来出版的哲学社会科学研究著作,按学科分为马克思主义、哲学、政治、法律、经济、历史、文化七类,陆续出版。

习近平总书记指出："人民群众多读书，我们的民族精神就会厚重起来、深邃起来。""为人民提供更多优秀精神文化产品，善莫大焉。"这既是对广大读者的殷切期望，也是对出版工作者提出的价值要求。

文化自信是一个国家、一个民族发展中更基本、更深沉、更持久的力量，没有文化的繁荣兴盛，就没有中华民族的伟大复兴。我们要始终坚持"为人民出好书"的宗旨，不断推出更多、更好的精品力作，筑牢中华民族文化自信的根基。

人民出版社

2021 年 1 月 2 日

目　录

长城地图目录

序　一

　　中国长城史的研究在 20 世纪 50 年代以前,几乎都是历史学家或历史地理学家根据文献资料进行研究,在没有做实地调查的情况下,从文献记载落到地图上,长城的走向只能是示意的和推测的,很难达到精确的程度,尤其是研究明代以前的长城,地面上保存的遗迹很少,连示意图都画不出来。至于从建筑或军事工程学的角度来研究长城的,更是凤毛麟角了。50 年代以后,由于中国现代考古学的发达,文物保护事业的兴起对历代长城遗迹的考古调查挖掘,对明代长城及其关城建筑的勘测修复,都做了很多工作,特别是航空测量和遥感技术的发展,提高了长城调查和测绘工作的科学性。陆续出版了有关长城的考古调查报告集和论文集,但是,长城研究仍停留在有关省市各自为战,多就不同时期、不同地段的长城历史和分布走向做个案研究,对历代长城作整体综合性论述的著作还不多见。

　　2006 年 7 月,景爱先生寄来他即将在上海人民出版社出版的《中国长城史》的清样,这本书从长城的起源开始,包括战国齐、楚、魏、赵、中山、燕、秦长城,秦汉长城,北魏、北齐、北周、隋唐长城,辽金边壕,一直到明代长城和清代柳条边,是目前所见较系统和全面的有关中国长城的专著。在中国长城被联合国教科文组织公布为世界文化遗产之后,人们对长城遗迹的保护极为关心,这本书的出版非常及时,可以分别满足专业研究者

和业余爱好者的不同需要。就上海人民出版社来说，也是一个很成功的
出版选题。

徐苹芳

2006 年 7 月 29 日于北京

（中国社会科学院学部委员、考古研究所原所长）

序　二

　　任何事物都有自己的历史。中国的长城，也有自己古老而年轻的历史：说它古老，不仅是它开始修筑的年代久远，而且还因为它最初的性质、作用已成为遥远的过去；说它年轻，不仅是它越来越成为世人崇敬的历史遗迹，而且还因为它自上世纪中叶起已成为矗立在中华民族各族人民心中的支柱和脊梁。

　　中国文物研究所景爱研究员所著《中国长城史》一书，以翔实的资料、中肯的结论、平实的叙述，揭示了长城的历史。全书凡八章，首章从历史学、考古学和文献学等几个方面，阐述了长城的起源和性质；第二至第七章，依朝代顺序考察了长城群体始建时期（战国），长城整体改造时期（秦汉），长城局部增筑时期（北魏至辽金），长城整体维护时期（明清）；末章为结语，论证了长城的长度，辨析了长城与边壕、山险、"当路塞"的不同，分析了长城与烽燧的关系。书后有附录《长城的保护与利用》一文。全书附地图32幅，多与书中内容相关联，便于读者阅读和研究。可以认为，本书是关于长城历史之研究的最有分量的学术著作。此书付梓之际，承作者雅爱，向我索序。我于考古学知之甚少，对长城的历史亦缺乏研究，然却之未果，乃不揣谫陋，就从中国是一个统一的多民族国家和长城的性质与作用的演变，讲一点肤浅的认识，聊以塞责。

　　长城，是中国古代最雄伟的建筑工程之一，也是世界古代历史上最雄伟的建筑工程之一。中国因拥有长城而感到自豪。

在中国历史发展过程中，尤其是在中国统一的多民族国家形成和发展过程中，随着历史的演进，长城的性质和作用也在不断发生着变化，其价值和意义因时代的不同而有所不同。

长城的修筑，始于东周战国时期各诸侯国之间的战乱、纷争。这时，它起着军事防御工程的作用。1961年夏，翦伯赞先生访问内蒙古时，曾有诗作《登大青山访赵长城遗址》，其序称："八月五日午前访赵长城遗址，遗址在包头市北大青山上，断续数十里，高者达五米左右。"诗曰："骑射胡服捍北疆，英雄不愧武灵王。邯郸歌舞终消歇，河曲风光旧莽苍。望断云中无鹄起，飞来天外有鹰扬。两千几百年前事，只剩蓬蒿伴土墙。"作者对"无鹄起""有鹰扬"句分别作注说："传说赵侯自五原、河曲筑长城东至阴山，崩不就，乃改卜阴山、河曲而祷焉，昼见群鹄游于云中，徘徊经日，即于其处筑城，古云中城是也。"而当时考察时，"有飞机一架由西而东"（见《翦伯赞史学论文选集》第三辑，人民出版社1980年版，第400页）。作者巧妙地用"无鹄"和"有鹰"把古今联系起来了。

秦汉时期，中国形成了统一的多民族国家，长城作为军事防御工程的性质和作用，在不断地淡化，即逐渐蜕变为中国北方民族与中原民族时而冲突、时而交往的场所和"纽带"。这种变化，在东汉时期北方民族逐步南迁和北魏时期北方各民族大迁移、大融合以后，已经成为历史上的一个显著特点。当冲突发生时，它多少还有一点军事屏障的作用；当和平交往时，长城内外就成了经济上互通有无的场所。值得注意的是，这种趋势的发展，是同北方民族的"汉化"和中原民族的"胡化"密切结合在一起的。从自然形势来看，大致说来，长城也是中国北方畜牧区和中原农耕区的一道"分界线"。

在盛产诗歌的唐代，不少诗人都把长城作为慨然吟咏的对象。长城作为军事上的浩大工程，有重要象征意义，一直是诗人们吟咏的主题。唐太宗的《饮马长城窟行》中，就有"悠悠卷旆旌，饮马出长城"的诗句（《全唐诗》卷1）。同时，我们也可以从唐诗中读到关于长城的另外的丰富含义。

其一，关于民族间冲突与和好的吟咏。袁朗诗《赋饮马长城窟》，起首四句是："朔风动秋草,清跸长安道。长城连不穷,所以隔华戎。"末四句是："太平今若斯,汗马竟无施。惟当事笔砚,归去草封禅。"(《全唐诗》卷30)全诗从"华戎"冲突写到出现"太平"局面,对民族关系表现出乐观的态度。

其二,关于强调民族和好政策的重要。张说的《奉和圣制送王晙巡边应制》诗作,其中有"《礼》《乐》知谋帅,《春秋》识用兵。一劳堪定国,万里即长城。策有和戎利,威传破虏名"等句,反映了作者对"和戎"政策有利于社会发展的称许。

其三,关于对长城内外和平局面的讴歌。李益《登长城》诗吟道:"汉家今上郡,秦塞古长城。有日云长惨,无风沙自惊。当今圣天子,不战四夷平。"(《全唐诗》卷282)这是在吟咏各族之间和平的政治局面。

其四,关于"胡化"的生动写照。元稹的诗作《和李校书新题乐府十二首·缚戎人》写道:"边头大将差健卒,入抄禽生快于鹘。但逢赪面即捉来,半是边人半戎羯。""中有一人能汉语,自言家本长城窟。""近年如此思汉者,半为老病半埋骨。常教孙子学乡音,犹话平时好城阙。"(《全唐诗》卷419)这首长诗反映出许多历史信息:一是边将以俘获邀功,造成民族间的冲突和人民的苦难;二是"边人"和"戎羯"杂居,已是比较普遍的现象;三是"能汉语"的边人,其孙子已不懂"乡音"而需要"常教"了。

其五,关于以"用贤"比喻长城。杜牧的诗作《夏州崔常侍自少常亚列出领麾幢十韵》起首四句写道:"帝命诗书将,登坛礼乐卿。三边要高枕,万里得长城。"末了四句写道:"魏绛言堪采,陈汤事偶成。若须垂竹帛,静胜是功名。"(《全唐诗》卷521)诗中虽然写到了长城,但基本精神是"魏绛言堪采",即主张效法春秋时晋国大夫魏绛的"和戎"之策,从而使晋国再次强大起来(事见《左传·襄公四年》《国语·晋语七》)。这首诗反映了诗人卓越的历史见识。尤其值得重视的是,杜牧的另一首诗《咏歌圣德,远怀天宝,因题关亭长句四韵》,诗人吟道:"圣敬文思业太平,海寰天下唱歌行。秋来气势洪河壮,霜后精神泰华狞,广德者强朝万国,用贤无敌是长城。君王若悟治安论,安史何人敢弄兵。"(《全唐诗》

卷523）诗人在诗中用"用贤"比喻长城,意谓真正做到"用贤",其"无敌"的作用亦如长城一样。这里,诗人赋予长城以新的含义,其关键的一句是"君王若悟治安论",凸显出诗人对国事的关注,对治国安邦之论的重视。

以上所举,不足以概括唐代诗人对长城的吟咏的全貌,但其主要意境或许都已讲到了。当然,如同唐代诗人所吟咏的种种现象,在其以后的宋、元、明、清的历史上,都不同程度地再次出现过,而其总的趋势是民族间的冲突、融合和各族间历史文化认同的结合。历史学家翦伯赞先生用散文诗一般的语言撰写的《内蒙访古》一文,有一节的标题是"揭穿了一个历史的秘密",他这样写道:

> 为什么大多数的游牧民族都是由东而西走上历史舞台。现在问题很明白了,那就是因为内蒙东部有一个呼伦贝尔草原。假如整个内蒙是游牧民族的历史舞台,那么这个草原就是这个历史舞台的后台。很多的游牧民族都是在呼伦贝尔草原打扮好了,或者说在这个草原里装备好了,然后才走出马门。当他们走出马门的时候,他们已经不仅是一群牧人,而是有组织的全副武装了的骑手、战士。这些牧人、骑手或战士总想把万里长城打破一个缺口,走进黄河流域。他们或者以辽河流域的平原为据点,或者以锡林郭勒草原为据点,但最主要的是以乌兰察布平原为据点,来敲打长城的大门,因而阴山一带往往出现民族矛盾的高潮。两汉与匈奴,北魏与柔然,隋唐与突厥,明与鞑靼,都在这一带展开了剧烈的斗争。一直到清初,这里还是和准噶尔进行战争的一个重要的军事据点。(《翦伯赞历史论文选集》第三辑,人民出版社1980年版,第399页)

这一段话,十分形象而又合乎历史逻辑地概括了北方民族与长城的关系,以及长城与中国北方民族和中原王朝的关系。这就是说,在不少历史事件中,不论是战争与和好,还是冲突与融合,大多是同长城相联系的。

近代以来,长城的性质和作用进一步蜕变了。尤其在20世纪上半叶,中国人民处于伟大的抗日战争中,长城已成为中华民族各族人民心中的保卫神圣国土的精神屏障,那就是:"把我们的血肉,筑成我们新的长城!"在那个特定的历史年代,"筑成我们新的长城",正是中华民族团结奋斗、抗击外敌的同义语,伟大的物质长城转变成了伟大的精神长城。中国人民凭借这伟大的精神长城,赢得了抗日战争的胜利,这将永远彪炳于中华民族的史册。

今日的长城,作为中华文明的见证之一,已不只是为历史学家、考古学家所关注,它成为中国古代人民智慧和创造力的一个象征,成为中华民族精神的一个象征,受到中国各族人民的景仰和热爱。惟其如此,爱我长城、爱我中华,已成为全国各族人民的共同心声。

今日的长城,已不仅为中国人民所热爱、所向往,它的伟大的臂膀和宽广的胸怀,已向全世界友好人士、全世界人民张开,以雍容大度的姿态,欢迎他们的到来。"不到长城非好汉",已变成了在中外旅行者中广泛传诵的豪言壮语。长城因其历史的底蕴和文明的象征而成为联结中国与世界的纽带。

景爱研究员从事长城考古研究多年,而特点有三:其一,是详细占有文献资料与进行实地考察相结合。窗前灯下,阅读、分析文献,自不待言,这是许多研究者都可以做到的。而不分酷暑、严寒,沿着各个历史时期所修长城的走向进行实地考察,这却是许多研究者所难以做到的。这种严谨的治学精神,着实令人钦佩。

其二,由于作者以文献研究与考古研究相结合、相比较,故书中所获得的各种数据和结论,均非人云亦云之见、道听途说之词,故能持之有故,言之成理,以成一家之说。

其三,作者以高度的科学精神和历史责任感,以极其平实的语言风格,实事求是地阐述了长城的历史,不仅考察了历代修筑长城的史事,精细地计算了长城的长度,而且辨析了诸多与长城有关及无关的遗迹、遗址,廓清了一些误解、误说、误传,从而显现出一部真实的、可靠的中国长城史。

以上几个特点,不仅对推进长城研究有重要的参考价值,而且对于一般的中外读者认识中国长城的真实面貌,也大有裨益。

我必须再次说明:我本人不治考古学,更不曾研究过长城史,只是依自己的一点浅见，写了上面这些话，不当之处，还请景爱研究员多多包涵，请诸位方家和读者予以指正。

是为序。

瞿林东

2006 年 10 月 2 日撰于

北京师范大学史学理论与史学史研究中心

（北京师范大学史学理论与史学研究中心主任，博士生导师）

前　　言

　　长城是古代的伟大建筑工程，是古代劳动人民智慧的结晶。它是中国也是全世界体积最大的古代建筑。长城要比埃及的金字塔更为壮观。长城以中国最多，故中国被称作长城之国。于是，长城成为中国的象征和文化标志。在中央电视台新闻联播的序幕上有长城的雄姿，在人民币上印有长城的图案。经过新闻媒介的宣传介绍，长城变得家喻户晓。"不到长城非好汉"，登长城的游人日趋增多，在长城上举办了许多活动，古老的长城变得热闹非凡。然而在长城火热的背后，却出现了许多误区。

　　把长城建造的时间提前再提前，即属于长城的误区之一。长城属于军事防御工程，是战争的产物，大量证据都表明，长城开始建造于战国时期，以齐长城最早。战国长城不仅见于史书记载，有些长城遗址还保留到现在，已被考古学家发现，这是没有什么疑问的。

　　然而有些人却想方设法将长城建造的时间提前，似乎长城建造得越早，中国就越伟大。如果确有实据，当然很好，然而许多说法竟是出于推测，并没有什么根据。

　　有人说长城建造于春秋时期，以楚庄王所修长城为最早。楚庄王修长城，并无文献可据，以楚庄王时楚国的形势而言，不可能修筑长城。楚庄王（前613年至前591年在位）处于春秋中后期，当时楚国势力最为强大，成为春秋五霸之一。楚国破陈、围郑、围宋、败晋，楚庄王向周天子询问九鼎的轻重，以示其不臣之心。这时的楚国正在扩张势力，筑长城不等于束缚自己的手脚吗？这显然是不可能的。大量事实表明，长城属于军事防御工程，为防御强敌的侵掠而建，正在势力扩张的国家，是不需要修长城的。

更有甚者，有人提出长城起源于传说中的鲧禹之际。鲧修防水堤坝，禹凿疏水渠，就是最早的长城。这样，便把长城出现的时间提前到了公元前21世纪。这种说法毫无根据、毫无道理，长城是战争的产物，与治水何干？如果输水的堤坝、沟渠可以算作长城，那么长城最早应当出现于古代埃及，因为埃及早在公元前4000年即挖沟渠、修堤坝，引尼罗河水灌溉了。

在把长城建造时间大大提前的同时，又把长城建造的时间尽量向后拖，有人提出清代还在修长城。看来，有些人是想以长城作为一条红线，贯穿于中国历史的进程，使中国历史的长度等于中国长城史，以凸显长城的历史地位。这种违背历史事实的想法，是不会被学界所接受的。

有些人又把长城加长再加长，认为长城越长越好，其办法是将并非长城的军防也列入长城之中。这又是长城的一个误区。

把天然山险列入长城的情况最为常见。古代人为了防御敌人的侵掠，最初是利用天险制敌。《淮南子》提出天下有九塞，即太汾、渑阨、居庸等，均属山险之地。《吴子》称："路狭道险，名山大塞，十夫所守，千夫不过。"可知山险之重要。没有天险可以利用的地方，则修建城堡或长城。在晚近的战争中，利用天险制敌，也是常见的。古代构筑军防体系时，为了节省人力物力，凡是有天险可以利用之处，即不再筑城。天险与城堡、长城不同，将它视为军防体系的组成部分，自然是可以的；但是，把邻近长城的天险也说成是长城的组成部分，那就不可以了。长城，不论其结构如何简单，都是人工建筑；而天险不管其如何险要复杂，却属于自然实体。长城与天险有根本的区别，属性完全不同。将天险列为长城，在逻辑上是讲不通的，是毫无道理的。为什么将自然实体列为长城的一部分呢？其目的是显而易见的，那就是增加长城的数量，使长城变得长之又长。

将边壕当作长城，又是长城的一个误区。辽金时期，为了防御蒙古人以及其他游牧民族的侵掠，在北方草原上挖掘了好多条壕堑，以阻止骑兵的逾越。由于草原地区多沙无法夯筑，不宜修筑长城，故而挖掘壕堑，在《金史》中明确地称为壕、壕堑或界壕。在壕堑附近筑有城堡以屯军，由壕堑和城堡组成完整的边防体系。王国维撰写《金界壕考》明确指出，金代只称为界壕、边堡，后人才把边壕称作长城。《新中国的考古发现与研究》《中国大百科全书·考古学卷》等权威著作，均称金边壕，而不称金长城。现在有些人竟然把边壕称作长城，如称："为了防止蒙古族的侵袭，金开始在北部边界修筑长城，历史上称为界壕"，"金朝所修长城，史称为界壕或边堡"。

这种说法不仅违背了历史记载，而且混淆了长城与边壕的界限。长城与边壕在构造上是不同的，长城是在地面上修筑的高墙，以墙体阻止骑兵前进；边壕是在地下挖掘的深沟，以壕堑阻止骑兵逾越。长城与边壕都属于边境地区的军防工程，其功用相似，然而性质却不相同。将边壕说成是长城，完全混淆了长城与边壕的不同性质，仅功用相似即视为长城，显然于理不通。将边壕说成是长城，也如将天险列为长城一样，都是为了增加长城的数量，使长城长之又长。

如果把古代的壕堑算作长城，那么，又会出现一个问题，清代的柳条边算不算长城？柳条边也是在地下挖掘的深壕，其构造与辽金边壕相同。既然辽金边壕可以叫作长城，清代柳条边不也可以叫作长城吗！有人说清代也修筑了长城，可能即指柳条边而言。将柳条边说成是长城，正是重复齐赫文斯基的错误论调，其危害性是显而易见的。

在以长城为荣思想的影响下，一些没有长城的省区有些焦躁不安，想方设法寻找长城，"克隆"长城，以增加旅游资源。云南是没有长城的省份，然而请了北京的一位教授去寻找长城。不出所望，真的找到了一段长城，称作云南长城。然而当地许多专家学者指出，所谓的云南长城，只不过是古代土司修筑的围墙而已。

还有报道说，在云南北部山区的岩洞中，发现了新长城，等待专家学者去鉴定。岩洞中筑长城，是为了防御谁？难道岩洞也成了古战场？这是耸人听闻的天方夜谭，然而却白纸黑字地出现在报刊上。这种虚假的长城,经过新闻媒体的炒作,变得沸沸扬扬,仿佛这样一来就真的变成了长城。看来,不真实的长城应列入学术打假之列。

还有一本小册子称:"从现在的古长城遗址,我们可以看出,有好多长城修筑在昆仑山脚下。"昆仑山在西藏与新疆之间,昆仑山南,古代几乎是无人区,有谁在那里修筑长城? 昆仑山北是塔克拉玛干沙漠,许多专家学者到那里做科学考察,不仅没有见到长城遗址,就连维吾尔族的传说中也没有提到长城。不知那"好多长城"遗址究竟在哪里? 这是作者杜撰出来的长城,属于当代"克隆"出来的长城。

在长城的利用和宣传上,也有误区。古代修筑长城,不知累死了多少人,"不见长城下,尸骸相支拄",可以说长城是用劳动人民的血肉和尸骨堆砌起来的。孟姜女哭长城的故事,即反映出人民群众对长城的憎恨。蒙恬临死前自省说,修筑万里长城是其一大罪过。司马迁也说:"恬为名将,不以此时强谏,振百姓之急,养老存孤,务修众庶之和,而阿意兴功,此其兄弟遇诛,不亦宜乎!"由于修筑长城容易引起民恨,所以明代不敢使用长城这个名字,将长城改作"边墙"。长城是古战场,在长城上下刀光剑影,血流成河,充满了悲壮和苍凉。游长城,不仅让游人知道长城是古代劳动人民智慧的结晶,而且还要使游人知道长城是血肉尸骨堆筑的悲惨历史,要明白长城厮杀的悲剧,以唤起人们对和平的热爱。只有这样,才能促进社会主义精神文明建设。然而现在有些长城景点,被装饰得彩旗招展,灯火通明,歌声悠扬,变成了娱乐场,与古长城的风貌和气氛完全相反。

这种违背历史的做法,激起了游人的不满和抗议。有许多人觉得"新长城"不可游,于是,转而去游"野长城",即没有装饰过的残长城。站在残长城上,可以感受古长城的悲壮苍凉,联想古代的烽火连天,萌发艺术创作的灵感,寻找到长城故事的原型。

将山险、边壕说成是长城,人工"克隆"长城,都属于失实行为,自不必细说。更为严重的是有些部门宣传说,宇航员在太空中能够用肉眼看到长城。此说影响极大,不仅见于报刊、广播,还被收入了小学教科书中。2001年由教育部审定通过的小学语文第七册中,收有刘厚明撰写的《长城砖》一文,引用美国宇航员的话说:"我在宇宙飞船上,从天外观察我们的星球,用肉眼只能辨认出两个工程:一个是荷兰的围海大堤,另一个就是中国的万里长城。"

此文是根据新闻媒体的报道而编写的。美国的宇航员曾解释说,那是有人误解了电视采访,他的原意并非如此。我国第一代宇航员杨利伟在作报告时,不断有人向他提问:是否在航天飞行中用肉眼看到了长城?杨利伟明确表示,他没有看到长城。如果说美国宇航员之言不可全信的话,那么,杨利伟所说是完全可以相信的。其实人的肉眼视力只能达到数千米,当飞机在 8000—10000 米高空飞行时,就已经看不到地面上的长城。坐在近地点在 200000—300000 米的宇宙飞船上,怎么可能用肉眼看到长城? 这种失实的宣传,在国内外造成了消极的影响。

长城误区的产生,有许多原因,一方面与某些人认识上、心理上的偏差有关。有些人认为,中国既是长城之国,当然长城出现越早越好,最好能贯穿中国历史的始终;长城分布越多越好,最好每个省区都要有几段长城。于是,千方百计寻找长城,使长城一年比一年增多,一年比一年变长。在这种心理的影响下,虚假的长城不时地冒了出来。长城早、长城长,固然是好事,但是,必须坚持实事求是的原则,是就是,不是就不是;有就有,没有就没有。不能将不是长城的天险、边壕也说成是长城,更不能无中生有去"克隆"长城。

另一方面,长城误区的存在,与长城研究工作的薄弱有直接的关系。长期以来,研究力量严重不足,专家学者很少介入长城研究。现在所见到的有关长城的图书,多是科普类的知识读物,有深度的长城研究专著很少见。许多有关长城的重要问题,如长城的定义、长城的起源、长城的演变、长城与天险的关系、长城与边壕的异同,均缺乏深入细致的论证。在此情况下出现种种长城的误区,自然不足为怪了。

自 20 世纪 70 年代以来,笔者一直从事沙漠考古研究,即以考古学手段研究沙漠变迁。出于研究工作的需要,笔者多次深入沙漠草原地区进行实地考察,从呼伦贝尔草原到塔克拉玛干沙漠,都留下了笔者的足迹。在考察活动中,频频地接触长城和边壕。中国古代的长城、边壕主要分布在北方沙漠草原地区，在这里可以见到各个不同时代的长城、边壕。由于气候干燥，人烟稀少，长城、边壕遗迹保存相当完好，犹如露天博物馆。

当时，笔者对所接触的长城、边壕做了仔细考察研究，因为这些遗迹对于了解沙漠的变迁，提供了重要科学依据。在笔者已出版的著作（如《中国北方沙漠化的原因与对策》《沙漠考古通论》）中都提到了长城和边壕，不过由于研究重点是沙漠变迁，对长城本身没有作更多论述。

长城是中华民族的象征，早在1984年9月，邓小平同志就为长城题词："爱我中华，修我长城。"然而长城面临许多问题，在经济建设和旅游开发中，长城不断遭到人为破坏，引起了党中央国务院的高度重视，多次指示要采取措施保护好长城。中国文物研究所是以文物保护为宗旨的国家研究机构，自然十分重视长城。因此，中国文物研究所要笔者参与长城研究。由于以前笔者的科学研究曾涉及长城，对长城并不陌生，于是，笔者很快地把研究重点转向长城。

关于长城的研究可以追溯到清代，清代著名学者顾祖禹在《读史方舆纪要》一书中，对北方的长城有所考证。清代地理学家杨守敬在其所绘的历代舆地图中，对长城也有标注。他们的研究虽然取得了很大成绩，然而失于零散，缺乏系统性。到了民国年间，始有人系统地研究长城。王国良、寿鹏飞、张维华是其中最有代表性的学者，王国良著有《中国长城沿革考》，寿鹏飞著有《历代长城考》，均于民国年间印制出版。张维华所撰的长城研究论文，后结集为《中国长城建置考》（上编），由中华书局出版。民国年间学者的长城研究，以张维华成就最大，可惜的是他的研究只完成了一半。这些人的著作都有很高的学术价值，然而由于他们未能做实地考察，其中难免有臆断的成分在内，与事实不能尽合。

自20世纪50年代以后，长城的保护受到重视，一些组织和个人对长城进行了考察。在此基础上撰写出版了许多有关长城的著作，不过多属于通俗性的科普著作，学术性著作比较少见，学术价值比较高的有《明辽东镇长城及防御考》《嘉峪关及明长城》《疏勒河流域汉长城考察报告》《中国长城遗迹调查报告集》等。然而这些著作都属于对局部地区长城遗迹的考察研究，缺乏对历代长城全面系统的论述。《中国历史地图集》

对长城有所标注,但是并不全面,只画出了主要的长城,漏掉了一些长城。

要保护长城,必须对我国历代长城有全面的了解。不仅明确其起止走向和长度,还应知道其修筑的历史背景,以判明其历史地位和科学价值。只有这样,才有利于长城整体保护规划的制定和实施。基于这种认识,笔者把长城研究的结果整理出来,写成了这本小书,旨在抛砖引玉,希望能有高水平的长城研究专著问世。

由于长城防御性军事工程的性质,以及各历史时期修建规模、目的、过程、结构、作用等各异,对长城修建和演进的历史,要在大量实地考证并结合文献记载而所作的科学研究的基础上,从"专题史"的角度进行系统的阐述,实非易事。经反复探索,本书以长城在各个历史时期的修建为主线,试以"群体始建""整体改造""局部增筑""整体维护"为不同阶段,对长城修建和演进的史迹作较为全面系统的描述;一些内容过多的时期,则分上下两章加以阐述。同时还需要说明的是,各历史时期中,作为防御性军事工程,除长城外,还有其他一些样式。世易时移,后人在对这些历史遗迹考证和研究中难免见仁见智,而这些见仁见智的看法与本书主体的研究又有着密切关系。为此,本书在有关篇章中对此也作了必要的阐述,以期有助于主体研究和论述的深入。

学术乃天下之公器,只有大家共同研究,取人之长,补己之短,才能实现接近真理之追求;故步自封,满足现状,不利于学术发展,应在摒弃之列。人同此心,心同此理,方有学术之繁荣。一己之见,难免偏颇疏漏,尚望博雅君子批评指正。

第 一 章

长城及其起源诸说

一、关于长城的定义

长城是什么？什么是长城？好像是人人皆知，不应当提出来研究讨论的问题。其实不然，从有关长城的文章、论著来看，许多人将不是长城的东西列为长城。由此看来，在长城是什么、什么是长城的问题上，人们的认识并不是很明确的。因此，有必要对长城是什么这个问题做深入研究探讨，能给长城作一个科学的定义。

其实，长城是什么、什么是长城，这是长城研究首先必须明确的问题。须知，对任何一项科学研究来说，最要紧的是必须明确其研究对象是什么。如果研究对象不明确，那么，在研究过程中就会遇到许多麻烦和困难。因此，我们对长城的研究只能从长城是什么开始。

（一）辞书关于长城的解释

辞书属于工具书，是人们最常翻阅的书籍。由于辞书是集中了许多专家学者编著的，因而往往具有权威性，对读者的影响比较大，最受读者的重视。因此，我们先看看辞书对长城作了何种解释。由于辞书很多，这里只能以五种最常见、最权威的辞书为例，做些分析说明。

1.《现代汉语词典》的解释

《现代汉语词典》是中国社会科学院语言研究所词典编辑室编，商务印书馆出版，是目前人们最常用的辞书。该书1997年修订本第139页有长城词条：

> 长城 cháng chéng 指万里长城，也用来比喻坚强雄厚的力量、不可逾越的障碍等：中国人民解放军是保卫祖国的钢铁长城。

上述这种解释，叫作"以甲为乙"，即把前者的含义说成是后者，词义完全相同。既然注明了"长城指万里长城"，那么，词典中应当有万里长城条目。然而该词典并没有万里长城条目，这样一来读者仍不明白长城、万里长城究竟是什么。

长城用来"比喻坚强雄厚的力量、不可逾越的障碍等"，是长城词义的外延和引申，并不是长城的内涵和本义。没有关于长城本义的解释，其外延则变成了无源之水、无本之木。词典主要是解释词语的本义，对本义不作出解释，则违背了词典的宗旨，这是显而易见的。

2010年《现代汉语词典》第7版，对长城有新解释：

> 长城。我国古代的军事防御工程。始建于战国时期，连接秦、赵、燕北面的**城墙**并加增修，长度超过一万华里，所以也叫万里长城。后代各有增建或整修。

按，文中的"城墙"二字不准确。城郭、城堡和坞都有城墙，容易造成混淆。故《词典》释文中的"城墙"应改为"长城"，语意才能明确，读者才能看得明白。

2.《辞源》的解释

《辞源》有新旧两种不同的版本，旧版本不易寻找，商务印书馆2005年新印的修订本，是读者最常用的工具书之一。该书第4册第3537—3538页收有长城词条：

长城,见"万里长城"。春秋战国时,各国亦多有长城。喻指可资倚重者或难以逾越者。

同册第 2685 页有万里长城词条,称:

万里长城,秦始皇统一六国,以战国时诸侯国原有长城为基础修筑,因西起临洮,东达辽东,称万里长城。至明代又以秦长城为基础,修筑居庸关等处长城,西起嘉峪关,东达鸭绿江,全长一万二千七百余里。其中自嘉峪关至山海关,至今大部仍然保存完好,即今长城。后亦以喻最可依赖的人或事物。

《辞源》对长城的解释,仍是采用了"以甲为乙"的方式,与《现代汉语词典》不同的,是有万里长城词条,对万里长城作了解释。万里长城是后人的称谓,秦代当时没有万里长城之称,不能将长城与万里长城等同。然而对万里长城的解释,只是指出了万里长城产生的时代(春秋战国)和秦始皇长城、明长城的走向及分布,至于长城的本义,也没有作出任何说明。

3.《辞海》的解释

《辞海》也有新旧两种不同的版本,新版《辞海》是 2019 年上海辞书出版社出版,有缩印本,比较常见。在缩印本第 69 页有长城词条,文作:

长城,春秋战国时各国为了互相防御,各在形势险要的地方筑长城……是世界上伟大工程之一。

引文中被省略的文字,是各朝代修筑长城的叙述。

《辞海》也与前述两种辞书一样,并没有对长城的本义作出任何解释说明,只是记述了从春秋战国到明代修筑长城的情形。文中称"在形势险要的地方筑长城",不是很确切的,因为长城绵延数百里、数千里、万余里,长城所经过的地区既有山岭,又有平原,不能都称形势险要。其实,在地势特别险要的山区,往往以山险制敌,不用修筑长城(关于这个问题,本书后面有关章节另有专门的说明)。

4.《中文大辞典》的解释

《中文大辞典》是我国台湾地区编纂,台湾中国文化大学出版社 1990

年印制，是目前所见规模最大的中文辞典。其第 10 册长部有长城词条，对长城的解释一共有 6 项。其第一项为"喻国家之栋梁，又喻诗文之健将"；第二项为星名；第三项为关名；第四项为县名；第五项也是县名；第六项为城名。在第六项城名之下，分列明长城、秦始皇长城、齐长城、楚长城、魏长城、赵长城、南北朝长城、金长城、高丽长城，据文献记载分别加以介绍，对长城的本义没有作出任何解释说明。其第一项"喻国家之栋梁，又喻诗文之健将"，属于长城本义之引申，而非长城之本义。整个解释文字多达 2400 字，是中文辞书中对长城解释篇幅最长者，然而没有一字解释长城之本义。

5.《汉语大词典》的解释

《汉语大词典》属于大型中文词典，1993 年（上海）汉语大词典出版社出版，其第 11 册第 592 页有长城条目，对长城的解释有两项。其第一项称：

> 长城，供防御用的绵亘不绝的城墙。春秋战国时各国出于防御目的，分别在边境形势险要处修筑长城……

其第二项称：

> 喻指可以倚重的人或坚不可摧的力量……

第一项引文被省略的文字，是从春秋战国到明代修筑长城的记载，与正题讨论无关，故不录出。在第二项解释下有许多引文，兹不具录。

《汉语大词典》的可贵之处，是解释说明了长城的本义，即长城是"供防御用的绵亘不绝的城墙"。长城的性质、长城的结构，在简短的记述中得到了说明。此外，对长城词义的外延，解释也比较明确和具体。

我们列举的五种辞书，都是规模比较大的权威性工具书，除了《汉语大词典》对长城的本义作出说明外，其余四种都没有作出解释，不能不说是一种很大的缺陷。

为什么对长城的本义不作出解释呢？有人说长城之物人人皆知，可以不必解释。这种说法是没有道理的，举凡人、猫、狗、牛、马等，都是人们比较熟悉的，也可以说人人皆知的，那么，在各种字典中为什么都要作出解释呢？人们很熟悉的事物，未必就是很明白、很清楚的，有些人常常出现常识性的错误，即证明了这一点。

学术界对长城解释的缺陷是有原因的，那就是对长城缺乏深入细致的研究，关于长城的性质、功用、特点等许多问题并不是很清楚，甚至可以说是若明若暗。编纂辞书的人，要依据现有的科研成果撰写词条，科研水平的高低，直接影响了词条解释的准确程度。这才是最重要的原因。

（二）长城的定义

在科学界，通常要给重要的名词术语作出定义，即以简洁的语言文字作准确说明，指出其本义或本质特征。定义具有唯一性，只有具备唯一性，才能与其他相近或类似的名词术语相区别。换句话说，科学的定义是对某一事物本质的描述，用以界定此事物与他事物的异同和范围。

长城是古代的重要军防工程，不过古代的军防工程很多，并不限于长城一种，它们很容易相混淆。如果能给长城作出一个定义，便可以减少混淆，甚至消除混淆。

长城在古代文献中有很多记载，古代重要的长城遗址（如燕长城、赵长城、齐长城、秦昭王长城、秦始皇长城、汉长城、明长城等）至今犹存，其形制、结构清楚可见。这就为长城的定义提供了可靠的基础，在此基础上完全有条件给长城作出一个科学的定义。

给长城下定义，不是哪一个人的专利权，任何人都可以给长城下定义。科学准确的定义，会被社会所采纳接受；否则就会被抛弃或扬弃，另寻更好的定义，以达到社会的认可为止。基于这种认识，这里不妨尝试性地为长城草拟一个定义，试做如下的表述：

　　长城是以土、石、砖垒筑的连续性高城墙，系古代边境御敌的军事工程。

也可以将语序做些颠倒，变作：

　　长城是古代边境御敌的军事工程，系以土、石、砖垒筑的连续性高城墙。

当然也还可以改用其他类似的文字来表述，不过在这个定义中所包含的五种内容或五个层次，却均应当保留，缺一不可。下面就这个定义中有关的内容和用词，做些解释说明。

1. 长城是连续性高城墙

"连续性高城墙"，是指长城的结构特征、形态特征而言，这是长城最本质的特征所在。人们所称的"长城"，即以此得名。

长城的连续性，是针对城墙的封闭性而言。我国很早就出现城（城堡），城的形状有方形、长方形、圆形、椭圆形、不规则的多边形等，然而却有一个共同特征，即城墙是首尾相接，呈封闭状态，城内的空间是居民区。长城是连续性的城墙，绵延数百里、数千里，首尾不相连接，呈单向性。这是长城与一般的城（城堡）最根本的区别，因而长城的形态与一般城的形态是完全不同的，它们的相同之处，是都有高城墙。

"连续性城墙"，是长城的主要特征。虽然在遇到河流和山险的地方，长城有时被断开，然而却不能由此得了结论说，长城失去了连续性。首先，这是因为长城的长度，多在数百里、数千里，就长城的整体走向和布局来说，仍是连续性的。其次，被河流或山险隔开的长城各个段落，仍具有单向性、连续性的特征。实际上古今的军事防线，在河流、道路等处多有一定间隙，但是并不影响其整体性和军事作用。例如法国为防备德国而修建的马其诺防线，也被许多河流隔开，然而它仍然是一条连续性的军事防线。

长城的连续性，是长城御敌功能之所在。在先秦时期，车战特别盛行，以战车的多少来衡量军事力量的强弱。北方游牧民族，则以骑兵为主，以骑兵多少显示其军力。战车和骑兵的特点是机动性比较强，转移速度比较快，特别是骑兵，在一日之内即可以转移数百里。在这种情况下，只有连续性的长城才能阻止敌人的侵掠。这是长城作为军防工程产生的重要原因和历史背景。

长城不仅要长，而且必须很高，因为只有高墙体才能发挥其军事防御作用。古代士兵皆为男子，男子的身高大约在 1.6—1.7 米。士兵站在战车上,总高可达 3 米。如果坐骑是骆驼,骑兵加坐骑总高可达 3.5 米。这就决定了长城的城墙必须修得很高,才能阻挡敌人的前进。现在所能见到的古长城遗址,大多破坏不堪,已非其原貌。残长城的高度,最高可达 8 米左右,则当初长城的实际高度,可能不止于此。即以 8 米的墙体高度而言,完全可以阻止战车兵和骑兵的逾越。如果是步兵攻城,没有云梯和楼车,是无法攀上城墙的。

2. 长城以土、石、砖垒筑

这是说长城墙体所用的建筑材料及建筑方法,也是长城本质特征之所在。

这里用"垒筑"而不用砌筑,是有原因的。由于长城墙体是以泥土为主,用石、砖筑墙可以说是砌筑,以泥土筑墙是不能说砌筑的,故而使用"垒筑"二字。《说文解字》:"垒,军壁也。从土,畾声。"

泥土是最早使用的墙体材料,用以表示墙体的墙、垣、墉、壁等字,均以"土"字为偏旁,即证明了这一点。在行文中,将土、石、砖用顿号隔开,表明它们具有同等的地位,都是长城墙体所用的主要材料。

用泥土垒墙,多用木夯或石夯打实,因而称作夯土。在宁夏曾发现未经夯打的土墙,被称作堆筑,不过这种现象所见甚少。夯打泥土墙,必须采用木夹版,因此,夯筑又被称作夯土版筑。泥土是易取的建筑材料,在平原地区可以就地取材,十分方便。因此,古代的墙体多以泥土为主,这种遗风至今仍可以见到,西北农村常以夯土垒筑院墙、畜舍和房屋。这是黄土文明的重要表现。

在土源缺乏的山区,多以石头砌墙,作为长城墙体的主要原材料。用大块石头砌墙相当结实坚固,可以抵抗风雨侵蚀。在缺少大块石头的地方,则采用土石混筑,墙体外部砌石,内部用泥土、碎石夯实。不管是纯石墙或土石混筑,石头都是最重要的原料,故可称作石城墙。

以石头垒筑长城,很早就出现了。山东济南市长清区的齐长城、河南林州市的魏长城、内蒙古包头市附近的秦长城,都保留有石头墙体。明代修筑长城的时候,在山区也多用石墙,尤以北京附近最为常见。石垒长城,不仅墙体坚固,而且抗拒风雨侵蚀的能力特别强,要比夯土城墙更持久。

墙体砌砖,始于隋唐。隋唐洛阳宫城墙内外包砖。金元砖包墙渐多,在金代蒲峪路故城发掘中,发现城门附近内外包砖,元大都和义门内外砌砖。砖砌长城墙体,始于明代。不过通体砌砖的长城较少见,通常是墙体外部包砖,墙体内部以泥土、碎石夯实。砖墙多以石灰勾缝,使砖墙更加坚固,敌人难以拆毁。砖砌墙体,是长城发展的最高阶段,也是最后的阶段。

在西北某些地区,由于土质松散,含沙量高,不易夯筑土长城的墙体。于是,在墙体内部放置树木、荆条或蒿草,以加固墙体的整体性和坚固性,防止墙体坍塌倾倒。西北地区气候干燥,夹在墙体中的木质材料经久不朽,现在仍然完好地存在。这种做法,与现代水泥浇铸墙体加进钢筋的道理相似,表现了古代劳动人民的聪明才智。不过,加入墙体中的各种木质材料,只具有辅助作用,使用范围有限,不应视为长城墙体的主要材料。

3. 长城属于御敌的军事工程

这是说长城的性质和功用,它是属于军事防御工程。

长城是以夯土、石头、烧砖垒筑的又高又长的城墙,显然是一种巨大的建筑工程。它是用以防御敌人侵掠的军事工程,这本来是很明确的,似乎没有指出的必要。其实不然,有人著文说,长城不是军事工程,是古代用来防止洪水的堤坝,是古人用以阻挡"君子"的标识性建筑物,"君子"会望此而止步。这说明并非所有的人都认为长城具有军事性质。正因为如此,在长城的定义中必须指出其军事性质。

说长城具有军事性质,是军事工程,意思还不够完整,必须指明长城属于军事防御工程。只有这样,长城的性质和功用才算说全了、说清楚了。

古今的战争和军事行动,都分为进攻和防守两方,战场上的对峙,是势均力敌的表现,只是暂时现象,相持不久即转入进攻和防守。受此影响,军事设施和军事装备,都可以分为进攻性和防守性两大类。古代的矛和盾,是进攻性和防守性武器的典型代表。当然,也还有少数兼具进攻性和防守性的军事装备,例如现代的坦克、有火力的装甲运兵车,即属于此类。

进攻性的军事设施和军事装备,多半是可以移动的,便于进入敌境扩大战果。古代的兵车、战马,现代的轰炸机、航空母舰,都属于这一类。防守性的军事设施和军事装备,多半是不可以移动的。古代的城堡、边壕,现代的防坦克壕、海防炮,都属于这一类。

长城是不可以移动的军事设施,是为了保卫国土,防御敌人的侵掠而建,属于典型的防御性军事设施。从实际情况来看,历史上的长城多半是势力较弱的国家或采取守势的国家修建。正在扩张领土的强国或企图抢掠别人财富的国家或民族,是不需要修建长城的,因为有了长城反而束缚了自己的手脚,不利于扩大自己的领土和势力。这个道理是很清楚的,但是,未必所有的人都明白,因此,必须将长城的防御性质写入长城的定义之中。

4. 长城修筑在古代边境地区

这是说长城地理分布的特点,多在古代边境地区。

无论是文献记载,或是古代长城遗址的分布,都表明长城是修筑在古代边境地区。这一点是容易理解的,长城既然是军事防御工程,它必定要修筑在古代边境地区,达到御敌于国门之外的目的。但是,需要说明白一点的是,长城修在古代边境地区,不等于长城修建在国界线上。因此,长城不是国界。

有人提出异议说,长城不修建在国界线上,而修建在自己的国境之内,这样的长城去防御谁? 反映出这些人缺乏历史知识和军事知识。

古往今来,军事防御工程没有修建在国界线上的例证,大张旗鼓地在国界线上修筑军事设施,邻国能允许吗! 这种明目张胆的挑衅行为,很容易引起对方的干预和破坏,甚至酿成边界冲突和战争。

不要说在国界线上,就是在缓冲地带扩张势力,常常都会引起纠纷。古代匈奴与东胡之间,有"弃地千余里",被称作"瓯脱"之地,双方均不得居住使用,实际上就是脱离接触的隔离地带。后来,东胡背信弃义,欲占领"瓯脱"之地,结果引起了战争,匈奴的冒顿单于大败东胡王,占领了"瓯脱"之地。①

在战国时期,中原列国之间都有明确的疆界,是不允许邻国占领的。有些国家与北方游牧民族之间,虽然没有划定明确的疆界,然而按照传统的习惯,牧区与农区大体还是有缓冲地带的。为了缓和矛盾和减少冲突,长城只能在本国境内比较偏远的地区修建。由于长城属于防御性的军事设施,在境内修建仍能发挥军事防御作用。那种认为长城应当修筑在国界线上的想法,未免太天真幼稚了。

5. 长城是古代建筑物

这是说长城修筑的时代,只限于古代历史时期。

在这个问题上,也有不同的认识。有人提出,我国长城的修筑是从春秋时期一直到清末。② 我国的历史,按照学术界比较一致的意见,是以1840年鸦片战争作为古代史和近代史的分界线。清朝是1911年灭亡的,如果说长城的修筑持续到清末,那么便会有近代的长城了。这种说法显然是不符合史实的。

说长城从春秋时期开始修筑,证据是不充分的。然而战国筑长城,既有文献可据,又有遗址可证,是没有什么问题的。明长城是我国最后修筑的长城,清代实现了中原内地与边疆地区空前的大统一,已经不需要修筑长城了。从战国到明代,都属于古代史的范畴。因此,我们可以作出结论说:长城是古代建筑物。

上述长城的定义,包括了长城结构、长城墙体及筑法、长城的性质与功用、长城分布地区、长城时代等诸多方面的内容,这些都是长城最重要、最本质的问题。长城定义所涉及的五个方面,紧密地结合在一起,缺一不可。缺少了其中任何一个方面,都无法完整地表现长城的基本特征和长

---

① 参见《史记》卷110《匈奴列传》,中华书局1959年版,第2889页。
② 《中国文物报》2003年8月29日第3版。

城作为科学术语的唯一性。

二、关于长城起源的误说

长城是怎样起源的？这是长城研究中一个十分重要的问题。因为只有搞清楚了长城的起源，才能对长城的形制结构及演变，作出正确、科学的说明。

目前所见有关长城的出版物，多停留在对长城遗址的描述上，很少有人对长城的起源进行研究探索。这说明对长城的研究，尚有待于深入和加强。

有一本名叫做《拭去尘埃：找寻真实的长城》的读物，该书作者用了很大的力气去寻找长城的起源，然而所得到的结论却与事实相离甚远，完全不符合历史实际。作者把自己的想象强加到长城身上，使长城被蒙上一层更厚的尘埃。

该书认为，我国长城的起源与鲧、禹治水有关，长城是从堤防、壕堑演变而来。为了准确地了解该书的原意，不妨摘引其原文：

> 我们也可以推测出来，当时作为过去的堤防、壕堑，在水患消退之后，已经成为平原上的一些特殊的地形地势。这些"高高下下"的地形，在战国纷争、兵戈相向的年代里确实在战争中起到了一些意想不到的作用。（第21页）

如果说，先想出个样子来修筑起长城防御敌人，这不符合人类认知事物的基本规律，也不符合史实。

现代科学证明了任何事物都有一个认知和发展的过程，按照这个道理，长城一开始就作为战争用途也不符合这个规律。

由此，我们可以作出这样的推断：如果最早是防水患的堤防，后来才发现它抵御敌人的防御功能，这样是不是更合乎情理呢？

长城可以作为"险塞"，也应该有一个过程才符合情理。从我们掌握的史实和资料可以推断,最早的长城与战争无关,而是与直接威胁人们生存的大洪水密切相关,是治理水患的产物;后来,人们在生活中发现长城可以作为军事要塞,由此才逐渐演变成战争的用途。(第23页)

上述引文中,作者一次用了"推测"、两次用了"推断"(见着重号,为引者所加),在"推测""推断"的基础上,得出了长城来源于堤防、壕堑的结论。

科学的推断,常常会启发人的认识,确实是有用的。不过,任何的科学推断都是以充足、准确的事实为前提,从已知推断未知。如果没有事实作为前提条件,那么,这种推断只能是臆断和幻想,毫无价值可言。

该书将鲧治水说成是修堤防,是很不确切的。鲧治水之事,在先秦典籍中多有记载,其中以《尚书·洪范》最为明确,称"鲧陻洪水",没有成功,被"殛死",即死于流放中。"陻"为何意,需要认真研究。《康熙字典》引《广韵》:陻"本作垔,亦作堙、烟"。关于"垔"字的字义,《说文解字》解释说"垔,塞也。《尚书》曰:鲧垔洪水,从土西声"。塞,就是以泥土堵塞的意思。因此,在"陻洪水"句下,孔疏曰:"鲧障塞洪水,治水失道。"所谓障塞洪水,就是在流水的下方,积土为障以阻挡之。水的特点是具有流动性,受重力作用和地形的影响,总是从高的地方向低的地方流动。这种自然规律是人类所阻挡不了的,受阻之水可以改变方向,向两侧横的方向流动。鲧由于对水性缺乏认识,采取泥土围堵的办法没有成功,最后治水失败了。禹吸取了教训,改用"随山浚川"的新办法。在"随山浚川"句下,孔疏曰:"深大其川,使得注海",就是疏通河道,减少河道中的障碍,使河水顺利流入大海。这种因势利导的办法,合于水性水情,最后取得了治水的成功。

鲧治水的主要办法,是在流水的下方堆积泥土以陻水,就是用围堵的办法束缚水的流动,不是在河岸上筑堤防。因此,不能将陻水解释为修筑堤坝,在各种注疏家的笔下,没有一个人说鲧建堤坝治水。对于这一点,不能有丝毫的误解。

还有一点需要指出,鲧治水时所堆积的泥土障碍,到了禹治水的时候,为了疏通河道,必然要全部清除,没有被人清除的则为河水所冲毁,岂能保留到后代,成为战国的军防工程?

鲧是夏朝建立以前的传说人物,按史学家共同的意见,其生活的时代是在公元前 21 世纪。战国始于公元前 476 年,止于公元前 221 年。从公元前 21 世纪鲧的时代到战国初年,长达 1600 余年,鲧时的泥土障碍,不要说人为破坏,就是自然界的风吹雨淋,也就早使它颓圮无存了,不会保留到战国时期。在内蒙古赤峰市和通辽市境内,保留有汉长城遗址。汉长城是用夯土垒筑,要比鲧的泥土障碍结实得多。但是,据实地考察所见,大部分汉长城已被夷为平地,一点痕迹也看不见了。少数汉长城只是地表略见凸起而已,被当地人称作"土龙"。可知自然的风蚀破坏作用,是相当强烈的。只有石垒的长城,可以保存稍好一些。

由此可知,将鲧、禹的治水工程说成是战国时期长城的起源,是毫无根据、毫无道理的,它只能是某些人头脑中想象的长城、虚构的长城。

长城源于堤防说出现以后,有些人觉得很新奇,很快被社会上一些人士采纳接受,重述这种不准确的说法。有人在记述燕南长城时提出:"从燕南长城的走向、形制结构,与河流、淀泊关系分析,它经历了堤防—长城—堤防(防水—军事防御—防水)的演变过程,具备了防水和防御的双重功能。"①在记述赵国南长城时,再次提出这种主张:

赵国南长城以位于磁县的岳城水库为界,可分为东西两段。西段起点位于涉县西北部的辽城附近,因漳河上游两岸山势险峻,水流湍急,实为无险,故要在险要筑城戍守。调查发现的城址有涉县城洼地城址、西达城址、磁县北洋城城址。东段自兵城水库以下,赵国在原漳河北岸堤防的基础上,修筑了长城,东经磁县、临漳转东北,顺漳河故道,由成安至肥乡西,止于曲周县南漳河与黄河交汇处……现漳河流向与战国时代流向不同。由于历史上漳河多次泛滥,这条长城已被埋于地下深处,地表已无遗迹。②

---

① 河北省地方志编纂委员会:《河北省志·长城志》,文物出版社 2001 年版,第 15 页。
② 河北省地方志编纂委员会:《河北省志·长城志》,文物出版社 2001 年版,第 23 页。

河北中部地势低平,是华北平原的核心地区。发源于太行山东麓的河流,大多流到这里,古代的黄河也流经这里,在低洼处,众多河流汇聚,形成大小不同的湖泊沼泽。古代这里有一个广大的湖泊,名叫大陆泽,早已干涸消失。在大陆泽的北方,后来又形成一个大湖泊,名叫白洋淀。白洋淀又称西淀,主要在安新县境内,占总面积的86%,其余在高阳县、雄县、任丘等县,总面积为366平方千米,有孝义河、潴龙河、唐河、清水河、金钱河、府河、漕河注入。受气候的影响,白洋淀范围有变化,时大时小,变化不定。在民国年间、20世纪50年代、1960—1962年自然灾害时期,有许多人到此围湖造田,修建不少拦水坝,使白洋淀范围变小。20世纪80年代以来,由于实施改革开放政策,白洋淀水面变大。

白洋淀水面变大的结果,使有些古代长城进入湖水之中,例如在安新县留通村白洋淀内哈横岛上,就有一段古长城。何人在岛上建长城,岛上长城防御何人? 使人百思不得其解,其实这是白洋淀水面变大,占领了一部分陆地,岛屿是从前的陆地,陆地由于湖水变大而被河水包围,本是陆地上的长城,这时就变成了岛上长城。

由于湖水范围变大,原先距湖水较远的古长城,现在变成了湖边陆地,有些古代长城也逐渐接近湖水,变成了湖边长城。这种沧海变桑田的现象在海滨湖滨都可以见到,并不稀奇。稀奇的是,有些人认为,自然形成的湖堤,即所谓的堤防,可以变成军用的长城,成为长城的基础。这些人的想象力太丰富了,河堤(自然形成的河堤)竟变成了防止敌人入侵的长城,既是长城,又是堤防,甚至认为这是一种规律,显然是不能成立的。众所周知,土筑的长城怕河水浸湿,岂能将长城建在湖边? 鲧治水失败的原因,是堆土成岸阻挡洪水,禹改为疏导才获得了成功。这样的历史先例,岂能不知?

(一)中原长城与北方长城

长期以来,许多人认为长城是为防御北方游牧民族而建。例如有人说,长城是农牧民族对立的产物。没有长城北方会有很多战乱。这种说法与事实不合。其实，最初的长城，是在中原地区出现的，以齐国、楚国最早，都是中原地区，与北方少数民族没有接触往来。显然这种说法是不准确的，是以偏概全。其修筑长城，是出入邻国之间的攻防，只是到了后来，由于中原地区与北方少数民族产生了矛盾，才修筑长城以防御之。不妨说中原长城属内长城，北方长城属外长城。内外有别对探讨长城的性质，可能会更方便。

中原长城早于北方长城，是因为中原盛行车战。自商周以来，中原以车战为主。《左传》载，鲁隐公元年（前722年），郑庄公命公子封帅车三百乘伐京。鲁僖公二十八年（前632年）城濮之战，晋军战车百乘。古以一车四马为一乘，《诗·小雅·采薇》："君子之车，戎车既驾，四牡业业。"

在《战国策》中，经常提到战车，证明战国时代战车仍然盛行，大小国家均有战车。战车用途很多，站在车上可以眺望远方敌情，避免贻误战机。早些设防，御敌于国门之外。车兵居高临下，便于用长枪刺敌。战车临城，便于兵士攀城墙，不用云梯。战利品可直接用车拉走。由于上述原因，战车多少成为衡量国势的标志。《战国策》中，有万乘之国、千乘之国、百乘之国。襄公十八年，晋侯伐齐，"鲁人、莒人皆请以车千乘自其乡入"（《左传·襄公十八年》），齐侯退兵时，"夙沙卫连大车以塞隧而殿"。

战车威力大，经常使用，故一些国家用修长城的办法阻止战车。《史记·六国年表》载，齐威王十一年（前368年），"伐魏，取观。赵侵我长城"。这是见于记载最早的长城之战。战国中期以后，燕、赵、秦三国为防匈奴而大筑长城。齐长城遗址长约300千米，而赵国、燕国遗址长近500千米。匈奴逐水草而居，游移不定，属于马上民族，故而只有很长的长城才能发挥其军事作用。

齐长城的修建在战国初年，赵、燕长城建于战国中期，比齐长城要晚80—100年左右。事实表明，先有中原长城，后有北方各国长城。因此，将修筑长城的起源，说成是防御北方少数民族的侵扰，显然是不对的，与历史事实不符，应当予以纠正。

还有，一些少数民族也修筑长城。北魏是拓跋鲜卑建立的国家，拓跋鲜卑是少数民族，北魏曾修筑长城，北齐也建过长城，也是少数民族王朝。

契丹的辽朝、女真的金朝也修建长城。如果用汉族建长城来说明长城的性质，是不科学不准确的。

如果就长城的基本功用而言，其实就是用一道长墙来防止邻国或邻族的侵略，保卫本国的安全。非要强调长城是为防御少数民族所建，既与历史事实不符，又不利于中华民族大团结，容易被国外敌人所利用，搞阴谋破坏。齐赫文斯基早就提出，中国的长城为北方边界，这难道不值得警惕吗？

（二）长城并非军防工程说

还是前面提到的这本书，为了证明长城是为了防水而建，属于水利工程，激烈地反对长城是军防工程。为了忠实于作者的原意，我们还需要摘录其若干原文。

对长城功能和作用的诠释，司马迁在《史记》里认定是为了防御敌兵的来犯而修筑的军事工程。而后，人们对《史记》里的说法沿用至今。（第27页）

最早的长城现在已经认知的是在春秋战国就修建了，所以，要是将其作为战争的用途，也是要按照当时的情形来考虑。这就是说，要按照当时的疆域来解释。

这样，我就有了一个问题，如果长城是用来御敌的，那么它抵御谁呢？

按当时的疆域分界，所谓的外寇，是抵挡当时的西夏、匈奴等，按照这些部落的分布，如果长城是抵御他们的话，长城的走向不应该是现在这样沿黄河而建，倒是横过来才说得通。

记载当时事件的典籍已经不多见了。但是《穆天子传》是难得保留下来的一本记载当时情形的书……这位穆天子从中原出发，一直到达昆仑山，并且和西王母唱和，一路上所到之处，也包括匈奴所在之地，看不见敌对的意思。这也几乎是长城的位置和路线，实在看不出长城是为了抵御谁而修建的。

而且，从长城修建的位置来看，当时的主要外寇是羌，却是在长城的里面，总不会类似羌的敌人会绕很大一个弯子，再跑到长城外面进攻吧？

　　再者，从春秋战国时的地图上，我们稍微用一点心就会发现，现在的内蒙古、宁夏、新疆等地，在当时都是"外寇"之所在，作为御敌总不能单单把一条长城修建到敌寇的腹心去吧？

　　大概匈奴真正对汉族的威胁，应该是汉代，这也是《史记》成书的年代。也许是这种威胁，成为一种诠释汉以前长城的御边理论……

　　从现在古长城遗址，我们可以看出，有好多长城修筑在昆仑山脚下。但是，据史料记载，远古西部无战事，中华民族先人们最早在西部活动的目的，绝不是部落与部落或民族与民族之间的争斗而是与自然的抗争……

　　由此，我要说的是，最早修筑于西域即流沙地区的堤防和壕堑，都不应该是充满战争或争斗气息的建筑。（第28—30页）

上述这些说法都是无据之言。

其一，该书将西夏和匈奴，都说成是春秋战国时代的外寇，而且还将西夏列在匈奴之前。在春秋战国时期，北方的游牧民族以林胡、楼烦最为强大，按照史学界比较一致的看法，林胡、楼烦就是匈奴的先人，又被称作戎人。《史记·匈奴列传》记载说，秦、晋之北"有林胡、楼烦之戎"，就是指匈奴的祖先而言。但是，当时不称作匈奴，到了秦始皇统一六国以后，才有匈奴之称。西夏出现相当晚，它始建于1038年，1227年被蒙古所灭，先后存在了189年。它比秦代的匈奴要晚1250多年，比春秋时期匈奴的祖先要晚1800多年（春秋从前770年开始）。西夏比春秋战国时期的匈奴晚出现了18个世纪，怎么能把西夏与匈奴相提并论，作为春秋战国时期的"外寇"呢？

其二，该书将《穆天子传》当成是一本难得的信史，来证明中原地区国家与西域（包括匈奴在内）自古和好相处，穆天子"和西王母唱和"，"远古西部无战事"，西域的长城不是军事建筑，而是"堤防和壕堑"，这种说法与事实大相径庭。[1]

---

[1]　《穆天子传》，王根林点校：《博物志（外七种）》，上海古籍出版社2012年版，第41—67页。

穆天子即周穆王，是西周第五代王。《穆天子传》记述了周穆王西游的经历，具有明显的故事传说色彩。顾颉刚对《穆天子传》做了深入研究，指出是赵国人把赵武灵王胡服骑射、开拓西北的事业和理想，托之于周穆王而编成的游记，撰写于战国时期。[①] 其中周穆王到昆仑山看宝玉，拜访西王母等，都非真有其事，乃是虚构的情节。其虚构的材料，主要是借用《山海经》的地名，附以作者的想象，它具有很高的文学价值，然而却不是真实的历史。很少有人把《穆天子传》作为信史，来研究先秦历史的。该书作者对《穆天子传》的由来缺乏了解，竟根据它来论证先秦中原地区与西域（包括匈奴在内）的民族关系，证明作者没有看到许多专家学者对《穆天子传》的研究文章。

其三，该书称，"从春秋战国的地图上"，看到了内蒙古、宁夏、新疆有长城的标注大为困惑不解，提出了为什么把长城修筑到"敌寇腹心"地区的疑问，又提出了为什么羌人"却是在长城里面"的疑问。

战国修筑的长城，主要是在中原地区，如齐长城、楚长城、魏长城、赵肃侯长城、中山长城、燕南长城等。只有燕北长城、赵武灵王长城、秦昭王长城，进入今内蒙古东中部、宁夏东南部、陕西北部、甘肃东部。在黄河以西的银川平原和新疆地区，都没有先秦时期的古长城。

该书作者所看到的春秋战国地图，应是谭其骧先生主编的《中国历史地图集》。在其第一册上绘有春秋地图和战国地图，在地图上既标出了战国的长城，又标出了后世的长城（如明长城）。不过采用了两种不同颜色的符号表示，战国长城用蓝色符号，后世长城用褐色符号，在图例上有清楚的说明。黄河西岸银川平原、甘肃河西走廊，标有断断续续的长城，不过是用褐色长城符号，标的是明长城。该书作者大概没有看过图例，不明白蓝色符号与褐色符号的不同含义，竟把褐色的长城符号当成战国时期的长城，从而提出了两个不同寻常的疑问。

其四，该书称："有好多长城修筑在昆仑山脚下"，还特意附了一幅地图，称作"昆仑山下古长城图"（第30页），用大圆圈标示了古长城之所在

---

① 顾颉刚：《穆天子传及其著作时代》，《文史哲》1951年第2期。

（见昆仑山下的古长城图）。

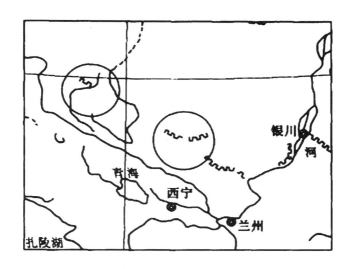

所谓昆仑山下的古长城图

看了这幅所谓"昆仑山下的古长城图"，足以使人哑然失笑，原来这是从谭其骧《中国历史地图集》上采的局部图，两个大圆圈所示的古长城，都在河西走廊，一个在民勤附近，一个在酒泉附近，都应是明长城。昆仑山在新疆与西藏之间，距民勤和酒泉有千里之遥，怎么能说民勤和酒泉的长城是在昆仑山脚下？其间还隔着一条著名的祁连山，如果说古长城是在祁连山下，多少还算贴了一点边。显然作者是张冠李戴，为了证明西域流沙地区有"堤防和壕堑"，公然将河西走廊的古长城说成是在昆仑山脚下。

其五，该书依据《穆天子传》周穆王和西王母唱和的传说，提出了"西部无战事"，更与历史实际不符。在西周时期，猃狁不断地侵扰为患，《诗·小雅·采薇》说："靡室靡家，猃狁之故。不遑启居，猃狁之故。"《诗·小雅·出车》有"天子命我，城彼朔方。赫赫南仲，猃狁于襄"之颂扬。史家公认，猃狁即西戎。周宣王命秦仲讨伐西戎，结果秦仲败死。周幽王被犬戎攻杀于骊山之下，致西周灭亡。战国时期，秦昭王筑长城，防御犬戎。赵武灵王胡服骑射，"北破林胡、楼烦。筑长城，自代并阴山下，至高阙为塞"①。在文献中有这么多战争的记载，怎么能说"西部无战事"？

三、长城的起源

"长城"这个术语，早在战国时代的典籍里就有记载，《左传》《国语》《竹书纪年》《吕氏春秋》等古籍中，都提到了长城。由于"长城"这两个字过于简洁，没有做更多的说明，因此，后人竟闹出了笑话，误认为长城起源于堤防。

其实，我们只要认真审视"长城"这两个字，就会明白"长城"起源于"城"。"长城"就是长长的城墙，它是由"城"演变而来，是"城"的扩大、延长和发展。

既然如此，欲知"长城"的起源，首先必须对"城"的起源和产生作些考索，只有这样才能做到正本清源，也只有这样才能避免"长城"起源于鲧、禹治水之类的误说。

（一）城是私有制的产物

在原始社会里，由于生产力低下，人类主要是依赖自然的恩赐而生存，几乎没有什么剩余的财物可言。因此，在原始社会里不可能有私有财产的存在。大家过着平等的生活，这便是后人所说的原始共产主义。

到了原始社会的末期，由于人类智慧的发展，生产力有了很大提高，出现了剩余产品，从而产生了私有财产，形成了私有制。为了保护私有财产和私有制，才出现了城的建筑。城是私有制的产物，也是私有制的标志。

① 《史记》卷110《匈奴列传》，中华书局1959年版，第2885页。

恩格斯曾详细地探讨了城的产生和私有制的关系,他在著名的《家庭、私有制和国家的起源》中指出:

> 以前打仗只是为了对侵犯进行报复,或者是为了扩大已经感到不够的领土;现在打仗,则纯粹是为了掠夺,战争成了经常性的行当。在新的设防城市的周围屹立着高峻的墙壁并非无故:它们的堑壕成了氏族制度的墓穴,而它们的城楼已经高耸入文明时代了(着重号为引者所加)。①

恩格斯在这里用墓穴表示氏族制度的死亡,用文明来表示私有制的产生。这段论述十分形象深刻,告诉我们城市是在原始社会末期,为了适应私有制的需要而产生的。城楼、墙壁、堑壕,是欧洲早期城的特点,中国早期城也是如此。

恩格斯在同一文中又指出:

> 野蛮时代高级阶段的全盛时期,我们在荷马的诗中,特别是在《伊利亚特》中可以看到。发达的铁制工具、风箱、手磨、陶工的辘轳、榨油和酿酒,成为手工艺的发达的金属加工、货车和战车、用方木和木板造船、作为艺术的建筑术的萌芽、由设塔楼和雉堞的城墙围绕起来的城市、荷马的史诗以及全部神话——这就是希腊人由野蛮时代带入文明时代的主要遗产(着重号为引者所加)。②

在欧洲,希腊历史最早。希腊历史上城市的产生,与文明(即私有制)的出现是同步的,具有典型性和代表性。因此,恩格斯以希腊为例来论证城市的产生,是私有制出现的结果。

由于城是为保卫私有财产、私有制而建,因此,城从其产生起便是设防的,不只有城墙,还有雉堞、塔楼,用以防御敌人的侵占和掠夺。初期的城如此,后来的城也是如此,后来城的防御措施得到了进一步加强。这一点从现存的许多古城遗址上,可以得到有力的证明。

城是为了保卫私有制而产生的,这是我们认识城、了解城的一把钥

---

① 《马克思恩格斯选集》第4卷,人民出版社2012年版,第181页。
② 《马克思恩格斯选集》第4卷,人民出版社2012年版,第34—35页。

匙，只有抓住了这一点，才能对城的形制、结构、布局作出科学的说明。由于长城是由城发展演变而来，因此，我们在研究探索长城时，也必须牢牢抓住这把金钥匙，深刻理解恩格斯的有关论述。

（二）中国古代典籍对城的解释

中国古代典籍非常丰富，在许多典籍中对城都有解释和说明。这里我们只引用几种比较重要的典籍，看看它们对城做了何种解释说明。

东汉人许慎撰写的《说文解字》，是我国最早解释汉字字义的工具书，最有权威性。《说文解字》对"城"字的注释是："城，以盛民也。"所谓"盛民"，就是居住民众的意思。清代著名文字学家段玉裁，在其所著的《说文解字注》中称："言盛者，如黍稷之在器中也。"这个比喻十分恰当。城何以盛民呢？因为城有墙垣，以隔内外，人居城内，得以安全无患。《说文解字》称："牆（墙），垣蔽也。"蔽是遮挡的意思，城是以墙垣来遮挡敌人的侵掠，保护城内居民的安全。《墨子·七患》说："城者，所以自守也。"这是说居民住在城内，可以避免敌害。《孟子·公孙丑》说："三里之城，七里之郭，环而攻之而不胜。"这是在说城的功用，敌人被城墙阻挡在外，即使从四周环而攻之，也无法入城。

盛民、保民，就是保护居民的人身安全和财产安全。文明时代的初期是奴隶社会，奴隶本身就是一种财产，可以转让和买卖，这是因为奴隶是劳动者，可以创造财富。早期的城，是为了保护奴隶主的财产而建，城中的主要居民是奴隶主，服侍奴隶主的奴隶也像牛马一样，只是其拥有的财产而已。

在奴隶制国家产生以后，国王是最大的奴隶主，拥有最多的私有财产。因此，在国王居住的地方，都要修筑比较大的城，被称作王城或都城。《释名·释宫室》称："城，盛也，盛受国都也。"为了保护城内的居民和财富，除了城墙以外，还需要有守城的士兵、守城的工具以及居民和士兵食用的粮食、水等。因此，《墨子·备城门》说："我城池修，守器具，推粟足。"在奴隶社会里，比较大的奴隶主都筑城而居，只是城规模大小不同而已。其中以国王君主所居住的城规模最大，各种防御设施最完备。因此，古代有"筑城以卫君"之说①，即修筑城池主要是为了保护国君的人身安全和国君的私有财产。

（三）考古学上所见早期的城

考古材料是古代人类生活的遗存，具有直观性和客观性，是研究古代城起源最直接的证据。因此，在研究探索城的起源时，必须充分利用相关的考古材料。

许多考古材料表明，在原始社会里曾以壕沟作为聚落的防御工事。内蒙古林西县白音长汗兴隆洼聚落遗址，分为南北两个聚落区，彼此相距40余米。"北区保存较好，已发掘的17座房址依坡势成三排分布，并有壕沟环绕，布局规则有序。"②内蒙古敖汉旗兴隆村兴隆洼遗址，发掘前地表可以见到数十个"灰土圈"和弧形的"灰土带"。发掘后得知，"灰土圈"为半地穴房址，"灰土带"则是聚落西段的围沟。发掘者认为，"这类以围沟环绕成排房址为主要特征的史前聚落形态，可以称为兴隆洼聚落模式"③。敖汉旗北城子兴隆洼聚落，三面环以壕沟，一面濒临小河，环壕之内有成排的"灰土圈"210多个，是目前已知规模最大的兴隆洼聚落。④

类似的聚落环壕，在其他地区也有发现。例如陕西西安半坡遗址的居住区，以壕沟和小河作为护卫。⑤ 安徽蒙城尉迟寺聚落四周，有700米长的椭圆形围壕，该聚落内已清理房址40余个，整个聚落的面积达

---

① 徐坚：《初学记》引《吴越春秋》语。

② 内蒙古文物考古研究所：《内蒙古林西县白音长汗新石器时代遗址发掘简报》，《考古》1993年第7期。

③ 中国社会科学院考古研究所内蒙古工作队：《内蒙古敖汉旗兴隆洼聚落遗址1992年发掘简报》，《考古》1997年第1期。

④ 杨虎等：《敖汉旗发现一大型兴隆洼文化环壕聚落》，《中国文物报》1998年7月26日。

⑤ 中国科学院考古研究所等：《西安半坡——原始氏族社会聚落遗址》，文物出版社1963年版。

10 万多平方米。① 在国外也发现有聚落围壕,例如日本九州地区弥生时代(公元前 3 世纪至公元 3 世纪)的聚落四周,常常环以壕沟作为防御工事。②

在上古时代,由于生产力低下,几乎没有剩余的财产可言,不会有抢劫财物的战争。然而当时野兽横行,威胁人类的生存。《韩非子·五蠹》称:"上古之世,人民少而禽兽众,人民不胜禽兽虫蛇。"③据此可知,上古时期聚落四周的壕沟,主要是为了防御猛兽的袭击而作。当时的主要生产工具是石器和木器,挖掘壕沟设防,是由于落后的生产手段所决定的。壕沟易于挖掘,用木棒即可以掘土成壕。

但是,壕沟不持久,暴雨冲蚀的泥土、烈风吹扬的尘土,很容易将壕沟掩埋,变成平地。因此,到了新石器时代后期,人类开始以土墙作为防御设施。

这类考古发现很多。湖南澧县城头山屈家岭遗址,发现有圆形的城址,周长约 1000 米,城内有房址和比较高的夯土台基建筑物,说明城内居民很多,且有部落首领之类的上层人物居住。该城址距今约 4800 多年,这是迄今为止我国年代最早的古城(见附图)。④

湖北天门市石家河古城址,呈长方形,南北 1200 米,东西最宽 1100 米,面积约 120 万平方米。墙基宽 50 米,墙顶宽 8—10 米,残高 6 米。城外有壕沟,周长 4800 米,宽 80—100 米。城内有泥垛房和土坯房,从城区范围之大可知居民很多。该城属于屈家岭文化中后期遗址。⑤

在北方地区,史前城址以河南郑州西山城为最早。该城址残存的城

---

① 中国社会科学院考古研究所安徽工作队:《安徽蒙城尉迟寺遗址发掘简报》,《考古》1994 年第 1 期。

② 滕铭予:《试论日本九州地区弥生时代的环壕村落》,《青果集》,知识出版社 1993 年版。

③ 《韩非子集解》卷 19,《诸子集成》,浙江古籍出版社 1999 年版,第 1614 页下栏。

④ 湖南省文物考古研究所:《澧县城头山古城址 1997—1998 年度发掘简报》,《文物》1999 年第 6 期;湖南省文物考古研究所等:《澧县城头山屈家岭文化城址调查与试掘》,《文物》1993 年第 12 期。

⑤ 北京大学考古系等:《石家河遗址群调查报告》,《南方民族考古》1992 年第 5 辑;石河考古队:《湖北省石洞遗址群 1987 发掘简报》,《文物》1990 年第 8 期。

墙高 3 米,宽 5—6 米,城外有宽 5—7.5 米的壕沟,城内总面积达 3 万多平方米。城内有大量的房址,房基下有殉人、殉畜,还有装满粮食的陶罐。此城属于仰韶文化晚期遗址,距今约 4000 年左右。①

山东章丘城子崖城址,东西 430 米,南北 530 米,面积约 20 万平方米。城墙基宽 14 米,有南北二城门,南门外有夯土修筑的坡路和房屋残迹。该城址始建于龙山文化早期,以后又不断增修,使用的时间比较长,一直延续到龙山文化晚期。②

在内蒙古中南部地区,有早期的石城。比较重要的有包头市东部大青山阿善石城、威俊石城,凉城县岱海西北老虎山石城、大庙坡石城,在准格尔旗和清水河县也有许多石城。这种石城,有的是垒石为墙,有的是利用自然的山险,作为代用的墙体。城内有石砌房址和祭祀用的石堆,还发现有石磨盘、石斧等生产工具和生活用的陶器。③

上述都是比较有代表性的早期城址,属于原始社会产生的城。这些城的出现,与氏族内部的分化有关,同时也与外部氏族冲突的不断发生有关。湖南澧县城头山城址内的中央部位,有夯土台基存在,显然有大型的建筑物,它要么是祭祀用的坛台,要么是氏族上层贵族的寝居之地或处理公共事务的场所。湖北天门石家河城址内,发现有铜器残片、炼渣、矿石等物,证明当时的居民已掌握了冶铜技术,出现了金属器物。它反映出生产力有了相当高的发展,预示着阶级的产生和文明的出现。湖南澧县、河南郑州都属于平原地区,在平原地区将城修筑在山上,反映出氏族间的掠夺之风相当盛行,只有在山上筑城才易守难攻,有效地保护氏族的财富。早期城的防御功能,在这里表现得相当清楚。它对我们理解城的产生,具有十分重要的启示作用。

---

① 杨肇清:《试论郑州西山仰韶文化晚期古城址的性质》,《华夏考古》1997 年第 1 期。

② 山东省文物考古研究所:《城子崖遗址又有重大发现》,《中国文物报》1990 年 7 月 26 日。

③ 田广金:《内蒙古长城地带石城聚落址及相关诸问题》,《纪念城子崖遗址发掘 60 周年国际学术研讨会文集》,齐鲁书社 1993 年版。

(四)初期的王城

在文明出现、阶级产生、国家形成以后,昔日的部落联盟长变成了凌驾于社会之上的国王,拥有了部落联盟长所没有的巨大权力和威严。"溥天之下,莫非王土;率土之滨,莫非王臣。"国王拥有了巨大的财富,成为一个国家最大的私有者。国王变成了国家的统治者和国家的象征,保卫国王成为国家的重要责任。因此,国王所居住的王城、王都变得格外重要,竭尽全国的财力去建筑王城、王都。

夏朝最初只是传说中的朝代,然而越来越多的考古材料证明,夏朝是确曾存在过的一个朝代。考古材料表明,夏朝的重心是在河南西部的洛河、伊河流域和山西南部汾河下游,考古学上的二里头文化和东下冯文化,就是夏人的遗存。

河南偃师县二里头遗址①,考古学界多认为是夏朝的王都斟寻或阳城故址,也有人认为是早商遗址。二里头遗址近方形,其范围约4平方公里。在遗址中发现有许多夯土台基,其中以遗址中部的台基面积最大,东西108米,南北100米。在台基的北部,还有一块略高于其他地方的台面,东西36米,南北25米。从其四周布有柱穴来看,这里应是一座大型的殿堂式建筑,系夏王处理政务的朝殿。殿堂正南70米处有门址,即殿堂之正门,门址前为斜坡路面。在大台基的四周,有墙基存在,证明这里是一个设有围墙的大院落。四面围墙的总长度,在400米左右,并不算短,应是内城的城墙,也可以称作宫城的城墙,城圈之内便是夏王的宫殿之所在。

在此内城或宫城的南部、北部、东部,有铜器作坊、制陶作坊、制骨作坊,内城或宫城之西则是一般的居住区。这些作坊都是夏王的重要财富,应当有外城加以保卫。目前虽然没有发现外城墙的遗址,并不等于外城墙不存在,当初外城墙可能不像内城墙那样坚固,在频繁人类活动的影响

① 中国社会科学院考古研究所:《偃师二里头》,中国大百科全书出版社1999年版。

下,很早以前可能就被毁坏掉了。由于没有做大面积的考古发掘,外城城墙的墙基是不容易被发现的。

商代的王城遗址,以河南偃师县尸乡沟商城为最早。经过多次发掘,偃师商城的结构布局已基本搞清楚。① 它是商朝最早的王城西亳故址所在。

偃师商城由宫城、内城、外城所组成,有人将内城称作小城,将外城(郭城)称作大城。从考古发现来看,是先修的宫城和内城,而后在内城的北部和东部增修了外城。宫城、内城、外城重重相套,这在我国是最早的实例,充分体现了王城是以君主为重点保护对象,"筑城以为君"的说法是有根有据的,而且出现得相当早,在商朝初年即有这种实例为证。

内城城墙下部的墙基挖在地下 0.25 米深处,然后以夯土打实,再逐层夯筑城墙。城墙下部宽 6 米,残高 1.5 米,残宽 2.7 米。由于内城城墙后来被改作大道来使用,遭到了一定的破坏,因而其当初的墙高不止于1.5 米,应当更高一些。外城城墙要比内城城墙坚固结实,墙基基槽深1.2—1.3 米,以夯土夯实,其水平宽度达 18.6 米。城墙墙体下部宽 16.5米,顶部宽 13.7 米,残高 1.3—1.8 米,其最初的高度不止如此。在城墙内部有"护城坡",亦由夯土组成,以加强城墙的坚固性。城墙之外有护城壕,开在城墙之外 12 米处。护城壕宽 20 米,深 6 米,城壕掘出之土,用于筑城墙墙体。大城南濒洛河,城内有尸乡沟,依水建城是为了用水方便,古代建城大多如此。

内城平面作长方形,南北约 1100 米,东西约 740 米,整个周长为 3680米。外城平面略作"菜刀形",其东南隅有如缺了一块,呈刀把形。外城如以西城墙计算,南北是 1710 米,如以北城墙计算,东西是 1215 米,其周长约 5800 米左右。内城南部的宫城,周围有墙垣,极似一座封闭式城堡。宫城内有宫殿遗址,被编号为第四宫殿址,它是宫城中最早的建筑物,其修建的时间应与宫城同时。

---

① 中国社会科学院考古研究所河南第二工作队:《河南偃师商城小城发掘简报》,《考古》1999 年第 2 期;又,《河南偃师商城东北隅发掘简报》,《考古》1998 年第 6 期。

河南偃师二里头夏都和偃师尸乡沟商城，都属于早期的王都。它们都是在洛河冲积平原上修建的，其规模都比较大，出现了以夯土台基为特征的高台建筑——宫殿，表明了国王的地位十分崇高。商城的多重城墙，城墙的厚实和"护墙坡"，显示了城防的重要性。为了保卫国王的安全，想方设法加强城墙的防御能力，一切都以国王为中心，为国王服务是建城的主要目的。早期的城多在山上，以山险御敌，反映出氏族社会的落后性。在文明出现以后，王城改建在平原地区，一是因为王城规模宏大，难以在山区修建；二是因为平原地区水源充足，可以满足王城内各种用水的需要。除了生活用水以外，为国王服务的各种制造作坊（如冶炼），必须有充足的水源作为生产用水。人们的生活离不开水，人口集中的王城更离不开水，这是不以任何人意志为转移的客观需要。

（五）从城到长城的演变

由环绕墙体所形成的城，不管其形状如何，都是一种封闭式的居住空间。原始社会的早期城，文明初期的王城，以及后来形形色色的城，都是如此。这是城最基本的特征。如果给城做个定义的话，不妨做如下的表述：城是以土、石、砖为高墙体的封闭式居住空间，以保卫私有财产为目的。

城墙上和城墙内外的一切附属设施，如城楼、角楼、马面、护城壕、城门、吊桥等，都是服从于保卫私有财产的目的。可以随时启闭的城门，是城防的薄弱环节，因此，后来的城门外多修建瓮城和吊桥以加强防守。主墙外的副墙（史称"羊马墙"，在西北地区称作"羊墙"），是为了加强主墙的防御能力而设，如此等等无需仔细叙述。在冷兵器的古代，高大封闭式的城墙，可以有效地阻止敌人的进攻，达到保卫城内居民安全、财产不被掠夺的目的。

在我国奴隶社会时代，即夏、商、西周时期，最重要的财产是铜鼎、铜钟之类的礼器和奴隶。礼器主要集中在以国王为首的贵族手里，后世仍以鼎食钟鸣之家作为贵族的代称。在商周贵族墓葬中，最重要的随葬品便是青铜礼器。孔子说惟名与器不可以假人,"器"即指青铜礼器而言,它是贵族身份的象征。

在奴隶社会里,国王和贵族是最大的奴隶主,拥有自由身份的平民也可以占有奴隶,只是数量不多而已。奴隶是会说话的工具,是物质财富的主要创造者。因此,有了奴隶便可以不断增值财富。奴隶的多少成为衡量奴隶主财富多少的重要标志。

国王、贵族聚居于城邑之中,特别是王城、都城贵族最多,因而社会财富主要集中在城邑之中。正是由于这种原因,在夏、商、周时代掠夺他国财富的战争,主要以攻城、特别是攻克王城为重点。当时地广人稀,土地的价值没有充分地显示出来,没有奴隶劳动,空有土地是生产不出财富的。因此,夏、商和西周的战争,主要以攻城为目的,没有把占领土地放在重要地位。

春秋是我国奴隶社会向封建社会的转变时期,到了战国则进入了封建社会。这个时期人口大增,管仲说齐都临淄城居民多到挥汗成雨、摩肩接踵,这种说法虽然有些夸张,然而确实反映出春秋时期人口有了迅速增多。人口增多以后,土地的价值得以凸显出来,有了土地资源和人口,便可以创造出无穷无尽的财富。由于这种原因,自春秋起战争不仅攻城,也把略地作为攻取的目标。到了战国,兼并土地则变成了战争的主要目的。

政治形势的变化,战争目的的改变,对军事思想、战略战术都产生了深刻的影响。

夏、商、西周是"兵民合一"的民兵制度,不设常备军。"寓将于卿",没有职业军官和将领。遇有战事,则临时召集民兵,集中于"国门"(即国都之城门),派遣合适的卿相带兵打仗。战争结束以后,卿相还朝,士兵回归乡里。由于没有常备军,平时城邑和关隘要津不设防。清人顾栋高说:"春秋时,列国用兵相斗争,天下骚然。然其时禁防疏阔,凡一切关隘阨塞之处,多不遣兵设守,敌国之兵平行往来如入空虚之境。"①顾氏之言,是阅读了大量春秋典籍所得到的结论,完全是属实的。

---

① 顾栋高:《春秋大事表》卷9《春秋战国不守关塞论》,中华书局1993年版,第995页。

战国时期，各国普遍地实行义务兵役制，建立了常备军，将相分离，出现了职业军官。因此，各国的兵力迅速增多。据《战国策》记载，秦国有士兵百万、车千乘、骑万匹。楚国有甲士百万、车千乘、骑万匹。齐国有甲士数十万。赵国有甲士数十万、车千乘、骑万匹。魏国有武士二十万、苍头二十万、奋击二十万、见卒二十万。燕国有甲士数十万、车七百乘、骑六千匹。① 上述七国军队最多，因此，被称作"七雄"。各国养这么多的军队是为了扩大领土，兼并别国的土地，战争之多，史无空前，故而被称作战国。

兼并土地的战争，迫使各国都需要设防。过去"津梁未发，城险未修"得到了改变，首先是充分利用自然天险以制敌侵。明朝人董说作《七国考》，称战国险要的关梁达40余处，均驻兵设防以御敌。除利用自然天险以外，又利用原有的城邑和新修的城邑，作为防敌的军事据点。然而城邑比较分散，所能保卫的地面空间相当有限，即使比较大的都城，也只能控制一隅之地。要保卫大片的国土，只靠分散的城邑显然是有困难的。于是，人们在城的基础上想出了新的办法，即将封闭性的城墙打开，改作连续性、单向性的城墙，就可以保卫一个地区的领土不受侵犯。这种连续性的城墙都很长，可以长到数百里数千里以上，于是，人们给它起了一个新名字，叫作"长城"。顾名思义，"长城"就是长长的城墙，这个名字既表明了它的特点和功用，又表明它来源于"城"，和"城"有密切的关系，是"城"的扩大和延长，由"城"演变而来。

由此可知，长城是我国奴隶社会向封建社会转变的产物，是社会大变动的产物，是常备军出现战争盛行的产物。现在史学界均把春秋战国之交作为奴隶社会和封建社会的分界线，长城在战国时期普遍出现，与封建社会的产生是一致的。封建社会的私有制与奴隶社会的私有制相比，是更高级的私有制，不仅私有制的范围扩大了，而且私有财产的积累也大大增多，远非奴隶社会可比。从这个角度来说，长城是为了保卫封建私有制而出现的，它是封建社会的产物，它把"城"保卫私有制的功用，推向了一个新的阶段。

---

① 分别见《战国策》楚策一、齐策一、赵策二、魏策一、韩策一、燕策一。

四、关于南仲城

《诗·小雅·出车》一诗有："王命南仲,往城于方。出车彭彭,旂旐央央。天子命我,城彼朔方。赫赫南仲,猃狁于襄……赫赫南仲,薄伐西戎……赫赫南仲,猃狁于夷"等句。有人根据这些诗句,认为"城彼朔方"就是周宣王在朔方(今内蒙古鄂尔多斯)修筑的"列城","列城"便是周代的长城或长城的初级形态。① 果如此乎? 这是一个值得认真研究探讨的问题。

(一)《出车》一诗的时代

首先我们要考察《出车》一诗的时代,这对于确定南仲所筑朔方城来说,是最为重要的问题。

《诗经》是我国周代的诗歌总集,各诗的具体写作时间是不同的,不是一时所作,其中《雅》《颂》在西周初年即已出现。而《风》出现比较晚,多为东周春秋时期的作品。因此,有人将西周称作《雅》《颂》时代,将东周春秋称作《国风》时代。②

《小雅·出车》一诗的写作时代,过去有三种不同的解释:一说是周穆王时所作;二说是周文王时所作;三说周宣王时所作。现在让我们逐一来分析上述三种说法,搞清哪种说法更接近事实。

1.《出车》为周襄王时诗

司马迁认为,《诗·小雅·出车》为周襄王时所作之诗,他在《史记·

---

① 寿鹏飞:《历代长城考》,1941 年,第 1 页;高旺:《内蒙古长城史话》,内蒙古人民出版社 1991 年版,第 12 页。
② 林庚:《中国文学简史》上册,古典文学出版社 1957 年版,第 33、40 页。

匈奴列传》中记载说：

> 初，周襄王欲伐郑，故娶戎狄女为后，与戎狄兵共伐郑。已而黜狄后，狄后怨，而襄王后母曰惠后，有子子带，欲立之，于是惠后与狄后、子带为内应，开戎狄，戎狄以故得入，破逐周襄王，而立子带为天子。于是戎狄或居于陆浑，东至于卫，侵益暴虐中国。中国疾之，故诗人歌之曰"戎狄是应"，"薄伐猃狁，至于太原"，"出舆彭彭，城彼朔方"。周襄王既居外四年，乃使使告急于晋。晋文公初立，欲修霸业，乃兴师伐逐戎翟，诛子带，迎内周襄王，居于雒邑。

> 张守节《史记正义》云："猃狁既去，北方安静，乃筑城守之。"

周襄王在位时间，是公元前651年至公元前619年，即公元前7世纪中后期，已经进入春秋初年。当时，大国争霸，周王室的势力大衰，戎狄入侵，周襄王已经没有力量征伐戎狄，岂能在朔方筑城御敌？《出车》一诗中有"赫赫南仲，猃狁于襄"和"赫赫南仲，猃狁于夷"两句，颇堪注意。"襄"，《释文》云：本或作"攘"。"攘"就是除掉的意思，"猃狁于襄"就是除掉猃狁。"猃狁于夷"的"夷"字，是铲平的意思，"猃狁于夷"就是铲平了猃狁之害。从周襄王国势衰微的情况来看，当时不具备这种条件。所以，有人提出《出车》不可能是周襄王时代的诗作。①

2.《出车》为周文王时所作

《诗·小雅·采薇》序云："采薇，遣戍役也。文王之时，西有昆夷之患，北有猃狁之难。以天子之命，命将率，遣戍役，以守卫中国。故歌《采薇》以遣之，《出车》以劳还，《杕杜》以勤归也。"这是将《采薇》《出车》《杕杜》三首诗，都看作是周文王时代的作品，均是为了讨伐猃狁一事而作，只是创作的时间有先后不同而已。

《出车》序云："出车，劳还率也。"孔颖达疏："作《出车》诗，劳还帅也，谓文王所遣伐猃狁、西戎之将帅，以四年春行，五年春反，于其反也，述其行事之苦，以慰劳之。"

---

① 吴闿生：《诗义会通》卷2《小雅·采薇》按语，中华书局1958年版，第132页。

在《出车》"王命南仲,往城于方。出车彭彭,旂旐央央"句下郑玄笺曰:

> 王,殷王也。南仲,文王之属。方,朔方,近猃狁之国也……王使南仲为将,率往筑城于朔方,为军垒,以御北狄之难。

按照郑玄和孔颖达的说法,《出车》一诗作于周文王继位以后,即征讨猃狁筑城之事后。考之历史,这种说法是有一定根据的。

《史记·殷本纪》记载说,在殷纣王时西伯昌(即周文王)由于对纣王的酷刑"炮烙之法"不满而被捕,囚西伯于羑里。其后,"西伯之臣闳夭之徒,求美女奇物善马以献纣,纣乃赦西伯。西伯出而献洛西之地,以请除炮烙之刑。纣乃许之,赐弓矢斧钺,使得征伐,为西伯"。

《史记·周本纪》也有相同的记载:"乃赦西伯,赐之弓矢斧钺,使西伯得征伐。"西伯在获得纣王的信任,主持征伐大权以后,确实有过征伐举动:

> 明年,伐犬戎。明年,伐密须。明年,败耆国。殷之祖伊闻之,惧,以告帝纣。纣曰:"不有天命乎? 是何能为?"明年,伐邘。明年,伐崇侯虎。而作丰邑,自岐下而徙都丰。明年,西伯崩,太子发立,是为武王。

由此可知,西伯昌(即周文王)晚年,由于受命征伐,曾经征讨过犬戎、密须、耆、邘、崇等周围的部族和小国。其最先征伐的犬戎,即包括猃狁在内。周文王秉承殷纣王的旨意,派南仲在征伐猃狁的过程中修筑若干城堡,以防御猃狁的侵扰,这是合乎情理的事情。诗序郑笺、孔疏,都是基于这种事实而作出的。因此,《出车》一诗作于周文王时代,是比较可信的。不过当时殷未亡,周未立,将《出车》说成是周代的诗是很不确切的,应称作周人之诗或先周之诗。南仲所筑的城,也不能说是周城,其实是殷城,即殷商末年所筑之城。

3.《出车》为周宣王时所作

班固《汉书》、桓宽《盐铁论》则认为,《出车》一诗为周宣王时所作。《汉书·匈奴传》称:

其后二百有余年，周道衰，而周穆王伐畎戎，得四白狼四白鹿以归。自是之后，荒服不至。于是作《吕刑》之辟。至穆王之孙懿王时，王室遂衰，戎狄交侵，暴虐中国。中国被其苦，诗人始作，疾而歌之，曰："靡室靡家，猃狁之故"；"岂不曰戒，猃狁孔棘"。至懿王曾孙宣王，兴师命将以征伐之，诗人美大其功，曰："薄伐猃狁，至于太原"；"出车彭彭，城彼朔方"。是时四夷宾服，称为中兴。

"薄伐猃狁，至于太原"，为《诗·小雅·六月》之句，班固把《出车》和《六月》均看作是周宣王时的诗作，并有宣王中兴之赞美。"靡室靡家，猃狁之故"为《小雅·采薇》之诗句，班固将《采薇》说成是周懿王的诗作，与《采薇》诗序的说法有所不同。东汉人马融，亦认为猃狁侵周，周宣王之立中兴之功，是以赫赫南仲，载在周诗。①

宣王中兴，是班固提出来的，多为后人引用。其实，周宣王时猃狁势力强大，已发展到王都镐京附近，《小雅·六月》称："猃狁孔炽，我是用急"；"猃狁匪茹，整居焦获。侵镐及方，至于泾阳"。周宣王派尹吉甫去迎击猃狁，只是自卫而已，并没有取得什么胜利。《古本竹书纪年》载，使大将秦仲讨伐西戎，结果为西戎所杀，一败涂地。周宣王三十九年，派兵去征讨姜氏之戎，战于千亩，结果是"王师败绩于姜氏之戎"，"亡南国之师"②。周宣王对外用兵，几乎没有取得什么胜利，因此，著名先秦史学家金景芳先生指出：周宣王"在民族斗争中，总的说，是失败的"③。所谓宣王中兴之说，是缺乏根据，不能成立的。

《出车》一诗所记述的，是出征的将士耀武扬威（出车彭彭，旟旐央央），消灭了玁狁（玁狁于夷、玁狁于襄），胜利地筑城而归。可是，从周宣王出师不利，损兵折将，玁狁猖狂（玁狁孔炽），侵扰镐京（侵镐及方）等史实来看，与《出车》所歌颂的内容大相径庭，证明《出车》一诗不可能是周宣王时代的诗作。

对《出车》一诗写作时代的三种说法仔细分析以后，不难发现以周文

① 转引自吴闿生：《诗义会通》卷2，中华书局1958年版，第132页。
② 《史记》卷4《周本纪》，中华书局1959年版，第145页。
③ 金景芳：《中国奴隶社会史》，上海人民出版社1983年版，第169页。

王时所作比较可信。诗序称《出车》作于周文王时,这是最早的说法。孔子曾对诗三百篇做过整理,后经其弟子世代相传,最后传给鲁国人毛亨,毛亨为《诗》作训诂传,然后又授给赵国人毛苌。因此,《诗》又有《毛诗》之称。[1]　由于毛亨对《诗》作过训诂传,疑今所见之《诗序》,或为毛亨所撰。由于毛亨是先秦鲁国人,与孔子生活的时代比较近,与《诗》创作的时代不算远,他对《诗》的认识和理解,更会接近事实,这与后世人的推测之言是无法相比的,更具有真实性、可靠性。由于这种原因,诗序称《出车》为周文王之诗是可信的。

（二）南仲城之位置与"列城"

1. 周南仲城的位置

《出车》诗有"王命南仲,往城于方";"天子命我,城自朔方"。诗中的"城"为动词,是"筑城"的意思。诗中的"方"即"朔方",是"朔方"的略称。此诗为四言诗,每句只能有四字,故将"朔方"省略为"方",因为下句中有"朔方","方"的意义是很明白的,不会产生误解。在《诗》中,常以"方"作为"朔方"的略称。《六月》诗中有"侵镐及方,至于泾阳"之句,"方"也是指朔方。

在上古时期,多将北方边远的部落称作方,如土方、舌方、鬼方。郭沫若认为,土方在今山西北部或包头附近,邹衡认为土方在山西石楼县,陈梦家认为土方在山西安邑(今运城、夏县境)一带。舌(读作工)方所在位置,郭沫若认为在河套附近,马长寿认为在圁水(今无定河)流域。鬼方又称鬼国,活动于陕北、内蒙古一带。

上述的鬼方、土方、舌方都在殷、周的北方边远地区,由此可知,在殷、周之际人们是将边远地区称作方。朔方,是指北方地区而言。朔方作为一个地理概念,在不同时代所指的范围是不同的。秦代时尚没有设立朔方郡,当时,鄂尔多斯被称作河南地,以在黄河大折屈之南而得名。西汉

---

[1]　《四库全书总目》卷15《经部十五·诗类一》,中华书局1965年版,第119页。

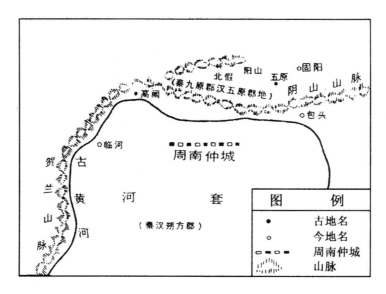

所谓周代南仲城

时期,在鄂尔多斯北部开始设立朔方郡,其辖地包括今黄河西岸巴彦淖尔盟(今巴彦淖尔市)部分地区,郡治在今乌拉特前旗黄河之滨,称朔方城。北魏、隋亦设朔云郡,不过其辖地偏南,郡治已移到今陕西榆林地区。由此可知,古代所说的朔方,主要是指鄂尔多斯而言。不过到了清代,朔方的范围有所扩大。何秋涛撰有《朔方备乘》,将当时的内蒙古、新疆、中亚、东欧都包括在朔方之内。

《出车》诗中的朔方,与汉代的朔方不同,更与清代的朔方不同,系以国都丰镐为中心所指的北方。在商末周初,周人的活动是以渭河流域丰镐为中心,这从史书的记载中可以得到证实。周文王曾讨伐密须、耆、邘、崇,以后由岐下迁都丰。[1] 这些地方今为何地?

《史记集解》引应劭曰:"密须氏,姑姓之国。"瓒曰:"安定阴密县是。"《史记正义》引《括地志》:"阴密故城在泾州鹑觚县西,其东接县城,即古密国。"泾州即今甘肃平凉地区泾川县,位于泾河上游。密县在今甘

---

① 《史记》卷4《周本纪》,中华书局1959年版,第118页。

肃灵台县,位于泾河上游一支流上。

耆,《史记正义》称耆即黎国,在上党东北。《括地志》称:"故黎城,黎侯国也,在潞州黎城县东北十八里。"潞州即战国和秦代的上党郡,故址为山西长治县,在山西南部。

邘,《史记正义》引《括地志》:"故环城在怀州河内县西北二十七里,古邘国城也。"怀州,为今河南沁阳市,河内县与怀州在同一地,在黄河北岸,属焦作市。

崇,《史记正义》引皇甫谧语曰:"夏鲧封,虞、夏、商、周皆有崇国,崇国盖在丰、镐之间。"《诗》云:"既伐于崇,作邑于丰。"则周文王所建之丰都,原是崇国之地。丰以古沣水得名,丰、镐在西安郊区沣河两岸,丰在河西、镐在河东,彼此相距约25千米。

岐下,即岐山之下。岐山之阳的岐山、扶风两县北部,是周人的发祥地,是周人最早的都城。古公亶父在此"营筑城郭室屋",是周人的大发展时期。由于地势狭窄,不利于发展,因此,周文王灭崇以后,便迁移至崇营造丰都新邑。

由此可知,周初周人的活动范围是以渭河为中心,周文王所征讨的诸部落小国,西北到今甘肃泾水上游,东北到山西南部、河南北部距黄河不太远的地方。以此视之,南仲征讨猃狁,也是在距渭河不远的地方。即使到了周宣王时,猃狁仍可以侵及镐京和泾阳(见《小雅·六月》),可知猃狁的居住地距渭河平原很近,不会超出陕北黄土高原的范围。因此,我们可以肯定地说,南仲所筑之城只能在黄土高原泾水、洛水流域,绝不能到鄂尔多斯北部筑城。即使到了西周末年,周朝的势力也没有到达鄂尔多斯北部地区。这从有关的先秦典籍记载上,可以看得十分清楚。谭其骧先生主编的《中国历史地图集》(第一册)[①],也是可资参考的。

2. 南仲城不是"列城"

《小雅·出车》一诗,关于南仲筑城之事共有两句,即"王命南仲,往

---

① 谭其骧主编:《中国历史地图集》第一册,《商时期全图》《西周时期全图》,地图出版社1982年版,第11—12、15—16页。

城于方"；"天子命我，城彼朔方"。

这两句诗的意思是很明白的，就是周文王命令南仲到朔方去筑城，防御猃狁的侵扰。至于修筑了多少座城堡，这些城堡的布局如何，诗作者都没有作出说明，我们也难以考证。

不过南仲所筑之城堡既然是用来防御猃狁之侵扰，显然这些城堡应当分布在猃狁自北而南往来的交通要道上，只有这样才能够阻挡猃狁的前进。

古代陕北的黄土高原上，布满了森林树木，与现在陕北黄土高原的景观有很大的差别。现在黄土裸露、水土流失严重的地方，古代大多生长有森林。从残存的树木和文献记载，可以断定陕北清涧、安塞、志丹、吴旗一线为古代森林区和草原区的分界，该线以南为阔叶林区，该线以北为草原地区。至今在黄龙山、乔山仍然生长有大片的天然次生林，就是古代原始森林的残遗。[①] 在黄帝庙旁有树龄达 4000 多年的古柏，证明陕北黄土高原可以生长针叶树。后来，由于开垦耕地，这些古代的原始森林遭到严重破坏，并引起了水土流失，出现了千沟万壑，变成了现在的景观。

由于森林密布，古代人只能沿河谷行走，河谷是古代最早的交通线。陕北河流很多，比较大的有榆林河、延河、洛河、泾河，其干流大多作南北走向。在河谷上筑城设防，即可以切断南北交通。因此，南仲所修的城堡，主要应当分布在河谷中，少数可能分布在山谷中。城堡既是为了防敌，自然应当选在河谷和山谷的最险要处，据险设防是古往今来所遵循的原则。据险而建的城堡，自然是很分散的，毫无次序可言。

有人将南仲所修筑的城堡称作"列城"，这是毫无根据的臆断。所谓"列城"，即是按照事先拟定好的计划，按照一定的次序，使城堡排列成一线，形成一条防御线。在《出车》一诗中，我们看不到"列城"的任何迹象，那么，"列城"又从何说起？有何为证？把南仲城说成是"列城"，即"连续排列的城堡"，然后再把"列城"说成是最早的长城，初看起来好像颇有道理，然而却没有任何根据可言，这种说法难以使人相信。

---

① 朱志诚:《陕北黄土高原上森林草原的范围》,《植物生态学与地植物学丛刊》1983 年第 2 期。

　　《诗·小雅·出车》是周文王时代的诗作，"周文王"是周朝建立以后追谥的庙号。到周武后克商以后，才算建立了周朝。因此，《出车》属于先周之诗作，它所描述的是：周文王秉承殷纣王的旨意，派南仲到渭河以北地方筑城，以防御猃狁南侵。南仲所筑之城，应是在南北交通中的险要之处，不是"连续排列的城堡"，只是一般的驻军城堡。因此不能把南仲城说成是周代的长城。

第 二 章

长城群体始建时期（上）——战国

一、战国齐长城

在战国时期,出于军事防御的需要,许多国家都修筑有长城,其中齐国的长城最为有名,在先秦文献中多有记载,修建时间最早。

甲,《战国策》的记载。《战国策·秦策一》载纵横家张仪说秦王曰:

> 昔者齐南破荆,中破宋,西服秦,北破燕,中使韩、魏之君,地广而兵强,战胜攻取,诏令天下,济清、浊河足以为阻,长城、钜防足以为塞。

《燕策一》又载苏秦之弟苏代说燕王,燕王曰:

> "吾闻齐有清济、浊河,可以为固;有长城、钜防,足以为塞。诚有之乎?"(苏代)对曰:"天时不与,虽有清济、浊河,何足以为固? 虽有长城、钜防,何足为塞?"

按,《史记·苏秦列传》亦载此,文字略同。全文如次:

> 燕王曰:"吾闻齐有清济、浊河可以为固,长城、钜防足以为塞,诚有之乎?"对曰:"天时不与,虽有清济、浊河,恶足以为固;民力罢敝,虽有长城、钜防,恶足以为塞。且异日济西不师,所以备赵也;河

北不师,所以备燕也。今济西、河北尽已役矣,封内敝矣。"

乙,《吕氏春秋》的记载。《吕氏春秋·权勋篇》记载说:

> 文侯(引者按,指魏文侯斯)可谓好礼士矣,好礼士,故南胜荆于连隄,东胜齐于长城,虏齐侯献诸天子,天子赏文侯以上闻。

丙,洛阳城东郊太仓古墓出土的骉氏编钟铭文,也记载了齐长城。其铭文曰:

> 唯廿又再祀,骉羌乍伐,厥辟䣊宗敲逢征秦遐齐,入䧹城(按,即长城)。先会于平陰(按,即平阴),武侸寺力,寯敓楚京。赏于轪轪宗,令于晋公,邵于天子,用明则之于铭。武文咸刺,永葉毋忘。①

观上述记载,可知战国时期齐国确实筑有长城,以备燕、备赵为目的,受到邻国燕、赵以及西方秦国的关注。不过,齐长城的修筑,搞得"民力罢敝","封内敝矣",可知工程量相当巨大,消耗了大量的民力和财力。从周围国家对齐长城的特别关注来看,一定是齐长城在列国中修筑最早的缘故。试想,如果当时许多国家都有了长城,也就不会对齐长城的修筑感到大惊小怪了。

不过,上述文献记载至为简略,有关齐筑长城的起止地点、长城的走向、长城修筑的时间等问题,尚需参照其他资料进行深入论证。

(一)齐长城的起始地点

《战国策》和《史记》都把"长城、钜防"与"清济、浊河"相提并论,反映出"长城、钜防"与"清济、浊河"有关,有相辅相成、互为表里的意思。因此,首先必须搞清楚"清济、浊河"和"长城、钜防"之间的关系。

1.释"清济、浊河"

济是济水,河是黄河,古代黄河只称作河或大河,黄河这个称呼是秦汉以后才出现的。从"清济、浊河"来看,当时的济水比较清澈,黄河比较

---

① 郭沫若:《骉羌钟铭考释》,见《金文丛考》,日本东京文求堂书店1932年版。

浑浊。由此可知,在战国时期黄河之水即已变浑浊了。依谭其骧先生意见,在春秋战国时期,黄河下游分为东、西两支,东支自宿胥口(在今河南滑县境内)东北流,经濮阳、内黄、馆陶、东光、黄骅入海;西支自宿胥口北流,经巨鹿、高阳、霸县(今河北霸州)、天津入海①。当时的济水在黄河东支之东,两者大体上是平行北流。现在黄河下游,即为古济水之故道。在战国时期,黄河东支恰在齐国与赵国、燕国的边界附近,济水距齐国西部边境不算太远。因此,齐国便把黄河东支和济水当成是防御赵国、燕国以及其他邻国的天险了。其邻国也把黄河东支和济水,视为难以逾越的天堑。古代文献中"齐有清济、浊河可以为固",即指此而言。

2. 释"长城、钜防"

今人把"长城钜防"连读,认为钜防是指长城而言,这是错误的。"长城、钜防"与"清济、浊河"两两相对应,故知"钜防"非指长城而言,而是另有所指。由于长城与"钜防"甚近,故而长城、"钜防"并列,有如清济、浊河并列之例。那么,"钜防"又是指何而言?这对于确定齐长城起始地点的方位至为重要,必须详加考证。

据《春秋》记载,鲁襄公十八年(前556年),齐灵公侵占鲁国的北鄙。于是,鲁襄公会同晋、宋、卫、郑、曹、莒、邾、滕、薛、杞、小邾诸国之兵"同围齐"。《左传》对此事记载尤详,称晋平公沉玉于河,祷曰:"齐环怙恃其险,负其众庶,弃好背盟,陵虐神主。曾臣彪(晋平公名彪)将率诸侯以讨焉。"同年十月,"会于鲁济,寻溴梁之言,同伐齐。齐侯御诸平阴,堑防门而守之广里。"据此可知,齐国所恃之险应是防门。那么防门在何处?《左传·襄公十八年》云:

> 夙沙卫曰:不能战,莫如守险。弗听,诸侯之士门焉,齐人多死……齐侯登巫山以望晋师……齐侯见之,畏其众也,乃脱归。丙寅晦,齐师夜遁……十一月丁卯朔,入平阴,遂从齐师。夙沙卫连大车以塞隧而殿。

---

① 谭其骧:《西汉以前的黄河下游河道》,见《长水集》(下),人民出版社1987年版。

对《左传》的上述记载,杜氏注曰:"平阴城在济北卢县东北,其城南有防,防有门,于门外作堑横行,广一里。"杜氏此说不确,其实广里是地名。《后汉书·郡国志》济北国条称:"卢有平阴城,有防门,有光里。"光里即广里,《水经注·济水》引京相璠语曰:"今防门北有光里(引者按,北应为南),齐人言广音与光同,即《春秋》所谓'守之广里'者也。"

杜氏注称平阴城南有防门,那么,防门又是何物?防门与"钜防"又是何种关系?这是必须搞清楚的问题。从平阴城附近的地形考察可以得知,防门与巫山有关,"钜防"指巫山石门而言。

平阴原属于鲁国之地,后来齐国侵占了鲁国北方许多领土,平阴为齐国所据,建立了平阴城。西汉时,在泰山郡下设立了卢县,为济北王都,平阴划入卢县。东汉时,卢为济北国五城之一,平阴属卢。春秋战国时期的平阴城,不在今平阴县境内,而是在今肥城市境内。春秋时期的巫山,今称孝堂山,以山上有汉代孝子郭巨葬母之所而得名。嘉庆《平阴县志》卷2《疆域志》称:"巫山即今孝里铺之孝堂山,尚有碑记可考。其东山内有赴济南古路,两山对峙,曰石门。孝里铺南有村,曰东长,其西南三里有村曰防头,今皆隶肥城。古平阴城,故老相传谓今东长村,即其地,遗迹犹存。"光绪《肥城县志》附图,标注孝堂山之西有孝里铺,孝里铺西南有东张庄,即嘉庆《平阴县志》所称的东长村(疑东长村为东张村之误),再东南为广里庄。孝里铺、孝堂山、东张庄、广里庄均西濒黄河,即古代的济水(见附图)。

上述地志记载,是解释"钜防"的最可信资料。平阴城之东北为巫山(孝堂山),巫山之中两山对峙,其中只有一隙可行车马,有如石门,是齐鲁往来的必经之地。从军事角度来看,这是难得的天险。如果堵塞石门,即可以断绝南北往来。齐将夙沙卫对齐侯提出"不能战,莫如守险",此险即指巫山石门而言。齐军夜逃之以后,夙沙卫将战车连接在一起"以塞隧",就是指堵塞巫山石门而言。齐侯登上巫山"以望晋师",说明从巫山之顶可以望见济水之滨,观察敌人的动静,这也是巫山之险的一个重要方面。春秋时期,人们将巫山石门称作齐国的"钜防",是一点也不夸张的。因此,巫山石门又被称作防门,巫山又有防门山之称。《通典》卷180

《州郡十·青州风俗》称:"今济阳郡卢县界有防门山,又有长城东至海",防门山显然是指巫山而言。

3.齐长城始于肥城傅家岸

从"济清、浊河"的记载来看,济水在春秋时期是一条著名的河流。济水又称济渎,它发源于河南境内,上游清代称马颊河,在汶水注入以后,水量大增,经东阿、平阴、肥城、长清、济南、利津注入渤海。由于其水比较清澈,在清代被称作大清河。清咸丰五年(1855年)六月十九日,黄河在兰阳(今兰考)铜瓦厢决口,黄河之水夺大清河河道,今山东境内黄河下游即大清河亦即古济水之旧河道。自此以后,古代的济水便消失了。

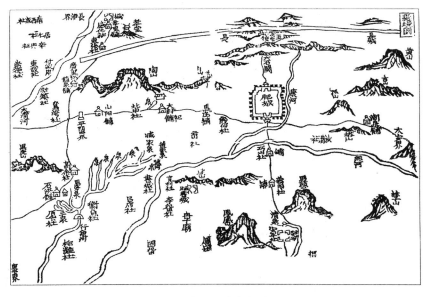

康熙地图上的齐长城

这是康熙十一年(1672年)所绘制的地图,将齐长城的起点标注在大清河(古济水)东岸,广里社(即古广里)在长城之南,东张社(即古平阴城)和孝堂山(古称巫山)在长城之北,长城横穿五道岭而过

古代济水充溢,水深难以涉渡,因此,齐国把济水看成了一道天险。当时,济水大概无桥梁,只有在河水浅的地方才可以涉渡。其中在古平阴(今肥城)一带河水比较浅,河中有沙洲,于是成为东西往来的要津。这

个古渡口在清代仍然存在,渡口附近有傅家庄,又称傅家岸,以地近河岸而得名。"清河晚渡"是清代肥城八景之一。康熙《肥城县志书》上卷《津梁》对傅家岸渡口有记载,称渡口"在城(指县城)西北七十里"。从其所附的地图来看,傅家岸渡口在广里村旁,渡口的东北有古平阴城故址东张村和孝堂山(即古巫山)。

这个渡口非常重要,春秋时晋平公所率领的诸侯大军,为什么偏偏选择从平阴讨伐齐国,不避开防门之险呢? 其中很重要的原因,是平阴有古渡口,大军可以顺利地涉渡。齐国虽然在平阴城南的广里设防,然而并没有阻止晋平公涉渡济水,并占领了平阴城,即证明了这一点。

古平阴城和巫山原属平阴县,在元代改划给肥城县(今肥城市)。在康熙《肥城县志书》附图上,标注有齐长城。长城起始于大清河右岸之滨,长城起始处以北为东张社(即东张村,又称东张庄,今讹为东障村),即春秋平阴城故址;此外还有孝堂山(即春秋时之巫山)。长城起点以南,有傅家岸渡口和广里社(即春秋时之广里)。齐长城起始地点选在这里是有原因的,来犯之敌即使渡过了济水,仍是在长城之外,不越过长城是无法进抵平阴城的,其保护平阴城的用意是十分清楚的。还有,长城之内有巫山石门天险,长城变成了防门的第一道防线。来犯之敌不仅要越过长城,而且必须突破巫山石门才能进入齐国的腹心地区。将广里隔在长城以外,是因为广里接近济水渡口,在这里设防屯兵,可以阻止敌人涉渡济水。因此,广里又被称作"防头",用以表示这里是阻挡敌人侵犯的前沿阵地和关头。

(二)齐长城的走向与止点

《史记·楚世家》载,顷襄王十八年(前281年)有人言事曰:"射嗃鸟于东海,还盖长城以为防,朝射东莒,夕发浿丘,夜加即墨,顾据午道,则长城之东收而泰山之北举矣。"这段文字所提到的东莒、浿丘、即墨、午道、太山,都是齐长城所经过之地,东海则是齐长城所止。正义引《太山郡记》云:"太山西北有长城,缘河径泰山千余里,至琅邪台入海。"《齐记》云:

"齐宣王乘山岭之上筑长城，东至海，西至济州千余里，以备楚。"《括地志》云："长城西北起济州平阴县，缘河历太山北冈上，经济州淄川，即西南兖州博城县北，东至密州琅邪台入海。"有人把"缘河"理解为长城沿河（济水）走向，是错误的。"缘河"是说长城起于济水之滨，并不是沿济水走向；"至密州琅邪台入海"，是说长城止于琅邪台海滨。上述汉唐人的文字，粗略地描述了齐长城的走向和起止地点。其起止的记载，大体是可信的，只是嫌其不够详细，仍需仔细考证，力求具体准确。清代有关的地方志，较为详细地记载了齐长城的走向和起点。

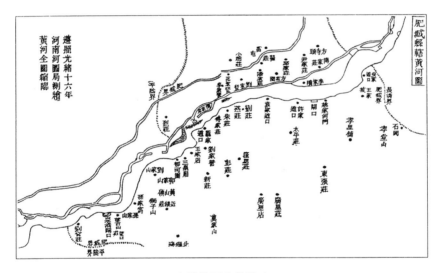

光绪地图上的济水

这是光绪十六年（1890年）测绘的肥城县西北部的黄河，即古代的济水故道。图中的东张庄即春秋战国时期平阴城故址，广里庄为古广里旧地，孝堂山古称巫山，为齐国钜防所在。黄河东岸的傅家庄、黄河中的傅家岸为古渡口旧址。鲁襄公十八年（前556年），晋平公率领的联军即由此渡过济水，经广里围攻平阴城，齐军兵退孝堂山。图中黄河以南旧属平阴县，元代改属肥城县

　　康熙《肥城县志书》所附县境图，绘出了齐长城东起于广里北、东张社南，其地今称岭子头，然后沿肥城县北境向东走向，从五道岭正中穿过（见附图）。其《古迹志》称："长城……在城北十五里……今五道岭上遗址尚存。"光绪《肥城县志》卷2《古迹志》则载："五道岭在城北十二里，南北径八里，南隶肥城，北隶长清，以长城为界。"据此，则齐长城经由了肥

城县北部、长清县(今济南市长清区)南部,长城成为两县的分界线。

道光《长清县志》卷2《舆地下·古迹》于齐长城也有记载,称"长清邑东南九十里有长城,且有孟姜女庙。其城西自广里,东至于海,然在长清县境内业已倾颓,仅存遗址"。又引《旧志》:"长城,县治东南九十里。说者云县治迤南七十里五道岭,岭入东为长城铺,土人因长城而建姜烈女祠。"长城铺原是津浦铁路上的一个小火车站,不知现在尚有否?

齐长城由长清县东南进入泰安县境内。道光《长清县志》古迹条称:"长城钜防,俗呼大横岭,其西北六十里,即泰山冈阜,古长城所经。《战国策》所谓齐有长城钜防者也。"其山条称:"(泰山)西北为斗虎沟,又北为青山岭、分水岭、长城岭。"该志卷首疆域图上绘有长城,适当泰山西北与历城县交界处。聂鈫《泰山道里记》云:"长城岭俗呼大岭,古长城所经。"[1]则长城岭是以山上有长城而得名。

齐长城经泰山之北进入历城县南(今历城县建置已撤,成为济南市历城区),道光《长清县志》古迹条称:"至泰山之阴历城境内,则崇高连亘,言言仡仡,依然坚城。至梯子山历城与莱芜接界处,为长城岭。"

齐长城自历城县东南之梯子山,在莱芜、章丘两县之间向东延伸。道光《章丘县志》卷3《山水考》载:"长城岭在县治南百余里,南接泰安、莱芜界,东至劈林尖山,接淄川界,西至天罗顶,连历城界。林木郁茂,四时如春……俗名长林岭,岭上有古长城遗迹,相传齐所筑以御楚……莱芜土人又谓长春岭,旧有孟姜庙。"

齐长城由章丘劈林尖山进入博山县(今博山区)境内,乾隆《博山县志》卷1《山川》载:"凤凰山,县西南三里,峰回翔折,如凤鸟之矫翼,故名。陇水出其麓,山上有长城遗址,山北名夕阳坡";"长城岭,自鹅岭之脊东逾秋谷接荆山,迤逦岳阳山,以东逾淄水,接临朐、沂水界之东泰山,自脊西行跨凤凰山、连原山、王大岭,出青石关之西,接莱芜界,山脊皆长城岭也。"

---

① 道光《长清县志》卷2《舆地下·古迹》。

齐长城由博山县进入临朐县，光绪《临朐县志》卷3《山水》称："长城在大岘山上……今犹宛宛山际，沿沟壑伏，沿崖阜起，西接博山之岳阳山凤凰岭，东随大弁山入安丘界"；"大岘山在县治东南百五里，《齐乘》即穆陵关也。其山峻狭，仅容一轨，故为齐南天险……山岭长脊一线，宛宛不绝，登沂山南眺，东西横带如防如垣，西有铜陵关，道通沂水，与此关相去可四十里，形势要险，正相埒也。岭上有长城，故关侧一名长城岭。"

沂水县北境有齐长城，道光《沂水县志》卷2《舆地·古迹》称："古长城，邑北一百里太平社，东西亘数百里"；"县北偏东百五里，上有穆陵关，关之南北为沂、朐分界处。齐宣王筑长城于此，西起济州东抵海，犹有遗址。"据此，则知齐长城经由临朐、沂水两县交界处。

齐长城由临朐、沂水间东行，进入安丘县（今安丘市）境内。万历《安丘县志》卷3《山水考》称："八十里曰太平山（县治西南八十里），上有长城岭"；"古长城一名长城岭，在太平山上。"此长城岭是由齐长城在岭上而得名，长城岭之名非止一处，均得名于齐长城。

齐长城由安丘县东行，进入莒县东北。嘉庆《莒州志》卷5《古迹》称："长城在州东北一百二十里，俗名长城岭……长城之入莒者，自穆陵东历太平山，四十里接高柘之岭。转而南，绝浯水，过卧牛城，又南傍高华岭入诸城界。"齐长城自西而东横穿日照县（今日照市）北部，光绪《日照县志》卷1《古迹》称："长城，史称齐宣王作长城，以备楚。东至渤海，西接穆陵，今在县境者二十里，洪陵河西入莒州，昆山以东入诸城。"

然后，齐长城自日照县昆山进入诸城县（今诸城市）南境。乾隆《诸城县志》卷8《古迹考》称："俗名长城岭……城因山为之，起平阴之防门，缘太山北冈而东，蜿蜒千里，至日照滕家庄后入县境。又东南二里则分流山也，历马耳山、寿芝山、苗山、拨地盘、黑溜顶，为南北大路，大路西计六十余里。自此而东，更在摘星楼山、马山、雷石山、台家沟，至亭子澜后，计七十余里，入胶州界，共百三十七里。"

齐长城自诸城县雷石山进入胶州境内，仍是横贯西东。道光《胶州志》卷38《古迹》称："长城在治南八十里齐城等山，城因山为之，培高堑下，各有门阙邸阁，今不可见……十五里至六汪庄南、铁镢山阴。东历杨家山、白狼山、齐城山,至黄山顶十余里。又东历小珠山阴、鹁鸪山,至徐山之北于家河庄,东入海三十里。城之历州境者百五十余里。"

齐长城入海处,道光《胶州志》卷12《山川》说得最确。"《泰山郡记》及《括地志》《水经注》皆云琅邪台入海,《山东通志》云至胶州大珠山入海。今考治内长城入海处,在小珠山东、徐山北,西南去琅邪台九十里,去大珠山亦三十里,诸书皆臆说也。"又解释说:"小珠山与大珠山,古朱山也。小珠山在州东南九十里,屹然两峰,西北曰釜台筒,东南曰大顶。《续夷坚志》所谓小珠山双峰嵯峨,高入云际也。"

据上述地方志记载,可知齐长城西自济水(今黄河)起,东经肥城、长清、泰安、历城(今济南)、莱芜、章丘、博山、临朐、沂源、沂水、安丘、莒、日照(今五莲)、诸城、胶州(今胶南)、青岛等16县(市),在琅邪山(今作琅琊山)以北45公里处青岛市黄岛区于家河庄进入黄海之中。据今日考察的结果,其全长为618893米。其中干线长538403米,支线长80490米。[①]

(三)齐长城不是一时所筑

《水经注·汶水》引《竹书纪年》云:"晋烈公十二年,王命韩景子、赵烈子翟员伐齐,入长城",是目前所见文献中关于齐长城明确纪年的唯一记载。晋烈公十二年(前408年)韩景子、赵烈子伐齐入长城,说明在此以前齐国即筑有长城,齐国不可能在得知有外敌入侵的情况下匆忙现筑长城,因为修筑长城费时费力,不能一蹴而就。因此,齐长城不是修筑于晋烈公十二年,齐长城应修筑于晋烈公十二年以前,即公元前408年以前,这在逻辑上是说得通的。

晋烈公十二年为齐宣公就匜四十八年,齐宣公在位51年,死于公元前405年,由其子贷继位,史称齐康公。由此可知,在齐宣公末年即应有长城的修筑。齐长城应始建于齐宣公之世。齐宣公为什么要修筑长城

---

① 　路宗元主编:《齐长城》,山东友谊出版社1999年版,第12、31—33页。

呢？这与楚国不断向北扩张,威胁了齐国的形势有关。

齐宣公之世正是楚惠王(前488—前432年在位)和楚简王(前431—前408年在位)时期。据《史记·楚世家》,楚惠王十年(前479年),"灭陈而县之"。四十二年,"楚灭蔡"。四十四年,"楚灭杞,与秦平"。楚简王元年(前431年),"北伐灭莒"。陈国旧地,为今河南淮阳县。蔡国故地,为今河南上蔡县。杞国原封在雍丘,即今河南杞县;后迁淳于,在今山东安丘市。莒国即今山东莒县,地近齐国南部。在楚国向北扩张的同时,吴王夫差也向北扩张。楚惠王十三年(前476年),"吴王夫差强,陵齐、晋"。楚国、吴国都在齐国之南,为了防御楚国、吴国的侵扰,齐国必须加强南部的防御能力。齐长城作东西走向,长城以北是齐国腹心地区,其防御的敌人在南方,从长城的走向上看是非常清楚的。

从齐宣公所面临的周边形势来看,当时确有修筑长城的必要。因此,齐长城应当修筑于齐宣公时期。齐长城工程量巨大,显然不是一次性筑就。齐长城应是始建于齐宣公时期,后来又多次修筑,才最后完成。其续修之长城,应是在齐威王、齐宣王时期。为了说明这一点,需要对当时的政治形势进行分析。

在齐威王时期,外部侵扰的威胁严重。《史记·田敬仲完世家》载:"齐威王元年,三晋因齐丧(按,指齐康公死去)来伐我灵丘。三年,三晋灭晋后而分其地。六年,鲁伐我,入阳关。晋伐我,至博陵。七年,卫伐我,取薛陵。九年,赵伐我,取甄。"在齐威王初年,竟有三晋(赵、魏、韩)、鲁、卫、赵不断讨伐齐国,进入灵丘(今山东茌平县北)、阳关(今山东聊城市北)、博陵(今山东临清市东南)、薛陵、甄(今山东鄄城县)等地,对齐国构成了重大威胁。在外患不绝的形势下,齐国被迫增筑长城以自卫,显然是非常必要的。于是在齐宣公长城的基础上,将长城加以延长,从济水之滨一直修到黄海之边,从而完成了长城千里的壮举。

齐威王有长城,在《史记》中多见记载。《田敬仲完世家》称:威王"遂起兵西击赵、卫,败魏于浊泽而围惠王。惠王请献观以和解,赵人归我长城"。《六国年表》则称,齐威王十一年(前368年)"伐魏取观,赵侵我长城"。是年为赵成侯七年,《六国年表》称这一年赵"侵齐,至长城",则赵成侯侵齐不仅"至长城",还占据了长城,因此,事后才有"赵人归我长城"的记载。齐威王时的长城,如非齐宣公所筑,便是齐威王所筑,二者必居其一。

齐宣王是齐威王之子,他在位的时候(前342—前324年)战争仍然相当频繁。据《史记·六国年表》,齐宣王二年"败魏马陵"。三年"与赵会,伐魏"。十年,"楚围我徐州"。十一年,"与赵伐魏"。与周围邻国的战争不断,自然需要加强防御能力,对前代的长城加以增修扩大。因此,《齐记》称:"齐宣王乘山岭之上筑长城,东至海,西至济州千余里,以备楚。"从这条记载可以看出,齐长城自齐宣公以来,经过不断地增修扩大,到齐宣王时才最后完成。

厵氏编钟铭文,对于确定齐长城修筑的时间,具有重要的参考价值。其铭文中的"入飖城"就是"入长城"。由于铭文中有平阴(平陆)二字,知此长城为齐国平阴附近的长城。该铭文的年款为廿二年,据郭沫若考证应是周威烈王二十二年,即齐康公元年(前404年)。此长城即晋烈公十二年(前408年)韩景子、赵烈子伐齐所入之长城。当时,田氏尚没有代齐,齐威王、齐宣王没有继位,铭文中的长城显然是齐宣公所修筑之长城。厵氏编钟铭文证明,早在齐威王、齐宣王以前,齐国即建有长城。其他列国此时不见有长城的记载,因此,齐长城是战国修筑最早的长城,它始建于战国初期,是我国最早的长城。

齐长城始建于齐宣公,中经齐威王续建,到齐宣王时最后完成。齐宣公于公元前455年即位,齐宣王死于公元前324年。从齐宣公即位到齐宣王死亡,前后是131年。不过齐长城不会是从齐宣公刚即位就修筑,也不会直到齐宣王临死前才结束。其实际修筑的时间,可能是从齐宣公中期经齐威王到齐宣王中期,前后历时大约100年。概括地说,齐长城的修筑是始于公元前5世纪中叶,到公元前4世纪初年最后完成。

齐国首开修筑长城的先例,此后为其他国家所效仿,纷纷修筑长城以自卫。修筑长城的风气,由此而延续到后代。

二、战国楚长城

在东周时期,楚国筑有长城,在许多文献中见有记载。许多人认为,楚长城修筑于春秋时期,是我国最早的长城。然而仔细审视有关的历史文献,发现楚长城并非春秋时所筑,也同东周其他诸侯国的长城一样,修筑于战国时期。

为了说明这一点,首先必须将楚长城筑于春秋说所依据的记载,一一进行剖析,以取得比较可信的结论。

(一)鲁僖公四年楚筑长城说

许多人认为,鲁僖公四年楚国即有长城了,略谓:

> 春秋战国时各国出于防御目的,分别在边境形势险要处修筑长城。《左传·僖公四年》载有"楚国方城以为城"的话,这是有关长城的最早记载。①

鲁僖公(又作鲁釐公)四年为周惠王二十年、楚成王十五年、公元前657年,即公元前7世纪中期。如果这时楚国真有长城的话,那确实是中国最早的长城了。

然而仔细审视原文,却不能证明楚成王时已筑有长城。为了便于分析说明,需将《左传·僖公四年》的原文征引于此:

> 夏,楚子使屈完如师。师退,次于召陵。齐侯陈诸侯之师,与屈完乘而观之。齐侯曰:"岂不谷是为,先君之好是继,与不谷同好如何?"对曰:"君惠徼福于敝邑之社稷,辱收寡君,寡君之愿也。"齐侯曰:"以此众战,谁能御之! 以此攻城,何城不克!"对曰:"君若以德

---

① 《汉语大词典》第11册,汉语大词典出版社2007年版,第592页。

绥诸侯,谁敢不服! 君若以力,楚国方城以为城,汉水以为池,虽众无所用之。"屈完及诸侯盟。

在"楚方城以为城,汉水以为池"这句话的后面,杜预注说:

方城山在南阳叶县南,以言境土之远。汉水出武都,至江夏入江。言其险固,以当城池。

杜氏之言,可以说是抓住了"方城以为城,汉水以为池"的要旨。

《左传》所称的齐侯,即齐桓公小白,他在管仲辅佐下,通过改革整理了内政,国力迅速壮大,成为春秋时期的第一位霸主。在齐国向西方郑国、宋国、卫国扩展势力的同时,南方的楚国则积极向北扩张,灭掉了邓、申、息等国,齐、楚之间发生了矛盾。于是,鲁僖公四年,齐桓公率领鲁、宋、陈、卫等国讨伐站在楚国一边的蔡国。蔡国溃败,齐桓公欲乘胜讨伐楚国,与楚国统帅屈完相会于召陵(今河南漯河市郾城区),上述齐桓公与屈完的一段对话,就是发生在召陵之会上。

齐桓公自恃有齐、鲁、宋、陈、卫五国之师,向楚国发出了武力威胁:"以此众战,谁能御之!"屈完不甘示弱,针锋相对地告诉齐桓公:"楚国方城以为城,汉水以为池,虽众无所用之!"齐桓公听了此言,知道楚国有山河之险,难以讨伐,只好与楚国言和,结召陵之盟,最后撤兵,避免了齐、楚之间的一场战争。

屈完所言,"楚国方城以为城,汉水以为池",并不是一句空话,而是有所指的。

楚之先熊绎在周成王时受封于楚蛮,居于丹阳,即今湖北秭归县东,南濒长江。到楚文王熊赀时,将都城东迁到郢,即今湖北荆州市荆州区纪南城①,也是在长江北岸。屈完之时,楚国都城仍在郢。郢都北有汉水、汉水之北有伏牛山,汉水之东有大别山。汉水、伏牛山、大别山,都是楚国北方和东北方的天然屏障,可以据险制敌,御敌人于国门之外。屈完讲"楚国方城以为城,汉水以为池",就是指楚国有山河之险而言。

齐国、鲁国在大别山北方,宋国(今河南商丘)、陈国(今河南淮阳)、

---

① 《史记》卷40《楚世家》,中华书局1959年版,第1695页。

卫国（今河南濮阳），都在伏牛山的东北。在郢都附近还有汉水作为天堑。齐桓公的联军要穿过崇山峻岭，渡汉水以后，才能进抵郢都，可谓困难重重。齐桓公正是考虑到楚国有山河之险，才打消了讨伐楚国的念头，班师回国。

如上所述，屈完所讲的"楚国方城以为城"，是指山河之险而言。我们千万不要望文生义，得出楚成王时已有长城的结论。

（二）释"方城"

"方城"是山名、地名，杜注说得非常明确。根据历史文献记载，楚国境内共有三个方城。仔细考察这三个方城的位置和环境，有助于我们对"方城"的认识和了解。

1. 叶县方城

叶县方城，见于《左传》杜注："方城山在南阳叶县南。"叶为楚国地，公元前577年，许灵公在郑国的威逼之下，要求迁于楚境，以取得楚国的保护。于是，"楚公子申迁许于叶"。公元前525年，许国西迁到析（今河南西峡县），"以叶封沈诸梁，号曰叶公"。秦汉时，叶为南阳郡属县，今为河南平顶山市属县。叶县在伏牛山北，是楚国的边邑，故《左传·昭公十八年》称："叶在楚国，方城外之蔽也。"

叶县之南有伏牛山，古代伏牛山地势险峻，森林密布，成为易守难攻的天险和关塞。《淮南子》记载天下有九塞，这九塞是太汾、渑阨、荆阮、方城、殽阪、井陉、令疵、句注、居庸。九塞都是自然天险，方城也不例外，方城是伏牛山天险，这是很清楚的。杜预把方城释为方城山，可以说是最准确的注释。

不只是杜预将方城释为山险，其他人也有相似的注释。《国语·齐语》韦昭解称："方城，楚北之危塞也。"《战国策·秦策》高诱注云："方城，楚塞也。"塞指天险而言。郑玄和高诱是东汉人，韦昭是三国吴人，杜预是西晋人，他们生活的时代距春秋战国不算太远，对先秦之事比较了解,其注释自然是比较可信的。

2. 竹山县方城

楚国的第二个方城,初见于《左传》,文公十六年载:是年秋八月楚大饥,"庸人帅群蛮以叛楚,麇人率百濮聚于选,将伐楚"。于是,楚国出师讨伐庸和百濮。"乃出师旬有五日,百濮乃罢,自庐以往,振廪同食,次于句澨,使庐、戢、黎侵庸,及庸方城。"杜注:"方城,庸地。上庸县东有方城亭。"

庸国虽小,却是一个古国。《尚书·牧誓》中有庸、蜀、羌、髳、微、卢、彭、濮之名,则庸国早在西周初年即已存在了。鲁文公十六年即公元前612年,楚国在战胜庸国以后,随即灭掉了这个小国。秦代在庸国旧地设上庸县,属汉中郡,西汉仍是如此。其地在今湖北十堰市竹山县境内。

竹山县北为武当山,其西为大巴山,其东有荆山,其南为巫山神农顶,这里是群岭环抱的山区,武当山主峰海拔1652米,神农顶海拔3105米。竹山县、房县以南,便是现在的神农架林区,经常有"野人"出没。春秋战国时期,这里是山高林密,居民稀少,路途凶险。楚国伐庸之初连吃败仗,后来庸国放松了警惕,楚国才得以取胜。庸国的方城,也是以山险得名。

3. 荆楚之方城

楚国的第三个方城,在荆楚之地。郦道元《水经注·沔水》载,沔水支流有陂水,"陂水又径郢城南,东北流,谓之扬水。又东北,路白湖水注之,湖在大港北,港南曰中湖,南堤下曰昏官湖。三湖合为一水,东通荒谷。……春夏水盛,则南通大江,否则南迄江堤,北径方城西,……又北与三湖会","扬水又东历天井北,井在方城北里余"。

沔水,即汉水。《尚书·禹贡》有"嶓冢导漾,东流为汉"之语。孔传曰:"泉始出山为漾水,东南流为河沔水,至汉中东流,为汉水。"阪水、扬水,今无其名,疑即今之沮漳河,以其在纪南城(古之郢都)之西又转经城南故也。《水经注·沔水》又称:"方城即南蛮府也。"郦道元是北魏人,他所说的南蛮府,是指南朝的荆州而言,荆州治今湖北荆州市荆州区故江陵县，在今江陵县西北。今江陵县西北有纪山，纪山之南为楚国郢都的所在地，史称纪南城。江陵之方城，应指纪山而言。今日纪山附近有万城之名，疑即由方城演变而来。

楚国境内共有三处方城，都是指山而言。那么，"方城"又是因何而得名？在古汉语中，"方"字有"旁"的意思，又有"边"的意思。《周礼》地官有诵训一职，"诵训掌道方志，以诏观事"。郑氏注曰："说四方所识久远之事，以告王观。"贾疏曰："掌道方志，谓所识四方久远之事。"（着重号为引者所加）由此观之，古代所说的"方"，犹今日所说的四方、四面，即周边之义。因此，四邻之国被称作方国，四周之地被称作地方，记载地方之书称作方志。熟悉一个方面、一个领域的专家称作方家——这是"方"字词义之引申。

楚国的三处方城，都在其周边地区。由此可知，所谓方域的本义就是边山、边塞。由于山险可以御敌，其功用与城堡相似。因此，楚国人将周边的山岭称作方城，即有城堡作用之山。郑玄使用"方城山"，最为直接明快地说明了这一点。韦昭《国语解》称："方城，楚北山"；《后汉书·郡国志》称："叶有长山，曰方城。"都明确地指明了方城是山，或指北山，或指长山。

在《尚书·禹贡》中，又有外方、内方之说："熊耳、外方、桐柏，至于陪尾，导嶓冢，至于荆山。内方至于大别、岷山之阳，至于衡山。"孔氏传云："四山相连，东南在豫州界。洛经熊耳，伊经外方，淮出桐柏，经陪尾"；"内方、大别二山，名在荆州，汉所经。"由此可知，早在《禹贡》成篇的时代，外方、内方都是指山而言，与熊耳山、桐柏山、陪尾山、荆山、岷山、衡山并列。《禹贡》撰写的时代，有西周、春秋、战国不同的说法，其成篇的时代不会晚于战国中期。① 因此，外方、内方的说法出现很早，在先秦时期甚为流行。《汉书·地理志》载江夏郡有竟陵县，"章山在东北，古文以为内方山"。所谓古文，即先秦的文献。外方、内方是以其方位之远近而言，远者为外方，近者为内方。从《禹贡》及孔氏传可知，所谓内方、外方是楚国人的

① 靳生禾：《中国历史地理文献概论》，山西人民出版社 1987 年版，第 29—30 页。

说法,是以楚国为中心而言。今伏牛山北有外方山,即楚国之遗留。

(三)楚东西长城

楚国确实修筑有长城,在许多文献中有零散的记载。从文献记载来看,楚长城有东西两道,相互平行走向,都是从北到南。由于缺乏实地考察材料,我们只能就有关的文献记载进行研究探索。

楚国的长城,应以《水经注》记载为早。其沋水篇引盛弘之云:

> 叶东界有故城,始犨县东,至瀙水,达比阳界,南北联联数百里,号为方城,一谓之长城云。郦县有长城一面,未详里数,号为长城,即此城之西隅,其间相去六百里,北面虽无基筑,皆连山相接,而汉水流其南。

《水经注》之文,记述了东西两道长城,犨县之长城为东长城,郦县之长城为西长城,两者之间相距六百里,长城之北为连山,即外方山和伏牛山。

唐代《括地志》对楚长城有更为详细的记载。《括地志》在南宋即已佚失,唐人张守节撰《史记正义》时,大量征引《括地志》。在《越王勾践世家》引《括地志》云:

> 故长城在邓州内乡县东七十五里,南入穰县,北连翼望山,无土之处累石为固。楚襄王控霸南土,争强中国,多筑列城于北方,以适华夏,号为方城。

检《史记》,楚国无襄王之名,但有顷襄王,或为顷襄王之略。《括地志》所记,是楚国西长城。

1.楚国西长城

楚国西长城是南起于穰县,中经内乡县,北到翼望山。穰县,汉代所置,废于明代,其故城在河南邓州市附近,今邓州市东北有穰东镇,即以旧穰县得名。内乡县今仍其名,在邓州市西北,湍河(古称湍水)自北而南斜穿其境。《水经注》称郦县有长城一面,郦县见于西汉,《汉书·地理志》称:"郦,育水出西北,南入汉。"育水又作淯水,今名白河,源于伏牛山,南注汉水。《水经注》称:"湍水出弘农界翼望山,水甚清澈。东南流,径南阳郦县故城东。"郦县故城,在内乡县城北,今称郦城堡。康熙《内乡县志》载,郦县故城西北有长城铺,应即《水经注》所称之"郦县有长城一面",古今相合。翼望山既为湍水之发源地,以今日地形视之,当为伏牛山主峰老君山,海拔2192米,在今奕川县境内。楚西长城沿湍河东岸向东南走向,经过内乡县东、镇平县西,到达邓州市南部,有可能进入湖北襄阳市境内。楚国西长城长约100公里。

楚西长城,是为了防御秦国的侵入而建。楚西长城西濒汉水的上游丹江,溯丹江而上,可达商州、蓝田,在古代这是从陕西关中入河南西部、湖北北部的必经之地。在丹江河谷中,设有武关、峣关,峣关地近蓝田,又称蓝田关。《战国策·楚策一》载苏秦说楚威王曰:"(秦)一军出武关,……则鄢郢动矣。"秦末,汉高祖刘邦是由武关入秦,绕过峣关,破秦兵于蓝田之南。楚国修筑西长城,其用意非常明显,就是为了防止秦兵侵入。张守节《史记正义》云:"(楚)邑徒众少,不足备秦峣、武二关之道也",可以说是十分准确的言论,从中可以看出楚西长城的重要性。

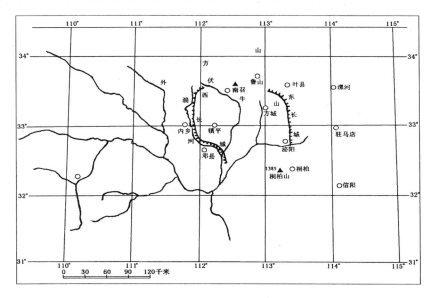

战国楚长城

2.楚国东长城

楚国东长城,据《水经注》引盛弘之语,是在叶县之东方,北起犫县,经滍水,南达比阳。

犫县为春秋时楚邑,公元前542年,"楚公子围使公子黑肱、伯州犁城犫"①。秦代置犫县,到南北朝时废去。犫县故城,在今鲁山县东南约20公里处,东与叶县相邻。

滍水为南汝河上游,又称沙河。在叶县之北,沙河与北汝河相会后仍称沙河,下游注入淮河。《汉书·地理志》称,南阳郡舞阴县(今河南泌阳县西北)有中阴山,为"滍水所出,东至蔡入汝",汝水为淮河之上源。

比阳,又称沘阳,亦是汉代南阳郡属县,其故城在驻马店市泌阳县西,泌阳系比阳之改称。泌阳之南,为河南与湖北交界之桐柏山,主峰海拔1385米。

楚国东长城遗址,已于近年被发现,新修的《泌阳县志》,对楚国东长城的位置、走向,有如下的记载:

> 楚长城遗址。春秋时楚国筑长城,其东端位于付庄乡乡政府所在地(古称重丘)东数公里处,向北经象河关,至象河乡高庄村出县境。境内段长约30公里,遗迹为长6000米、宽12米的土岭。②

该志所附的《泌阳县文物分布图》,对楚国东长城的走向也有所标注。长城南起于白云山,直北走向,经板桥水库、下碑寺到达角子山。然后转向西走向,到达象河镇。自象河镇转向北走向,经关山之东出境,进入舞钢区(今称舞钢市)③,此后走向不明。

舞钢市西与方城县相邻,据当地人士称,在方城县东北部发现有楚长城大关口遗址。大关口在方城县县城东北约16公里独树乡黄家闿村附近的山谷中,东有小顶山(海拔716.8米),西有大花尖山(海拔647.9米),均为方城山余脉。山谷深远,地势险峻,被当地称作大关口,在大关

---

①　《左传》昭公元年,阮元校刻:《十三经注疏》,中华书局2009年版,第4398页。
②　《泌阳县志》,中州古籍出版社1994年版,第612、613页。
③　《泌阳县志》,中州古籍出版社1994年版,第612、613页。

口附近还有小关口。

在大关口东西两侧的山坡上,有土、石修筑的城墙。大关口以东的北岭头上,有南北两道略作平行走向的土墙,彼此相距250—380米。城墙残高1.5—3米,顶宽1.5米,底宽10米。北城墙由大关口至北岭头山腰,长810米。南城墙由大关口向东,经水库之旁至尖山山腰,长640米。在南城墙北侧,有7个15米见方的大土台,当为军事设施。

在大关口西侧,从黄家阀后山向西北约400米的对门山,沿山岭北侧筑有土城墙,蜿蜒盘旋至山巅。从对门山北坡到旗杆山,有石筑的墙基。在旗杆山与香布袋山相交的丫口上,有长宽各12米的平台。由此西南至香布袋山,还有一道长约70米、宽1米的石墙基。经香布袋山北侧分为两支,一支至山腰,另一支转向东南,与大关口东侧的南城墙相对,俗称跑马道。大关口两侧城墙构成长方形,全长1419米。①

大关口的城墙围成长方形的空间,显然是一座古城。1981年2月,村民在城墙内发现了铜戈1件、铜镞数十枚,都属于战国遗物。据此可知,方城县大关口是战国古城,它位于楚国的境域之内,泌阳县境内的楚长城,经舞钢市向西北走向,有可能进入方城县。由于在大关口至舞钢市之间,目前尚未发现楚长城遗迹,大关口古城是否与楚长城有关,难以做出结论,需要进一步考察研究。大关口、小关口是古代南北穿越方城山的重要孔道,在军事上具有重要地位。大关口古城是楚国为了防御北方诸国(主要是秦国)的侵扰,扼守方城山谷地而建。

从考古发现来看,楚国东长城起始于桐柏山北麓,北到方城山南麓,全长在100公里左右。楚国东长城遗址的发现,证实了《水经注》关于楚长城的记载是真实可信的。楚国西长城也应当是存在的,其遗址如果没有被毁坏的话,将来也可能会被发现。

由此可知,楚国东长城应是南起于桐柏山,向北经过泌阳县,再转向西北延伸,经叶县之西,方城县之东,沿南汝河右岸北行,到达鲁山县东

---

① 《河南省志》第57卷《文物志》,河南人民出版社1993年版,第136—137页。新修《南阳地区志》《方城县志》也有相同的记载。

南,终止于平顶山,平顶山是伏牛山的一部分。东长城全长也在 100 公里
左右。

楚国东长城之东北有齐国,在春秋时期齐国是五霸之一,常常与楚国
争夺中原诸小国。入战国,齐威王以邹忌为相,通过改革变法,国力大增。
齐威王末年,"齐最强于诸侯"。楚与齐有宿怨旧仇,楚国时时提防齐的
侵入。楚国修东长城,是为了防御齐国和韩、魏、赵的威胁。

3. 关于南召县石城

2000 年 6 月,媒体报道,在河南省南召县板山坪镇南的周家寨发现
了战国楚长城,以石块干垒,除少部分坍塌外,基本完好,遗址总长 20 多
公里。① 嗣后,中国长城学会认定南阳古石城就是楚长城,并初步认定该
城就是中国最早的长城。②

将南阳地区南召县的石城确定为楚长城,是缺乏证据的。

其一,南召石城不见于旧史籍的记载,在旧地方志(如康熙《南阳府
志》、乾隆《南召县志》)、新地方志(如新修《南阳地区志》《南召县志》)均
无记载。如果南召石城是楚长城,在新旧地方志中是不会遗漏的。

其二,在南召县板山平镇周家寨石城附近,至今没有发现春秋战国的
遗物。如果此石城为楚国长城,在长 20 公里的遗址附近,应当发现春秋
战国的遗物。文物是长城断代最重要的证据,石垒的墙体在各代都可见
到,缺乏时代的特征。

其实,南召石城是晚近的产物。南召县属于山区,自清末民国以来,
由于军阀割据,战乱很多,许多地主豪绅都在山上修建山寨以自卫。南召
县这些山寨很多,如毛家寨、周家寨、马市坪寨、东桥寨等。这些山寨依山
就势,均修筑有高大的石城墙。例如毛家寨周围群山环抱,东西两侧有河
涧,寨墙以毛石砌筑,紧依绝壁,寨门附近有明确暗堡,易守难攻。周家寨
位于板山平镇以南约 4 公里的无名小山上,小山高约 500 米(相对高度),

---

① 新华网郑州 2000 年 6 月 19 日电(记者卢中州);中新社郑州 2000 年 6 月 19 日电(记
者谷珂丰)。

② 中新社郑州 2000 年 10 月 23 日电(记者赵飞)。

地势险要,筑有高大石墙。1947 年,国民党残余分子温秀甫等胁迫群众
100 余人盘踞周家寨,顽抗人民解放军。[1]

　　根据南召县多山寨的情况来看,板山平镇周家寨的石城墙,应是晚近
修筑的寨墙,与战国楚长城无关,更不是什么中国最早的长城。

（四）关于楚长城修筑的时间

　　关于楚长城修筑的时间,过去有多种不同说法。这里我们仔细讨论
一下,楚长城究竟修筑于何时。

　　有人认为楚长城修建于春秋时代,其根据是《左传·鲁僖公四年》屈
完有"楚国方城以为城,汉水以为池"之语。这种说法是不能成立的,本
文一开头就论证过这个问题。近人张维华从语义上对这句话作了分析,
指出:"以方城与汉水对举,知方城必非近于长城之边防,不然,方城既为
边城矣,又何必谓'以为城乎?'由是知僖公四年即楚成王十六年前,楚人
无筑此边城之事。"[2]张氏之言至为合理,无须赘述,然而却未引起人们的
重视。

　　近年有人提出,楚长城为楚庄王时所建,略谓:

　　　　据《水经注·汝水》条记载,"醴水径叶县故城北,春秋成公十五
　　年（前 576 年）,许迁于叶者。楚盛周衰,[庄王]控霸南土,欲争强中
　　国,多筑列城于北方,以逼华夏,故号此城为万城,或作方字"。……
　　列城是依地形排列的防御性小城,是演变为长城的一种重要形式。[3]

　　首先,依《左传》原文是鲁成公十五年十一月,《水经注》误作昭公十五
年。鲁成公十五年为甲申,周简王九年,万国鼎《中国历史纪年》、荣孟源
《中国历史纪年》均作此,这一年为公元前 577 年。将这一年标注为公元前
576 年是不对的,疑是将楚共王十五年误作鲁成公十五年了,因为楚共王十
五年才是公元前 576 年。楚共王继楚庄王即位,二人在位时间有所不同。

---

①　《南召县志》,中州古籍出版社 1995 年版,第 377 页。
②　张维华:《中国长城建置考》（上编）,中华书局 1979 年版,第 38 页。
③　林岩、李益然主编:《长城辞典》,文汇出版社 1999 年版,第 4 页。

其次,在引文中补入"庄王"二字,显然认为楚长城是楚庄王时所建。楚庄王在位的时间是公元前 613 年至公元前 591 年,即周顷王六年至周定王十六年,为春秋时代的中后期。当时,楚国的势力比较强大,楚庄王三年,灭掉庸国。六年,伐宋,获五百乘。八年,伐陆浑戎,至洛(周东都),观兵于周郊,周定王派王孙满劳楚,"楚王问鼎小大轻重",称"楚国折钩之喙,足以为九鼎"①,反映出楚庄王野心勃勃,有不臣之心。十六年,攻破陈国的国都,改为县,后又复其旧。十七年,攻破郑国的国都,大败援郑的晋师于河上。二十年,围宋五个月之久。郑、宋等国均屈服于楚国,楚庄王成为中原的霸主。

楚庄王积极向外扩张势力,是不需要修筑长城的,修筑了长城反而束缚了自己的手脚。在春秋时代,齐桓公、晋文公、秦穆公、吴王夫差、越王勾践先后称霸,都没有修筑长城。这些事实表明,强国是不需要修筑长城的。只有在强敌面前处于劣势的弱国,才有必要修筑长城作为防御措施。

在春秋之世,楚国一直保持强势。到了战国初期,楚国势力仍未衰。楚国先后灭蔡、灭杞、灭莒,即证明了这一点。后来,秦国在商鞅变法以后迅速壮大起来,并积极向外扩张,对楚国构成了重大威胁。公元前 312 年(楚怀王十七年),楚国与秦国大战于丹阳,楚国 8 万甲士战死,大将军屈匄以下 70 余将被俘,秦国占领了楚国的汉中一部分地区,设置了秦国的汉中郡。楚怀王被骗到秦国,后来死在秦国。韩国、魏国乘楚之危打劫,偷袭楚国,打到邓邑(今邓州市)。公元前 303 年(楚怀王二十八年),秦国联合齐、韩、魏共同攻打楚国,杀楚将唐昧,夺取了重丘,齐国与秦国联合,使楚腹背受敌。公元前 299 年(楚怀王三十年),秦国又伐楚,夺去楚国八城。公元前 298 年(楚顷襄王元年),秦国发兵出武关攻楚,夺取析十五城(一说十六城)而去。析即今西峡,在内乡以西的丹江北岸。公元前 293 年(楚顷襄王六年),楚国被迫与秦言和。公元前 280 年(楚顷襄王十九年),秦伐楚,割上庸、汉北地予秦。第二年,秦将白起攻破楚西陵、郢都。

① 《史记》卷 40《楚世家》,中华书局 1959 年版,第 1700 页。

由此可知,在楚怀王之世国力开始衰落,西北有强秦略地,东北有强齐侵扰,国无宁日。到了顷襄王之世,楚国势力大衰。楚国在西、东两面受敌的情况下,被迫采取守势,步步为营。在这种情况下修筑西长城以防秦,修筑东长城以防齐,显得十分必要了。虽然楚长城之修建时间不见于记载,但是从楚国的形势而言,其长城的修建应当在楚怀王、顷襄王之世,即战国中后期。张维华称:"就秦人侵楚之形势言之,楚之此一边城,必当建于怀襄之际也"①,是很有道理的。顷襄王即位之年为公元前298年,当时楚怀王在秦国当俘虏。为了简便起见,可以把楚长城修筑的时间,确定在公元前298年,姑以楚顷襄王即位作为修筑长城的标志,会更加妥当一些。

三、战国魏长城

战国七雄之一的魏国,也筑有长城,据史书记载,魏长城有两处。其中一处在今陕西北部黄河西岸的黄土高原上,史称河西长城;另一处在黄河中游的南岸,史称河南长城。后来由于黄河改道南移,将魏长城从中冲断,使长城一部分在黄河以南,一部分在黄河以北。为了论证的方便,我们仍用旧称,使用河西长城、河南长城的说法。然而必须明白,所谓河南是指古代的黄河以南,而不是现在的黄河以南,以免造成不应有的误解。

魏长城虽然见于记载,然而其分布走向和修筑时间,却自古至今都有不同的说法。魏河西长城的遗迹有所发现,而河南长城受黄河改道和黄河泛滥的影响,其遗迹很难寻找。这些都给魏长城的研究探索造成了许多困难。然而只要仔细分析各种记载,我们仍然可以从文字的迷雾中,找寻到魏长城的真实面貌。

---

① 张维华:《中国长城建置考》(上编),中华书局1979年版,第42页。

（一）魏河西长城

魏国修筑河西长城，在《史记》中至少有三处记载。

《秦本纪》称：

> 孝公元年，河山以东强国六，与齐威、楚宣、魏惠、燕悼、韩哀、赵成侯并。淮泗之间，小国十余。楚、魏与秦接界。魏筑长城，自郑滨洛以北，有上郡。

《魏世家》称：

> （魏惠王）十七年，与秦战元里，秦取我少梁。围赵邯郸。十八年，拔邯郸。赵请救于齐，齐使田忌、孙膑救赵，败魏挂陵。十九年，诸侯围我襄陵。筑长城，塞固阳。

《六国年表》称：

> （魏惠王）十九年，诸侯围我襄陵。筑长城，塞固阳。

上述三处记载，所述皆为魏国修筑河西长城之事，这本是很明白的。然而后人对此事的解释，却有很大的出入。

1. 河西长城修筑的时间

《秦本纪》称秦孝公元年（前361年），魏国修筑长城，而《魏世家》和《六国年表》则称魏惠王十九年修筑。魏惠王十九年，即秦孝公十年，公元前352年。在时间上，长城的修筑竟先后相差9年之久。如何来认识《史记》中所记载的时间差异呢？

张维华认为，秦孝公元年魏国未曾修筑河西长城，其说略谓：

> 余意《秦本纪》孝公元年之语，乃述即位后六国之形势，至于所论之事，未必即属于是年。夫魏筑长城，自郑滨洛，以北有上郡，其工不得谓微，必非一年之力所能完成，而《本纪》均属之孝公元年，则此文乃史公漫称之词，非有年代上确定之意义，其理甚显。[①]

[①]　张维华：《中国长城建置考》（上编），中华书局1979年版，第50页。

《秦本纪》所记,述秦孝公即位后所面临的形势,这是正确的。所论之事,虽然未必都发生在这一年,然而当时的实际情况确实如此。如果当时魏国没有长城存在,记事中岂能无中生有提到长城? 魏长城可能是秦孝公元年所筑,也可能是秦孝公元年以前所筑,从逻辑上来说这两种情况都有存在的可能性。不过在秦孝公元年以前,没有见到魏修河西长城的任何记载,这就排除了秦孝公元年以前筑有长城的可能性,所剩下的可能性,便是秦孝公元年魏国曾筑有长城,否则就不会有这种记载。

长城工程量很大,绝非一年即可完成。张氏以此来证明秦孝公元年魏国没有筑长城,则是没有道理的,张氏误解了原文。细读《秦本纪》之文,发现该文只是说魏国有修筑长城之事,并没有说是否最后完成。其实,魏长城应是秦孝公元年开始修筑,到秦孝公十年(即魏惠王十九年)结束,前后持续了 10 年之久。

魏河西长城的总长度,达数百千米以上。据张筱衡实地考察所见,该长城系夯土版筑,夯层"厚三寸,土中杂以灰质,极坚硬,与赫连氏之统万城相似"[1]。如此坚固的长城,其修筑自然是相当细致用心的,用 10 年之功完成,时间并不算长,这是可以理解的。

2.河西长城的走向与起止

《史记·秦本纪》称魏长城"自郑滨洛以北,有上郡",《魏世家》又称"筑长城,塞固阳",这为我们研究河西长城的走向与起止地点,提供了重要线索。依《史记》之言,河西长城应是起始于郑,沿洛河走向北上,进入上郡,长城之旁有固阳城。不过后人对河西长城有关地理的解释上,却仁者见仁、智者见智,出现了很大的分歧,今人也各宗一家,牵强附会,使本来很清楚的问题反而变得复杂化了。

(1)河西长城的起点

《元和郡县图志》卷 6 河南道陕州硤石县条称:"魏长城,在县北二十二里。魏惠王十九年所筑,东南起崤山,西北至河,三十七里。"可知李氏

---

① 张筱衡:《梁惠王西河长城考》,《人文杂志》1958 年第 6 期。

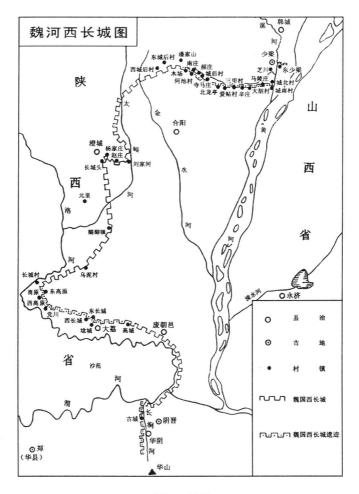

魏河西长城

　　这是史念海据实地考察绘制的魏国河西长城图,图中对现存的长城遗址和文献记载的长城走向,用不同符号作了标志。他纠正了张筱衡《梁惠王西河长城示意图》中的一些失误,张图长城经大荔县城之南,史念海则改为经大荔县城之北。《中国历史地图集》中的魏河西长城,即据史念海图绘制

　　是将崤山作为魏国河西长城的起始地点,依当时的历史而言,是不可能的。

　　崤山在今河南三门峡市和陕县之南,洛宁县之西北,界于黄河、洛河之间。《元和郡县图志》卷6载:"东至崤山,西至潼津,通名函谷,号曰天险,所谓'秦得百二'也。"又引《西征记》曰:"函谷关城,路在谷中,深险

如函，故以为名……关去长安四百里。"崤山为函谷关的东口，崤山和函谷关是春秋战国时期的重险，因此，李吉甫认为魏长城应当起始于此。

但是，崤山和函谷关在战国时期属于秦国领地，所谓"秦得百二"即证明了这一点。因此，谭其骧先生主编的《中国历史地图集》，将函谷关划入秦国的版图。崤山既然在秦国版图之内，魏国岂能出界进入秦国境内筑长城？这显然是不可能的。魏国修筑河西长城时，是秦强魏弱，修长城的目的是防御秦国，从这个角度来看，秦国焉能允许魏国入境修长城？因此，将魏河西长城的起点确定在崤山，完全违背了战国时期的历史真实。

魏河西长城起始于郑，《史记》说得很明确。郑是周厉王少子友的封地，始受封于周宣王二十二年（前806年），称郑桓公。后来，郑桓公将其封地迁移到洛水以东，称作新郑，即今河南新郑市。于是，原来的郑桓公封地，后来成为秦国的领土。秦武王十一年（前687年），在这里设立了郑县。[①] 秦汉时期郑县仍然存在，其故址即今陕西华县。华县东南有华山，海拔1997米。华山在战国时是魏国与秦国的分界处，因此，魏河西长城便以华山作为起始地点。故《史记正义》称："魏西界与秦相接，南自华州郑县，西北过渭水，滨洛水东岸，向北有上郡鄜州之地，皆筑长城以界秦境。"《水经注·渭水》称："渭水又东，沙渠水注之。水出南山北流，西北入长城，城自华山北达于河。"南山即华山，河即渭水，亦证明魏河西长城的起始地点为华山，由此向北走向，直达渭水之滨。《水经注·渭水》所说的沙渠水，今称长涧河，它发源于华山中。河西长城始于华山峪口附近的长安洞，在长涧河的右岸（西岸）顺河而下，至华阴县（今华阴市）城西北3.5公里的古城村。古城村以北是渭河滩地，受渭水的冲蚀，长城的遗迹已不可见。[②] 民国《华阴县续志》卷1《地理志·古迹》称："长城在县西二里，魏筑长城，南接华山，北抵渭水，长二十里，俗谓之古城。"据此可知，渭水南岸的河西长城，大约长10公里。

---

① 参见《史记》卷42《郑世家》，中华书局1959年版，第1757页。
② 史念海：《黄河中游战国及秦时诸长城遗迹的探索》，《中国长城遗迹调查报告集》，文物出版社1981年版。

（2）渭河以北长城的走向

从华山到渭水之滨，只是河西长城的一小段。在过了渭河以后，长城是"滨洛"而行，即沿着洛水北上。当时，洛水是秦、魏两国的天然分界线，洛河以西属秦，洛河以东属魏。因此，河西长城只能修筑在洛水左岸（即东岸）。

洛水左岸有大荔县，河西长城由大荔县城西北通过。光绪《大荔县续志》卷4《土地志·古迹》称："今县西北三十里高原后有长城村。村南里许，自原之半跻原而南，有城址数十丈，又南有数丈，近高原村。又南有四五十丈，至原之前巅，在党川村西北。其东有沟曰城墙沟，皆长城故址。"大荔县西北与蒲城县相邻，光绪《蒲城县新志》卷1《地理志·古迹》称：长城"在蒲城县东五十里，今大荔许原西有长城村，俯视洛水，遗址显然，且距重泉故城不过十余里"。史念海先生对大荔县境内的河西长城，有详细记述，称："据近年来实地勘查所知，则由大荔县城东的高城村，迤西经大荔县城西的埝城村、东长城村、西长城村，再经党川村，皆断续存有遗迹。党川村北且有沟名长城沟，长城遗迹又由长城沟北登许原，经东高城村与西高城村之间，直达许原北侧洛河岸村边的长城。长城村东北的坞泥村，再东北的醍醐镇，也都似有遗迹。"①

大荔县北与澄城县相邻，在澄城县境内发现有河西长城。史念海先生称："由县城东南长城头起，经杨家庄北，袁家村南，赵庄村南，再经城墙头而至于大峪河畔的刘家河村。"②

澄城县的东北与合阳县相邻，合阳县境内也有魏长城。1936年，张筱衡曾至此考察，其记云："（四月）十七日，路经郃阳（按，即今合阳）之寺庄，见道左残垣断壁，累累不绝，询之居民，言此古长城，直通口外云，遂摄其影。复北行，见此城东北迤，经营亭村，入韩城境。"③20世纪70年代，

①　史念海：《黄河中游战国及秦时诸长城遗迹的探索》，《中国长城遗迹调查报告集》，文物出版社1981年版。

②　史念海：《黄河中游战国及秦时诸长城遗迹的探索》，《中国长城遗迹调查报告集》，文物出版社1981年版。

③　张筱衡：《梁惠王西河长城考》，《人文杂志》1958年第6期。

史念海先生又至此考察，所记尤为详细，称："合阳县境的魏长城遗迹，则在县城西北的西城后村和东城后村。东城后村东北由潘家山至木场之间，当地还有人记得是曾经有过长城的。再东南则由南庄、阿地村、郝庄、城后村、寺马庄入于韩城县（今韩城市）界。"[①]史念海先生所记与张筱衡所记，基本上是一致的。

（3）魏河西长城止于黄河

魏长城由合阳县北上，进入韩城县（即司马迁的故里），最后终止于黄河岸边。嘉庆《韩城县续志》卷5《刊误补遗》载："今自县境马陵庄西南至大崩村，多土丘，累累相接，盖秦魏分界处，长城以北接上郡。"张筱衡1936年至此考察，记称："（长城）入韩城境，经大崩村，至马陵庄，折而东，经社南村之北，迄河岸而止……至马陵考查……城之北，壕堑犹存，更北复有一城，西起芝水之曲，东临河岸，长约四五里，横亘韩原之北端……两城相距二百一十步。"[②]史念海先生亦曾到此，称："韩城县的北龙亭村、爱帖村、三甲村、辛庄、大朋村（引者按，即大崩村）、马陵庄诸村之北，断断续续皆有遗迹。由马陵庄折向东南，在城南村和城北村之间直达黄河岸边。由马陵庄往东为司马坂，坂下即为魏河之谷。河谷之东的东少梁原上也有魏长城遗迹。这段长城西起湁河旁，东至黄河岸边。而马陵庄至城南村与东少梁原上的两段遗迹尤雄峙高耸，宛然如旧。尤其马陵庄至南城村的长城还是南北两条，相去约二百一十步。这些段落夯土都十分坚固。"由此可知，魏长城终止于韩城县城以南的城南村和城北村之间的黄河岸边，城南村、城北村都是以魏河西长城而得名。

3. 河西长城走向的误说

如上所述，魏河西长城的走向和起止地点，已基本搞清楚。然而历史上关于河西长城走向的误说，在一部分人中仍有相当大的影响。因此，我们有必要指出这些误说的由来以及其不能成立的原因，借以澄清学术界

---

① 张筱衡：《梁惠王西河长城考》，《人文杂志》1958年第6期。
② 史念海：《黄河中游战国及秦时诸长城遗迹的探索》，《中国长城遗迹调查报告集》，文物出版社1981年版。

的种种混乱。

唐人张守节《史记正义》称:

> 《括地志》云:"稒阳县,汉旧县也,在银州银城县界。"按:魏筑长城,自郑滨洛,北达银州,至胜州固阳县为塞也。固阳有连山,东至黄河,西南至夏、会等州。稒音固矣。

《括地志》把魏国的固阳误作是汉代五原郡的稒阳县。张守节不仅肯定了《括地志》的错误见解,而且还明确地指出固阳在胜州(今内蒙古准格尔旗北部黄河南岸十二连城)。这样一来,魏国所修筑的河西长城,便从渭河以南的郑县纵穿河套,一直到达了鄂尔多斯北部黄河之滨。清代著名的地理学家杨守敬,竟把魏长城从华县以东一直画到黄河北岸的包头和固阳为止。《绥远通志稿》进一步论证包头大青山下的土石长城,就是战国的魏河西长城。

上述误说之所以产生,是因为人们一直误认为魏国的固阳就是汉代的稒阳,将二者看成是同一个地方。实际上魏国的固阳并不是汉代的稒阳,这个问题最后是由张筱衡解决了。1936年4月,张筱衡、李寿亭应杨虎城将军之约,同游韩城。途中他仔细考察了郃阳县(今合阳县)和韩城县境内之魏长城,撰写了《梁惠王西河长城考》。在这篇论文中,他提出魏国之固阳即今之合阳(旧称郃阳),并不是汉代之稒阳。这篇文章虽然撰写于1946年,然而当时并未发表,一直到1958年才在《人文杂志》第6期刊出。这一发现纠正了自唐代以来相沿已久的谬误,史念海先生给予极高的评价,指出其说"大有精义,堪作定论"。合阳县在韩城县之南,魏长城止于韩城,也是张筱衡最先提出来的,以后史念海先生进一步加以论证,肯定了魏长城止于韩城县黄河之畔。

与此密切相关的还有一个重要问题,就是《史记·魏世家》称"魏筑长城,自郑滨洛以北,有上郡",那么,魏国当时有无上郡?依《史记》的文义而言,魏国长城进入上郡,或者说河西长城是在上郡境内。秦代、汉代都设有上郡,又都治于肤施(故址为今榆林市南渔河堡)。前人认为魏长城所在的上郡,就是后来秦汉的上郡,因此,魏长城应当进入河套中部鄂尔多斯草原。故而张守节《史记正义》提出:"丹、鄜、延、绥等州,北至固阳,并上郡地。魏筑长城界秦,自华州郑县已北,滨洛至庆州洛源县白于山,即东北至胜州固阳县,东至河西上郡之地。"此说影响极大,《资治通鉴》卷2《周纪二》在"魏筑长城,自郑滨洛以北有上郡"胡三省注曰:"上郡,汉属并州。隋唐之绥州、延州,秦汉之上郡也。"张筱衡受此影响,认为魏国有上雒、无上郡,太史公是误以上洛(上雒)为上郡。这个说法实不足取。其实,魏国也有上郡。史念海先生指出:"其实魏国本有上郡,其地与秦的上郡不同,这一点司马迁已由侧面道及,后人不追溯其由来,见秦有上郡,便合而为一,竟未悟其间相差的过于悬殊。司马迁曾明白地记载着'魏纳上郡十五县'(《史记》卷五《秦本纪》)……魏国的上郡,其实就是黄河以西的地方。"[1]

固阳位置的确定,上郡疑难的解决,使我们得以纠正许多历史文献中关于魏河西长城的种种误说,对魏长城的走向和位置有清楚的分辨和了解。

4. 魏修河西长城之背景

魏国为什么要在河西地区修筑长城?魏国河西长城为什么要在秦孝公即位以后修建?要回答这些问题,必须了解当时的历史背景。

魏国的河西地区,原来是秦国的土地,后来被三晋所占领。《史记·秦本纪》载秦孝公语曰:

> 昔我缪公自岐雍之间,修德行武,东平晋乱,以河为界,西霸戎翟,广地千里,天子致伯,诸侯毕贺,为后世开业,甚光美。会往者厉、躁、简公、出子之不宁,国家内忧,来遑外事,三晋攻夺我先君河西地,诸侯卑秦,丑莫大焉。献公即位,镇抚边境,徙治栎阳,且欲东伐,复缪公之故地,修缪公之政令。寡人思念先君之意,常痛于心。宾客郡臣有能出奇计强秦者,吾且尊官,与之分土。

秦孝公的这段表白说明了两个问题,其一秦国的领土河西地曾被三

---

① 史念海:《黄河中游战国及秦时诸长城遗迹的探索》,《中国长城遗迹调查报告集》,文物出版社1981年版。

晋所夺占;其二是秦孝公要继承秦缪(穆)公之事业,"复缪公之故地",收复被三晋夺占之领土。

自秦厉公以来,秦国内部祸乱不止。于是,三晋乘机侵秦。"秦以往者数易君。君臣乖乱,故晋复强,夺秦河西地。"那么,被三晋夺去多少土地呢?《史记正义》说是八城。依《史记》所载,秦国丢失的土地有大荔(今仍其名)、频阳(今富平县东北)、少梁(今韩城市南)、籍姑(今韩城市北)、重泉(今仍其名,在蒲城县东南)、西县(今天水市西南)等城。这些土地被三晋占领以后,就变成了魏国的河西之地,即上郡。

秦孝公要收回被魏国占领的河西之地,对魏国展开了一系列征讨。据《史记·魏世家》记载,秦孝公八年,"与魏战元里"(元里在今澄城县),"秦取我少梁"。十年,"围魏安邑,降之"(安邑在今山西夏县)。二十二年,"卫鞅击魏,虏魏公子卬"。二十四年,"与魏战岸门,虏其将魏错"(岸门在今山西河津市南)。《史记·秦本纪》载:在秦孝公即位前一年(即秦献公二十三年、公元前 362 年),魏"与秦战少梁,虏我将公孙座,取庞"(《六国年表》则称"虏我太子")。

从秦献公末年到秦孝公即位以后,秦国连续对魏国进行战争,魏国则损兵折将,节节败退。秦国攻魏的战场主要是在河西地区,尤以少梁战役居多,证明秦国用兵的主要目的是收复河西地区。对于秦国用兵的目的,魏国当然是很清楚的,因为河西地区本来就是秦国的土地。在敌强我弱的情况下,魏国只好被迫修筑长城,用以保卫河西的领土不被秦国夺回去。

然而,河西长城并没能阻止秦国的进攻。秦孝公死后,秦惠文王继续攻魏,旨在收复河西地区。惠文王六年,魏国将阴晋(今华阴市东南)献纳给秦国,秦国随即将阴晋改名为宁秦。魏国大概是以献出阴晋之地,来缓和秦国的讨伐。然而秦国并不满足于此,《史记·秦本纪》载:秦惠文王七年,秦军与魏展开殊死的战斗,魏国将军龙贾被俘,士兵被斩首 8 万;秦惠文王八年,"魏纳河西地";十年(前 328 年),"魏纳上郡十五县"。至此,秦国收复了河西的全部土地,魏国的势力被迫退出了河西地区。

无论是从文献记载或从长城遗迹的分布来看,魏国河西长城的北端止于韩城。韩城以北是秦国和赵国的领地。张维华《中国长城建置考》

附有"魏河西长城图"，将魏长城的走向延伸到洛川、延安、延川、清涧、子长、绥德、米脂境内，而终止于葭县（今陕西佳县）东部黄河岸边（见附图），是缺乏根据的，故为学术界所不取。张守节《史记正义》称："魏筑长城，自郑滨洛，北达银州，至胜州固阳县为塞也。"张维华虽然力驳魏长城北到胜州固阳之说，然而却采纳了"北达银州"的说法。唐代的银州，在今米脂县无定河上，与葭（佳）县处于同一纬度上。张氏将魏长城北止于葭县，即以此为据。

魏河西长城南起华山，然后北上。受地形的影响，蜿蜒曲折，最后终止于韩城市少梁黄河之滨，其全部长度大约在200公里。在战国时代的诸长城中，它属于比较短小的一道长城。

（二）魏河南长城

魏国除了在西部边境地区修筑长城以外，还在中部地区筑有长城。由于此长城位于战国时期古黄河的南岸，故而被称作魏河南长城。后来由于黄河改道南移，使长城一分为二，一部分在黄河以南，另一部分在黄河以北。

魏河南长城，首见于《后汉书·郡国志》，其河南尹条下称："卷有长城，经阳武到密。"这寥寥数语，后世产生了种种不同的说法，考证起来相当费事。

1. 河南长城的走向

河南长城北始于汉代的卷县，卷在战国时属于魏国的城邑，《史记·秦本纪》载，秦昭襄王三十三年，"客卿胡阳攻魏卷、蔡阳、长社，取之"。《史记正义》引《括地志》："故卷城在郑州原武县西北，即衡雍也。"衡雍为战国垣雍故地，在今河南新乡市原武县境。魏河南长城，即起始于今原武县。原武县境有长城里，即以魏长城得名。

河南长城为什么起始于此？这与战国时黄河的走向有关。当时黄河的走向与现在有所不同，是从荥阳转向北流，卷城适在黄河南岸，滨河而

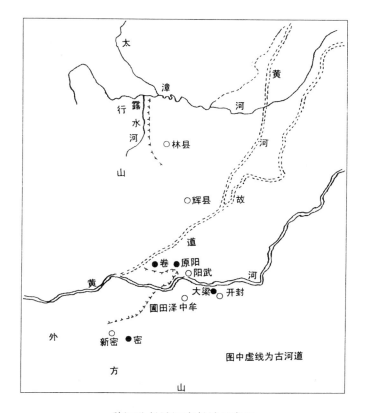

魏河北长城河南长城示意图

建。《水经注·阴沟水》称:"阴沟首受大河于卷县……故渎东分为二……右渎东南径阳武城北,东南绝长城,径垣雍城南。"《水经注》所称的大河即黄河,阴沟是从黄河分出的小支流。所谓绝长城,即接近长城之意。阴沟是以位于黄河之阴(即河南岸)而得名,它是黄河之水溢出而形成的小河沟,其左、右二支均在卷县内。由此可知,河南长城是北始于卷县黄河之滨,沿阴沟向东南走向,进入阳武县。汉代的阳武县,现在已并入原阳县,在今原阳县之南方,其境大部分为改道后的黄河所浸。原武县、原阳县均在今黄河以北,而战国时则在黄河之南,魏河南长城北段,主要是在原武县、原阳县境内。由于黄河改道以及洪水的影响,魏河南长城的遗迹,现在很难寻找了。

魏长城由阳武县向南延伸,进入中牟县境内。战国时,在中牟县西部有一处大湖泊,称作圃田泽,河南长城经圃田泽西岸南行。《水经注·渠水》载:渠水"东径荥泽北,东南分济,历中牟之圃田泽,与阳武分水。泽在中牟县西,西限长城,东极官渡,北佩渠水。东西四十许里,南北二十许里"。

魏长城经过圃田泽西岸以后,又继续南行,越过了管水,与管水交叉。《水经注·渠水》又载:"渠水又东,不家沟水注之。水出京县东南梅山北溪,……其水自溪东北流迳管城西,……俗谓之为管水。又东北分为二水,一水东北流,注黄雀沟,谓之黄渊,渊周百步;其一水东越长城,东北流,积水为渊,南北二里,东西百步,谓之百尺水,北入圃田泽。"管水的一支"东越长城",说明长城与管水十字交叉。管水北注圃田泽,说明管水属于圃田泽水系,距圃田泽不算太远,亦应在中牟县境内。

魏长城在过了圃田泽和管水以后,则进入了汉代的密县。汉代的密县也属于河南尹,境内有大騩(隗)山、梅山、陉山,属于外方山余脉的低山丘陵地区。这里今有大隗镇,疑与大騩山有关,可能是以大騩山得名。

近年来,在新密市(原称密县)北部与荥阳市交界处的香炉山、蜡烛山、沙岗、风门口、五岭上,发现有古长城遗址,属于新密市尖山乡楼院、米村乡温庄、茶庵辖境。长城作东西走向,遗址全长 2549 米,用青石片砌成,墙体宽 2.2—2.6 米,残高 0.5—2.5 米。[1]

当地人士或认为是郑、韩长城,或认为是魏长城。密县在春秋时为郑国新密邑,进入战国以后不久,韩哀公二年(前 375 年),郑国被韩国所灭,韩国将都城迁移到郑(新郑)。郑国在战国存在的时间很短,恐怕没有时间修筑长城,且史籍中没有郑国筑长城的记载。韩国虽为战国七雄之一,然而史籍中没有修筑长城的记载为证,其修筑长城的可能性几乎是不存在的。因此,新密市的古长城应是战国魏长城。

战国时期的密县与今日的新密市不在同一地方,而是在新密市东南

---

① 《密县志》,中州古籍出版社 1992 年版,第 542 页;《河南省志》第 57 卷《文物志》,河南人民出版社 1993 年版,第 136 页。

15 公里处。魏长城不能进入韩国境内,密县是韩国的边境县,魏长城只能在密县北部停止。今新密市北部山区,在战国时属于魏国南阳郡辖地,故可以在这里修筑长城。新密市与中牟县的圃田泽相距不远,魏国南长城应是从中牟县转向西南,与新密市的长城相连接。换句话说,新密市的古长城应是魏河南长城的延续,从新密市向南向西,都是韩国的领域,魏长城只能停止于此。

受地形(河流湖泊)和国界(魏韩交界)的限制,魏河南长城不是直线走向,而是作大折屈状态,呈>走向,其长度约为 100 公里,比河西长城稍短一些。张维华所绘制的"魏河南之长城图",便是如此。从有关记载来看,此图是基本可信的。魏河南长城全长约 100 公里,只有河西长城的二分之一,是一条更为短小的长城。

如上所述,魏河南长城北始于今原武县古黄河之滨,经原阳县和今黄河,进入中牟县,然后向西南走向,进入今新密市(原称密县)。汉代密县故治,在今新密市东南约 15 公里处。魏长城应当停止于外方山北麓。从军事角度来看,魏长城北起古黄河之滨,南止于外方山,是充分考虑到了利用山河之险的缘故。只有这样,才能形成一道完整的军防体系。

2. 河南长城与魏都大梁

河南长城大体上作南北走向,长城以西为韩国和秦国,长城以东为魏都大梁。这就清楚地表明,河南长城是为了保卫魏都大梁,免遭韩国和秦国的侵伐而建。

魏国的都城原在安邑,即今山西南部的夏县。魏武侯二年(前 385年),"城安邑、王垣",后来因受秦国的威胁,于魏惠王六年(前 365 年)将都城迁移到大梁。此事《史记》无载,而见于《竹书纪年》:"梁惠成王六年四月甲寅,徙都于大梁。"裴骃认为是梁惠成王九年四月甲寅徙都大梁,非是。《竹书纪年》为魏国人所撰,记事以魏国为主。梁惠成王(即魏惠王)迁都大梁的年月日如此确凿,亦证明了这一点。司马迁撰《史记》时,《竹书纪年》尚没有从汲冢出土,他没有见到《竹书纪年》,故而误书魏惠王三十一年"徙治大梁"。

　　大梁本是周梁伯所居之地，"梁伯好土功，大其城，号曰新里"①。大梁远离秦国，又有梁伯旧城，故而魏惠王迁都于此。大梁故址在今开封城西南，故而后世开封又有大梁、汴梁之别称。

　　不管魏惠王六年迁都大梁，或魏惠王九年迁都大梁，当时的形势是魏国在与秦国的战争中屡屡失利，故有河西长城的修筑。迁都大梁以后，秦国对魏国的威胁日益加剧，韩国与魏国也不断地发生冲突，例如魏惠王二年有马陵之战，九年魏韩战于浍。② 正是在这种背景下，魏国修筑了河南长城，以保卫长城以东的新都大梁。

　　河南长城的修筑与龙贾有关。《水经注·济水》引《竹书纪年》："梁惠成王十二年，龙贾率师筑长城于西边"，又云"是梁惠成王十五年筑也"。这一注释是置于"济渎又东迳阳武县故城北又东绝长城"句下，可知郦道元认为龙贾所筑之长城即河南长城。有人认为，龙贾所筑之长城是河西长城，其根据是有"西边"两字。其实，西边是指方位而言，西边可远可近，如以大梁城为基准来看，河南长城、河西长城都在大梁城的西边。《史记》明确记载，河西长城筑于魏惠王十九年，而未提及龙贾参与其事，证明龙贾所筑之长城应是河南长城。

　　由此可知，魏河南长城为龙贾所筑。从魏襄王五年"秦败我龙贾军四万五千于雕阴"的记事来看③，龙贾是魏国的一位将军，是他率领士兵修筑了河南长城。其修筑长城的时间，一说是梁惠王十二年（前359年），一说是梁惠王十五年（前356年）。如何来看待这两个时间呢？应当说这两个时间并不矛盾，都是可信的。河南长城应是从梁惠王十二年开始动工修筑，前后用了三年时间，到梁惠王十五年才最后修建完毕。河南长城全长100公里左右，如此浩大的修筑工程，显然不是1年能够完成的，修建了4年是符合实际情况的。因此，我们可以说魏河南长城是修建于公元前359年至公元前356年。其修筑的时间要比魏河西长城短一些，这是因为河西长城要比河南长城工程量大，河西长城全长约200公

① 郦道元著，陈桥驿校证：《水经注校证·渠水》，中华书局2007年版，第530页。
② 《史记》卷15《六国年表》，中华书局1959年版，第715页。
③ 《史记》卷44《魏世家》，中华书局1959年版，第1848页。

里,比河南长城长一倍以上。另外,河西长城地近秦国,不断遭受战争的干扰,其修筑更为困难一些,前后至少修建了10年之久。

关于魏河南长城的修筑,还有许多异说。有人认为是晋智伯所筑,有人认为是韩国所筑,有人认为是魏、韩合筑。这些说法均缺乏足够的证据,是仅凭推断而作出的结论。张维华《中国长城建置考》有详细的驳议,本文无须赘述。

(三)魏河北长城

魏国在太行山东麓还修筑了一道长城,以其在黄河以北,为了叙述的方便,姑且称为河北长城。这道长城过去被称作秦王堤,长期以来没有引起人们的注意,康熙《林县志》卷1《古迹》称:"秦王堤在县西一十里,南接河内,北至滏阳。古老传云,秦、赵分界堤也。今按:此堤南北不及四五十里,并无接河内至洛阳故迹,或如月堤,防西山水势之意,而误传为秦、赵分界堤也。"经实地考察,发现康熙《林县志》所称的秦王堤并不是防水堤,而是一道古长城,此长城是在长行山东麓,沿太行山作南北走向。它北起于漳河南岸林县姚村乡西丰村,向南经林县城关镇西的高家庄,又向南经合涧乡西北堤岭材,至林县与辉县交界处的鹿岭村,然后转向东南,经占元村进入辉县、汲县的北境。长城遗址穿山跨河,至今仍清楚可见。长城墙体平地土筑,山上以石砌筑。在西丰村保留的墙体长约100米,基宽4米,残高1—2米。高家庄至堤岭村的墙体,长约10公里,基宽8—11米,残高1—2米。在鹿岭村附近的山上,墙体用青石砌筑,长约580米,基宽2.1米,残高1.3米。石墙要比土墙狭小一些,以其坚固故也。①

《林县志》称长城南接河内,北至滏阳。河内县为今河南焦作市所属之沁阳市,滏阳县为今河北邯郸市磁县城关,至今没有见到林县长城南到河南沁阳,北到磁县的报道,可知林县长城主要分布在林县境内,部分长城可能进入辉县和汲县北部,其全长不是《林县志》所说的四五十里,而

---

① 《林县志》,河南人民出版社1989年版,第431页。

应当在 100 公里左右。

　　林县旧称林虑县,是以县西林虑山得名。林虑山最高峰海拔 1632 米,是太行山的一部分,古称隆虑山,东汉时因避孝殇帝刘隆之讳,改名为林虑山。在林县的西北部有露水河,发源于林虑山,东北流注入漳河。今日著名的红旗渠,即利用了露水河的下游河道;在露水河上游,修建了南谷洞水库,以地理环境而言,林县古长城是北始于露水河与漳河汇合口附近,先是沿露水河向南延伸,而后是沿太行山向南走向。在红旗渠修建以后,红旗渠与古长城为平行走向。

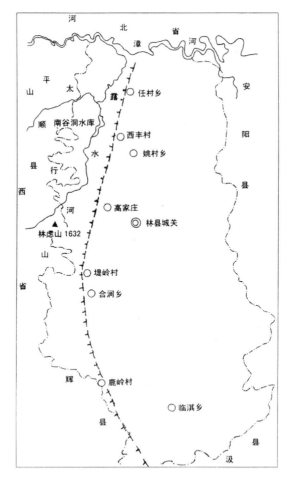

林县长城示意图

关于这道长城的时代,《林县志》称是秦、赵分界,今人采纳其说,认为它是赵长城①。这种说法是不确切的,其实它应是魏长城。在战国时期,漳河是魏国与赵国的分界线。"魏文侯以西门豹为邺令也,引漳以溉邺,民赖其用。其后至魏襄王,以史起为邺令,又堰漳水以灌邺田,咸成沃壤。"②邺县在漳河之南,西门豹、史起所开的灌区,也都在漳河南岸③。魏惠王十八年(前353年),魏国攻取了赵国都城邯郸,两年以后,"归赵邯郸,与盟漳水上"④。魏、赵在漳水上结盟,是因为漳水是魏、赵两国共有的边界。漳水以南,属魏国所有。

林县在漳河南岸,属于魏国的地域。因此,林县境内的古长城应当是魏国修筑的长城。林县长城是秦、赵分界堤的说法,属于故老传闻,《林县志》的编者按认为这是误传,是很有道理的。显然不能以传闻为据,将它确定为赵长城。

林县境内的长城作南北走向,长城以东是魏国境域,所要防御的敌人,显然是长城以西的秦国,其修筑的时间,应当同魏河南长城同时,或在其前后不久,即魏惠王在位时期(前370—前319年)。魏河南长城大体上也是南北走向,从军事防御的角度来看,上述两道长城衔接在一起,更为合理一些。由于其间没有发现长城遗迹,无法作出确切的说明,寄希望于新的考古发现。

总之,魏河西长城和河南长城,都是在魏惠王时代修筑的。魏惠王与秦孝公大体同时,当时秦国重用商鞅,采取了改革措施,废井田,开阡陌,使国家很快富强起来,不断地向东扩张,急于收回被魏国占领的河西地区,与魏国展开了多次战争。魏国受到了秦国的严重威胁,为了防御秦国的进攻,被迫修筑了河西长城、河南长城及河北长城,以保卫河西地区和新迁的都城大梁。

---

① 《林县志》,河南人民出版社1989年版,第431页。
② 郦道元著,陈桥驿校证:《水经注校证·浊漳水清漳水》,中华书局2007年版,第258页。
③ 郭沫若主编:《中国史稿地图集》上册,地图出版社1985年版,第20页。
④ 《史记》卷44《魏世家》,中华书局1959年版,第1845页。

第 三 章

长城群体始建时期（下）——战国

一、战国赵长城与中山长城

在战国时期,赵国和中山国也筑有长城。然而由于史书记载十分简略,后世出现了种种不同的说法。其中有些说法接近事实,有些说法牵强附会。我们只有经过仔细的分析研究,才能得到正确的结论。

（一）赵肃侯长城（赵南长城）

《史记·赵世家》先后两次记载赵肃侯修建长城。其一称:赵肃侯十七年(前333年),"围魏黄,不克,筑长城";其二是赵武灵王语曰:"我先王因世之变,以长南藩之地,属阻漳、滏之险,立长城。"

黄是地名,在魏国北部。漳水今称漳河,在赵国南部、魏国北部。后世学者认为,赵武灵王所称的先王即赵肃侯,他所说的漳、滏长城,即赵肃侯修筑的长城。由于这道长城是在赵国南部修筑的,为了论证的方便,可以简称为赵南长城。

《史记》关于赵南长城的记载至为简略,为了搞清赵南长城的走向和起止地点，我们只能从考证黄、漳、滏的地理方位入手。

战国时，有内黄、外黄两个地名，都是以地理方位得名。当时，将黄河以北称河内，将黄河以南称河外。张守节《史记正义》称："古帝王之都多在河东、河北，故呼河北为河内，河南为河外。"《战国策》苏秦说魏王，称魏国"北有河外"。正义解释说："河外，谓河南地。"河内、河外这种说法，一直沿袭到后世。《汉书·地理志》称："河内曰冀州"，又有河内郡，都可以证实这一点。冀州大部在今河北省，故河北省简称冀。河内郡为今新乡、安阳、焦作地区，都在黄河以北。内黄、外黄是受河内、河外影响的结果，在黄河以北者称内黄，在黄河以南者称外黄。内黄、外黄，都在魏国境内。

赵肃侯十七年所围之黄，属于内黄，在魏国北部。汉代在此设内黄县，属魏郡，其故址在今河南内黄县西北。今内黄县北有卫河，卫河之北有漳河，战国时有漳河、无卫河，卫河是后来出现的。战国时，漳河是赵国与魏国的分界线，现在则是河北省与河南省的分界线。内黄在漳水南岸，距魏国甚近，具有重要战略地位。赵敬侯八年（前 379 年），曾"拔魏黄城"，即攻克了内黄。然而没有久占，不久又退还给魏国。后来，赵肃侯又想占领内黄，保住这战略要地，然而这次并没有成功。

漳水即今漳河，有南、北二源。南源称浊漳水，北源称清漳水，均在太行山中。二水出山以后，在涉县东南的合漳村相会合，自此以下称漳水。现在的漳河全长 153.3 公里，在馆陶县注入卫河，属于海河水系。

据《水经注·漳水》记载，漳水自合漳村以下，经武安县城南，又东北经西门豹祠前，右岸有支水注入。"漳水自西门豹祠北，径赵阅马台西，……漳水又北径祭陌西，……漳水又对赵氏临漳宫，……漳水又北滏水入焉。漳水又东，径梁期城南，……漳水又东，右径斥丘县北，即裴县故城南。漳水又东北，径列人县故城南，……于县右合白渠故渎……又东北过斥漳县南，……又东北过曲周县东，又东北过巨鹿县东……"

漳水所经之地名，均大体可考。武安县城故址，在今武安县西南。西门豹祠、祭陌为邺县属境，邺县因避晋愍帝司马邺之讳，在晋代改为临漳县，今仍其名。梁期故城，在今磁县西南。斥丘故城，在今成安县东南。

列人故城,在今肥乡县北。斥漳故城,在今威县境。曲周、巨鹿今仍其名。据此可知,漳水出山以后,先是东南流(《水经注》作东流),到了邺县、西门豹祠以后,转向东北流(《水经注》作北流),有滏水注入(今有滏阳河,或与滏水有关),又东北流有白渠水注入,经肥乡、曲周、巨鹿而注入黄河西支(即北流经今天津入海的古黄河)。邺县是漳水改变流向的地方,在这里漳水由原先的西北至东南流,改变为西南至东北流。因此,漳水的整个流程略作弓形(即英文字母的 V 形),弓背在南,弓弦在北,弓背与弓弦之间,则是赵国都城邯郸所在的地方。

滏水是漳水的重要支流,《太平御览》卷64《滏水》援引今本《水经注》佚文称:"滏水发源出石鼓山南,岩下泉奋涌,滚滚如汤,其水冬暖夏凉。"刘昭《后汉书补注》于滏水下引《魏都赋》:"北临漳、滏,则冬夏异沼。"注云:"水经邺西北,滏水热,故名滏口。"据此可知,滏水之源在石鼓山南,其源头是一个温泉,泉水沸腾而出,有如釜(锅)中之汤,滏水即以此得名。滏水是一条小河,其流程比较短,一直到注入漳水时,河水仍处于温热状态,"故名滏口"一句即证明了这一点。滏水在漳水转向东北以后,才注入漳水,说明滏水大体上是与漳水呈平行走向。

从上述漳水、滏水的走向和地势来看,赵南长城应是修建于漳水和滏水之间,随着漳水的走向而走向,即与漳水处于平行状态。赵南长城的修筑,充分利用了漳水和滏水的天堑,更加强了其军事防御功能。从军事防御角度来看,长城修筑在漳水、滏水之间,应是最理想的选择。这样一来,可以将河流天险与人工长城密切地结合在一起,使天险与长城相辅相成,构成了完整的军防体系。

近年,当地人对赵南长城的走向进行了调查,发现长城墙体有的被深埋地下,有的受洪泛和河流改道影响看不清了。其西端始于涉县西北辽城附近,由于地处太行山中,山势险峻,河流湍急,构成天险,故未筑长城墙体,用城郭代之,保留至今的有:涉县城洼地古城、西达古城、磁县北洋古城。自磁县岳城水库以下,始见长城墙体。经磁县、临漳县转向东北,沿漳河故道,由成安至肥乡西,止于曲周县南漳水与古黄河交汇处。沿线建有武城(磁县讲武城)、列人县(肥乡东北)、葛孽城(肥乡西南)。其中

保存较好的有 5 处:

①涉县匡门口城洼地古城。在清漳河北岸,四周环山,东西约 300 米,南北有 80 米,西北角断崖处有残高 0.4 米墙址,城内多绳纹板瓦、筒瓦碎片,为战国遗物。

②涉县西达古城。依山梁公地,西临漳河,南北 150 米,东西 110 米。北部残墙长 30 米,宽 4 米,残高 1—4 米,夯土层厚 0.14 米。东残墙长约 60 米,残高 2—5 米。城内散布板瓦、筒瓦、陶豆、石柞。地处山口,南达磁县,东通武安,交通方便。

③磁县北洋古城。在漳河北岸,北接山梁,东有季节河。南北 70 米,东西 60 米,城墙残高 0.8—2 米,宽约 2—3 米。城内散见陶鬲、板瓦、筒瓦、鬲足和汉代陶片、辽金黑瓷,可知历史久,沿用时间长。古城西为漳河出山口,南有通安阳之路,位置重要。[①] 从遗物看,均为战国城址,有些古城沿用时间很长,可以晚到汉代和汉代以后。然而城址不是长城,只能说明边防线。只有岳城以东的长城垣,才是赵南长城,其长度大约 82.5 公里。

赵肃侯在位时间,始于公元前 349 年,死于公元前 326 年,正是战国中期。其修长城时间为赵肃侯十七年(前 333 年),如此巨大的长城修筑需要很长时间,至少要用 5—10 年,其完工时间无法确定。

在赵肃侯即位以前,即赵成侯时代,屡受魏国威胁,都城邯郸被魏国占领三年之久,最后"与魏盟漳水上",才得以归还。当年赵成侯卒,赵肃侯即位。为了解除魏国的威胁,在他即位十七年时,始筑赵南长城。不难看出,当时之人都把修筑长城作为抵御强国威胁的重要办法。

(二)所谓"赵北长城"

在一些历史文献中,有关于赵国北部修筑长城的记载,为了论证的方便,姑称为赵北长城。经过仔细研究以后,发现赵北长城是根本不存在

---

① 以上数据均见于《河北省志》卷 81《长城志》,文物出版社 2011 年版,第 23—24 页。

的。关于赵国北部有赵肃侯修筑长城的种种说法，都是穿凿附会的结果。由于这种说法在文献中多有记载，因此，有必要对赵北长城说法的由来进行分析研究，以达到正本清源，从而消除其影响。

最早提出赵北长城的人，是唐代的张守节。他在《史记·赵世家》《正义》中，于赵肃侯十七年筑长城一句话的后面，作了如下的注释：

> 刘伯庄云"盖从云中以北至代"。按：赵长城从蔚州北，西至岚州北，尽赵界。又疑此长城在潭水（引者按：应为漳水）之北，赵南界。

刘伯庄也是唐代人，其生活的时代比张守节稍早一些，撰有《史记音义》《史记地名》《汉书音义》，精于地理学，故张守节在《史记正义》中多援引其说。《史记》赵肃侯十七年所筑长城，是漳水北岸的赵南长城，这是确定无疑的。因此，不能把赵肃侯十七年所筑长城，说成是在赵国北部。

刘伯庄之言，只是一种推测而已，本来是不足为据的。由于刘伯庄精于地理之学，而张守节同样注重地理之学，因此，援引刘伯庄之言为己说作证。他提出了赵肃侯长城既在北、又在南的两说，从北、南两说可以看出，张守节自己也是存在种种疑虑的，无法肯定赵肃侯长城一定是修筑在赵国北部地区。

然而由于张守节精于地理之学，因而他提出的赵北长城之说对后世产生了很大的影响，许多文献都以此为据，将北方的一些长城说成是赵肃侯所筑。例如《清一统志》将大同、天镇、阳高以北的长城，说成是赵肃侯所筑。顾炎武《天下郡国利病书》提出，岚州紫塞为赵肃侯所筑防备三胡的长城。《绥远通志稿》则照搬顾炎武之说，将古武州塞说成是赵肃侯长城。特别是明人尹耕所撰的《九宫私记》，又对赵北长城做了详细论证。其文说：

> 余尝至雁门，抵崞、石，见诸山多有剷削之处，迤逦而来，隐见不常。大约自雁门抵应州，至蔚东山三涧口，诸处亦然。问之父老，则曰古长城迹也。
>
> 夫长城始于燕昭、赵武灵，而极于秦始皇。燕昭所筑者，自造阳

至襄平。武灵所筑者,自代并阴山至高阙。始皇所筑者,起临洮,历九原、云中,至辽东。皆非雁门、岢、石、应、蔚之迹也。

及读史(引者按,指《史记》),显王二十六年,有赵肃侯筑长城事,乃悟。盖是时三胡并强,楼烦未斥,赵之守境,东为蔚、应,西则雁门,故肃侯所筑以之。则父老所谓长城者,乃肃侯之城,非始皇之城也。①

尹耕之言,初看起来是颇有道理的,既与赵国北部疆域相符,又列举出了长城实例和当地父老的传说,很有影响力。然而仔细分析,其说并不能成立。

首先,他在岢(岢岚)、石(离石)所见诸山劚(zhǔ)削之处,其时代不清,其功用不明,与石砌的长城有所不同。因此,其所见不等于信史,更不能以传说为据,轻信父老之言。尹耕自述他只到过岢岚、离石,见到了山岩劚削。"大约自雁门抵应州,至蔚东山三涧口,诸处皆然",显然是他的推测之言,是否真的如此,尚不可知。

其次,赵肃侯在位期间,周围邻国的军事威胁,主要来自魏国、齐国和秦国,这从《史记》的记载中可以看得很清楚。因此,赵肃侯的注意力,主要放在南部疆土的安全上,他没有精力顾及北部。修筑赵南长城,已经付出了巨大的人力和财力,即使想修筑北部长城,恐怕也是心有余而力不足。到了赵武灵王即位以后,才把开拓北方地区列为重点,不断征讨北方的少数民族,驱逐其居民,占领其土地,始有北方长城之修筑。

在尹耕以后,张维华对赵北长城又进行了一番论证,认为赵肃侯确曾在北方修筑过长城。其略云:

孝侯于北界筑长城事,古人载籍不详,后人读史迁之言而失其旨,因为不同之解说。然则武灵攘胡之先,赵之北界果有长城之建筑否耶?余曰:当有之。《盐铁论·险固篇》云:赵结飞狐、句注、孟门,以存荆、代。飞狐在今河北蔚县之南界,句注在山西代县之西北,即今雁门,孟门在今离石英钟县西滨河之地。此三地者,均为赵边地冲

① 光绪《蔚州志》卷54《地理志下·古迹》。

要之关口,实有设防之必要,似桓宽所言为不虚……古长城路线,经代之南,推其原因,殆因此也。①

张维华误解了《盐铁论》之言,又采纳了尹耕之论,故而得此结论。其实《盐铁论·险固篇》只是在叙述七国之险要地形,以阐明地利不如人和的道理。桓宽上述之言,只是强调赵国北部飞狐、句注、孟门地理位置特别重要,如果在此营塞设防,便可以保卫赵国之北界安全。桓宽不仅没有提到长城,就连一般的城塞也没有言及,怎么能够由此得出结论说在赵武灵以前,赵国在北界修筑了长城呢? 这种无据之言,是很难使人相信的。

张维华还给出了一幅"赵肃侯时赵西北界长城图",并叙述了该长城的走向:"此城当东起于今河北涞源北界蔚县南界之飞狐口以东地,西行,入今山西灵丘县北境,复西行,入山西繁畤之北界。复自今山西繁畤之北境,至今代县西北之雁门,即古之句注。又由此转向西南行,入今山西南行,入今山西宁武县之东南境。至于宁武至大河之一段,抑至今兴县即古合河县境为止,抑经今乐静、岚县,而至今离石县境为止,则未敢定。"②

在上述地区确筑有长城,然而却不是战国赵北长城,而是后代所修的长城。《元和郡县图志》在岚州合河县条下记载说:"隋长城,起县北四十里,东经幽州,延袤千余里,开皇十六年因古迹(引者按,洪吉亮认为古迹应为古址)修筑。"在代州灵丘县条下记载说:"开皇长城,西自繁畤县,经县北七十里,东入飞狐县界。"张氏所记述的长城,应是《元和郡县图志》所载的隋长城,而不是战国赵长城,后文将详细讨论这个问题。

(三)赵武灵王长城

在赵国北方,有赵武灵王修筑之长城,事见《史记·匈奴列传》:"而

---

① 张维华:《中国长城建置考》(上编),中华书局 1979 年版,第 100 页。
② 张维华:《中国长城建置考》(上编),中华书局 1979 年版,第 101—102 页。

赵武灵王亦变俗胡服,习骑射,北破林胡、楼烦。筑长城,自代并阴山下,至高阙为塞。而置云中、雁门、代郡。"①

这段文字是关于赵武灵王修筑长城唯一的直接记载。他是赵肃侯之子,公元前 325 年至公元前 266 年在位。在赵肃侯时代,向南发展受到魏国的阻遏,无法实现,筑赵南长城以自困。赵武灵王即位以后,则转向北方发展。

赵武灵王长城东始于代,代即代国,属于狄姜之国,在赵国西北,彼此关系密切,相互通婚。赵襄子之姊嫁给代王为夫人。赵襄子元年(前 457 年)刚即位之初,便在夏屋山的宴会上,用铜枓(斗)击杀代王,"兴兵灭代地",其姊闻之,磨笄自杀,葬于摩笄山。赵襄王封其兄之子为代成君,统治代国之地。代国旧地在今河北张家口市蔚(读 yù,不读 wèi)县,其旧城尚存。赵武灵王十九年(前 307 年),"北略中山之地,至于房子,遂之代,北至无穷。"②《战国策》引赵武灵王语曰:"昔者先君襄王与代交地,城境封之,名曰无穷之门,所以昭后而期远也。"襄王即赵襄子,"城境封之"即筑城境上,为之封域。③ 说明在赵襄子时代,即有北扩之意。不过由于种种原因,未能完成。赵襄子十传赵武灵王,他想继承赵襄子之遗志北扩,故而到无穷北望。胡三省《资治通鉴》注云:"自代北出塞外,大漠数千里,故曰无穷。"④无穷之门即今野狐岭,这里自古以来就是出入阴山要道,成吉思汗大军南下伐金,所走的就是野狐岭。赵武灵王认为,要想在北方称雄,必须修筑北方长城防御北方民族侵扰。正是在这种背景下,他修筑了北方长城。

曾有人提出,燕国、赵国都以北方戎人为敌,其所修北方长城何不连接在一起?原因是国情不同,在此耗资甚巨的长城修建上无法协商,只能各行其是。又有人提出,赵北长城的东端,只能东始于内蒙古兴和县,事实并非如此。据近年实地调查所见,赵武灵王长城,东始于野狐岭以东,

---

① 《史记》卷 110《匈奴列传》,中华书局 1959 年版,第 2985 页。
② 《史记》卷 43《赵世家》,中华书局 1959 年版,第 1805—1806 页。
③ 《战国策》卷 19《赵策二》,上海古籍出版社 1998 年版,第 674 页。
④ 《资治通鉴》卷 3《周纪三》赧王八年,中华书局 1956 年版,第 104 页。

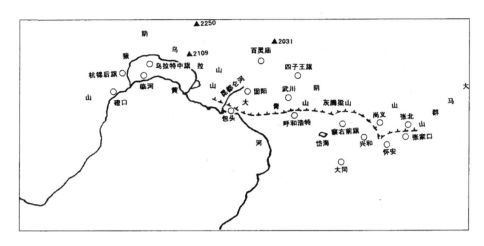

赵武灵王长城

阴山北麓，即张北县油篓沟乡黄花萍村西南 2.5 千米，海拔 1667 米的黄花梁北。然北行西转，至小狼窝南口，这里又称黑风口、野狐岭。继续西行，经小水泉山、大崖湾、春垦村，越阴山入万全县（今河北张家口市万全区）。在万全县，经膳房堡乡、北新村乡、新河乡、榆林沟乡、洗马林乡，呈东西走向，经海拔 1715 米的鱼儿山，直抵东洋河东岸，长约 70 千米。继续向西伸延，在尚义县、天镇县（属山西省）、兴和县（属内蒙古）三县交界处进入内蒙古，这一段长城约长 23 千米。在河北张家口市境内，赵北长城全长 83 千米。

赵北长城墙体以土石混筑为主，底宽 3—5 米，残高 0.5—3 米。有烽燧 135 座，土石混筑，多呈圆柱形、方柱形，保存比较完好。赵北长城后世被秦汉、北朝和明代沿用。[①]

赵北长城张家口段主要在阴山以北，后转向阴山南麓。这种布局走向与阴山地势有关。阴山和阴山以北属于高原，俗称"坝上"，阴山以南平原俗称"坝下"，由平原向高原的过渡地带俗称"坝头"。"坝头"森林密布，阴暗潮湿，阴山之名即由此而来。"坝上"高原适于放牧，"坝下"平

---

① 以上引文和数据，均见《河北省志》第 81 卷《长城墙》，文物出版社 2011 年版，第 24—25 页。

原适于耕种。北方匈奴多在草地放牧,更喜欢森林。史称:匈奴"外有阴山,东西千余里,草木茂盛,多禽兽,本冒顿单于依阻其中,治作弓矢,来出为寇,是其苑囿也……边长老言,匈奴失阴山之后,过之未尝不哭也。"①事前赵武灵王曾亲到"无穷之门"进行实地考察,对这里非常了解,故而燕北长城的修建是按计划进行,非随意而为之。

赵北长城进入内蒙古乌兰察布市兴和县以后,所遇到的是山区。在县城以北二十七号村北有鸳鸯河自东向西流,在鸳鸯河北岸长城也是东西走向,经康家村、举人村登上山坡,再经边墙渠村、乔龙沟村中断不见,长城墙体用土夯筑,底宽5—6米,残宽3—4米,残高1.5—2米,夯层厚8—10厘米。此后长城又在山坡上出现,变得低矮,约高1米,西北行经官子村入察哈尔右翼前旗,在兴和县长城约25千米。

在察哈尔右翼前旗,长城经黄茂营村、罗家村转向西北,经喜红梁村山梁,至黑沟岩村。在黑沟岩村,见到墙体剖面,夯土层厚8厘米,土内含石砾,这是山区常见的现象。又经四喜村、十二股村、半哈拉沟、东二道洼村、三股泉村、十六号村、小土城村、十一洲村、北洲村、十二洲村、九洲村、西五洲村,进入卓资县东边墙村。其经过地区为灰腾梁山南麓。长城墙体残高1.5—2米,宽1—4米,夯土层厚8—10厘米。北六洲村以西的墙体,被改造成乡村道路,称边墙路。察右前旗赵北长城长约38千米。

在兴和县有城鄣两处。其一为举人村鄣,东西长30米,南北长35米,东墙即为长城墙体。夯土墙,基宽3—4米,残高0.5—1米。地表不见遗物。其二为高家地障址,东墙利用长城墙体,呈长方形,东西30米,南北20米。夯土墙,基宽4—5米,残高0.5—1米,城内地表有少量灰陶片。

在察哈尔右翼前旗境内,有城鄣五处。一、顶兴局鄣址,北墙利用长城墙体、东西宽40米,南北长35米,夯筑土墙,基宽3—4米,残高0.5—1米,城内无遗物。二、高风营鄣址,北墙利用长城墙体,东西宽35米,南北长30米,夯筑土墙,基宽3—5米,残高0.5—1米,城内无遗物。三、北六

---

① 《汉书》卷94下《匈奴传》,中华书局1962年版,第3803页。

洲鄣址,东西宽 40 米,南北长 35 米,北墙利用长城墙体,夯土城墙,基宽 4—5 米,残高 0.5—1.5 米,城内无遗物。四、十二洲鄣址,北墙利用长城墙体,东西宽 35 米,南北长 30 米,夯土城墙,基宽 4—5 米,残高 0.5—1 米,城内无遗物。五、西五洲鄣址,北墙利用长城墙体,东西宽 20 米,南北长 16 米,夯土城墙,基宽 4—5 米,残高 0.1—1 米。城内无遗物。

以上七座鄣址,规模大小相近,都利用长城墙体为北墙,夯土墙的宽度、高体大体相近,说明是按同一规划修建的,体现了赵武灵王的统一要求。规模不大,属于小城鄣。城内遗物非常少见,说明驻兵不多,没有发生什么战事,这一带不属于军事防御的重点地区,有警驻兵,无警则不驻兵,以避免军事开支。早期的长城与明代的边墙有所不同。城鄣北面利用长城墙体,只筑三面鄣墙,可以减少许多人力物力,节省了许多军费,体现俭朴的思想。赵北长城的长度约 900 千米,要修筑如此巨大的长城,人力物力消耗很大,如不精打细算的话,很难完成。

在卓资县境内,赵北长城由察哈尔右翼前旗入境先至哈达图乡东边墙村。然后向西南行,经正边墙、小山子、五福堂、西边墙村、山营梁、少代沟、三道边、二道边以后中断,西至福生庄乡苏木沁湾又出现,在东圪旦村、泉子梁村,呈断断续续的状态,再向西至三道营乡蒙古营村北大黑山出现,西行到旗下营镇东,又中断。在旗下营镇以西,又出现长城遗迹,可能是旗下营镇之修建,破坏了长城墙体所致。旗下营是卓资县的重要城镇,京包铁路在此设立火车站,属于新兴的工业城市。长城由旗下营镇向西越过一座大山梁,进入呼和浩特郊区,这一小段长城长约 5 千米。长城在卓资县的遗迹长约 45 千米,如果将已破坏的包括在内,长约 75 千米。在卓资县有三座鄣城,均在长城南侧,即东边墙鄣、西边墙鄣、山营梁鄣,都是依长城墙体而修建。

兴和县城正南有银子河,为东洋河上游小支流,其水源处有大同窑,系乡镇驻地。在此发现了大量灰陶瓦罐盆类残片。故有人提出,大同窑应为赵国延陵城,其依据:《史记集解》引徐广语曰:"代郡有延陵县"。《水经注》于延水"又东经零丁城南,右合延乡水,水出县西山,东经延陵县故城。"于延水即今银子河,以此推断大同窑即赵国延陵城。由于与赵长城相近,故备为一说,以供参考。①

长城由卓资县进入呼和浩特市郊区榆林乡北部,经西铺窑子、喇嘛库伦村、古楼板村、榆树沟村、哈拉更村、哈拉沁沟村、坡根底村。再经保合少乡、乌素图水库南、西乌素图村、东栅子村、霍寨村,进入土默特左旗,全长约 130 千米,均为夯土墙,残高 1—2 米。②

长城经土默特左旗、土默特右旗,进入包头市。从河东区大庙村到哈业脑包的哈德门沟口,长城墙体最为清楚。一般高 1—2 米,最高 4—5 米,皆是夯土版筑,夯土层厚 10 厘米。这段长城约长 45 千米。包头以北的阴山,又称乌拉山,在蒙语中"乌拉"就是山,"乌拉山"是蒙汉合璧的山名。赵北长城最初在乌拉山南麓作东西走向,自五当沟进入乌拉山内,仍以夯土版筑为主,间有土石混筑,即在石墙之内充填泥土。长城由达拉盖沟出山,进入乌拉特前旗白彦花镇(蒙语叫哈拉盖补隆)。这一带乌拉山南北宽阔,古有夹山之称,辽末帝耶律延禧曾藏身于此。在包头境内,长城全长约 150 千米。

自白彦花以后,赵长城遗迹模糊。由于对阴山、阳山解读之错误,导致众说纷纭,造成许多混乱。其中最重要的错误,是将阴山、阳山当成两处不同的山,将阴山定在黄河南岸,这是由《史记索隐》为始作俑者。《史记索隐》引徐广语云:"五原西安阳县北有阳山,阴山在河南,阳山在河北。"《汉书音义》亦作此言:"阳山在河北,阴山在河南。"中国古代以山南、河北为阳,以山北、河南为阴,这是古人长久以来以山河之方位得出的结论,至今犹存。《史记索隐》《汉书音义》都是据此,为阴山、阳山方位作断语。其实,阴山不在黄河之南,凡是到过河套旅行之人,都会知道黄河(古有北河、南河之别)之南为鄂尔多斯沙地,根本不存在什么山。然而徐广和《汉书音义》的撰者都是书本主义者,坚定地相信河南为阴,于是认为阴山就在黄河以南。然而古代的阴山则属于例外,它之所以被称作阴山,是因为"阴山东西千余里,草木茂盛"的缘故。林荫积水是常见的

① 以上数据,俱见李逸友:《中国北京长城考》,《内蒙古文物考古》2001 年第 1 期。

② 盖山林、陆思贤:《阴山南麓的赵长城》,《中国长城遗迹调查报告集》,文物出版社1981 年版,第 21—24 页。

道理，后金时期、满族人称积水的森林称作"窝稽"。杨宾《柳边纪略》描写窝稽的景象是"万木参天，排比联络、间不容尺，近有好事者，伐山通道，乃漏天一线"。阴山景象与此相同。多光为阳，少光为阴。阴山是以林多少光而得名。因此，阴山虽在黄河北岸，仍以阴山为名。阴山在黄河北岸，以其方位而言，当称阳山。于是阴山又可称阳山。呼和浩特本称青城，译成汉语叫呼和浩特。青城旁有青冢，或许因其上林木甚多得名。青城以北之阴山又称大青山，也是以山上多林木得名。

在大青山以西称乌拉山，在乌拉山以西称狼山，大青山、乌拉山、狼山本是同山，不同段落被当地居民予以不同称谓，这是常见的，例如河北滦平县有金山岭，北京则称为司马台山，故有金山岭长城、司马台长城之别。由于对阴山、阳山名称由来不清楚，故而有人将阴山、阳山视为二山，例如张鼎彝所撰《绥乘》卷5《山川考上》，谓大青山分为两支，向西北走向者称狼山，又称乌拉后山，即古之阳山；向西南走向者称乌拉山或乌拉前山。并称"古所谓阴山、阳山者，指山的分歧处而言，非大青山之全部"。这种说法与实际情况不合，是根据己意提出的异说，是不能成立的。还有人将狼山比为狼居胥山，狼居胥山在漠北，在今蒙古国境内，二者一点关系也没有。还有人将狼山比为两狼山，两狼山在山西朔州石碣谷，也不是内蒙古的狼山。这些望文生义的说法，毫无价值可言。

张维华认为："余意《史记》'并阳山下'一语，实指今内蒙古自治区之青山而言，乌拉前山及狼山二支，虽属阴山之一部，亦可具阳山之名，然非史公初意。"[①]看来他是受到了张鼎彝的影响，这种解释也是不妥的。实际上司马迁所说的"并阴山下"，是指赵武灵王长城与阴山并行而言，从各种实地调查资料来看，确实如此，已见前述。张鼎彝可能是绥远（今内蒙古西部）人，对本地比较了解，张维华没有来过内蒙古西部地区，重视张氏之言的原因便在于此。司马迁提出赵北长城与阴山并行，不仅包括了大青山，也包括了乌拉山和狼山。现代学者一致认为，大青山在东，乌拉山在中，狼山在西，它们是依次相连接的。从现代描绘的地图上，可以

---

① 张维华：《中国长城建置考》（上编），中华书局1979年版，第105页。

看得一清二楚,似不必在此问题上纠缠是非了。

《中国历史地图集》将赵北长城列为两道,一道在阴山南,另一道在阴山北。阴山北的赵长城,东始于武川县,西止乌拉特中旗石兰计山谷的北口。据实地考察所见,阴山以北确实有长城遗址,然而是秦始皇时代修筑的长城,不是赵武灵王长城。

《史记》称赵武灵王长城西止于高阙。那么高阙在何处? 至今仍有不同主张,难以定论。北魏人郦道元《水经注》,对高阙有如下记载:

> 河水又屈而东流,为北河。汉武帝元朔二年,大将军卫青绝梓岭,梁北河是也。东迳高阙南。《史记》:赵武灵王既袭胡服,自代并阴山下,至高阙为塞。山下有长城,长城之际,连山刺天,其山中断,两岸双阙,善能连举,望若阙焉。即状表目,故有高阙之名焉。自阙北出荒中,阙口有城,跨山结局,谓之高阙戍。自古迄今,常置重捍,以防塞道。汉元朔四年,卫青将十万人,败右贤王于高阙。即此处也。河水又东迳临河县故城北……①

这段文字非常重要,然而后人理解常不符其原意,擅加己断,误己误人。"善能云举"本是指高阙之山高大无比,有如善能之人将山崖举到云端,是打一比方形容其高大。朱作节曰:《大事记》注引此,作"峨然云举",非郦氏本意。又如今人提出,"所谓高阙,除了因'两山俱峻'而得名外,也包含整个山脉较为险峻这一含义"。高阙是山口之名,岂能以山口之名代替山脉之名? 显然此说不符郦氏本意。

《水经注》明确提出,高阙在临河县故城北,北魏的临河县城即今内蒙古巴彦淖尔市临河区(旧称巴彦淖尔盟)城关,其北正对石兰计。因此,将石兰计山口定为高阙是正确无误的,现代学者多持这种看法,《中国历史地图集》第四册便是如此标注(见54—55页)。石兰计山口现属乌拉特中旗,蒙古语称邢寡妇圪旦,其所在之山正是乌拉山。赵北长城至高阙而止,高阙山口内有城鄣,"阙口有城,跨山结局,谓之高阙戍"。高阙指山口而言,山口的城鄣是防敌的驻兵之处,置重兵以防敌。在石室计

---

① 郦道元著,陈桥驿校证:《水经注校证》,中华书局2007年版,第75—76页。

山口高阙之西偏南,为狼山。高阙是乌拉山的末端,自高阙以西(准确说是西南)之山,始称狼山,可能以山中多狼得山。有人将狼山称作高阙山,是因为狼山上也有山口。主要的山口有哈隆格乃山口,是在巴彦淖尔市临河区的西北部,据说哈隆格乃沟有一支沟,名叫大坝沟,"它在入口二十公里(千米)左右后,即与哈隆格乃沟会合"。若此,大坝沟与哈隆格乃沟是平行的两条山沟,在入狼山20千米以后,二者才合二为一,将大坝沟也称为哈隆格乃沟是不准确的。石兰计(高阙山谷)沟中建有城鄣,与赵北长城连接在一起,为郦道元所亲见,这是确定石兰计山谷为高阙的主要根据。然而哈隆格乃山谷,却不具备这个条件,因此,它不可能是高阙,更不是高阙塞、高阙戍。为了便于论证哈隆格乃山口为高阙,将狼山改称高阙山,是毫无价值的,既无助于论证,反而留下不严肃的印象。科学研究必须实事求是,不能有任何虚假的成分。

在狼山上,可供出入草原的山口很多,巴彦淖尔市磴口县有沙金套海古城(旧称土城子古城或保尔浩特),侯仁之提出为汉代窳浑县城。《史记》载,元朔五年(前124年)卫青率大军出高阙的同时,都尉韩说出窳浑,配合卫青行动。有人提出:"出窳浑与出高阙其实是一回事,这次袭击右贤王之战,大将军卫青及都尉韩说正是从今包尔陶勒盖古城出发,缘中申泽西至哈隆格乃沟而出塞的"[1]。出窳浑与出高阙,本是从两个不同的地点出发,却将他们出发的地点混淆为一,用以证明窳浑也是高阙。阅《史记》原文,"都尉韩说从大将军出窳浑,至匈奴右贤王庭,为麾下搏战获王"[2]。没有韩说从窳浑北上至哈隆格乃沟之记事,作者虚构此情节,来证明哈隆格乃沟也是高阙。这种做法很容易被识破,是骗不了人的。用哈隆格乃沟来代替石兰计沟的高阙,是行不通的,也是不能成立的。

关于高阙的位置,《水经注》说的最明确,因为它将高阙与赵北长城的走向连接在一起,最为可信。后人没有注意到这一点,胡乱编造所谓的事实,都是行不通的。只有坚持实事求是的原则,才能得到科学的结论。

---

① 张海斌:《高阙、鸡鹿塞及相关问题的再考察》,《内蒙古文物考古》2000年第1期。
② 《史记》卷111《卫青列传》,中华书局1959年版,第2926页。

赵武灵王修筑赵北长城的时间,史书没有明确的记载。在战国时代,赵国势力不强,南有魏国,阻碍了其向南发展的道路。故而赵武灵王"胡服骑射",谋求向北方发展。其在位第二十年,北略中山,西略胡地。二十六年,攘地燕、代,西至云中、九原。二十七年退位,自号"主父",当上了太上王。他集中精力,谋略西北,欲从云中、九原谋求袭秦。观此,则赵武灵王北筑长城,当在其晚年和当"主父"期间,即二十年(前306年)至其饿死沙丘行宫之前,即前306年至前295年。长城全长900千米。

赵武灵王修筑燕北长城的目的,是为了解除后顾之忧,全力对付秦国。然而燕北长城刚刚修毕,他却因朝廷内部的争斗而饿死了,其夙愿未能完成。如果赵国能如愿强大起来,会对秦国构成很大的威胁,影响到战国的走向。历史的偶然性很多,赵武灵王之饿死,便是偶然性之一。不过"胡服骑射",却使他青史留名,至今仍被人引用。

(四)中山长城

在战国时期,由于战争盛行,许多大国都修筑长城。一些受大国威胁的小国也修筑长城以自卫。中山国也筑有长城,即是一例。

在《史记·赵世家》中,有许多关于中山国的记载。赵献侯十年(前414年),"中山武公初立"。《集解》引徐广语曰:"西周桓公之子。桓公者,孝王弟而定王子。"《索隐》按:"中山,古鲜虞国,姬姓也。《系本》云中山武公居顾,桓公迁灵寿,为赵武王所灭,不言谁之子孙。徐广云西周桓公之子,亦无所据,盖未能得其实耳。"由此看来,中山国武公是否是西周桓公之子,尚有一定疑问。不过中山国属于姬姓,古鲜虞之后,大概是没有什么问题的。

虞初居顾,后迁灵寿。灵寿旧地,据徐广注在常山,今仍称灵寿县,在石家庄西北滹沱河左岸,为石家庄市属县。《中国历史地图集》标在定县(今定州市),为保定市所属。则中山国境域,在今石家庄市与保定市之间。在战国时期,中山国地处赵国与燕国之间,地理位置很重要,由于中山国属于小国,因此,赵国不断讨伐中山国,欲兼并其领土。《史记·赵

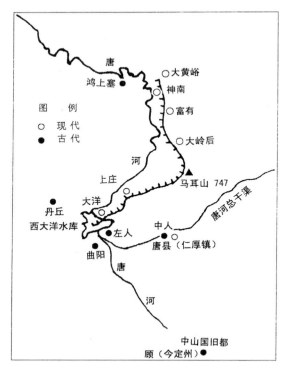

图 例
○ 现代
● 古代

中山长城

世家》载,赵敬侯十年(前377年),讨伐中山,与中山战于房子(今河北赵县)。十一年(前376年),又讨伐中山,战于中人(今河北唐县)。赵武灵王十七年(前309年),"出九门,为野台,以望齐、中山之境"。野台,据《括地志》在定州新乐县(今仍称新乐)。十九年(前280年),"王北略中山之地"。二十一年和二十三年(前278年、前276年),先后两次派大军攻打中山,攻取了丹丘、华阳、鄗、石邑、封龙、东垣等地,中山王被迫献出四邑言和,赵国始罢兵。赵惠文王三年(前263年),赵国灭亡了中山国,将中山王迁移到肤施(在黄河西岸,今陕西榆林市南渔河堡)。

中山国对赵国企图强占自己的领土,是看得很清楚的,因此,被迫修筑长城。据李文龙实地考察所见①,中山长城分布在今河北保定市顺平县、唐县境内。它北始于顺平县神南乡大黄峪村西北1.5千米的大山中,

---

① 李文龙:《保定境内战国中山长城调查记》,《文物春秋》2001年第1期。

向东南走向,经新华村至神北村。由神北村向南,有一段绝壁连绵、以山为险,未筑城墙。在神村南约 6 公里,长城重新出现,经西大悲村西北南行,至富有村,转向东南走向,经团结乡、大岭后村、李家沟村,向南入齐家庄乡,经柏山村转向西行,经顺平县、唐县交界处的马耳山(海拔 747 米)北,进入唐县。在唐县,长城经西峒宠村、上赤村,西南进入自合乡上庄村,再经山南庄到达大洋村。由大洋村向前,进入西大洋水库淹没区。最后终止于灌城,灌城现在已被西大洋水库淹没。中山长城在顺平县境内,长约 24 千米,在唐县境内长约 44 千米,全长约 68 千米。长城位于唐河(古称呕夷水)左岸,沿唐河走向,构成天然河水与人工建筑长城两道防线。魏河南长城、赵南长城、燕南长城均是如此,目的是加强边防。

《史记·赵世家》载赵成侯六年(前 369 年),"中山筑长城"。此后不见有中山国筑长城的记载。顺平县、唐县境内的古长城,在中山国西北境,应是赵成侯六年中山国所筑之长城。中山国前期都城在顾(今定州),后期都城在灵寿。然而现存的中山长城却终止于定州西北、灵寿东北,甚为短小,没有把旧都、新都屏障在内,很不合乎情理。中山长城应是从北端开始修筑,向南方延伸,但是,并没能全部完成,只修筑了北半段。这是因为在赵成侯、赵武灵王时期,赵国不断地侵掠中山国,中山国被迫割地求和,其政治、经济都受到很大的干扰,无法按原计划将长城全部修完。

二、战国燕长城

(一)燕南长城

燕南长城,始见于《战国策》。张仪为秦破合纵、实现连横,曾游说燕王曰:

> 夫赵王之狼戾无亲,大王之所明见知也。且以赵王为可亲邪?赵兴兵而攻燕,再围燕都而劫大王,大王割十城乃却以谢。今赵王

已入朝渑池,效河间以事秦,秦下甲云中、九原,驱赵而攻燕,则易水、长城非王所有也。且今时赵之于秦,犹郡县也,不敢妄兴师以征伐。①

《史记·张仪列传》《刺客列传》也提到燕南长城,当来自《战国策》,故不赘引。

赵南长城之走向,与易水有关。《周礼·职方》:"正北曰并州,其山镇曰恒山,其泽薮曰昭余祁,其川虖池、呕夷,其浸涞、易。"易即易水,有三支,称中易水、北易水、南易水。中易水源于太行山宽中谷,东出武夫关,又称武水,经易县之城南,东入定兴县,先与北易水相会,在河阳渡与南拒马河相会合以后称白沟河,又称大清河,北流入古黄河,今称海河。南易水又称雹河、瀑河,源于太行山中石虎冈(独石冈),东流入徐水县(旧称安肃县,今河北保定市徐水区)、新安县,水量比中易水、北易水丰富。

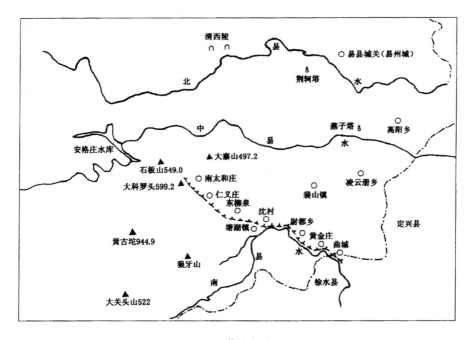

易县燕南长城

① 《战国策·燕策一》下册,上海古籍出版社1998年版,第1053页。

燕南长城起始于三会口附近,三会口为中易水与女思涧水会合处,《水经注》载:"三会口,易水又东,届关城门西南,即燕之长城门也……易水又东,历燕之长城。"①近年在三会口附近修建水库,称安格庄水库。燕南长城起始处接近中易水的大科罗头山下,该山海拔599.2米,是附近山区的最高山。据近年调查,燕南长城起始处最近有太和庄,东北距易县城易州镇15千米。长城始于大科罗山狼窝尖顶部,沿山脊而下,经小王庄、王家村、东柳泉村、塘湖村、沈村、邓家林村,越南易水,经西城阳、东城阳、尉都村、孝村、黄金庄、曲城村、曲城新村,入徐水县,全长19千米。

在徐水县境,长城沿瀑河向东南延伸,在太和庄西为瀑河水库淹没,经解村、王坎庄、大马各庄、广门村、戊己台村、王马村、南张丰村、前所营村,跨京广铁路,入徐水县城,沿北瀑河南岸延伸,经北上关村、大寺各庄、南梨园、商庄、林水各村,后被叠压在徐水至安新之公路之下,墙体消失,其重新出现以后,经崔庄、高平庄、南邵庄,进入容城县黑龙口。在徐水县境,长城全长46千米。

在容城县境内,长城多为公路叠压,或地势稍高于平地,有一段进入白洋淀,出现于哈横岛上,此后长城出岛,进入安新县。在容城县境,长城约长7千米。在安新县,长城与白洋淀北堤相接,经申明亭、涞城,穿过崔公堤至留村、大张庄,经南六村、北六村至白洋淀边,折向南河村、太阳村,入白洋甸。在安新县,长城全长28千米。在雄县境见有长城,经古庄头村,接白洋淀北堤至马蹄湾村、南十里铺、王家房和安新县赵北口、王家房,过大清河,顺大清河北堤,过大清河,顺大清河北堤,经高家铺、王家场、张青口,入廊坊市文安县境。在文安县,长城经北舍兴、西庄头、新镇、王庄子、鹿疃、辛村、鲁庄子、西三官、中三官、宋庄户、苏桥、崔家坊、左各庄、龙潭湾、张广营、南陶管营、北艾头、赵营、大长田、小长田、德归村、西紫沟、南岔口,入大城县。又有一支线,长28千米。在文安县境,长城全长50千米。

在大城县,长城仍有东、西二线。东支线由文安县入西子牙村,经旺村、商庄子、孙河村、南赵扶村,与子牙河堤相接。西支线由东窖子村入

---

①　郦道元著,陈桥驿校证:《水经注校证》,中华书局2007年版,第279页。

境，经郭底村、王轴北村、前孝彩村、西万灯村、南楼堤村、温村、王都村、二姑院村、任场村、宋庄子、王庄村、杨堤村、高堤村、刘固献村、西迷堤村，与子牙河堤相接。自刘固献村向西南延伸，至东马村东，长城遗迹消失。在大城县境内，长城全长63千米。

燕南长城是为防御赵国、中山国和秦国所建。燕国初以易水为防，由于易水落差比较大，在枯水期易水难以防敌，故在其南境修筑长城以防之。其修筑的时间，当在燕昭王时期，即公元前311年至公元前258年。这时燕国最为强大，由于招贤纳士，"乐毅自魏往，邹衍自齐往，剧辛自赵往，士争趋燕"。以乐毅为上将军伐齐，入临淄，大获其胜。在此之前，燕国发生了"子之之变"，国家陷于混乱；在此之后，燕国衰微，都不具备经济军事实力，无法兴工修筑南境之长城。燕下都在燕南长城以北，修建易水长城之直接目的，应是保卫燕下都的安全。后来，燕王喜、太子丹都居住于燕下都，荆轲刺秦王就是从燕下都出发的，故有易水作别的悲壮情景。《史记·刺客列传》有"长城之南、易水以北"之语；荆轲作歌曰："风萧萧兮易水寒，壮士一去兮不复还！"[1]印证了燕南长城在易水之边。《水经注》所记的"长城门"，很可能就是荆轲出国所走过的城门。

长城墙体巨大无比，在修建时必须就地取材，不能远地运输。燕南长城主要分布在平原地区，因此，其墙体多为夯土版筑。只有其西端在太行山区，采用石筑。石筑墙体是内外两侧用毛石，即未加工的石头，很不规则，墙体内部必须充填碎石、粗沙、泥土。这种原始的筑墙方法，在各地长城都可以见到，比较坚固持久，至今山区农民修建院墙仍是如此。因此，这种石长城有人又称为土石混筑。

燕南长城石墙体残高0.3—2.8米，底宽2.5—3.8米，顶宽2.4米，横截面为梯形，收分明显，用以增强墙体的稳定性。

平原地区夯土墙体，保存状态不好，有后代补修现象。曲城新村长城墙体，底宽12米，顶宽7米，高5米。在徐水县，墙体残高1—9米，底宽4—15米，顶宽1—4米。在张华村，墙体内有芦苇、麦秸，用以加固墙体。

---

① 《史记》卷86《刺客列传》，中华书局1959年版，第2534页。

在文安县赵家营子,墙体残高 0.76 米,夯土层厚 0.12—0.15 米。在大城县杨堤村,墙体残高 1.36—1.56 米,夯土层厚 0.13—0.19 米。在大城县温村,墙体底宽 21 米,顶宽 17 米,残高 2.1 米。这些数据并非原貌,大城县温村数据可能测量有误。只供参考而已。

燕南长城附近有烽燧和城堡。烽燧有 5 处:其一在易县太和庄狼窝尖山脚下,长城之内侧,用石头砌筑,近方形,5.4 米×5.2 米。其二在文安县韩村,南距长城 25 米,高约 1.65 米,已毁,民称烟墩。其三在大城县旺村,东距长城 2300 米,高约 2 米,黄土夯筑。其四在大城县郭底村,东距长城 600 米,高约 1.2 米,其顶上有灰烬、陶片,已毁。其五在大城县王轴北村,南距长城 20 米,高约 1.5 米,见有灰烬、人骨、泥质灰陶片,已毁。燕南长城所防敌人在南方,故烽燧建在北侧,北侧即内侧。在南北走向的长城,其西为内侧,东为外侧,大城县旺村烽燧在长城西侧,即此缘故。

古城堡发现 4 处:其一为易县"吴城子",东西 88.5 米、南北 84 米,在小土山之上,城基残高 1.5 米,城内见陶鬲、陶豆,为战国器物。其二为徐水县解村古城,南北 550 米、东西 645 米,墙体高 3—15 米,宽 3—20 米,夯层 0.15—0.20 米。城内遗物有绳纹陶、断瓦、瓷片,说明使用时间很长。其三为徐水县遂城,南墙长 1037 米、东墙长 1014 米。其东北隅有小城,东西 112 米、南北 165 米,城外有三道护城堤。小城早,大城晚,《史记》载,燕王喜十二年,赵将李牧攻燕,拔武遂、方城,武遂即今遂城。[①] 其四为大城县完城,方形,边长 600 米,高约 6 米。城内有高台炼铁遗址,发现有青铜剑、铜镞、陶鼎、陶鬲、陶豆,时代比较早,为战国城堡。当地人称为"平虏城",平虏是北宋常见的说法,虏指契丹。北宋时曾沿用此城,改称平虏城,其实它是燕城。此外,在燕长城附近,有古村落 25 处,[②]这些村落有早有晚,并非同时出现的。北宋时与辽国对峙,这里常有战事,有不少村落为宋代所置,平虏城名之产生并非偶然。

---

① 《史记》卷 43《赵世家》,中华书局 1959 年版,第 1830 页。《正义》引《括地志》:"易州遂城,战国时武遂城也。"

② 以上数据,均见《河北省志》第 81 卷《长城志》。

（二）燕北长城

燕北长城的修建，以《史记》记载为早，其文称："燕有贤将秦开，为质于胡，胡甚信之。归而袭破走东胡，东胡却千余里。与荆轲刺秦王秦舞阳者，开之孙也。燕亦筑长城，自造阳至襄平。置上谷、渔阳、右北平、辽西、辽东郡以拒胡。"①

东胡是泛指胡人而言，其中包括乌桓（乌丸）鲜卑和燕山以北的犬戎。燕是北方弱国，身受其害，故秦开为质于东胡，为报国之仇，击破东胡，使东胡分裂为乌桓、鲜卑。燕国北方五郡，系为防御东胡而置，与建燕北长城相辅为用。郡县之设，始于春秋而盛于战国，公元前494年，赵简子誓师，有"克敌者，上大夫受县，下大夫受郡"之语。② 后来，郡高于县，郡县设于新占领区（秦始皇统一六国以后，每灭一国即设一郡）。

东胡人墓葬，以沈阳市郑家洼子和马坝堡为最典型，"铜器成群，车马成套"。北京延庆县（今改为区），山戎墓地很多，已进入铜器时代。③燕国北与东胡、犬戎为邻，故而修筑北方长城以防御之。由于东胡北却千余里，燕国势东扩，占领了辽东地区。

1. 造阳在闪电河上

燕北长城西起于造阳，那么造阳在何处？从前人们多认为造阳在怀来盆地。《史记集解》引韦昭语曰："造阳，地名，在上谷。"《史记正义》又云："按上谷郡，在妫川。"妫川今称妫河，发源于延庆北山，西流与桑干河相会南流入北京，康熙帝赐名永定河。20世纪50年代，考古学家安志敏先生到怀来盆地调查，发现怀来县大古城（今已半没于官厅水库）有丰富

---

① 《史记》卷110《匈奴列传》，中华书局1959年版，第2885—2886页。
② 《左传》哀公二年，阮元校刻：《十三经注疏》，中华书局2009年版，第4682页。
③ 《北京考古四十年》，北京燕山出版社1990年版，第76页。

的秦汉遗物,器物上有"上谷""造阳"等文字,①可知大古城即上谷郡治,造阳是否也在此地? 人们有不同的认识。在怀来大古城以南的平地上和南山(北京称作军都山)有古长城遗址,在地方志上有所记载,当地人士称作燕塞秦塞,于是人们认为造阳应在上谷郡城以南,燕北长城应始于上谷郡城附近。即上谷郡治与造阳在同一地方。如果燕秦长城在上谷郡城以南,将郡城弃之于燕长城之外,这是很不合情理的,断断是不能的。因此,造阳之地应在距上谷郡治比较远的地方。

　　我们从相关文献中,能够找到有关造阳地望的线索。《史记·绛侯周勃世家》有以下记载:"燕王卢绾反,勃以相国代樊将,击下燕,……复击破绾至沮阳,追及长城。"②沮阳是上谷郡首县,即上谷城。周勃在沮阳击破卢绾叛军以后,卢绾向往长城逃窜,周勃之军"追及长城",证明长城与沮阳城(上谷郡治)不在同一地方,这是很明确的。此长城就是燕北长城,为汉代所沿用。造阳是燕北长城西站起点,若此,造阳应在离上谷郡治沮阳县很远的地方。

　　《史记·匈奴列传》也提到造阳:"筑朔方,复缮故秦时蒙恬所为塞,因河为固。汉亦弃上谷之什辟县造阳地以予胡。是岁,汉之元朔二年也。"③《汉书·匈奴传》有相同的记载:"其明年,卫青复出云中以西至陇西,击胡之楼烦、白羊王于河南,得胡首虏数千,羊百余万。于是汉遂取河南地,筑朔方,复缮故秦时蒙恬所为塞,因河而为固。汉亦弃上谷之斗辟县造阳地以予胡。是岁,元朔二年也。"④

　　《史记》之什辟县,《汉书》作斗辟县,稍有不同,实际为同一地名。后人对上述记载,有许多注释,今录之如下。

　　①《史记集解》:"什音斗。《汉书音义》曰:言县斗辟,(西)[曲]近胡。"

---

　　①　景爱:《关于沈阳城市纪元的若干问题》,《沈阳建城始元论文集》,沈阳出版社 2000 年版,第 10—15 页。

　　②　《史记》卷 57《绛侯周勃世家》,中华书局 1959 年版,第 2070 页。

　　③　《史记》卷 110《匈奴列传》,中华书局 1959 年版,第 2906 页。

　　④　《汉书》卷 94《匈奴传》,中华书局 1962 年版,第 3766 页。

②《史记索隐》："孟康曰：县斗辟，（西）［曲］近胡也。什音斗，辟音僻。造阳即斗辟县中地。"

③《史记正义》："曲幽辟县入匈奴界造阳地，弃与胡也。"①

④《史记正义》："科音斗，其形方，有柄，取斟水器。"②

⑤《汉书》引孟康曰："县斗辟，曲近胡。"

⑥《汉书》引师古曰："斗，绝也。县之斗曲入匈奴界也，其中造阳地也。"③

据以上注释可知，造阳为斗辟县中地，斗辟县以曲邻匈奴，汉武帝元朔二年（前127年），由于斗辟县孤悬在外，管理不便之故，将斗辟县地割让给匈奴，造阳自然也变成了匈奴的牧场。

不过注释中的"县斗辟""曲幽辟"不太通俗，很深奥，今人难明其意，故稍作说明如次。"斗"是古代日常生活中盛装酒水的器具，也可以说是量器，用满装、半装来表示酒水的量度，有如今日的量杯。很早以前就出现了，《诗·大雅·行苇》："酒醴维醹，酌以大斗。"用大斗（满斗）敬酒，是待客盛情的表现，是一种礼节，根据每人的饮酒量不同，可以全饮、半饮或三分之一饮或更少一些。斗还是计量米多少的量器，就是从前所说的斗升之斗。中国自古以耕种为食，粮食可以酿酒，酒是饮料也是食物，因此就需用斗来计量。装满酒或粮食的斗很沉重，为了便于把持，需要安装手柄以握之。它突出在斗的外壁，与器耳很相似。壁、辟、僻音同意同，有如器耳，可以两手把持倾倒。曲即屈，把柄可能是弯曲状态。斗辟县地处上谷郡最北方，有三面被匈奴包围，只有一面与上谷郡相连，其平面似酒斗之状，于是人们称为"斗辟县"，以像其形也，即人们常说的"孤悬"之意。它很不便于管理，汉武帝决意集中兵力讨伐匈奴，只好将斗辟县舍弃，在舍弃的当年，即元朔二年（前127年），汉武帝随即派卫青出雁门、李息出代郡"击胡"，开始了征讨匈奴的战争，这是汉武帝战争规划中的一部分，并不是偶然的巧合。后来征伐匈奴战争的胜利，证明汉武帝的雄

---

① 《史记》卷110《匈奴列传》，中华书局1959年版，第2906页。
② 《史记》卷43《赵世家》，中华书局1959年版，第1794页。
③ 《汉书》卷94上《匈奴传上》，中华书局1962年版，第3767页。

才大略,是常人所不及的。

那么,斗辟县中的造阳地望在何处? 在历史文献中稍有提及。《史记索隐》引《太康地志》语曰:"秦塞自五原北九百里,谓之造阳。"①《太康地志》又作《晋太康地记》《晋太康土地记》,撰者佚名,事迹不详。太康(280—289 年)是晋武帝司马炎的第一个年号,此时距汉代历史不久,故其所记是比较可信的。

秦代设九原郡,汉武帝元朔二年改称五原郡,治地未变,其故址为内蒙古巴彦淖尔市乌拉特前旗三顶帐房村。② 在此地以北九百里,可以达到河北张家口市沽源县北部、内蒙古锡林浩特市正蓝旗南部。在正蓝旗有黑城子牧场(旧称黑城子种畜场),经过考古学家实地考察,在黑城子牧场内发现了一道古长城遗址,由此向东南走向,进入沽源县东北部,成为沽源县与正蓝旗的分界线。这道古长城,就是燕北长城的西端,燕国的造阳应当在正蓝旗黑城子牧场境内。黑城子牧场地图放在此处,编号为地图 12。这种判断的可信性,与黑城子牧场的地理环境有关。

黑城子牧场在闪电河东岸,闪电河又称上都河(以元上都得名),是滦河的上游。闪电河源于承德市丰宁县南部,北流到元上都以南,又折向东流,至多伦县又转向南流,这个大弯曲与黄河河套很相似。《汉书音义》和孟康、师古都称斗辟县近胡,师古称"县之斗曲入匈奴界"。这种说法与闪电河有关。闪电河大弯曲之内为斗辟县,大弯曲之外为匈奴,闪电河大弯曲是斗辟县与匈奴分界线。斗辟伸入匈奴,有如斗柄外伸。黑城子牧场在大弯曲之内,又有古长城遗址,恰好证明斗辟县造阳在黑城子牧场。河流沿岸水草丰富,适于放牧,元上都选址于闪电河北岸,即与此有关。金代称闪电河为金莲川,是皇帝避暑胜地,金章宗完颜璟即诞生于此。由于环境良好,适于放牧,闪电河是匈奴人的重要牧场,有人认为匈奴左贤王曾居住于此,是有一定道理的。汉初,闪电河应是上谷郡与匈奴人的自然分界线,其东南为上谷,西北为匈奴左贤王牧场。燕国在此修建

---

① 《史记》卷 110《匈奴列传》,中华书局 1959 年版,第 2887 页。

② 李逸友:《论内蒙古考古》,《内蒙古文物考古文集》,中国大百科全书出版社 1994 年版,第 12 页。

长城,显然与防止匈奴势力有关。造阳和斗辟县设置于此,并非偶然。燕北长城建于闪电河东岸,是因为冬季河水结冰,匈奴骑兵可以踏冰而入,并不安全,故而在闪电河左岸筑长城加以防备。从地理环境而言,燕国的造阳之地,应当在闪电河左岸,这一段闪电河是自南向北流,说造阳在闪电河东岸也可以。值得注意的是,金代西北路界壕遗址也在这一带,用以防止蒙古人,这是在元朝建立以前的蒙古汗国时期,也说明闪电河一带在历史上的重要性。

黑城子牧场

　　黑城子牧场除保存有长城遗址以外,还有什么遗迹和遗物,未见于报道。如果在此地进行更深入的调查,或许会有新的发现,增进燕北长城的研究。

　　在怀来大古城中,发现有"造阳"字样的器物,说明这是专供造阳使用的器物,可以反映出上谷郡对造阳之地的高度重视。造阳之地未必有手工作坊和加工制造器物的能力。至于"造阳"之名的由来,或许与闪电河有关。

有人提出,造阳是在沽源县东南的骆驼嵯。其理由是这一带山峦重叠,交通不便,至今仍是人烟稀少不通车路的僻壤。所谓"弃上谷之斗辟县造阳地以予胡",当在于此地。[①] 按地图,骆驼嵯在赤城县北部,北邻沽源县,东邻丰宁县,这里确是山区,系大马群山的一部分,其东北有东猴顶,海拔2293米,又有黄梁头,海拔2084米。高大的山区,不是匈奴宜居的地方,不会在这里修建长城。汉代不会将山区舍弃给匈奴,匈奴也不会与汉朝争夺这样的高山地区。因此,将这一山区视为斗辟县造阳地,理由并不充分,是难以成立的。

还有人提出,怀来县保安镇东北6千米有枣儿口,由于其读音与造阳相近,当为造阳之地,民间称旧有枣阳城。实际上这里并无古城址,也无长城址,枣阳城也不见于史籍,只是有许多民间传说。因此,造阳在此之说不可信。

2. 燕北长城的走向

史载燕北长城位于上谷、渔阳、右北平、辽西、辽东五郡境内,相当于今内蒙古、河北、辽宁以及朝鲜半岛北部。根据长城遗迹,对其走向可以粗略描述。由于长城遗迹有的模糊不清,或有间断处,很难做到精准不误。

燕北长城西端,自黑城子牧场开始沿闪电河东岸向东南走向,经过内蒙古多伦县西南境,成为多伦县与沽源县的分界。在经过多伦县十五号乡以后,进入河北承德市丰宁县鱼儿山乡、万胜永乡、外沟门乡,大体为自西向东走向。所经过的村屯有三道洼、大孤山、鱼儿山草滩、土城沟、三合城、山咀、北坝头。自北坝头转向东北,越过乌孙吐鲁坝、敖包村、坝底下、天城号、红石砬、下洼、马架子、五里营、上岗子、小红石砬(在小石砬利用山险未筑墙),入外沟门乡(外沟门又称森吉图),抵达滦河西岸。越过滦河以后,经青石砬、河东村至燕子窝(大营子),入围场县东城子村。上述

---

① 　李逸友:《中国北方长城考述》,《内蒙古文物考古》2001年第1期。

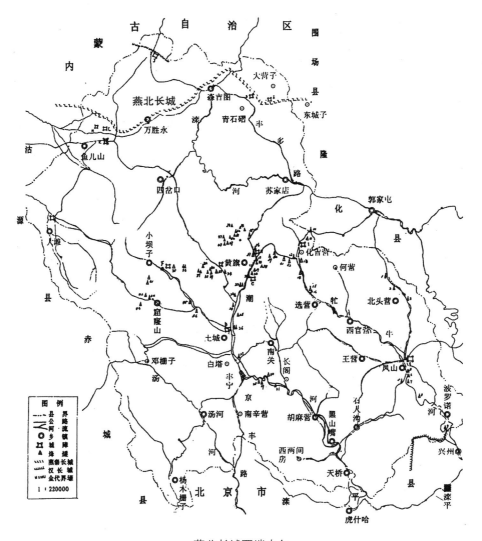

燕北长城西端走向

长城(含天险在内),长约 67.5 千米。

在围场县,燕北长城经西龙头乡、桃山乡、城子乡、牌楼乡、燕格柏乡、半截塔乡、道坝子乡、围场镇(县政府驻地)、大唤起乡、六家乡、朝阳湾乡、杨家湾乡,进入内蒙古赤峰市松山区老府镇杨树湾子村西北。全长为132 千米。

沽源县长城墙体系黄土夯筑,底宽 4—5 米,残高 0.5—1.2 米,呈土垄状。在丰宁县,墙体由黄土、褐沙混筑,底宽 0.4—1.2 米,残高为 1—2.5 米,夯层为 0.1—0.3 米。在围场县,有石砌和土筑两种,西段称长壕,中段称御路,东段称边墙,底宽 8—18 米,顶宽 1—3.5 米,残高 0.4—3 米。①

金代界壕又称边壕,为了省工部分利用了古长城,故后人称为长壕。古代长城多见于边疆地区,故民间又称为边墙。围场县为清代木兰秋狝故地,阴湿多水,皇帝为避水害,有时会在古长城墙体上行走,故民间又称为御路。就整体而言,在沙漠草原和山区,居民活动频度小,故而长城保存稍好一些。

燕北长城进入赤峰市松山区以后,经过曹家营子东山,沿英金河北岸丘陵及山脊东行,经红石岗子、山咀子后山、衣家营子、杨家营子、北道村后山、水泉、王家店、四家子、孙家营子、杨家营子、夏家店后山、八家、摩天岭、洒水坡、安庆沟、越过老哈河冲积地带,进入敖汉旗。在敖汉旗境内,长城继续东行,经白斯朗营子、步登皋、七道窝铺,再经新惠镇(敖汉旗政府驻地)北、土城子、三家子、刁家营子、谭家窝铺、荷叶村(旧称荷叶尔花)东,进入奈曼旗。

在奈曼旗境内,自西岗口村东行,经高和村北、伊马钦村牤牛河西岸台地中断,在其北约 10 千米的牤牛石沟村南山冈出现,自牤牛河东岸丘陵向东延伸,经薄等沟入库伦旗。

在库伦旗境内,自西下沟村东,向水泉乡、白音花苏木(蒙语苏木即乡)伸延,至先进乡折向东南,进入辽宁阜新市八家子村。②

在赤峰市境内,燕北长城墙体有石砌、土筑两种。石砌多见于英全河北,残高约 2 米,底宽 3—4 米,顶宽 2 米。土筑墙体残高 0.5—1.5 米,底宽 5—6 米,有的破坏严重,当地人称为"土龙"。长城沿线城郭比较多,还有烽燧遗址。在长城南侧,时见刻有秦诏书的陶量、铁权,证明秦代沿

---

① 以上数据均见《河北省志》81 卷《长城志》,文物出版社 2011 年版,第 20—21 页。
② 李逸友:《中国北方长城考述》,《内蒙古文物考古》2001 年第 1 期。

用了燕北长城。

长城间断处颇见,间断处长 10 千米、20 千米,与山险有关,有山险处则不必筑墙。或因山岭多林木,施工难度大,略而不筑。围场县燕长城与赤峰市燕长城,其衔接处不甚清楚,其原因尚需深入研究。

燕北长城入辽宁阜新市阜新县以后,进入六家子北山(又称半截山),经八家乡克丑村、克丑村上脉来屯、大五家镇高束台村西敖土虎营子屯、大加生村西营子屯、紫都台乡北昌营子村下甸子屯、北昌营子屯、北昌西沟屯、李家窝铺屯、化石戈乡北八里村尖山子屯、西帐房屯、北八里屯、三色村红石砬屯、上新邱屯、下新邱屯、牪叉沟牪沟屯,然后越过牤牛河,入北票市。① 再经过敖汉旗宝国吐乡邢家窝铺村,入辽宁建平县。

在建平县境,燕北长城始见于杀子梁。由此经北二十家子乡封山村、牛圈子村王苏地屯、牛圈子村、小五家村、朝阳沟村水陶窝铺屯、蓝旗营子屯、九间房屯、烧锅营子乡蛤蚂沟脑屯、油房营子村王家店屯、张家湾屯、霍家地村、木头营子村石匠沟屯、刘牌沟屯、黑水镇孟家沟屯、老官地乡嘎吉哈达屯、铁匠营子屯、梨树沟屯、中草沟屯、上草沟屯、热水种畜场马家沟屯。向西越过老哈河,与赤峰市美丽河乡冷水塘燕长城相接。②

在辽河以东,自民国至今,有许多考古学家调查燕北长城,然而均无所见。只发现有城郭和烽燧。在沈阳市有八家子古城、青桩子古城,在平地上,夯土版筑。在抚顺市果木园子北山,也见有两座古城。烽燧多建在高山之上,以圆形为主,其总数有数十座之多。此外有挡马墙和单体烽燧。石筑,多长方形。

在辽河以东地区,何以不见长城遗迹?可能与燕国防胡的形势有关。燕国北方敌人主要是东胡、山戎,而燕国势不强,司马迁说:"燕(外)迫蛮貉,内措齐、晋,崎岖强国之间,最为弱小,几灭者数矣。"③蛮貉指胡人,包括东胡、犬戎和匈奴,在燕国北方,势力强大,是主要敌人,对燕国威胁最

---

① 在东北,村指行政村,屯指自然屯。内蒙古也有这种情形。
② 《辽宁省燕秦汉长城资源调查报告》,文物出版社 2017 年版,第 19—20 页。
③ 《史记》卷 34《燕昭公世家》,中华书局 1959 年版,第 1561—1562 页。

大。燕长城是为防东胡、犬戎和匈奴而建。在辽河以东,有秽族,居住在朝鲜半岛北部和鸭绿江沿岸,相当落后,对燕国不构成威胁,因此,没有必要修筑长城以防之。上谷、渔阳、右北平、辽西以北,是燕国的主要敌人所在,故而必须修城以防之;而在辽河以东却没有强敌。在这种形势下,燕国修筑长城的地区自然有别,突出长城防御的重要地点为辽河以西,而辽河以东则暂缓,这是可想而知的。燕王喜一度迁往辽东以避秦国兵锋,不过这时燕国势力大衰,没有财力去筑辽东长城了。

燕昭王时,国力最强。因此,燕北长城应修建于此时。燕昭王在位,是在公元前311年至公元前279年,适当战国中期,这时正是中原修筑长城的高峰期。燕国也不例外。

3. 燕北长城东端止点

《史记》称燕北长城"自造阳至襄平",明示其西始造阳,东止襄平。襄平为辽东郡治,即今辽阳。张维华称:"古之襄平,在今辽阳之地,依《史记》之文,燕之长城,当止于此。然襄平辖地域,以何为限,已难考知,因而燕长城之终点,亦难确定,姑从《史记》之说。"①

1980年6月,辽宁省博物馆在本溪湖以东约5千米的威宁营村太子河西北,即明代威宁营堡遗址附近,发现一处战国早期和汉代的遗址。李文信称,1978年曾在此发现板瓦。当地群众介绍,早年曾在此发现燕国钱币"铜刀"。1981年,又在此发现战国和汉代筒瓦、瓦当,当事人称,这应是"燕秦汉早期长城史迹"。② 威宁营距辽阳城约百里,其间不见有燕国时代的其他遗物,看不出燕北长城通往襄平的迹象。故知"至襄平"之语,当是指止于辽东郡之地。

由于辽河以东没有发现燕长城遗址,于是当地学者提出,"以列燧"为主,来探索燕北长城,形成两种意见。第一种认为,燕秦汉长城应由铁岭市南与沈阳北之间东行,经抚顺、本溪、宽甸到鸭绿江沿岸,在此早期长

---

① 张维华:《中国长城建置考》(上编),中华书局1979年版,第125页。
② 《辽宁省燕秦汉长城资源调查报告》,文物出版社2017年版,第10页。

城线上,已发现考古遗址 42 处。第二种认为,燕秦古长城经由昌图、铁岭、西丰、清源、桓仁。多人相信第一种意见,否定第二种意见。

《三国志·魏书·乌桓鲜卑东夷传》引《魏略》曰:

> 昔箕子之后朝鲜侯,见周衰,燕自尊为王,欲东略地,朝鲜侯亦自称为王……后子孙稍骄虐,燕乃遣将秦开攻其西方,取地二千余里,至满番汗为界,朝鲜遂弱。及秦并天下,使蒙恬筑长城,到辽东。①

据此,在秦开攻打朝鲜半岛西部以后,占领了许多朝鲜领土,以满番汗为燕国、朝鲜之边界。那么,满番汗在何处?《汉书·地理志》:"番汗,沛水出塞外,西南入海。"应劭曰:"汗水出塞外,西南入海,番音盘。"汉代许慎《说文解字》:"沛水,出辽东番汗塞外,西南入海。"据此,番汗又简称汗水,又作沛水,是辽东塞外,即朝鲜半岛北部。陈澧《汉书地理志水道图说》提出沛水为朝鲜博川城大同江,是有道理的。

1986 年 4 月至 8 月,朝鲜考古学家在平安北道(道相当于中国的省)大宁江沿岸,发现了一道古长城,南起博川郡(郡相当于县)中南里,北至东仓郡松鹤里堂阿山城,这一段最为清楚。在其他地方,多湮没不见,为自然和人为所破坏。当地民间传说,这是古万里长城。② 当地人称为大宁江长城,今日之大宁江即古代之大定江。大宁江西南流,注入黄海之西朝鲜湾。今日晴川江古称浿水,晴川江(浿水)与大宁江(大定江)先合流,然后入海,二者的入海河道是共用的。就此而言,大宁江(大定江)下游,古代称浿水。大宁江长城北越鸭绿江,即与辽宁宽甸满族自治县境内的燕秦鄣塞相接。因此,大宁江古长城或是燕北长城的终端。大宁江入海口,后被秦汉沿用。

《晋书·地理志》记载,平州乐浪郡有遂城县,遂城为"秦长城之所起"。③ 秦代沿用了燕国的长城(鄣塞),因此,秦长城与燕长城的东端终

① 《三国志》卷30《魏书·乌丸鲜卑东夷传》,中华书局 1959 年版,第 850 页。
② [朝鲜]孙永钟:《关于大宁江长城的调查报告》,(吉林)《博物馆研究》1990 年第 4 期(内刊)。
③ 《晋书》卷14《地理上》,中华书局 1974 年版,第 427 页。

点是在同一个地方。

唐代杜佑在《通典·边防》记载说:"碣石山在汉乐浪郡遂城县,长城起于此山。今验长城东截辽水而入高丽,遗址犹存。"①碣石山有二,一在河北昌黎县,《禹贡》称碣石山,《汉书·地理志》称大碣石山,谭其骧先生曾撰《碣石考》一文加以论证②另一在朝鲜半岛黄海之滨,西晋《太康地志》称:"乐浪遂城县有碣石山,长城所起。"③后人为了防止混淆,将昌黎碣山称右碣石,将朝鲜遂城碣石称左碣石,用以区别之。

关于朝鲜半岛左碣石,《汉书·地理志》记载:"玄菟、乐浪,武帝时置,皆朝鲜、涉貉、句丽蛮夷。殷道衰,箕子去之朝鲜,教其民以礼仪,田蚕织作。"④《史记·朝鲜列传》:"朝鲜王满者,故燕人也。自始全燕时,尝略属真番、朝鲜,为置吏,筑鄣塞。秦灭燕,属辽东外徼。汉兴,为其远难守,复修辽东故塞,至浿水为界,居燕。"⑤"鄣塞""辽东故塞",均指燕国旧址而言,汉代在燕国基础上加以补修完缮,成为一代边防。朝鲜半岛大宁江长城,可能是前代遗留,与汉塞有密切关系,不妨将它视为汉长城。其终止处,就是现在晴川江和大宁江(大定江)共同的入海口。

在大宁江长城附近,发现了高丽时代和金代的遗物(金代使用的宋朝铜钱),说明这道长城在后世多次被利用,其使用的时间很长。这种现象在战国赵长城、秦长城上都可以见到,燕北长城也是如此。

燕北长城修筑时间早,此后不同的段落多次被后代所沿用。秦、汉沿用常见,金界壕也加以沿用。就此而言,燕北长城的历史价值非常高。由于破坏严重,其遗迹在人类活动频繁的地区,很难见到其原貌了。这限制了人们的视野,有些问题尚需深入考察研究,不能以此为满足。来日方长,尚需不断努力。本书亦是如此,仍有可以补充之处。

---

① 《通典》卷186《边防二》,中华书局1984年版,第992页上栏。
② 谭其骧:《长水集》(下),人民出版社1987年版,第98—104页。
③ 《史记》卷110《匈奴列传》,中华书局1959年版,第2887页,注十一。
④ 《汉书》卷28下《地理志》,中华书局1962年版,第1658页。
⑤ 《史记》卷115《朝鲜列传》,中华书局1959年版,第1658页。

三、战国秦昭王长城

在战国时期,秦国也筑有长城。由于是在秦昭王时修筑的,故后人又称为秦昭王长城,有别于秦朝建立以后蒙恬所修筑的长城。蒙恬所修筑的长城,又被称作秦始皇长城。

战国秦长城之修筑虽见于记载,然而其起止地点和走向,并没有明确的说明。长城之遗迹偶有发现,然而只见于局部地区,无法连成一线,后人常常将秦昭王长城与秦始皇长城混而为一。又有人提出,在战国时期除秦昭王长城以外,还有所谓的"堑洛长城"和洛河中游长城。凡此种种,都需要作出科学的说明和论证。

(一)秦昭王长城修筑之背景

战国时秦筑长城之事,见于《史记·匈奴列传》,文称:

> 其后义渠之戎筑城郭以自守,而秦稍蚕食,至于惠王,遂拔义渠二十五城……秦昭王时,义渠戎王与宣太后乱,有二子。宣太后诈而杀义渠王于甘泉,遂起兵伐残义渠。于是秦有陇西、北地、上郡,筑长城以拒胡。

从这段记载来看,秦昭王长城之修筑,与讨伐义渠有直接的关系。

自西周以来,在今陕西北部、甘肃东部和宁夏南部地区,居住有许多少数民族,在古代文献中被称作戎或西戎。西周末年,犬戎势力强大,是协助申侯、缯侯杀死周幽王,颠覆西周政权的重要力量。周平王东迁洛邑以后,原先西周之地大部分被戎人所占据。《后汉书·西羌传》记载说:"及平王之末,周遂陵迟,戎逼诸夏,自陇山以东,及乎伊、洛,往往有戎。于是渭首有狄、獂、邽、冀之戎,泾北有义渠之戎,洛川有大荔之戎,渭南有骊戎,伊、洛间有杨拒、泉皋之戎,颍首以西有蛮氏之戎。"到了春秋时期,

"义渠、大荔最强,筑城数十,皆自称王"。从筑城、称王来看,义渠和大荔之戎社会发展最快,大概已进入阶级社会。

秦人本是西戎的一支,在古代文献中秦被称作"戎秦""狄秦",故王国维称"秦之祖先,起于戎狄"①。秦人接受中原文化比较早,社会进步比较快。秦人通过对附近戎人部落的征讨,扩大了自己的领土和力量。《史记·秦本纪》载:在秦穆公时,重用久居戎地的晋人由余讨伐戎人,其结果是"益国十二,开地千里,遂霸西戎"。

到了战国时期,秦、赵、魏、韩等国都对西戎用兵。秦厉公"灭大荔,取其地。赵亦灭代戎,即北戎也。韩、魏共稍并伊、洛、阴戎,灭之。其遗脱者皆逃走,西逾汧、陇。自是中国无戎寇,唯余义渠种焉。"义渠戎仍存,一是由于其居住地偏西;二是义渠戎的势力比较强大。

秦厉公二十三年(前454年),曾讨伐义渠,"虏其王"。然而义渠的势力并未因此而衰落。《后汉书·西羌传》载:"后十四年,义渠侵秦至渭阴。后百许年,义渠败秦师于洛。后四年,义渠国乱,秦惠王遣庶长操将兵定之,义渠遂臣于秦。后八年,秦伐义渠,取郁郅。后二年,义渠败秦师于李伯。明年,秦伐义渠,取徒泾二十五城。及昭王立,义渠王朝秦,遂与昭王母宣太后通,生二子。"

在秦昭王以前,虽然对义渠进行多次征讨,不过义渠的势力仍然很大,义渠王竟利用朝秦的机会,与秦昭王之母宣太后私通。此事导致秦昭王决心计杀义渠王,随后对义渠展开征讨。义渠虽然溃逃,然而其有生力量并没有彻底消灭,有随时伺机侵扰的可能。为了防患于未然,秦昭王采取了修筑长城的措施。由此可知,秦昭王修筑长城的目的,主要是防御义渠,唯恐其夺回已失去的旧地。

(二)秦昭王时代的戎人和三郡

秦昭王长城的修筑,与以义渠为首的戎人和陇西、北地、上郡有关。

---

①　王国维:《秦都邑考》,《观堂集林》第2册,中华书局1959年影印本,第529页。

欲明白秦昭王长城的走向与起止地点,必须对戎人和三郡有所了解。

《史记·匈奴列传》对春秋时期诸戎的居住地区,有如下的记载:

> 晋文公攘戎翟,居于河西圁、洛之间,号曰赤翟、白翟。秦穆公得由余,西戎八国服于秦,故自陇以西绵诸、绲戎、翟、獂之戎,岐、梁山、泾、漆之北有义渠、大荔、乌化、朐衍之戎。而晋北有林胡、楼烦之戎,燕北有东胡、山戎。各分散居溪谷,自有君长,往往而聚者百有余戎,然莫能相一。

引文中的"翟"读作 di,即狄,戎翟即戎狄。据此记载,可知在圁水,洛水一带,居住有赤狄和白狄。圁水又作圜水,司马贞《史记索隐》引《地理志》云:"圜水出上郡白土县西,东流入河。韦昭云'圜当为圁',《续郡国志》及《太康地志》并作'圁'字也。"张守节《史记正义》引《括地志》:"白土故城,在盐州白池东北三百九十里",又云:"近延州、绥州、银州,本春秋白狄所居。七国属魏,后入秦"。由此可知,春秋时的圁水即今无定河,发源于今陕西靖边县南部白于山。洛水今仍其名,发源于白于山西南,流经吴旗、志丹、甘泉、富县、洛州、黄陵、白水、澄城、大荔,最后注入渭河,是渭河左岸的重要支流。在春秋战国时期,北起无定河,南到洛河的黄土高原地区,为赤狄和白狄的居住地。

陇山即今六盘山,在甘肃东部、陕西西部,是泾河与葫芦河(渭河支流)的发源地和分水岭。陇山以西,自古被称陇西,陇山以西诸戎被称西戎。根据《史记》的记载,陇西绵诸之戎、獂绲戎、翟(狄)戎等。《括地志》称:"绵诸城,秦州秦岭北五十六里,汉绵诸道,属天水郡。"唐代的奉州,即今天水,春秋战国时期的绵诸戎,应居住在今天水附近。绲戎,韦昭注称是犬戎,也应当在天水附近。獂戎,《史记集解》引徐广语曰:"在天水"。《史记正义》引《括地志》:"古之獂戎邑,汉獂道,属天水郡。"这说明今甘肃天水附近,在春秋战国是绵诸、绲戎、獂戎的居住地区。

《史记》称义渠、大荔、乌氏、朐衍之戎,居住在岐山、梁山、泾水、漆水以北。岐山在陕西岐山县北,岐山之南是周人的发祥地。周平王东迁以后,这里为戎人所据。在陕西境内梁山有三,一在韩城县、合阳县之间;二在南郑县(今陕西汉中市东)东南;三在乾县西北。这里所说的梁山,应是韩城县西北的梁山。《史记·周本纪》载,古公亶父因受到薰育戎狄之威胁侵扰,"遂去豳,度漆、沮,逾梁山,止于岐下"。古公所逾之梁山,即乾县西北之梁山。泾水之名至今犹存。它发源于宁夏六盘山,东麓泾源县老龙潭,东南流,经平凉、泾川进入陕西长武县,再经彬县、淳化、泾阳,在高陵县(今陕西西安市高陵区)注入渭河,是渭河左岸的重要支流,全长 444.6 千米。漆水在陕西麟游县,流经扶风、永寿、乾县,注入渭河,全长 160.8 千米,亦属渭河左岸支流。

义渠的居住地在泾水、漆水、岐山、梁山之北,按现在的行政区划而言,即今甘肃庆阳、平凉地区,宁夏南部固原地区,以及陕西延安市西部地区。《史记正义》引《括地志》云:"宁州、庆州,西戎,即刘拘邑城,时为义渠戎国,秦为北地郡也。"宁州,今称宁县,为庆阳地区属县。《元和郡县图志》宁州条称:"古西戎地也,当夏之衰,公刘邑焉。周时为义渠戎国,其后戎翟攻太王,亶父避于岐山而作周。"所言与《括地志》相同。庆阳西连固原、平凉,在地理上结为一体。

秦昭王在计杀义渠王、讨伐义渠残部以后,立即建立了陇西、北地、上郡,"筑长城以拒胡",说明当时筑长城的主要目的,是防御义渠卷土重来。秦昭王建立的上郡、北地郡、陇西郡,属于新扩大的领土。上郡是魏国统治河西地区时所建立的,秦惠文王十年(前 328 年),魏国已将上郡十五县割让给秦国。秦昭王所设置的上郡,仍是以魏上郡十五县为主,可能会略有扩大,即将部分秦国原有的领土并入其中。但是,这时上郡管辖的范围与秦始皇统一六国以后上郡的范围是不同的。在战国时期,河套北部(即河西北部),有赵国的一部分领土。赵武灵王胡服骑射以后,曾"西略胡地,至榆中,林胡王献马",榆中、林胡都在河套北部。赵武灵王让位其子以后,曾于惠文王二年(前 297 年)"出代,西遇楼烦王于西河而致其兵",惠文王三年灭中山国以后,将中山王迁到肤施,肤施在今陕西榆林市区以南约 25 千米的渔河堡,都证明赵国的领土已扩大到黄河以西。在秦昭王时代,赵国仍领有河西之地,以此观之,秦昭王的上郡不会到达肤施,肤施仍为赵国的领土。

北地郡是秦昭王新设之郡,是以地在秦都咸阳之北(实是西北)而得名。《汉书·地理志》称"右扶风,故秦内史,高帝元年属雍国,二年更为中地郡。九年罢,复为内史"。据此知右扶风曾一度称中地郡,其首县为咸阳,则中地是指咸阳而言,北地则是以地在咸阳以北而得名。北地郡是以义渠故地而设置,这在文献记载中是非常明确的。《史记·秦本纪》正义云:"《地理志》云北地郡义渠道,秦县也。《括地志》云:'宁、原、庆三州,秦地北郡,战国及春秋时为义渠戎国之地,周先公刘、不窋居之,古西戎也。'"宁州为今甘肃宁县,属于庆阳地区,原州为今甘肃平凉,庆州为今庆阳。《元和郡县图志》称庆州"春秋及战国时为义渠戎国,秦厉公伐义渠并之,虏其王。至始皇时属北地郡"。志文称始皇时属北地郡,而不称秦昭王时为北地郡,反映出在秦昭王之世,北地郡管辖的范围尚小,没有包括庆州(即庆阳)。到秦始皇时,北地郡范围扩大到庆州(庆阳)。因此,秦昭王所置的北地郡,在管辖的范围上要比秦并六国以后的北地郡小一些,不能把秦昭王初设的北地郡与秦统一中国以后的北地郡完全等同起来。

陇西郡的设置,亦应在秦昭王灭义渠之前后。《史记·秦本纪》秦昭王二十七年(前280年),曾命"司马错发陇西,因蜀攻楚黔中,拔之"。此时秦已领有陇西之地,陇西郡之设置,似应在此前后。陇西郡是以在陇山(六盘山)西而得名,境内有狄道、氐道、羌道、临洮等县,是西部少数民族聚居的地区,尤以氐、羌为多。陇西郡辖地,相当于今甘肃东部天水市、兰州市和定西市。

(三)秦昭王长城的走向与起止

在陕西北部、宁夏南部、甘肃东部,均发现了秦以前的长城遗址,在许多文献中有所记载。秦昭王修筑过长城,秦朝建立后蒙恬又修筑过长城,而且相隔的时间又不是很远。因此,秦昭王长城与秦始皇长城很难分辨,常常把秦始皇长城误作为秦昭王长城。

就长城的本身来说,秦昭王长城与秦始皇长城在形制结构上几乎完全相同,无法进行分辨。我们只有根据秦国和秦朝的不同历史环境进行仔细研究和分辨,才能将二者区分开来。

1. 临洮长城

《元和郡县图志》岷州溢乐县称:"秦长城,首起县西二十里。始皇三十四年并天下,使蒙恬将三十万众北逐戎狄,筑长城,起临洮至辽东,延袤万余里"。溢乐县即秦、汉之临洮县,隋恭帝义宁二年(618 年)改为溢乐县,为岷州治所在。《括地志》称:"秦陇西郡临洮县,即今岷州城。本秦长城首,起岷州西十二里。"《通典》卷 174 岷州条称:"岷州……蒙恬筑长城之所起也",自注:"属陇西郡,长城在今郡西二十里崆峒山,自山傍洮而东,即秦之临洮境在此矣。"据上述记载,可知秦长城起始于甘肃岷县(古之临洮),这是确定无疑的。《元和郡县图志》《括地志》《通典》均称这是秦始皇统一六国以后蒙恬所筑之长城,是很有根据的,可以相信的。然而现代的一些学者,却认为起始于临洮之长城,原是秦昭王时所修筑,而后为秦始皇所沿用。例如张维华称:"此为秦长城所起处,当是昭王筑之于先,始皇缮之于后,所筑所缮,增损之处,或不尽同,然大体则一也。"①

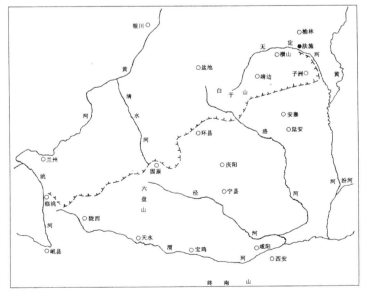

秦昭王长城

① 张维华:《中国长城建置考》(上编),中华书局 1979 年版,第 116 页。

将临洮附近的长城说成是秦昭王所筑，没有任何直接证据，只是从"秦有陇西、北地、上郡，筑长城以拒胡"推演而来，文中"拒胡"两字值得深思熟虑。在战国时代所称的胡人，系指林胡、义渠等北方少数民族而言，他们对秦国的威胁比较大，故秦昭王筑长城加以防范。在秦国的西方，居住着羌人、氐人，他们属于另外一个民族系统，主要分布在甘肃、青海、四川一带。羌人、氐人虽然出现很早，在《尚书·牧誓》中就提到了他们，不过羌、氐的社会发展比较缓慢，直到战国时期仍处于落后状态，为秦国所威服，很少侵扰秦国。《后汉书·西羌传》记载说：

> 秦孝公雄强，威服羌戎。孝公使大子驷率戎狄九十二国朝周显王。研至豪健，故羌中号其后为研种。及秦始皇时，务并六国，以诸侯为事，兵不西行，故种人得以繁息。秦既兼天下，使蒙恬将兵略地，西逐诸戎，北却众狄，筑长城以界之，众羌不复南度。

文中的"研"，是羌人的酋长，生活在秦孝公时期。据此记载，自秦孝公以来，羌人比较柔弱，老老实实地臣伏于秦国。到了秦王嬴政即位后忙于征讨其他六国的战争，而羌人却无战争干扰，得以繁息壮大，引起了秦国的忧虑。因此，秦并六国以后，蒙恬奉秦始皇之命修筑长城时，有了防范羌人的考虑，故将长城的起始地点，确定在洮河上游，以防止居住在洮水流域的羌人内侵。在秦昭王时代，却是没有这种必要的。因此，不能说秦昭王长城起始于临洮，起始于临洮的长城，属于秦始皇时代蒙恬所筑的长城，不能将二者等同为一。

2. 秦昭王长城重点在固原

前已叙及，义渠的居住地区在甘肃东部平凉、庆阳，宁夏南部固原，以及陕西西北部。秦昭王征伐义渠戎的目的，不仅是将它打败，而且要将其残部从原居住地赶走，在这时设置了北地郡。为了防止义渠回归侵扰，修筑长城是最好的措施。长城只有在义渠居住地的外围修筑，才能达到防止义渠返归的目的。因此，在义渠原住地外围修筑长城，自然就成为燕昭王长城的重点所在。从文献记载和长城遗迹的分布来看，宁夏固原地区是秦昭王长城的重点地段。

　　从实地考察结果来看,固原地区的战国长城保存比较完好,其走向也比较清楚。据报道,这段长城由甘肃平凉地区静宁县进入宁夏固原地区西吉县,沿葫芦河左(东)岸溯流而上,经将台乡转向东,入马莲乡。再沿马莲川东北上,经红庄乡,穿过滴滴沟至孙家庄。再折向东,过海子峡河,经固原县城北,到达清水河左(西)岸。在此长城分为内外两道,一道过清水河到郑家磨,又逆河南下至陈家沙窝,是为外长城;另一道从海堡向东北,过清水河,至陈家沙窝,是为内长城。在陈家沙窝内外长城合而为一,然后进入固原东山,再东南行,进入西郊乡、河川乡、城阳乡,至叶家寨子折向东北,进入孟塬乡的赵山庄、草滩、麻花洼,然后向北进入甘肃镇原县马渠乡的城墙弯村。长城所经之地,有的是山上,有的是山下,有的是河岸、沟边,长城的遗迹非常明显。①

　　《水经注·河水》对固原地区的秦长城有所记载,在河水条下载:

　　　　(河水)又东北,高平川水注之,即苦水也,水出高平大陇山苦水谷……东北流迳高平县故城东……其水又北,龙泉水注之,水出县东北七里龙泉,东北流注高平川。川水又北,出秦长城(自注:城在县北一十五里)又西北流,迳东西二土楼故城门北,合一水,水有五源,咸出陇山西,东水发源县西南二十六里湫渊。渊在四山中,湫水北流,西北出长城北,与次水会,水出县西南四十里长城西山中。

　　在这段记载中两次提到秦长城,一是龙泉水北出长城;二是湫水源于长城西山中,西北流出长城北。高平川又称苦水河,即今清水河,在中宁县注入黄河,是黄河右岸支流。龙泉水为清水河支流,发源于陇山(六盘山)中的湫渊,湫渊今称西海子,龙泉河即今海子峡河。文中所提到的高平县,即今固原市原州区。《水经注》的这些记载,与固原地区古长城的分布走向完全一致,《水经注》所称秦长城,即秦昭王长城。

　　在《水经注》之后,还有许多志书记载了固原地区的秦长城。《元和

---

　　①　宁夏回族自治区博物馆、固原县文物工作站:《宁夏境内战国秦汉长城遗迹》,《中国长城遗迹调查报告集》,文物出版社1981年版,许成:《宁夏考古史地研究文集》,宁夏人民出版社1989年版。

郡县图志》在原州下称："平高县，本汉高平县，属安定郡……隋开皇三年罢郡，以县属原州……秦长城，在县北十里。"《水经注》称长城在高平县北十五里，《元和郡县图志》称秦长城在平高县北十里，里距虽略有出入，然而所指长城实为同一处。宣统《固原州志》卷1《地理志》亦称："秦灭义渠，筑长城以御边，即此地，在州西北十里有遗址。"民国《重修隆德县志》卷1《舆地志》称："秦长城，在县西北六十里有遗址。"隆德县在固原县西南，其所称的秦长城显然不是固原县北十里之长城，而是指马莲川上之长城，此长城东北行至固原县北。

据实地考察所见，固原地区秦长城有两点值得特别重视。其一是在固原县城之北，有内外两道长城；其二是在长城以内，有许多大大小小的城堡，大者周长在600米左右，小者周长在200米左右，而且排列密集，例如从吴庄到乔洼15公里为间，竟有大小城堡七八处。这反映出，固原地区是长城御敌的重点所在。固原地区是义渠的原住地，虽然已被赶走，其思旧之情会特别强烈。因此，在这里必须加强军事防御能力，多筑长城和城堡，以屯驻更多的军队戍守长城。

3. 秦昭王长城的终止地点

秦昭王长城经过了宁夏南部的西吉、固原、彭阳三县，其长度约为120千米。然后，长城折向东北，进入甘肃东部庆阳地区。首先进入镇原县武沟乡，经合道乡、何坪乡、三岔乡，环县城西，再经樊川乡、进入华池县。在华池县长城转向东行，进入陕西延安市吴旗县庙沟乡。在庆阳地区秦长城累计长度，约为242千米。[1] 在吴旗县（今吴起县）境内，长城是从西南走向东北，进入志丹县。在志丹县，长城转向北方，进入靖边县境内。[2] 长城沿白于山东行，进入安塞县（今陕西延安市安塞区）北部，沿横山东行，再沿大理河（古称大荔河，为无定河支流）东行。进入榆林市子洲县、绥德县。然后沿无定河北上，最后止于无定河南岸，北与渔河堡相

---

① 李红雄：《甘肃庆阳地区境内长城调查与探索》，《考古与文物》1990年第6期。
② 延安地区文物普查队：《延安地区战国秦长城考察简报》，《考古与文物》1990年第6期。

对。秦昭王长城全长约 750 千米。

许多学者认为,秦昭王长城由榆林市北上,经神木县(今神木市)到达内蒙古黄河南岸的十二连城。《中国历史地图集》也是根据这种说法,将战国秦长城由西南向东北斜穿鄂尔多斯,止于东流黄河的南岸。如此标绘的长城,实际是秦始皇统一六国以后蒙恬所修筑的长城,而不可能是秦昭王长城。

根据史书记载,在秦昭王修筑长城的时候,鄂尔多斯的东北部是赵国的势力范围。秦昭王之时,适当赵武灵王、惠文王在位时期。赵武灵王胡服骑射,计划从云中、九原袭击秦国。《史记·赵世家》载,赵武灵王曾"西略胡地,至榆中,林胡王献马",说明赵国的势力已扩张到河西地区。赵惠文王二年(前 297 年),赵武灵"行新地,遂出代,西遇楼烦王于西河而致其兵"。所谓"新地""西河",应即赵国在河西新开辟的领土。故而赵惠文王三年灭亡中山国以后,将中山国王迁居到肤施。战国时代的肤施,即今陕西榆林市南 25 公里的渔河堡。说明赵国河西的领土,南与魏国河西的上郡相邻。秦昭王修筑长城之际,魏国河西领土早已被秦国所兼并,然而赵国却是刚刚占领河西地区不久。肤施南临无定河,当时无定河是秦国与赵国的分界线,河南为秦国领土,河北为赵国领土。秦国怎么能够进入赵国河西地区修筑长城? 这显然是不可能的事情。明白了这段历史背景,就会知道将秦昭王长修到黄河南岸十二连城的说法,是完全站不住脚的,这是将秦昭王长城与秦始皇长城相混同的结果。应当予以纠正和澄清。

从历史记载来看,秦昭王长城主要分布在北地郡和上郡境内,陇西郡只有少部分长城,临洮附近的长城属于秦始皇长城。秦昭王时上郡的范围,要比秦代上郡略小。在战国时,肤施和肤施以北为赵国领地。到了秦灭赵以后,赵国的河西地区变成了秦国的领土。因此,在秦始皇的时代,肤施成为上郡的治所。《元和郡县图志》对此有明确记载,绥州龙泉县条称:"本秦肤施县地……上郡故城,在县东南五十里。始皇使太子扶苏监蒙恬于上郡,即此处也。"

（四）关于战国秦长城的误说

在战国秦长城的研究上，还出现了一些误说，今一并加以讨论。

1. 堑洛长城

《史记·秦本纪》载，秦简公六年(前409年)，"堑洛，城重泉"。有人提出，"堑洛"就是在洛水沿岸修筑长城、并以"堑山堙谷"作为证明。[①]

检《史记·蒙恬列传》，其原文为：

> 始皇欲游天下，道九原，直抵甘泉。乃使蒙恬通道，自九原抵甘泉，堑山堙谷。千八百里，道未就。

由此可知，蒙恬"堑山堙谷"是修甘泉至九原的直道，而不是筑长城。所谓"堑山堙谷"，就是将比较高的山冈铲平，使之变低，再将低洼的山谷垫高，求得高低相差无几，使直道的路面变得平坦，以利于秦始皇乘车出游。修路与筑长城完全是两回事，因此，不能用蒙恬"堑山堙谷"来证明"堑洛"就是筑长城。

"堑"的本义是挖掘，所谓"堑洛"系指在洛水之旁挖掘壕沟，作为军事防御工事。以壕沟来防御敌人的进攻，是古代常用的一种办法。例如鲁襄公十八年(前556年)，齐平公伐齐，"齐侯御诸平阴，堑防门而守之广里"[②]。所谓"堑防门"，就是在防门挖掘壕沟以阻止敌人的进攻。

"堑洛"与"堑防门"属于同一性质。在洛水之旁挖掘壕沟，有利于将河水引入壕沟之中，从军事角度来看，通水的壕沟要比无水旱沟的防敌作用大得多，更有利于阻止敌人的攻势。齐国御晋堑防门，是将济水引入壕沟之中。在洛水旁边挖掘壕沟，也是为了能将洛河之水引入壕沟之中，以加强壕沟的防御能力。古代都城之外均开凿护城河，其目的即在于此，故而人们常常将设防城市称作城池，城指城墙，池指护城河。明、清京师

---

① 见《中国长城遗迹调查报告集》。

② 《左传》襄公十八年，阮元校刻：《十三经注疏》，中华书局2009年版，第4265页。

(今北京)的护城河,至今仍可以看到,其道理是不难理解的。

"堙洛"与春秋战国时期盛行的水攻有关,所谓水攻就是用河水制敌人于死地,达到军事取胜的目的。《史记·魏世家》载:"当晋六卿之时,知氏最强,灭范、中行,又率韩、魏之兵以围赵襄子于晋阳,决晋水以灌晋阳之城……汾水可以灌安邑,绛水可以灌平阳。"又载,魏王假三年(前225年),"秦灌大梁,虏王假,遂灭魏以为郡县"。司马迁说:"吾适故大梁之墟,墟中人曰:'秦之破梁,引河沟而灌大梁,三月城坏,王请降,遂灭魏。'"试想当敌人进入壕沟之际,从上游向壕沟中灌水淹之,必将敌人淹死、冲走,从而达到取胜的目的。

将"堙洛"说成是筑长城,还有一种解释,称"堙洛"就是"削掘洛河岸边的山崖"。这种解释也与实际情况不符。洛水中下游属于平原地区,是黄土地带,在洛水两岸并没有石头山,所谓山崖其实是并不存在的,只是一种推测之言罢了,也是不足为信的。

2. 洛河中游的长城

《史记·张仪列传》载:"仪相秦四岁,立惠王为王。居一岁,为秦将,取陕。筑上郡塞。"有人提出,"筑上郡塞"就是在洛河中游筑长城,并称:"秦筑这条长城时,当地还为赵国所有","当时的赵国也和魏国一样,在今山陕之间的黄河以西拥有大片土地。现在宜川县西北就是赵国的定阳故地(《战国策·齐策五》)。而黄河以东,现在山西离石、柳林诸县附近,也是赵国当日的离石、蔺、皋狼诸地。这些地方虽在赵国的西部,赵国却非常重视。譬如定阳一地,魏国曾发兵攻夺,也未能得志。秦赵两国在这里的黄河西岸也不时发生争执。"[①]

将"筑上郡塞"解释为筑长城,显然是把塞当成是长城了。其实,塞的含义比较广泛,举凡山险、城堡等具有军事价值的自然实体和人工建筑,都可以称作塞。《淮南子·墬形训》记载天下有九塞,即太汾、渑阨、荆阮、方城、殽阪、井陉、令疵、句注、居庸,都是指山险而言。人工修筑的

---

①　见《中国长城遗迹调查报告集》。

城堡，都可以称作塞，人们常常称为城塞。不过很少有人将长城称作塞。《张仪列传》所称的"筑上郡塞"，应是指筑城塞而言，不能把它视为长城。如果把塞都视为长城，就会造成许多混乱（关于这个问题，将在《汉代长城与边塞》详细说明）。

将定阳说成是赵国故地，也与事实不合。查《战国策·齐策五》原文为：

> 昔者魏王拥地千里，带甲三十六万，其强而拔邯郸，西围定阳，又从十二诸侯朝天子，以西谋秦。秦王恐之，寝不安席，食不甘味。令于境内，尽蝶中为战具，竟为守备，为死士，置将，以待魏氏。

据此可知，定阳不是赵国的领地，它本是秦国的城邑，魏惠王（据鲍本《战国策》）曾围攻定阳，定阳或曾成为魏国河西领土的一部分。

在河西地区，对秦国威胁最大的是魏国，而不是赵国。这从前引《战国策》之文，可以看得很清楚。赵国在征伐林胡以后，其势力虽然扩大到河西地区，然而受到魏国的遏制，其势力只到达了肤施附近，并没有到达洛河中游地区。因此，秦国在洛河中游筑长城防御赵国，显然是缺乏根据的。

从以上三点来看，所谓洛河中游有战国秦长城的说法，是由于误解了"筑上郡塞"的记载，凭推断而得出的一种说法。

第 四 章

长城整体改造时期——秦汉

秦朝长城,又称秦始皇长城,即秦朝建立以后由蒙恬修筑的长城,故后世又称作蒙恬长城。蒙恬修筑长城一事,在《史记》中有三处记载。《蒙恬列传》称:

> 秦已并天下,乃使蒙恬将三十万众北逐戎狄,收河南。筑长城,因地形,用险制塞,起临洮,至辽东,延袤万余里。于是渡河,据阳山,逶蛇而北。暴师于外十余年,居上郡。

《匈奴列传》称:

> 秦灭六国,而始皇帝使蒙恬将十万之众北击胡,悉收河南地。因河为塞,筑四十四县城临河,徙谪戍以充之。而通直道,自九原至云阳,因边山险堑溪谷可缮者治之。起临洮至辽东万余里,又渡河据阳山北假中。

《秦始皇本纪》称:

> 三十三年……西北斥逐匈奴,自榆中并河以东,属之阴山,以为四十四县,城河上为塞。又使蒙恬渡河取高阙、阳山、北假中,筑亭障以逐戎人。徙谪,实之初县……三十四年,谪治狱吏不直者,筑长城及南越地。

综观《史记》上述记载,可知是记述了三个方面的史实:一是筑长城;二是因河为塞;三是修直道。这三者都是逐戎狄(又作逐匈奴)以后,为防御戎狄（匈奴），重返河南（今鄂尔多斯）而采取的措施。不过后人有不细审原文者，竟把这三者混而为一，作出了种种不正确的解释和结论。

一、黄河沿岸乌海市达拉特旗的秦长城

《史记·匈奴列传》称秦收回河南地以后，"因河为塞，筑四十四县城临河"，《秦始皇本纪》则称："筑四十四县，临河上为塞。"这两处记载基本相同，秦代河南地即鄂尔多斯地区，又称前套，旧称伊克昭盟，今改称鄂尔多斯市。

对上述记载，前人有不同的认识。张维华称："此言秦取河南地后，沿河立县置城，徙罪谪以实之，此所谓有县与城者，实即防边之要塞也。"①张氏认为"临河上为塞"，就是在黄河之滨立县置城，是有道理的。黄河虽是天堑，但是枯水期河窄水浅处仍可涉渡，况且冬季河水封冻结冰，匈奴骑兵很容易飞驰而过。因此，河边仍需筑城防守。不过县城有的在黄河岸边，有的可能在远离黄河的内地，不能说县城都是沿河而建。其实，在黄河岸边除县以外，还有以屯戍为目的的军城。

《史记》称"城临河"需细读，河上即河边、河畔，这里的"城"属于动词，系指筑城活动而言，这种用法古书中多见。在黄河岸边所筑的城既是城堡，又可能是长城，因为长城有时也可以简称为城。因此，《中国历史地图集》即把"城临河"理解为筑长城，在黄河右岸（即鄂尔多斯一侧）用文字标注"始皇时所筑长城"字样②。却没有使用长城符号，以示慎重。

《中国历史地图集》所标注的始皇长城，在今乌拉特前旗境内，在这里并没有发现长城遗迹。不过近年在乌海市和达拉特旗却发现了古长城遗址，使我们对"临河上为塞"有了新的认识。

---

① 张维华：《中国长城建置考》（上编），中华书局 1979 年版，第 132 页。
② 谭其骧主编：《中国历史地图集》第 2 册，地图出版社 1982 年版，第 5—6 页。

　　乌海市跨有北流黄河东西两岸之地，其北部东邻鄂托克旗，西邻阿拉善左旗，南与宁夏石嘴山市相邻。地处鄂尔多斯西部，境内多山，作南北走向。在乌海市黄河东岸，发现一道古长城，其北端始于鄂托克旗阿尔巴斯苏木（乡）西北部的阿马脑苏山（海拔2091米），山梁上向南走向，在桌子山（海拔2149米）之西，经毛乌沟煤矿、韭菜沟、凤凰山转向西南走向，到拉僧庙附近黄河东岸台地上消失，全长约30公里。长城墙体有石砌和夯筑两种形式，石砌墙体宽3—4米，残高0.5—1.5米。夯筑土墙宽2—3米，残高0.5—1.5米。在凤凰山山坡上，似有烽燧遗址。①

　　这道古长城位于黄河和桌子山之间，西距黄河岸边只有5公里左右，与"临河上为塞"的记载十分吻合，因此，应当是秦始皇长城遗址。在乌海市区以北约15千米黄河东岸，有一座新地古城（旧称烂城子），在城北墓葬中出土了许多陶器，高领陶罐、环底陶釜具有明显的秦代特征，可以断定新地古城为秦代长城。② 这一发现表明，在乌海市不仅有秦代长城，还有秦代城堡，证明"临河上为塞"既包括在黄河岸边筑长城，又包括有筑城堡。

　　达拉特旗在鄂尔多斯北部，北临东流黄河，西邻杭锦旗，东邻准格尔旗，南邻东胜市（今鄂尔多斯市东胜区）。库布齐沙漠横亘达拉特旗中部，旗政府设治于库布齐沙漠北部树林召镇。当地的文物考古人士在沙漠北部边缘，发现了一道东西走向的古长城，东起于新民堡（营盘）村东，向西走向，至王二窑子村东消失，全长约30千米，城墙夯筑，残高1—2米。③ 这道长城有的段落，可能已被库布齐沙漠掩埋，其长度可能不止30千米。长城北距黄河只有16千米左右，可以说是贴近黄河修筑的，用以防御匈奴人的目的十分明显。因此，达拉特旗北部的古长城，也是秦始皇时代修筑的长城，属于"临河上为塞"的一部分。

　　乌海市在鄂尔多斯最西部，达拉特旗在鄂尔多斯最北部。乌海长城

---

　　① 陆思贤：《长城话古》，内蒙古人民出版社1987年版。
　　② 陆思贤：《长城话古》，内蒙古人民出版社1987年版。
　　③ 李逸友：《内蒙古史迹丛考》，《内蒙古考古文集》第二辑，中国大百科全书出版社1997年版。

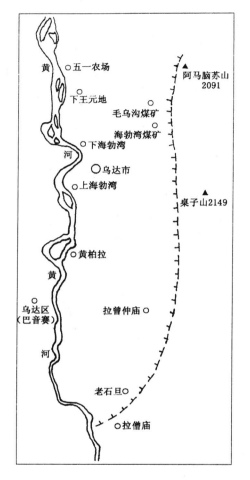

内蒙古乌海市秦长城

与达拉特长城的共同特点是临河而建,反映出其修筑的目的相同,修筑的时间也应大体同时,都是蒙恬主持修筑的边防工程。乌海长城、达拉特长城都在黄河右岸,沿河相距(不是直线距离)约 300 千米,它们是否连接在一起? 目前尚缺乏证据,难以做说明。不过有一点是很明确的,即秦始皇时代既在黄河沿岸修筑了长城,又在黄河沿岸修筑了城堡,两者是相辅相成的。因此,《史记》中的"临河上为塞",应当理解为筑长城和筑城堡两个方面。过去把"城河上"解释为筑县城,显然是失于片面,应当加以纠正。

在乌海市秦长城没有被发现以前,有的学者提出,"临河上为塞"不在黄河东岸,而是在黄河西岸的流沙中,略谓:

> 秦始皇所筑的长城不在今宁夏境内东渡黄河,那就可能是由贺兰山东北趋向阴山山脉西的……秦国数筑长城,已饶有经验,近河流的长城总不筑在彼岸,以免难于据守。贺兰山于阴山山脉间的长城虽在黄河以西,但绝不能迫近黄河,以免被敌所乘,由此估计,秦长城当已陷入流沙之中。①

这种说法出于推测,其推测的原因是拘于"临河上为塞"即筑长城的误识。以当时的实际情形而言,秦朝是以北流的黄河为天险,据河而守,其所设立的44县,均在鄂尔多斯。只是到了西汉时期才把管辖的范围扩大到黄河以西。守城的士兵离不开后方的支援,举凡军粮、武器均由44县提供。在黄河以西筑城,远离后方支援,背水为营,实属军事上的一大禁忌。以此观之,在河西修筑城堡或长城都是不可能的。

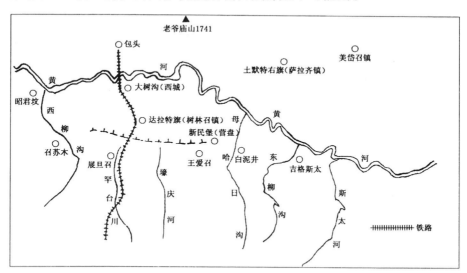

内蒙古达拉特旗秦长城

---

① 史念海:《黄河中游战国及秦时诸长城遗迹的探索》,见《中国长城遗迹调查报告集》,文物出版社1981年版。

阴山(狼山)、贺兰山与黄河之间的乌兰布和沙漠,是公元 10 世纪后半叶形成的。① 在此以前虽有风沙活动,然而并未形成高大沙丘,地面上的城堡、长城都是可以看得到的。但是,这里在汉魏南北朝隋唐的文献中,却找不到有关秦始皇长城的任何记载,从而反映出这里未曾修筑过长城。

二、秦昭王长城的利用与延长

秦并六国后,采取了许多有利于国家政治统一、经济文化发展的措施,如书同文、车同轨,统一度量衡和币制等。与此同时,对六国原有的城池、关防进行了毁坏,以防止六国贵族作乱。《史记·秦始皇本纪》称:"皇帝奋威,德并诸侯,初一泰平。堕坏城郭,决通川防,夷去险阻。"因此,六国所修筑的长城,也遭到了破坏,楚、魏、赵、燕所筑长城多在中原地区,所受的破坏最为严重。这是中原地区战国长城遗址比较少见的一个重要原因。不过在北方修筑的长城,如赵武灵王长城、燕北长城、秦昭王长城,仍有防御匈奴的作用,不但没有毁掉,还加以利用和修补。这是秦始皇长城的一个显著特点。

秦昭王长城离秦都咸阳最近,成为保卫咸阳的重要屏障。因此,在秦始皇当政时期,对秦昭王长城给予充分的利用和修补。其修补的重点是将秦昭王长城向北向南延长,北达东流黄河的岸边。

在秦昭王时代,肤施以北的河西地区是赵国的领土。因此,秦昭王长城不能进入赵国境内修筑,这个道理是非常明确的(详见《战国秦昭王长城》)。秦始皇统一六国以后,原先赵国的河西之地已被统一到自己的版图之内,这样便可以将秦昭王长城向北延长。蒙恬筑长城的一个重要任务,就是延长秦昭王长城。

---

① 景爱:《沙漠考古通论》,紫禁城出版社 2000 年版。

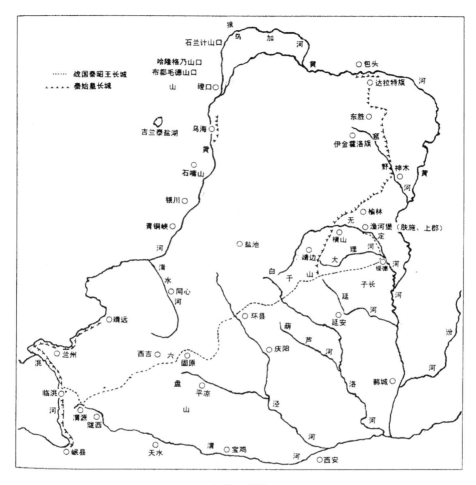

秦始皇长城

秦昭王长城的北端,大体上终止于今陕西绥德县附近。蒙恬所筑长城,是从白于山向北延伸,进入内蒙古境内。蒙恬所修筑的长城,至今在某些地区仍然可以见到,大体上能够勾勒出其走向。

新补修的长城是从白于山的东端转向北方,经靖边县东,进入横山县境内。然后越过无定河、榆林河,经榆林市区北,走向东北方。再越过秃尾河至窟野河,进入神木县。在神木县境内,长城遗迹比较清楚。长城自秃尾河东岸的高家堡向东北延伸,至神木县城西二郎山,沿窟野河西岸北上,经麻家塔,越过考乌素河(窟野河支流),在店塔附近越过乌兰木伦河

(窟野河支流),沿窟野河上游牸牛川西岸继续北上,过油房梁,进入内蒙古伊金霍洛旗境内的新庙乡。① 窟野河在宋代作屈野河,熙宁(1068—1077 年)中,麟州宋将王文郁追击夏国逃军至屈野河上长城板②,即今神木县境内之秦长城。

长城进入伊金霍洛旗以后,沿牸牛川西梁向北伸延,再沿束会川西梁向西北方伸延,进入纳林塔(又称纳林陶亥)乡西山梁,再折向东北,经暖水镇西北,继续沿牸牛川北上,进入达拉特旗南部敖包梁乡。长城由敖包梁西行,进入东胜市潮脑梁乡境内,经辛家梁、店卜岭,至省城梁附近亚麻图沟东岸以后,长城遗迹消失,此后去向不明。省城梁以北,是库布齐沙漠,在沙漠以北的黄河南岸,有一道东西走向的长城遗迹,东起新民堡村东,西至王二窑子村东,长约 30 千米,残高 1—2 米。这道长城在达拉特旗北部,隔着沙漠与东胜市省城梁的长城相对,其间的距离只有 30 千米左右。以此视之,沙漠南北的两道长城应当是彼此连在一起的,只是由于流沙的掩埋,使其中间的长城看不见了。

黄河南岸东西走向的长城,被内蒙古的考古学家发现不久,尚未引起人们的注意。其实这道长城非常重要,达拉特旗与黄河以北的包头市相对,战国时期赵国的九原城,秦代的九原郡城,汉代五原郡东部都尉所治的稠阳城,都在今包头市附近,反映出其地理位置十分重要。包头以南与达拉特旗之间,是古代黄河的重要渡口,直到清末仍然如此。前人多认为秦长城终止于准格尔旗北部黄河南岸的十二连城,然而在十二连城附近却没有发现任何长城遗迹。十二连城是唐代胜州故城,出现得比较晚。因此,将秦长城终止地点拟定在十二连城,是缺乏根据的,只是一种推测而已。达拉特旗黄河岸边有长城,达拉特旗南部相邻的东胜市也有长城。由此观之,将秦长城的终止地点确定在达拉特旗境内黄河南岸之滨,比确定在准格尔旗十二连城,更为稳妥一些。

在秦始皇时代,除了把秦昭王长城向北延长,增修了新的长城以外,

---

① 陕西省考古研究所陕北考古队等:《神木县窟野河上游长城调查记》,《考古与文物》1988 年第 2 期。

② 参见《宋史》卷 350《王文郁传》,中华书局 1985 年版,第 11074 页。

又在洮河流域增修了一段新长城。乾隆《皋兰县志》卷 12《古迹》记载说："皋兰,秦时临洮北境也。长城起自县西,沿河而东,接连靖远县界,在皋兰境者二百余里。"光绪《重修皋兰县志》卷 18《古迹上》对长城记载尤为具体:"长城在黄河南岸,秦蒙恬筑。明万历元年补修,厚二丈,高倍之,土色坚韧,西起新城,沿河而东,至靖远大浪沟界止,约计二百余里。"其实皋兰县境内长城,早在唐、宋时期即引起了人们的关注,见于有关记载。《通典》卷 174《州郡四》兰州五泉县下记载说:"汉金城县地……又有故苑川城及故长城。"《太平寰宇记》卷 151《陇右道·兰州下》记载说:"兰州,《禹贡》雍州之城,古西羌地。秦并天下,为陇西郡……及秦并天下,筑长城以界之,众羌不复南渡。"顾颉刚在 20 世纪 30 年代曾到此考察,也见到了长城遗址。①

皋兰县即今兰州市,是以南临皋兰山而得名,兰州也是取名于皋兰山。从上述诸多记载来看,兰州黄河南岸有秦长城,是肯定无疑的事实。这段秦长城被明代所沿用,明代沿用秦长城的现象非止于此,在宁夏固原县也有所发现,许成曾有详细记述。② 这道经由兰州市的秦长城,是沿黄河右岸修筑,在兰州附近长达 100 余千米,蔚为壮观。不过由于秦长城被叠压在明长城之下,缺乏仔细的考察研究,秦长城的长度是否也是 100 余千米,尚需进一步验证。

兰州附近的长城,显然不是孤立的,应与始自临洮(古狄道)的秦昭王长城相连接,只有这样才能构成完整的长城防御体系。秦昭王长城是自临洮(古狄道)走向渭源,再折而转北,走向固原。这一段长城已大部分遭到破坏,然而在渭源境内少有发现。兰州附近的长城,北沿黄河走向,进入靖远县,南沿洮河走向,直达岷县(古临洮)。秦代补修这道南起岷县、北到靖远的长城,是为了加强对羌人、氐人的防御,与羌人势力的壮大有关。

羌人、氐人虽然出现很早,在《尚书·牧誓》中就提到他们,不过其社

---

① 顾颉刚:《史林杂识初编》,中华书局 2005 年版,第 77—78 页。
② 许成:《明代对固原城附近战国秦长城的利用》,《固原师专学报》1983 年第 1 期。

会发展远没有义渠、大荔戎人那样快，直到战国时期仍处于落后状态。他们为秦国所威服，很少侵扰秦国。《后汉书·西羌传》对此有记载。到了秦始皇时代，羌人有了发展壮大。于是，命蒙恬讨伐羌人，占领了羌人的居住地。领土范围向西扩大了，为了保卫新扩大的领土，自然需要补修新的长城加以防范（详《战国秦昭王长城》）。

由此可知，秦朝向北向南延长秦昭王长城，是为了适应领土扩大的实际需要，用以防范北方的匈奴人和西方的羌人。蒙恬的大军将匈奴人赶出了河南地（即今鄂尔多斯地区），故而将秦昭王长城的北端延长。为了防御西方日益强大的羌人，故而在洮河和黄河沿岸延长秦昭王长城。秦代所延长的秦昭王长城，大约为 740 千米。

三、秦阴山北麓长城

阴山以南、黄河以北的河套（后套）地区，由于阴山的屏障和黄河的滋润，气候比较温暖，自古以来就是匈奴人的重要居住地。匈奴单于所居住的头曼城，就设在这里。有人认为头曼城在今五原县境内，是可以相信的。《汉书·匈奴传》记载，阴山是冒顿单于的"苑囿"，"本冒顿单于依阻其中"，"匈奴失阴山之后，过之未尝不哭也"。虽然蒙恬将匈奴驱逐到阴山以北，然而匈奴不忘旧地，时时伺机南下。因此，阴山以南、黄河以北的河套地区，就成为秦代防御匈奴的重点所在。除了利用阴山以南的赵武灵王长城以外，又在阴山以北新修筑了一道长城，其遗迹已被当地人士发现。据实地考察所见[1]，秦代新修长城的起止走向，大体上是比较清楚的。

秦新修长城西起于乌拉特中旗西南石兰计山口北面，石兰计山谷作南北走向，长约 7 千米。山谷北口有小黄山，山势陡峭，高约百米。自山

---

① 李逸友：《中国北方长城考述》，《内蒙古文物考古》2001 年第 1 期。

顶向东北,有土石混筑的长城,沿狼山北坡走向。穿越呼鲁斯太沟的墙体,系用石片垒砌,残高 5—6 米,顶宽 3 米,附近有烽燧遗址。长城由此向东,在乌拉特中旗海流图镇以南约 20 千米的红旗店,墙体沿山脊走向,全部用石块垒砌。在进入巴音哈太苏木以后,在查石太山山脊北坡向东走向。在部北乡南进入乌拉特前旗小佘太乡,仍是石砌墙体。在乌拉特中旗,长城长约 190 千米。

长城进入乌拉特前旗以后,仍是沿查石太山向东走向,经苏计沟、灰腾沟、板申图沟,又回到了乌拉特中旗部北乡梁五沟林场,由此转向东南,进入固阳县西斗铺乡,长城墙体仍是石砌。在乌拉特前旗境内,长城长约 25 千米。

长城在固阳县境内,经王如地村、陈家碾房村、西边墙壕村、西永兴村,过前康图沟口中断,以后再现于固阳县中部什尔腾山北坡,再经天盛成村、银号村、三元成村、大庙村、陈家村、东入武川县哈拉门独乡境内。固阳县境内长城大部分是石砌,其东段采用夯筑,全长约 90 千米。

武川县境内的长城,经胡岱窑村、花圪台村、五号村、良泉坝村,至哈拉合少乡烧林沟村中断,又出现于村南海拔 2261 米的大青山北支,在山上有烽燧和石屋。长城继续向东,经后北沟村、前北沟村至酒馆村,这段长城为石砌,最高的墙体残高 3—6 米,顶宽 2.5 米,附近有烽燧址。长城又向东,经蘑菇窑乡至大青山乡什尔登村,系土石混筑,破坏严重。自什尔登村,长城转向东南,越过大青山山脊,进入呼和浩特郊区。山上长城全用石砌,长城之旁有烽燧。武川县境内长城全长约 95 千米。

长城进入呼和浩特北郊毫沁营乡,沿大青山南坡向东南走向,经马场、羊场至坡根底村与赵长城相交合,这段长城系用石垒,基宽 3.5 米,残高 2—2.5 米,全长约 10 千米。

阴山北麓秦长城全长约 410 千米,基本上是沿狼山、查石太山、乌拉山、大青山北坡,自西向东走向,这些山都是阴山的一部分。墙体以石砌为主,少部分采用土石混筑、夯筑。以前有人将此长城视为赵武灵王长城,实际上赵武灵王长城在阴山南麓,并没有进入阴山北麓。阴山北麓长城,是蒙恬"渡河,据阳山"(按,指阴山)以后所修筑的秦长城。阴山北麓长城在武川县越过大青山与赵长城相连接，没有在阴山北麓继续向东，是因为利用了阴山南麓赵武灵王长城。

四、对赵燕长城的利用与修补

秦朝的主要敌人，是北方的匈奴。因此，战国时期的赵武灵王长城和燕北长城，自然受到重视，加以利用。除此以外，在重要地区又新修筑了一些长城，使新、旧长城连成一线，组成了完整的北方军防体系。

（一）对赵武灵王长城的利用

赵武灵王长城修筑于公元前300年，离秦始皇时代不算远，长城的墙体保存比较完好，在个别地方稍加整修即可以利用。因此，秦代利用原有的赵长城防御匈奴，自然是最简便的办法。因此，后人多认为阴山南麓的赵长城就是秦代长城。

《绥远全志》卷3《郡县志》记载说：

> 古长城，在归化城北阴山。《史记·匈奴传》：赵武灵王筑长城，自代并阴山下。又《秦始皇本纪》：三十三年，北斥逐匈奴，自榆中并河以东属之阴山。《水经注》曰：白道岭上有垒若颓基，沿溪五岭，东西无极，疑赵武灵王所筑也。

《绥乘》卷8《古迹志》亦称："秦之长城，在绥远北境……在归化城北阴山。"也引用《史记》《水经注》之记载作为证明。《土默特旗志》《归绥县志》等地方志书，也有相似的记载，不一一具录。

其实，在清代以前就有人认定阴山南麓的长城为秦长城。元代的《辽史·地理志五》记载说：

> 天德军，本中受降城……乃以国族为天德军节度使，有黄河、黑山峪、庐城、威塞军、秦长城、唐长城。

　　据内蒙古考古人士研究,辽代天德军驻地与唐代的中受降城并不在一处,天德军城为今乌拉特前旗额尔登宝力格苏本的陈二壕古城,中受降城为今包头市郊区敖陶窑子古城。天德军境内的秦长城,即包头和乌拉特前旗以北阴山下的赵武灵王长城。至今当地人士仍认为,秦代沿用了赵武灵王长城。以秦代当时的历史情况来看,当地人士将赵武灵王长城认定为秦长城,是有充分根据,可以相信的。

　　据实地考察所见①,大青山南麓的赵长城大部分为秦代所沿用,个别地方新筑长城,并利用山险御敌。

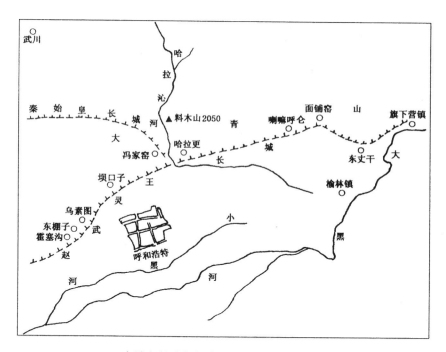

秦始皇长城与赵武灵王长城交会示意图

　　西起土默特左旗境内的赵长城,经霍塞沟进入呼和浩特市境内,向东经东棚子村、乌素图召、坝子口村、坡根底村、哈拉沁沟、喇嘛库伦村、面铺窑子村、东丈干村,进入卓资县旗下营,在大黑河北岸向东,直到三道营乡

---

　　① 李逸友:《中国北方长城考述》,《内蒙古文物考古》2001 年第 1 期。

蒙古营大黑山,这段约82公里的赵长城全部被秦代所沿用。

此后利用山险御敌,不见有长城,在卓资县牛口哈达特村北,又见到长城,经米家湾村进入察哈尔右翼中旗金盆乡下营村,折向南行经羊场沟村又入卓资县境,至三道营乡蒙古营村北大黑山顶,与赵长城相交,穿越大黑河,在土城子村东南中断。这一段长约25公里的长城为秦代新筑,墙体有石砌、夯筑,残高0.5—2米,宽3—5米,在长城外侧,见有烽燧。

在穿越大黑河以后,长城消失,这一带是蛮汉山北部,山脊陡峻难以攀登,故以山险御敌,不筑长城。在羊圈湾乡泉子沟以南,有夯筑长城,长约2公里。在蛮汉山南坡,见有"当路塞",不见长城,多悬崖峭壁,属于山险地段。

卓资县东邻丰镇县(今丰镇市),在其西北部麻迷图乡见有夯筑长城,沿天平山北坡向东走向,进入察哈尔右翼前旗老圈沟乡,全长约15公里,墙体基宽56米,残高1—1.5米,最高可达3米。

在察哈尔右翼前旗境内,长城见于察汉贲乡村、黑沟村、口子村,大体自西向东走向,全长约15公里。墙体多为土石混筑,个别地方夯筑,自口子村以东,不见长城遗迹,口子村东北为黄旗海低山区,只见有汉代烽燧。

丰镇县东北邻兴和县,在兴和县南部高庙子乡有一段石砌的长城,向东进入河北怀安县桃沟村,长约数千米,修建于高山之绝顶。

上述内蒙古各旗县境内的秦长城遗迹,累计约150公里。如果将山险包括在内,长约260公里,这些秦长城大部分是沿用战国赵长城,只有在个别地区修筑了新长城,从怀安县桃沟村向东,经尚义县南到张北县狼窝沟的秦长城,大体上也是沿用战国赵长城,全长约100公里。这段长城大部分被明代所沿用,成为明代的外边。因此,赵长城基本上被秦代所沿用,以现存的长城遗址而言,被秦代所沿用的赵长城,全长约为250公里。

与此密切相关的,还有《史记·匈奴列传》中提到的"通直道,自九原至云阳"和"度河据阳山北假中"两事。阳山即阴山,阳山以位于黄河之阳(北)得名,阴山是以山中林木葱郁得名。关于北假有两种解释,应劭认为"北假在北地阳山北",苏林认为北假"为北方田官也,主以田假与贫人,故曰北假也"。苏林的解释合乎事实,应劭的解释失实。北假是田官将土地假给贫人,令其耕种,以供军需,则其地必须肥美,适于耕作,只有阴山南、南河(黄河南支)北的河套地区才能满足这种要求。在阴山以北,气候干燥多风,可以放牧,但是不适于耕作。因此,北假不是在阴山北,而是在黄河(南河)北,阴山(阳山)南。

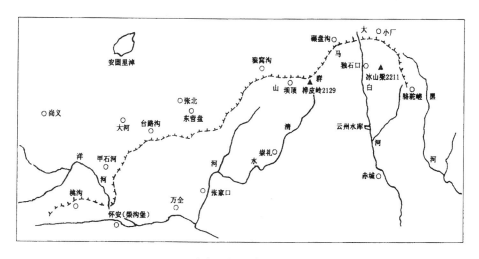

张家口坝上秦长城

由九原至云阳的直道,也与经营九原、云中,防御匈奴有关。直道南始于云阳(在今陕西淳化县西北),这里有秦始皇的光林宫(汉代改称甘泉宫),直道是指道路少弯曲平坦利行而言。《史记·秦始皇本纪》称:"三十五年,除道,道九原,抵云阳,堑山堙谷,直通之。"其言至为明确。匈奴一直是秦始皇的心腹之患,修直道是为了巡视九原、云中军事和匈奴的动静。秦始皇生前虽然未及从直道北巡九原,但是,在病死沙丘(今河北广宗县)以后,其遗体从井陉运抵九原,沿直道而行运至咸阳。此事或是其临终遗嘱,或众臣为满足其生前之愿而特做此安排,因为从沙丘直赴咸阳,要比绕道九原近得很多。

北假耕垦和修直道通九原,都反映出秦始皇对防御匈奴的高度重视,由此来看阴山北麓秦长城的修筑,对其重要性会有更深刻的认识和理解。

(二)对燕北长城的利用

战国燕北长城,在秦代也被沿用,成为秦长城的一个组成部分。

战国赵武灵王长城,东止于张北县狼窝沟,燕北长城西起于何处,原先缺乏证据,难以作出确切的说明。现已查明,燕北长城西起于内蒙古正蓝旗南部黑城子牧场(见本书燕北长城),其遗址尚存。不过在秦代为了防御匈奴、东胡的侵扰,把赵长城与燕长城连接在一起,组成了北方的大屏障,这是没有什么疑问的。

据实地考察所见①,在张北县狼窝沟以东有一道大体是东西走向的秦长城。它经过二道边村、小南洼、塞塞坝、小三塔户,到达了张北县与崇礼县(今崇礼区)交界的桦皮岭。桦皮岭属于大马群山,海拔2129米,是阴山东段的专称。长城由桦皮岭转向东北,进入沽源县境,经卜塔沟、碾盘沟而到达小厂乡,由小厂乡转向东南,沿葫芦河南下,到达赤城县与沽源县交界处的骆驼嵯。自骆驼嵯以后,长城消失不见踪影。骆驼嵯山体高大,在骆驼嵯以东有东猴顶山,海拔2293米,或许是以山险为防,不修筑长城,或许是虽有长城而未被发现。

在赤城县东北邻县丰宁县北部,发现有秦长城遗址②,它从多伦县南部入境,经土城沟、西场、三合城到达山咀,以后中断,又复见于上洼子、下洼子、五里营、岗子,其后又中断,又复见于大营子、城子沟、后窝铺,然后进入围场县。这些断断续续的长城应是连成一线的,只是由于自然和人为的破坏,有些长城墙体难以寻见了。丰宁县境内的秦长城,是沿用了燕北长城而未新建。

在围场县境内,秦长城完全沿用了燕北长城。围场县在大兴安岭南麓。

1976—1977年在长城附近的大兴永村东台子和小锥子山古城附近,

---

① 李逸友:《中国北方长城考述》,《内蒙古文物考古》2001年第1期。

② 白瑞杰、张汉英主编:《丰宁文物志》卷首,《丰宁满族自治县文物分布图》,内蒙古人民出版社1998年版。

曾发现3件秦代的铁权,其上铸有秦诏书铭文:"廿六年皇帝尽并兼天下诸侯,黔首大安,立号为皇帝,乃诏丞相状、绾,法度量则不壹,歉疑者皆明壹之。"城址附近还出土了秦代卷云纹瓦当、筒瓦、板瓦、铁器,分布有燕秦墓群,反映出秦代在长城沿线驻有军队,是秦代沿用燕北长城的确凿证据。

围场县地处大兴安岭南麓,围场县境内的长城曾有多次调查①,其走向是比较明确的。这道长城由丰宁县进入围场县西龙头乡东城子村,然后东北行进入老窝堡乡、城子乡、龙头山乡、大唤起乡、棋盘山乡、新拨乡、山湾子乡、三义永乡,然后出境进入内蒙古赤峰市境内。长城大体是从西南走向东北,斜穿围场县全境,长约200公里。该长城除从丰宁县入境一支以外,还有以多伦县石门沟入境的一支,两支在老窝铺乡合而为一。多伦县石门沟的长城来自何处?它与丰宁县境内的长城关系如何?目前尚缺乏资料进行论证。

围场县境内的古长城,早在清代就被发现了。乾隆皇帝在新拨乡岱尹上村岱梁北的西山脚下,于乾隆十七年(1752年)立了一通《古长城说碑》,关于长城的时代,他认为蒙恬长城"乃去此数百里而南",围场古长城不应当是秦长城②。河北省的考古人士,则认为应是秦始皇所筑长城。将此长城说成是秦始皇长城,是由于把这道长城以南边墙村的一段短小的城墙,误作战国燕北长城。边墙村位于围场县中部夹皮沟乡,长城东起于边墙村东山坡,向西经过边墙村南,横跨舍力嘎河,到西山梁顶止,全长约2公里,以石头为基础,用黄沙土筑成。此段长城极其短小,只限于边墙村一村的范围,是孤立的一小段,其东、西均没有见到长城遗迹。在其附近也没有发现战国时期的遗物,把它说成是燕北长城是缺乏根据的。其实,这段短小的城墙是清代所修筑的鄣墙。在同治年间,热河都统瑞麟在围场大肆"招佃垦展",有许多佃户进入木兰围场的腹心地区垦荒,使

---

① 布尼阿林:《河北省围场县燕秦长城调查报告》,见《中国长城遗迹调查报告集》,文物出版社1981年版。

② 景爱:《清代热河木兰围场研究》,《中国古籍研究》第一卷,上海古籍出版社1996年版。

木兰围场腹心破坏十分严重。当时侵占最严重的地方,是伊逊川、布敦川、清泉河、拜布嘎川、乌拉岱川一带,涉及 69 围中的 31 围。在库克吉泰接任热河都统以后,根据朝廷的旨意,采取了腾围措施,即强令腾出已被侵占的围场,将农民驱逐出围场,以围场外的旗田补之。并在沙尔虎、拜布嘎、马蹬山等处,修筑城墙 800 余丈,在伊逊川、布敦川增设卡伦 10 余所,挖掘壕沟 600 余丈,以防止耕民重新入围。① 夹皮沟乡边墙村的城墙就是当时所修筑城墙中的一处。有些人不太了解这段历史,竟误把清代的城墙误作战国的长城。

围场县中部的古长城,应是战国时期的燕北长城。这从长城附近古城中的遗物,可以得到证明。在岱尹古城、惠汉古城、棋盘山古城、城子乡古城中,都发现了粗绳纹瓦片和夹砂陶片,均为战国遗物。这些古城规模都很小,其周长多不足 100 米,距长城都很近,与长城应是同时所建,是官兵戍守长城的城堡。② 因此,该长城为燕国所建,后来则为秦代所沿用,是秦代沿用燕北长城的重要一段。

(三)赤峰境内的秦长城

在内蒙古赤峰市境内,有北、南两道古长城,当地人士称为赤北长城、赤南长城。赤北长城发现比较早,在 20 世纪 40 年代佟柱臣先生即做了考察,③1965 年和 1975 年当地人士又进行了调查,所见基本相同。这道长城遗迹最清楚的部分,是在英金河沿岸,作东西走向。它经过了平地和山区,平地为土筑,山区为石筑,土筑墙体几乎全部圮塌,在地表上略见起伏蜿蜒,当地群众称为"土龙"。在长城的内侧,分布有许多小城堡,系屯驻士兵的地方,城内时见遗物。赤北长城西与河北围场、丰宁的古长城相连接,东入赤峰市郊区安庆沟,自安庆沟以东长城走向不明,据推测可能

① 景爱:《木兰围场的破坏与沙漠化》,《中国历史地理论丛》1995 年第 2 期。
② 布尼阿林:《河北省围场县燕秦长城调查报告》,见《中国长城遗迹调查报告集》,文物出版社 1981 年版。
③ 佟柱臣:《赤峰附近新发现之汉前土城址与古长城》,《历史与考古》1946 年第 1 号。

进入敖汉旗中部。

赤南长城是 20 世纪六七十年代新发现的,其走向西起于喀喇沁旗娄子店乡,向东进入赤峰市美丽河乡,然后进入辽宁建平县种羊场、老官地、热水、烧锅营子、二十家子,又回到敖汉旗南部王家营子,经宝国吐进入奈曼旗木城子乡,又进入秦曼旗南湾子乡,至库伦旗平安乡,然后进入辽宁阜新县,全长约 120 公里。①

关于赤北长城、赤南长城的时代,过去人们多认为赤北长城是秦始皇长城,赤南长城是战国燕北长城。其实未必如此。在赤北长城附近的古城址中,出土了许多刀钱,还有战国式陶壶、饕餮纹半瓦当,具有明显的时代特征,应是燕北长城。因此,佟柱臣先生指出,赤北长城"燕既首建,秦汉亦重修"②这是很有根据、很有道理的。既然燕北长城为秦代所沿用,在长城附近出土秦铁权、秦陶量,自然在情理之中,不能以此为据断定赤北长城只是秦长城,而不是燕长城。

《史记·匈奴列传》称"东胡却千余里"以后,燕筑北方长城。所谓千余里是距燕都(今北京)而言,极言东胡退却之远,不必拘泥于千里之数。从北京到赤峰市区的直线距离约 600 公里,与千余里是大体一致的,也可以证明赤北长城是在燕国版图以内的。

赤南长城和敖汉旗南部的老虎山长城,应是同一条长城,在燕南长城附近,发现了战国陶片、绳纹板瓦、明刀钱,善宝营子古城出土两件秦陶量,刻有秦始皇二十六年诏书。从这些遗物来看,赤南长城也应是燕北长城,而后为秦代所沿用,因而既有战国遗物,又有秦代遗物。

赤南长城与赤北长城相距约 50 公里,大体作平行走向。修筑两道长城,反映出这里是防御东胡的重点地区。赤峰以北的西辽河流域,自古以来就是东胡、鲜卑的居住地。燕将秦开北逐东胡千余里,就是把东胡驱逐到西辽河以北。后来的乌桓、鲜卑都聚居于此,乌桓、鲜卑都是东胡的后裔。由于战国时期东胡居住在西辽河流域,燕北长城是为防御东胡而建,

---

①　吉林省考古研究室等:《统一的多民族国家的历史见证》,见《文物考古工作三十年》,文物出版社 1979 年版。

②　佟柱臣:《赤峰附近新发现之汉前土城址与古长城》,《历史与考古》1946 年第 1 号。

赤峰是防御东胡的重点地区,在这里修筑南、北两道长城,显然是十分必要的。

燕国的右北平郡,秦、汉的右北平郡,都是为防御东胡及其后人乌桓、鲜卑而设置。西汉时期右北平郡治平刚城故址,为今宁城县黑城。① 古代从今北京向东北出燕山喜峰口,沿青龙河(在今卢龙县、青龙县境内)北上,可以到达赤峰市。这条交通线被称作卢龙道,是古代出塞、入塞的三道之一。秦开征伐东胡,走的就是卢龙道。西汉时,西辽河流为匈奴所占,元朔五年(前124年),李息、张次公征讨匈奴左部,兵出右北平,元狩二年(前121年),张骞、李广北击匈奴,也是兵出右北平。② 这些都证明了卢龙道之重要性。西辽河流域的诸部族南下中原地区,走的也是卢龙道。燕国在赤峰修筑南北两道长城,用意是加强对卢龙道的防守,防止东胡南下。秦代沿用燕国的赤北长城、赤南长城,其目的也在于此。赤北长城、赤南长城,都在燕国、秦代右北平郡管辖范围之内。

燕北长城出了赤峰市,即进入辽西郡、辽东郡境内。秦代长城也是如此,它经过了辽宁西部朝阳、阜新地区,进入辽宁北部铁岭地区,然后转向南行,经过抚顺市、本溪市、丹东市,越过鸭绿江,进入朝鲜平安北道,而终止于黄海东岸的大宁江口。燕北长城终止于此,秦始皇长城也终止于此,因为秦长城完全沿用了辽西郡、辽东郡境内的燕北长城。

秦长城东端的起始地点,在史籍中多有记载。《晋书·地理志》在乐浪郡遂城县下注云:"秦筑长城所起。"西晋人撰著的《太康地记》则称:"乐浪遂城县有碣石山,长城所起。"《通典》卷178《州郡》载:"秦筑长城,所起自碣石,在今高丽旧界。"《通典》卷186《边防》记载尤为明确:"碣石山,在汉乐浪郡遂城县,长城起于此山。今验长城,东截辽水而入高丽,遗址犹存。"从"今验长城""遗址犹存"可知,唐朝人似曾考察过朝鲜半岛的秦长城。

古代著名的碣石有二:其一在今河北秦皇岛市北戴河金山咀一带,秦

---

① 李文信:《西汉右北平郡治平刚考》,《社会科学战线》1983年第1期。
② 李文信:《中国北部长城沿革考》,《社会科学辑刊》1979年创刊号及第2期。

始皇、汉武帝、曹操都曾到此临石观海，所谓碣石应是近海礁石，即后世所称的龙门石、姜女坟，在龙门石、姜女坟对岸海滨有大型古代建筑基址，属于古代帝王的行宫；其二在朝鲜平安北道大宁江、清川江入海口岸处，又被称作"燕塞石"，所谓燕塞即战国燕长城。碣石在燕北长城起始处，故称"燕塞石"。秦代长城是沿用燕长城之旧，秦长城东端起始处也就是燕北长城的起始处。

遂城县碣石的具体地点，有人认为是在黄海的东岸的龙冈①，在龙冈海岸附近有"所山烽燧"，还发现了东汉时的平山神祠碑。然而龙冈在大宁江、清川江之南岸，在这里没有发现古长城遗迹。古长城是沿大宁江走向，大宁江入海口与清川江入海口很近，因此，碣石应在大宁江清川江海口处比较可信。

五、汉代对前代北方长城的沿用

汉代既利用了前代的长城，又修筑了新的长城。新筑的长城，主要是在西北方。在北方和东北方，则以沿用前代长城为主。

秦代沿用战国长城，汉代则沿用战国和秦代长城，这在史书中是有明确记载的。《汉书·匈奴传》载，孝文帝于后元二年（前162年）致匈奴书称："先帝制，长城以北引弓之国受令单于，长城以内冠带之室朕亦制之，使万民耕织，射猎衣食，父子毋离，臣主相安，俱无暴虐。"这里说的长城，是指燕秦长城。汉文帝时代，尚未筑长城。

汉朝初年，冒顿单于势力嚣张，围韩王信于马邑，迫使韩信投降；又兵困汉高祖于平城白登，汉高祖险些被俘。孝文帝即位第三年，"匈奴右贤王入居河南地为寇"。在敌强我弱的形势下，汉初只好采取和亲政策，利用前代的长城来防范匈奴的南下。汉文帝向老上单于提出以长城为界，

---

① 冯家昇：《周秦时代经营东北考略》，《禹贡》1935年第2卷第11期。

这长城就是前代所修筑的旧长城。

汉武帝即位以后决定对匈奴采取攻势，《史记·匈奴列传》载：元朔二年（前127年），卫青兵"出云中以西至陇西，击胡之楼烦、白羊王于河南……于是汉遂取河南地，筑朔方，复缮故秦时蒙恬所为塞，因河而为固"。进一步利用战国和秦代长城防御匈奴的侵扰。考古发现为了解汉代沿用前代长城，提供了强有力的证明。

从呼和浩特到包头阴山南北的赵长城、秦长城，成为汉代防御匈奴的重点地区，因为这里是匈奴由北方草原南下河套地区的必经之地。汉代在赵长城、秦长城附近，修建了许多城鄣，反映出汉代对赵、秦长城的重视。

考古学家发现，在阴山南麓赵长城附近，分布有许多汉代的城鄣。其中比较重要的有哈德门沟口鄣城，昆都仑河西岸的孟家梁古城，昆都仑河沟口东南的麻池古城，在麻池古城以东约30公里有古城湾古城。在阴山北麓秦长城的内侧，也发现了许多汉代古城，分别在固阳县、乌拉特前旗和武川县境内。在昆都仑河以东的固阳县内，有城梁古城、梅令山古城、三元城古城，在昆都仑河以西乌拉特前旗境内，有小召门梁古城、大佘太古城、增隆昌古城等。① 在武川县大青山乡有什尔登古城，在哈拉门独乡有胡岱窑古城。

这些古城规模都不算大，其中规模最大的是增隆昌古城，周长约1100米，似有角楼，城墙夯筑，内有建筑台基，多汉代常见的灰陶片。城北约1000米的山坡上，就是秦代所修筑的长城，在城西北的山沟中，还有汉代的烽燧遗址。汉代的城鄣、烽燧修筑在赵长城、秦长城附近，说明汉代在赵长城、秦长城附近屯驻有重兵，利用战国和秦代的旧长城，作为阻挡匈奴骑兵由此南下的重要阵地。

从呼和浩特向东，在卓资县、察哈尔右翼中旗、丰镇市、察哈尔右翼前旗、兴和县秦长城附近，分布有汉代的城、鄣和烽燧遗址。城和鄣是一回事，在史籍中常见于记载，规模大者称城，规模小者称鄣。

---

① 李逸友：《汉光禄城的考察》，《内蒙古文物考古》1984年第3期。

在卓资县长城附近,发现有 3 座小城,有人称为鄣。其一在喇嘛洞南口西山上,其二在拐角铺村东北山坡上,其三在三道营乡土城子村东,内有长宽各 50 米的建筑台基。

在察哈尔右翼中旗永生营村西,有一座小城在长城以外山谷的西坡上。在丰镇市饮马向上游红砂坝乡有土城子城址,长 173 米,宽 155 米,周长 656 米,城墙残高 1—2 米,宽 3—5 米。

在察哈尔右翼前旗老圈沟乡黑沟村南山坡有烽燧一座,修建在长城墙体上面,残高 4 米,十分显著。烽燧附近瓦砾甚多,说明有砖瓦建筑物。在土城子村中有汉代小城一座,长宽各为 230 米,周长 920 米,城墙残高约 3 米。

在兴和县有两座秦汉古城址,其一在南湾乡古城村中,在古城附近曾发现汉代砖室墓;其二在大同窑乡大同窑村,地表散布陶片瓦砾甚多,在城内出土过赵国的布币和西汉初年的铜砝码。据考证,此城应为战国秦汉代郡延陵县故址。①

上述这些城鄣故址,有的是赵、秦故城被汉代所沿用(如延陵城),有的是汉代新建,为驻军屯戍之所,这类数量居多。汉代在赵、秦长城附近修建城鄣,显然是利用前代的长城作为防御匈奴的军防工程。秦代长城附近,很少修建烽燧,到了汉代则大量修建烽燧,有的烽燧建在前代长城之上(如察哈尔右翼前旗黑沟村烽燧),证明汉代对烽燧的重视。

在河北承德地区、内蒙古赤峰地区和通辽地区,燕秦长城也被汉代所沿用。这从考古发现来看,是很清楚的事实。

自兴和县以后,汉代长城在阴山北麓向东北走向,经怀安、尚义、张北、沽源、丰宁、多伦进入围场县境内。在西汉时期,围场东部属右北平郡,西部属渔阳郡。汉代的遗物在围场县不断有所发现,其中"楼船将军"印最为重要。楼船将军即杨仆,宜阳人,元封二年(前 109 年),朝鲜王右渠攻杀辽东都尉涉何,于是遣楼船将军杨仆、左将军荀彘,将应募罪人击朝鲜。元封三年(前 108 年)夏,"朝鲜斩其王右渠降,以其地为乐

---

① 李逸友:《中国北方长城考述》,《内蒙古文物考古》2001 年第 1 期。

浪、临屯、玄菟、真番郡"①。楼船将军杨仆在归途中可能是沿长城巡边，将其官印遗失在围场县。在围场县还发现了"别部司马"印，别部司马为汉代将军属吏，也因到此征战而遗失在围场。这些官印的发现，证明汉代领有围场之地，利用燕、秦长城作为边防工事，自然在情理之中。在围场县长城附近有许多的古城，有的是燕、秦古城，有的是汉代古城，同样也证明了汉代沿用了燕、秦长城。

汉代在河北张家口坝上和承德地区，除沿用战国和秦代长城以外，还修建了若干段新长城。这些长城遗址有三段，分别在赤城、丰宁、承德三县境内。

其中有一段在赤城县龙门所附近的山上，作南北走向，遗迹甚为明显，残高约1米，长城之旁有烽燧遗址，捡到了汉代的陶片，可知这段长城为汉代遗存。有人认为，这段汉长城应是从骆驼嵫长城所分出者。② 赤城县东北与丰宁县相邻。在丰宁县东南部有一段长城遗址，从滦平县安纯沟乡李栅子四楞山进入丰宁县境，经小老虎沟南梁顶、西南沟、正沟脑、三岔口村东梁顶、南老虎沟、气海沟至牤牛河岸边，全长约12.5千米，系用石块筑成，基宽1.8—3.5米，残高0.8—0.9米。长城之旁汉代烽燧，采集到许多汉代文物③，可知这段长城为汉代长城。

在丰宁以东的承德县，也存在古长城遗址。长城始见于志云乡双庙梁，向东北走向，到达三道沟门公社獾子沟车子梁，再向东则是内蒙古宁城县大营子一带。在承德县长城长约15公里，基宽8—10米，高1.5米，大部分为夯土版筑，少部分以石为基础，其上为夯土版筑，长城附近有墩台④，调查者称是汉长城。

有人提出，赤城县龙门所的双长城应与丰宁县汉长城相连成一线，丰宁县的汉长城应与承德县的汉长城连成一线。向东进入内蒙古宁城县。

---

① 《汉书》卷6《武帝纪》，中华书局1962年版，第194页。
② 李逸友：《中国北方长城考述》，《内蒙古文物考古》2001年第1期。
③ 白瑞杰、张汉英：《丰宁文物志》，内蒙古人民出版社1998年版，第187页。
④ 郑绍宗：《河北省战国秦汉时期古长城和城障址》，《中国长城遗迹调查报告集》，文物出版社1981年版，第36页。

然而在赤城与丰宁之间,不见长城遗迹;在丰宁与承德之间,也不见长城遗迹,只见有若干烽燧。因此,尚无确凿的事实能证明赤城、丰宁、承德三县的长城是连接在一起的。上述三段长城都很短小,在 10 公里左右,只能说是局部地区修筑的长城。上述三县都是多山地区,以山险御敌,即不必修筑长城。在河西走廊的令居塞,也可以看到这种现象。

1943 年,李文信曾考察赤峰北部燕长城,发现了许多汉代的遗物。在哈拉木头北小城,出土有汉代陶片。在撒水坡城址,"汉式陶器片、瓦片堆积层很厚"。在山头屯城址,"战国秦汉陶器片、瓦片很多"。在蜘蛛山城址,"汉瓦片更多"。由此他得出结论说:"赵、燕、秦、汉的北部长城,当是相沿使用的。"①佟柱臣先生与此同时也考察了赤峰北部燕长城,明确地指出"这可能就是燕、秦、汉长城的所在"。②

赤峰南部长城经敖汉旗进入通辽市奈曼旗土城子乡,经高和、西岗岗、塘坊、苇塘、七家子,东经扣根、哈什干图、双合兴、朝阳沟,进入库伦旗平安乡,横穿库伦旗全境,进入辽宁彰武县境。在这一段长城附近,发现有善宝营子古城、西土城子古城,规模都比较大,前者周长 1350 米,后者周长 1419 米。在这些古城中出土了大量的战国、秦、汉遗物,如汉代的铁镬、汉半两钱、五铢钱、榆荚钱等。善宝营子古城可能是西汉辽西郡文成县故址,西土城子可能是新安平县故址。汉代城址的发现,汉代文物的出土,都证明燕长城为汉代所沿用。

汉代长城既然是沿用了燕长城,自然在史籍中有所反映。《史记·朝鲜列传》记载说:"秦灭燕,属辽东外缴。汉兴,为其远难守,复修辽东故塞,至浿水为界,属燕。"所谓"复修辽东故塞",就是修缮战国燕长城,"至浿水为界",即止于浿水。浿水即今朝鲜北部清川江。《通典》卷 186《边防二》称汉长城东起于乐浪郡遂城县碣石山(又称左碣石)。碣石山今称龙冈,在清川江入海口处。汉代沿用的燕北长城,长约 5000 公里。

汉代沿用前代的长城是有原因的,一是战国和秦代的长城都是为防

---

① 李文信:《中国北部长城沿革考》,《社会科学辑刊》1979 年第 1—2 期。

② 佟柱臣:《考古学上汉代及汉代以前的东北疆域》,《考古学报》1956 年第 1 期。

御北方匈奴而建，而汉代仍以匈奴为大敌；二是前代长城保存完好，稍加修缮即可以利用，要比修筑新长城省事，可以节省大量人力、物力。秦代沿用战国赵、燕长城是出于此种考虑，汉代沿用战国、秦代长城也是出于此种考虑。

六、汉代新修筑之北方长城

汉武帝对匈奴的征讨，前后持续了二十多年。元朔二年（前127年）在卫青讨伐匈奴取得初步胜利以后，将防线扩大到阴山一带，修缮了赵、秦长城加以利用。后来，卫青、霍去病连年出征，将匈奴势力赶出河西地区。元狩四年（前119年），卫青、霍去病分别从定襄、代郡出发，深入漠北地区追击匈奴，接连取胜，迫使匈奴向西北更远的地方逃窜。卫青至寘颜山赵信城而还，霍去病追击更远，至狼居胥山，临翰海而还。《史记·匈奴列传》称："是后匈奴远遁，而幕（漠）南无王庭。"

随着匈奴的退却，汉朝统治地域的扩大，为了防止匈奴的返归，汉朝在更北的地方修筑新的防线。《汉书·武帝纪》载：太初三年（前102年），"遣光禄勋徐自为筑五原塞外列城，西北至卢朐，游击将军韩说将兵屯之"。《匈奴传》则作："句黎湖单于立，汉使光禄徐自为出五原塞数百里，远者千里，筑城郭列亭至卢朐，而使游击将军韩说、长平侯卫伉屯其旁。"

引文中的五原塞，系指汉代五原郡境内的边塞，即阴山南北的战国赵长城和秦长城。徐自为是在阴山南北旧长城以外数百里、远者千里的地方修筑城郭列亭，此举是为了防止匈奴句黎单于南下。旧史家多认为，徐自为所筑只不过是城郭列亭而已，然而考古学家却发现竟是南、北两道平行的长城。为了与阴山南的赵长城、阴山北秦长城相区别，又被称作汉代外长城。

自20世纪70年代以来，考古学家对徐自为所修筑的外长城，进行了多次实地考察[①]，得知这是南、北两道近于平行的长城，其间距为 2.5 公里至 20 公里，大体上作东南西北走向。为了记述的方便，可以称作北长城和南长城。

北长城起始于武川县哈拉合少乡后石背图村的大山顶上，向西北走向，经阿路康卜村、乌日塔、庆和昌、三合民、火烧羊圈、二份子村，进入达尔罕茂明安旗。在达尔罕茂明安旗，长城继续向西北，经上苏吉村、红格塔拉、百灵庙后河、乌兰布拉格、呼热苏木村，进入乌拉特中旗。在乌拉特中旗，长城转为东西走向，经阿布日拉音哈雅、巴音苏木、乌兰苏木、努呼日勒、巴音杭盖苏木温都尔胡硕、额和音查干，进入乌拉特后旗。在乌拉特后旗，长城仍是东西走向，经巴音达门苏本木巴音查干、格日勒图苏木、宝音图苏木道劳呼都格、乌力去苏木苏亥、乌日特、呼仁陶勒盖，进入蒙古国南戈壁省，在我国境内长约 527 公里，在蒙古国境内长约 50 公里，全长约 577 公里。北长城最后的停止地点在巴彦达赖附近的尚德山，此山为阿尔泰山余脉，海拔 2825 米。《汉书·匈奴传》称徐自为"筑城鄣列亭至卢朐"，颜师古注卢朐为山名，则卢朐山当为今之尚德山。北长城东起阴山，西到卢朐山，首尾皆是大山显然是为了加强长城的防御作用。

北长城墙体大部分为夯土版筑，个别段落用石头垒筑，基宽 3—6 米，残高 0.5—3 米。长城沿线城鄣比较少，可见者有达尔罕茂明安旗的宝力罕嘎拉丹古城、苏木图古城、库伦苏木古城，在乌拉特旗有巴音苏木台郭勒嘎查古城。在城址附近发现有汉代陶片，证明城鄣和长城都是汉代所遗留。

南长城起始于武川县乌兰不浪乡马鞍山顶（海拔 2026 米），也是向西北走向，经西红山乡老银哈达村、土城子村、杨树功村，进入固阳县。在固阳县，长城仍向西北，经东公此老乡圪臭壕、卜塔亥乡将台、边壕村，进入达尔罕茂明安旗。在达尔罕茂明安旗，长城仍向西北延伸，经乌兰胡同乡、西河乡营路村、新宝力格苏木艾不盖、乌兰呼都格、敖包努哈日、巴音

---

　　①　唐晓峰：《内蒙古西北部秦汉长城调查论》，《文物》1977 年第 5 期；盖山林、陆思贤：《潮格旗朝鲁库伦汉代石城及其附近的长城》，《中国长城遗迹调查报告集》，第 25—33 页；李逸友：《中国北方长城考述》，《内蒙古文物考古》2001 年第 1 期。

珠日和苏木进入乌拉特中旗。在乌拉特中旗，长城转为东西走向，经新呼热苏木毛仁楚鲁、哈日阿图、乌兰苏木呼和额日格、川井苏木、巴音杭盖苏木乌兰岗嘎，进入乌拉特后旗。在乌拉特后旗，长城仍自东向西，经巴音前达门苏木、和热木音呼都格、查干德日新、格日勒图苏木哈昂、宝音图苏木、沙巴尔图、乌兰呼热、乌力吉苏木苏亥、苏根乌素，朝鲁库伦、海力素、查干滚乃呼都格，进入蒙古国南戈壁省，在我国境内长约498公里，在蒙古国境内长约310公里，全长约808公里，其最后终止地点在扎格苏舍呼都格附近。其地接近中蒙边界，其南约10余公里便是额济纳旗雅干镇。有人认为南长城应与额济纳旗境内的居延塞相连接，不过从扎格苏舍呼都格到居延塞最北部的珍北塞约130余公里，其间不见有长墙遗迹，也没有城郭和塞墙，只有若干烽燧，其走向不太清楚，似有通向阿拉善右旗的可能。因为在阿拉善右旗北部汉代烽燧很多。因此，南长城与居延塞相连接的说法，尚缺乏可信的证据，需要进一步深入地考察研究。

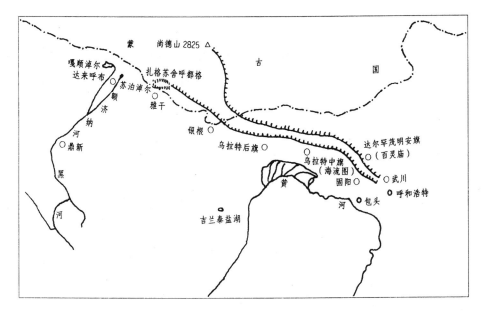

汉代外长城

南长城墙体因地制宜，在武川县、固阳县、达尔罕茂明安旗为夯土版筑，在乌拉特中旗、乌拉特后旗既有土筑又有石垒，在戈壁地区全为石垒。

基宽 3—4 米,残高 0.5—3 米。沿线城鄣、烽燧的数量比北长城多一些。在达尔罕茂明安旗有城 2 座,在乌拉特中旗有 4 座,在乌拉特后旗有 6 座,此外,还有列亭 17 座,烽燧数十座。城鄣多建在长城的内侧(即南侧),规模比较大,其中以朝鲁库伦、青库伦、乌兰库伦最有代表性。

乌拉特后旗境内的朝鲁库伦,在蒙语中意为石城,用石头砌筑,略呈正方形,周长 251.4 米,在东墙上设门,有瓮城。城内房址甚多,出土有"千秋万岁"瓦当和五铢钱、铜镞、甲片,证明它是汉代的一座军城,有人称为宿房城。城北约 500 米处,即南长城,则此城是为守护长城而建。

在朝鲁库伦以东约 10 余公里处有青库伦,又称"土卜格",即青色之城。城作正方形,周长 520 米,系土筑,东墙设门,有瓮城。城北约 50 米处,即为南长城。

在青库伦以东(偏南)约 10 余公里处,有乌兰库伦,即红色之城。城略作正方形,周长 535 米,城墙夯筑,东城墙上设门,有瓮城。在乌兰库伦以北约 100 米处,为南长城。①

在长城沿线,这类城堡很多,差不多每隔 10 公里左右即修建一座。在乌兰库伦之东,还有再根胡图克库伦、乌力吉高勒城鄣等。这些小城规模大小相近,都在长城附近,其军事性质非常明显,可能就是游击将军韩说、长平侯卫伉的屯兵处。北长城附近也有若干城鄣,其性质相同。

亭址规模很小,作四方形,边长 17 米,周长 68 米,是候望的场所,在史书中被称作列亭。长城内侧烽燧密集,每隔 5 公里至 10 公里,便有一座烽燧。

所谓的汉代外长城,其主体部分是在阴山以北巴彦淖尔盟的荒漠草原上,大体作东南至西北走向,西北进入蒙古国的大戈壁。有人认为它可能从蒙古国又折向西南,进入额济纳流域的古居延地区,不过尚未发现有关证据。外长城东南应与阴山北麓秦长城相连接,而秦长城又与阴山以南战国赵长城相连,这样,汉代外长城便与秦长城、赵长城连成一体,形成

① 盖山林、陆思贤:《潮格旗朝鲁库伦汉代石城及其附近的长城》,《中国长城遗迹调查报告集》,文物出版社 1981 年版;唐晓峰:《内蒙古西北部秦汉长被调查记》,《文物》1977 年第 5 期。

了完整的军防体系。

不过从实地考察结果来看,汉外长城虽然有土筑、石筑等多种形式,然而受地理条件的限制,墙体高度受到一定的影响。石砌的长城,基宽一般为 3.5 米,高约 2—2.5 米,顶宽 2.5—3 米。石砌的土心墙体(夹心墙)基宽 3.4 米,残高 2 米,顶宽 2.7 米。夯土筑的墙体,经风蚀均已颓圮为土垄,自然基础宽约 5 米,残高 1—1.5 米。① 墙体虽然不算太高,然而长城内侧有密集的城堡,二者配合起来,还是能够充分发挥军事防御作用的。其军事价值,应当给予肯定。

依《汉书》记载,汉外长城应是汉武帝太初三年(前 102 年)徐自为所修筑。汉代的五原郡治于赵九原、秦九原郡之旧址,即今乌拉特前旗三顶帐房古城。其管辖的地域,主要是阴山以南的河套地区。武川、固阳、达尔罕茂明安旗、乌拉特中旗、乌拉特后旗境内的汉长城,是在五原郡的北方,因此,《汉书》称其为"五原塞外列城"。

上述南、北两道长城,合计全长约 1385 公里。南长城较北长城为长,沿线城鄣、列亭、烽燧也比北长城为多。这个事实反映出,南长城比北长城重要,是以南长城为防御主体。其修筑可能有前后早晚之别,南长城应晚于北长城。据《汉书·匈奴传》记载,徐自为在修筑塞外长城的当年,匈奴句黎湖单于即"大入云中、定襄、五原、朔方,杀略数千人,败数二千石而去,行坏光禄所筑亭鄣"。北长城低矮,有数段墙体被夷为平地,难以寻见,当即句黎单于退兵之际所毁坏。在北长城被破坏以后不久,又修筑了南长城。为了防止匈奴人破坏,在南长城附近修建了许多城鄣、列亭和烽燧,以保护长城。

汉外长城的军事防御作用,在史籍中不乏记载。《汉书·匈奴传》载:汉昭帝元凤元年(前 80 年)"匈奴三千余骑入五原,略杀数千人,后数万骑南旁塞猎,行攻塞外亭鄣"。这里的五原塞,应是指阴山北麓秦长城,"塞外亭鄣"是指外长城,说明汉昭帝初年,匈奴人不断冲破长城进行

① 盖山林、陆思贤:《潮格旗朝鲁库伦汉代石城及其附近的长城》,《中国长城遗迹调查报告集》,文物出版社 1981 年版;唐晓峰:《内蒙古西北部秦汉长城调查记》,《文物》1977 年第 5 期。

侵扰掠夺。汉宣帝甘露二年（前 52 年），呼韩邪单于朝汉，"自请愿留居光禄塞下，有急保汉受降城"。所谓"光禄塞"，即光禄勋徐自为修筑的外长城。呼韩邪单于自愿留居光禄塞下，为汉朝看守长城，反映出外长城是匈奴从漠北南下的必经之地，具有重要的军事地位。汉元帝竟宁元年（前 33 年），呼韩邪单于再次朝汉，为了感谢汉元帝将王昭君赐其为妻，他上书称："愿保塞上谷以西至敦煌，传之无穷，请罢边备塞吏卒，以休天子人民。"他的要求被汉朝廷谢绝，上谷以西的边塞包括了外长城，从"请罢边备塞吏卒"之言，可以看出汉朝在外长城一直驻有官兵戍守。由此可知，从汉武帝到汉昭帝、汉宣帝、汉元帝的 69 年间，外长城始终是汉朝的重要边防。

七、汉代居延塞

边塞是与长城不同的另一种军防体系，今人常常将二者混而为一，不能不加以论证。

边塞有广义、狭义之别，广义的边塞是泛指边疆地区的全部军防设施，包括长城、城鄣、列亭、烽燧、壕堑以及山险等，侯应所言即指广义的边塞。古代诗词歌赋所称的塞，也属于广义的边塞，是指除了长城以外的军防设施。在科学论述中，必须识别广义边塞与狭义边塞的不同，以免造成不必要的混乱。不能轻易地将史籍中记载的塞、边塞，都看作是长城。著名的居延塞，便不是长城。

"塞"的本义是阻隔，《说文解字》："塞，隔也。"古代最初是以山险为塞，《淮南子·墬形训》提出天下有九塞，如太汾、井陉、居庸等，皆为山险。山中多狭谷，不便通行，《吴子·论将第四》称："路狭道险，名山大塞，十夫所守，千夫不过。"因此，兵家特别重视山险制敌。

到了战国时期，由于战争盛行，只靠山险难以阻止敌人的进攻，何况地处平原的国家无山险可守。于是，纷纷修筑城堡或长城以自卫。这种人工修筑的军防体系,自然也可以称作塞。《汉书·匈奴传》载:汉元帝时,郎中侯应言边事时称:"起塞以来百有余年,非皆以土垣也,或因山岩石,木柴僵落,溪谷水门,稍稍平之,卒徒筑治,功费久远,不可胜计。"①侯应所谓"起塞",即指汉初以来在边境地区修筑的城塞等一系列军防设施而言。

《史记·匈奴列传》载:汉武帝太初三年命光禄勋徐自为修筑外长城的同时,又"使强弩都尉路博德筑居延泽上",《史记正义》引《括地志》:"汉居延县故城在甘州张掖县东北一千五百三十里,有汉遮虏鄣,强弩都尉路博德之所筑。李陵败,与士众期至遮虏鄣,即此也。长老传云鄣北百八十里,直居延之西北,是李陵战地也。"②据此,则路博德是在居延泽附近修筑了遮虏鄣,后世称之为居延塞。在居延,有出塞、入塞、行塞的记事。按照古代人的用法,城、鄣义同,大者曰城,小者曰鄣。《史记正义》引顾胤语云:"鄣,山中小城。"山中受地形所限,无法筑大城,只能筑小城,山中小城称鄣,即因此之故。《汉书·武帝纪》颜师古注云:"汉制,每塞要处别筑为城,置人镇守,谓之候城,此即鄣也。"《李陵传》注又云:"鄣者,塞上险要之处,往往修筑,别置候望之人,所以自鄣蔽而伺敌也。遮虏,鄣名也。"鄣的本义是阻隔,与塞字义同。边境之鄣,用于阻隔敌人之侵犯,以守卫疆土,故在史书中常常城鄣连用并书。

不过居延地区的遮虏鄣,可不是专指一座小城而言,而是由许多城鄣、烽燧、塞墙组成的军防体系。仅就古史的记载,是难以知其详的。20世纪二三十年代,由徐旭生、斯文赫定率领的西北科学考察团曾至居延多次考察汉代遗迹。此后20世纪六七十年代,内蒙古文物工作队、甘肃居延考古队又至此考察。于是,居延遮虏鄣的结构、布局逐渐大白于天下。

汉代的遮虏鄣是以居延城为中心,其东北濒临古居延泽(现已干涸消失),古弱水斜贯其中,两岸为汉代的垦区。汉代在垦区的西、南、北三面修筑有一系列的城鄣、烽燧,据居延出土的汉简,可知其北部防线称殄

① 《汉书》卷94下《匈奴传》,中华书局1962年版,第3803页。
② 《史记》卷110《匈奴列传》,中华书局1959年版,第2916页。

北塞,西部防线称甲渠塞,南部防线称卅井塞。以上北、西、南三塞,统由居延都尉管辖,居延都尉秩比二千石,其驻地称居延都尉府,设在居延城中,居延城在居延垦区的北部,西北科学考察团将居延城遗址编号为 K710。K710 至今仍可以见到,其四周为许多高大的流动沙丘所包围,在流沙中可以见到耕地、水渠、房舍、窑场、砖室墓,出土过具有纪年意义的五铢钱。

居延塞以西部的甲渠塞保存最为完整。甲渠塞在今鄂木讷高勒(东河)西岸,从北到南至少有 21 座烽燧(即贝格曼编号 T1 至 T21),其排列相当密集,间距只有 1 公里至 1.5 公里,南北全长近 80 公里。甲渠塞长官驻地称甲渠候官,今称破城子,蒙语称呼钦浩特,在这里先后出土了 37000 支汉简,甲渠塞这个名字是从汉简得知的。在烽燧的外侧,有一道非常低矮的土墙,被称作塞墙。塞墙或用砂土碎石,或用土石积压柴草,甚为低矮。由于它不是夯筑的,非常松散,现在几乎完全消失,看不到痕迹了。

居延南部的卅井塞,作西南至东北走向,西起布肯托尼,东到博罗松治,全长约 60 公里,共有 32 座烽燧,在烽燧的外侧,也有低矮的塞墙。卅井塞候的驻地,在古居延泽南端的宝日川吉(旧称博罗松治)。居延北部的殄北塞,有东西走向的烽燧,后来大部分被鄂木讷河众多的支流所冲毁,现在只残留 5 座烽燧、1 座鄣。殄北塞候的驻所,在宗间阿玛附近,现在已被流沙掩埋。在宗间阿玛鄣,曾发现"居延殄北塞"的题记和"五凤二年"的题记,五凤为汉宣帝年号,五凤二年为公元前 56 年,证明汉宣帝时殄北塞仍然存在。[①] 殄北塞从西到东,长约 50 公里。居延塞防线全长约 190 公里。

在上述甲渠塞、卅井塞、殄北塞所包围的垦区内部,还有许多城鄣和烽燧,都是以居延城为中心,组成了完整的军防体系。保卫居延都尉府和居延垦区,是这个军防体系的基本目的。有人将沿鄂木讷河而建的城鄣、烽燧称作汉代的长城,是缺乏根据的。城鄣和烽燧可以称作边塞,但是,

---

① 《居延汉简甲乙编》下册,第 299 页。

却不能视为长城。至于塞墙虽然具有连续性,然而它十分低矮,并非夯筑,不具备长城高墙体的特征,学者称为塞墙,而不称为长城,其原因即在于此。

从军事角度来看,低矮的塞墙无法阻止匈奴骑兵的逾越,那么,它有什么功用? 塞墙应与天田有关,天田是用于侦察敌人活动情况的一种军事设施。《汉书·晁错传》颜师古注引苏林语曰:"作虎落于塞要下,以沙布其表,且视其迹,以知匈奴来人,一名天田。"在居延汉简中,有许多关于天田的记事,如"毋兰越塞天田出入迹""六人画沙中天田六里""天田不耕"等。天田是古代侦查敌人踪迹的一种方法,即将城塞以外的土地整平,撒上细沙,如果敌人进入天田,必然要留下人马的踪迹,据此可以分析敌人的活动情况。塞墙以内,应为天田所在,于是,塞墙便成为天田的界限和标志,以便于检查。天田平整地面,不断撒沙,极似农民整治的田地,但是却并非可耕之田,故而称作天田,即不能耕种之田。用天田侦查敌人活动的办法,后代仍然存在。唐代"于山口贼路,横断道……以细沙、散土填平,每日检行,扫令净平,人马入境,即知足迹多少"①。至今北方的猎人,仍采用这种办法侦查野兽的活动,断定野兽出没的时间和来往的路线,以便于下埋伏,捕捉野兽。

过去有人推测,徐自为所修筑的外长城应与居延塞相连接。从考古发现来看,可能并非如此。汉代居延塞的烽燧城鄣,其最北者为 K676 烽燧(白墩)和 A1 鄣(宗间阿玛),均在今苏泊淖尔南岸。苏泊淖尔以北为戈壁滩,没有见到汉代的遗迹。《史记·李将军列传》载,李陵"还未到居延百余里,匈奴遮狭绝道,陵食乏而救兵不到"。李陵退师居延遮虏鄣求救,如果遮虏鄣真的北与徐自为长城相接,李陵岂能因救兵不到而为匈奴所俘?

汉代在古弱水沿岸所设置的边塞,其北部为居延塞,南部为肩水塞,都为张掖郡所管辖。据出土汉简,肩水都尉下属广地塞、橐他塞、肩水塞、仓石塞。肩水塞候的驻地在地湾(即 A33),肩水都尉驻地在大湾(即

---

① 《通典》卷 252《兵五·守拒法附》。

A35）。在地湾以北，烽燧紧靠河岸，不见有塞墙。以河为险，大概也就无须用天田来侦查匈奴的踪迹了。从地湾以南，烽燧、城鄣离河渐远，于是又重新出现了塞墙。这种变化，显然与地理条件和边塞的布局有密切的关系。

肩水都尉所辖的边塞，南与酒泉郡的北部都尉、东部都尉所辖的边塞相连接。北部都尉所辖的防线，东始于金塔县北部北大河（旧称讨来河）左岸的臭水墩，向西南走向，进入玉门市花海附近疙瘩井，共有烽燧 10 余座，城鄣 1 座。城鄣在金塔县西坝乡西移村北，俗称石银坊城鄣，周长112 米，墙高 4.7 米，系土石混夯，夹有红柳。史称酒泉北部都尉驻偃泉鄣，即此。据报道，在柴墩子（T44a）以北 6.4 公里处，发现一段东西走向的塞墙，遗迹相当模糊，反映出塞墙低矮，非夯筑。

酒泉郡东部都尉所辖的边塞，北起于鼎新（旧称毛目）西北原北大河与黑水汇合处，汉代称作会水县，其故址为金塔县金塔乡西古城。由此东部都尉的边塞沿黑河走向东南，共有烽燧 10 余座，城鄣一座（A49）。城鄣周长 312 米，呈正方形，残高 4—5 米。此城鄣应即东部都尉的驻地，史称东部鄣。东部烽燧的外侧见有塞墙的残迹，残高多不足 1 米。

酒泉境内的汉塞，在三国时期仍存。《三国志·魏书·阎温传》记载张恭"东缘酒泉北塞，径出张掖河北河，逢迎太守尹奉"。张掖河即今黑河，酒泉北塞即酒泉北部的汉代边塞。《三国志》称其为北塞，而不称其为长城，反映了当时人的看法，是应当值得我们重视的。居延都尉、肩水都尉、北部都尉、东部都尉所辖的军防线，只能称作边塞，而不能称作长城。

汉代居延塞属于边远地区，其通信联络十分重要。当时通信联络的主要方式，是以烽燧传递信息。居延塞的烽燧主要有两个系列，一是沿额济纳河（弱水）通入张掖，居延都尉受张掖郡管辖，各种军情必须及时报告张掖郡。二是自居延塞走向东南，到达武威郡，由此向东直达京师。重要的边防军情必须直接报告京城长安（今西安）中的皇帝，因此，除了通往张掖的烽燧以外，还有一个通往京城的烽燧系列。据实地考察所见，从额济纳旗南部古日乃苏木开始，有一烽燧系列向东南走向，绕过巴丹吉林沙漠西部,经阿拉善右旗努日盖苏木喇伯敦、脑公布勒格、狼娃山、桃呼拉山、龙首山、额日布盖苏木查呼太,进入甘肃永昌县境内,共有烽燧25座,间距2.5公里至10公里,全长约200公里。[①] 这个烽燧系列在永昌县与武威郡通往长安的烽燧相会,向东南可以直达京城长安。这个烽燧系列要比绕道张掖通往长安近许多,可以大大缩短军事信息的传递时间,有利于皇帝尽早了解居延塞的军情,便于采取应急的对策。

八、汉代疏勒河流域长城

疏勒河古称籍端水,在河西走廊最西部。汉代疏勒河流域分属酒泉郡和敦煌郡,现在则属于酒泉地区玉门市、瓜州县、敦煌市。

疏勒河流域在战国时为乌孙、月氏居住地,在乌孙、月氏西迁以后,成为匈奴右部浑(昆)邪王辖地。汉武帝在河西战胜匈奴以后,为了"断匈奴右臂",列四郡(武威、张掖、酒泉、敦煌)、置两关(玉门关、阳关),并沿疏勒河修了一道边防线,其中包括烽燧、城鄣和长城。

疏勒河流域汉代的遗迹,在20世纪初就引起了中外学者的关注,斯坦因曾先后两次到疏勒河流域进行科学考察。1944年,向达、夏鼐、黄文弼、阎文儒等人,也曾到此考察。20世纪七八十年代,甘肃考古学家、历史学家又多次到此考察,疏勒河流域的汉代遗迹已经基本被查清。本节所援引的资料,均来源于此。

（一）汉代疏勒河边防线的走向

汉代疏勒河边防线的走向,按现在的行政区可以分为三段。其东段始于玉门市花海,与酒泉郡北部塞相接。然后沿疏勒河右岸支流北石河

---

① 李逸友:《中国北方长城考述》,《内蒙古文物考古》2001年第1期。

走向,经头墩、二墩、三墩、四墩、五墩、六墩、七墩、八墩、九墩、十墩、十一墩、十二墩、西黄花营、三站、四站、六站进入安西县(今瓜州县)。其长度为110公里左右,在汉代为酒泉郡西部都尉所辖,故称西部塞。西部塞有烽燧、城鄣约30座,在头墩、二墩至四站、六站一段,见有间断性长城,残高1.5—2.3米,残厚1.3—2.4米,以土石夹红柳筑成,比较坚实。在十二墩以西,有城鄣一处,夯土版筑,周长33.7米,鄣墙残高5.5米,墙上还有土坯砌筑的女墙。它是西部塞中唯一的城鄣,故应是西部都尉的驻所。①

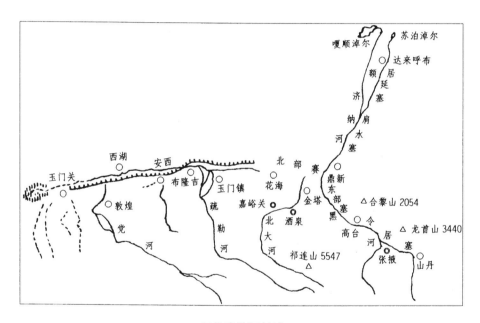

汉代疏勒河长城

在安西县境内的边塞,东起于三道沟镇蘑菇滩,西经碱沟堰、桥湾、柳湾、布隆吉汉墓、双塔河南岸,继续向西走向,经北干沟、安西县城南、瓜州乡、四工、西沙窝、西湖乡,进入敦煌市境内,长约296公里。这段边塞主要部分归敦煌郡宜禾都尉管理,自西沙窝以西则归中部都尉管理。此段

---

① 李并成:《河西走廊历史地理》,甘肃人民出版社1995年版,第209—210、195—204页。

现存烽燧 54 座,另有城鄣若干。宜禾都尉下辖广汉、美稷、昆仑、鱼泽、宜禾等塞,广汉塞候治于桥湾火车站以南 1.5 公里处一城鄣,周长约 180米。美稷塞候治于双塔村北 3 公里古城。昆仑塞候治昆仑鄣,即今锁阳城。鱼泽塞候治所,应当在煨烟墩(即 T38a 烽燧)。宜禾塞候治所在西沙窝东 10 公里左右一古城,宜禾都尉同治于此。另有万岁塞,属酒泉郡中部都尉,其治所似在西沙窝附近一古城,周长 171 米,城墙残高 1 米至1.5 米,系黄土夹沙夯筑。上述边塞的外侧,有断断续续的长城。

敦煌市境内的边塞,自东而西经黄墩子农场、盐池北、后井湾、月牙湖、哈拉诺尔、酥油土、条湖、大方盘城、小方盘城、墩子湾、马圈湾,到达马迷兔,长约 150 公里,有烽燧 80 余座。此外,从小方盘城向南,有烽燧和塞墙,通往阳关方向。从南湖乡北工墩到党河口,有一道低矮的石垄,长约 15 公里,残高 0.5 米,俗称"风墙子",亦当是汉代遗迹。上述边塞分别由敦煌中部都尉、玉门都尉、阳关都尉管理,玉门都尉治玉门,阳关都尉治阳关,中部都尉治步广候官,其故址在敦煌农场东北党河与疏勒河汇合处的西碱墩(即 T24)。

(二)疏勒河沿岸汉长城遗迹

疏勒河沿岸的烽燧外侧,多见有长城。虽然有些长城经长期风蚀破坏,遗迹比较模糊,然而有部分长城遗迹清楚,尤以敦煌市境内的长城,保存较为完好。今按自西而东的次序,将这些残存的长城列表如下。[①]

序号	所在位置	长城遗迹
1	敦煌榆树泉盆地东部	长城长 12.2 米,宽 2.1 米,高 1.75 米
2	敦煌大坡墩	长城在烽燧北 10.6 米,成鱼脊形,高 1 米
3	敦煌后坑墩	长城基宽 2.65 米,高 1.29 米,由芦苇、沙砾筑成,层厚 0.2 米

---

① 此表据岳邦湖、钟圣祖《疏勒河流域汉代长城考察报告》(文物出版社 2001 年版)编制。

序号	所在位置	长城遗迹
4	敦煌盐池湾墩（南距小方盘城 2000 米）	有长城遗迹
5	娃子泉墩（小方盘城东北 5000 米）	长城由烽燧北通过
6	大方盘城西	长城由北侧通过
7	大方盘城东 2000 米	长城遗迹清楚
8	敦煌素油土烽燧	东 500 米有长城遗迹
9	敦煌条湖坡烽燧	北侧有长城遗迹
10	敦煌烟筒梁烽燧	东侧有长城遗迹
11	敦煌长梁烽燧	东侧有长城遗迹
12	敦煌大碱沟烽燧	北侧 3.3 米有长城通过
13	敦煌后井湾烽燧	长城由烽燧北 4 米通过
14	敦煌 60 号烽燧	长城由烽燧北 4.6 米通过
15	敦煌 61 号烽燧	烽燧在长城线上
16	敦煌 62 号烽燧	烽燧北连长城
17	敦煌 65 号烽燧	长城在烽燧北 6.4 米通过
18	敦煌 69 号烽燧	烽燧建在长城线上
19	敦煌 70 号烽燧	烽燧北 7 米有长城
20	敦煌 71 号烽燧	烽燧在长城线上
21	敦煌 72 号烽燧	长城在烽燧北通过
22	雷墩子烽燧	北侧 14.8 米有长城通过
23	半个墩子烽燧	北 3500 米有长城通过
24	安西 80 号烽燧	北 500 米戈壁滩上有长城，残高 1.5 米，底宽 3 米，顶宽 1 米
25	安西 81 号烽燧	北 6.5 米有长城基础，用红柳、梭梭横列平铺
26	安西西湖镇东 8 千米戈壁沙漠中	烽燧北 7.8 米有长城，残高 2 米，底宽 3 米，顶宽 2 米
27	安西西湖镇东南 8 千米戈壁沙漠中	烽燧北 7.7 米有长城，残高 2 米，底宽 3 米，顶宽 2 米
28	安西西湖镇东 9 千米戈壁沙漠中	烽燧北 7 米有长城，残高 2 米，底宽 3 米，顶宽 2 米

续表

序号	所在位置	长城遗迹
29	安西西湖镇东南 10 千米风蚀台地	烽燧北 7.5 米有长城, 残高 2 米, 底宽 3 米, 顶宽 1 米
30	安西西湖镇东南 10.5 千米戈壁沙漠中	烽燧北 11 米有长城, 残高 1.5 米, 底宽 3 米, 顶宽 2 米
31	安西西湖镇东南 11 千米戈壁沙漠中	烽燧北 5 米有长城, 残高 2 米, 底宽 3 米, 顶宽 2 米
32	安西西湖镇上路口东南 12 千米戈壁沙漠中	烽燧北 11.3 米有长城, 残高 2 米, 底宽 3 米, 顶宽 2 米
33	安西南沙窝戈壁沙丘中	长城残高 2.1 米, 底宽 2.8 米, 顶宽 1.7 米, 长 26.5 米, 用红柳、芦苇、砂砾夯筑, 红柳层厚 11—13.5 厘米, 砂砾层厚 8—10 厘米, 芦苇层厚 2.5—3.5 厘米
34	安西西湖农场三分场八队东南 12 千米戈壁沙漠中	烽燧北 6 米有长城, 残高 2 米, 底宽 3 米, 顶宽 2 米
35	西湖农场三分场八队东南 13 千米戈壁沙漠中	烽燧北 6 米有长城, 残高 2 米, 底宽 3 米, 顶宽 2 米
36	西湖农场三分场八队东南 13.5 千米戈壁沙漠中	烽燧北 7.1 米有长城, 残高 2 米, 底宽 3 米, 顶宽 1 米
37	安西 96 号烽燧	烽燧北 10.8 米有长城, 残高 1 米, 底宽 3 米, 顶宽 2 米
38	安西 97 号烽燧	烽燧北 6 米有长城, 残高 1 米, 底宽 3 米, 顶宽 2 米
39	安西 98 号烽燧	烽燧北 9.4 米有长城, 残高 1 米, 底宽 3 米, 顶宽 2 米
40	安西 99 号烽燧	烽燧北 2 米有长城, 残高 2.5 米, 底宽 3 米, 顶宽 1.2 米
41	安西 101 号烽燧	烽燧北 9 米有长城, 用红柳、砂砾筑成, 残高 2 米, 底宽 3 米, 顶宽 2 米
42	安西 102 号烽燧	烽燧北 6.8 米有长城, 残高 1.5 米, 底宽 3 米, 顶宽 2 米
43	安西 103 号烽燧	烽越北 6.8 米有长城
44	安西 104 号烽燧	烽燧北 7.8 米有长城
45	安西 105 号烽燧	烽燧北 8 米有长城, 残高 1 米, 底宽 3 米, 顶宽 2 米
46	安西百旗堡西北 15 千米戈壁沙漠中	烽燧北 11 米有长城, 残高 2 米, 底宽 3 米, 顶宽 2 米

续表

序号	所在位置	长城遗迹
47	安西百旗堡西北 14 千米风蚀地	烽燧北 6 米有长城
48	安西 108 号烽燧	烽燧北 6 米有长城
49	安西 109 号烽燧	烽燧北 8 米有长城
50	安西 110 号烽燧	烽燧北 11 米有长城
51	安西 110 号鄣和烽燧	烽燧北 7.6 米有长城,残高 2 米,底宽 3 米,顶宽 2 米
52	安西 112 号烽燧	烽燧北 6.3 米有长城,残高 2 米,底宽 3 米,顶宽 2 米
53	安西百旗堡正北 7 千米	烽燧北 8 米有长城,残高 2 米,底宽 3 米,顶宽 2 米
54	安西四工农场分场四队西北 3 千米戈壁沙漠中	烽燧北 6 米有长城,残高 2 米,底宽 3 米,顶宽 2 米
55	安西望杆子城烽燧	烽燧南 4 公里有长城
56	安西 117 号、118 号烽燧	烽燧南 4—6 公里有长城
57	安西 124 号烽燧(瓜州乡政府东北 3 千米盐碱地中)	烽燧建在长城上,残高 1 米,底宽 3 米,顶宽 2 米
58	安西煨烟墩(瓜州乡头堡城东北 1 千米盐碱地中)	烽燧西 200 米有长城,残高 2 米,底宽 3 米,顶宽 2 米
59	安西十工农场分场五队西北 2 千米	烽燧北 11.5 米有长城,用红柳、砂砾夯筑,残高 2 米,底宽 3 米,顶宽 1 米
60	安西 129 号烽燧	烽燧北 11.5 米有长城,残高 2 米,底宽 3 米,顶宽 1 米
61	安西 133(2)号烽燧	烽燧北 7.5 米有长城,残高 2 米,底宽 3 米,顶宽 1 米
62	安西 136 号烽燧	烽燧北 5 公里有长城
63	安西 137 号烽燧	烽燧北 3 公里有长城
64	安西 138 号烽燧	烽燧北 1.2 公里有长城
65	安西 139 号烽燧(小宛农场西 6 千米戈壁中)	烽燧北 1.5 公里有长城
66	安西大西墩	烽燧北 0.5 公里有长城
67	安西北大墩	烽燧修在长城线上
68	安西 153 号烽燧(唐代玉门关南 1 千米)	烽燧北 4 公里有长城

续表

序号	所在位置	长城遗迹
69	安西月牙墩	烽燧北 1.5 公里有长城
70	安西打柴湾墩	烽燧北 400 米有长城
71	安西双墩子	烽燧北 500 米有长城
72	安西空心墩	烽燧北 1000 米有长城
73	安西布隆吉尔乡政府西北 2.5 千米	烽燧北 2.5 公里有长城
74	安西(桥湾)165 号烽燧	烽燧修在长城上,残高 1 米,底宽 3 米,顶宽 2 米
75	安西 166 号烽燧	烽燧北 5 米有长城,残高 1 米,底宽 3 米,顶宽 2 米
76	安西 167 号烽燧	长城由此转向东北,残高 0.5 米,底宽 3 米,顶宽 2 米
77	安西 168 号烽燧	附近长城已被风蚀破坏
78	安西 169 号烽燧	烽燧北 100 米有长城,残高 2 米,底宽 3 米,顶宽 2 米
79	安西 172 号烽燧	烽燧北 30 米有长城,残高 1.5 米,底宽 3 米,顶宽 1 米
80	安西 173 号烽燧	烽燧北 28 米有长城,残高 1 米,底宽 3 米,顶宽 2 米
81	安西 174 号烽燧	烽燧北 100 米有长城,残高 1 米,底宽 3 米,顶宽 2 米
82	安西 175 号烽燧	烽燧北 100 米有长城,残高 1 米,底宽 3 米,顶宽 2 米
83	安西 176 号烽燧	烽燧北 100 米有长城,残高 1 米,底宽 3 米,顶宽 1 米
84	安西 177 号烽燧	烽燧北 5 米有长城,残高 1 米,底宽 3 米,顶宽 1 米
85	安西 178 号烽燧	烽燧北 20 米有长城,残高 1 米,底宽 3 米,顶宽 1 米
86	安西 179 号烽燧	烽燧西 100 米有长城,残高 1 米,底宽 3 米,顶宽 1 米
87	安西 180 号烽燧	烽燧北 10 米有长城,残高 1 米,底宽 3 米,顶宽 1 米
88	安西 181 号烽燧	烽燧北 50 米有长城,残高 1 米,底宽 3 米,顶宽 1 米

续表

序号	所在位置	长城遗迹
89	安西 182 号烽燧	烽燧北 7 米有长城,残高 1—2 米,底宽 3 米,顶宽 2 米
90	安西 183 号烽燧	烽燧在长城北 500 米
91	安西 184 号烽燧	烽燧北 7 米有长城,残高 1—2 米,底宽 3 米,顶宽 1 米

疏勒河沿岸的汉长城,虽经自然和人为的破坏,但其遗迹还是比较清楚的,自东而西连成一线,全长约 556 公里。[①] 据实地考察所见,长城的墙体多由红柳、芦苇、砂石混筑而成,这是因为这里属于戈壁沙漠地区,地表土相当缺乏,只能就地取材。红柳、芦苇是当地盛产的植物,取之容易。红柳、芦苇被筑入墙体中,由于气候干燥,年均降水量在 50 毫米以下,通常是不会腐烂的,一直保留到现在。红柳、芦苇在墙体中起骨架作用,可以牢牢地将墙体中的砂石固定,因此,又被称作"红柳长城"。这是古代劳动人民的伟大创造。

疏勒河沿岸的长城遗址,残高通常在 2 米左右,底宽在 3 米左右,考虑到风蚀破坏的因素,其原初的高度应在 3 米至 4 米左右,底宽亦应在 3 米至 4 米左右。如此高大的墙体,完全可以阻止匈奴骑兵的侵扰,它与额济纳河流域低矮的塞墙有根本的不同。因此,它是名副其实的汉代长城。

值得注意的是,疏勒河沿岸的烽燧、城鄣大多都在长城的内侧,长城外侧极少见,属于个别现象,系特殊的地形所致。有些烽燧就修建在长城上面。这些事实反映出,汉代的长城处于整个军防线的最前沿,是阻挡匈奴骑兵的主要工程,长城的防敌作用在这里表现得非常明显。

疏勒河沿岸的汉长城,以《敦煌石室地志残卷》记载为最确:"古长城高八尺,基阔一丈,上阔四尺。在州北六十三里,东至阶亭峰一百八十里入瓜州常乐县界。西至曲泽二百十二里,正西入碛。"[②]其所记述与今日考察所见,基本是一致的。而《敦煌录》称长城"北入伊州界",道光《敦煌

---

① 　岳邦湖、钟圣祖:《疏勒河流域汉代长城考察报告》,文物出版社 2009 年版,第 13—75 页。
② 　王仲荦:《敦煌石室地志残卷考释》,上海古籍出版社 1993 年版。

县志》称长城达狼心山北，"至哈密北山"，皆属于误传，与事实大相径庭。可以参见《沙漠考古通论》。[1]

此外，在敦煌四周有矮墙，《沙州都督府图经》称为古塞墙。据实地考察所见，"古塞墙"比较低矮，无法与疏勒河沿岸长城相比。因此，可以称为塞墙，不能称作长城。限于篇幅，不做详细介绍。

九、河西走廊令居塞

在龙首山、合黎山南麓，汉代修筑了一道边塞，史称令居塞。《汉书·西域传》称："汉兴至于孝武，事征四夷，广威德，而张骞始开西域之迹。其后骠骑将军击破匈奴右地，降浑邪、休屠王，遂空其地，始筑令居以西。"同书《张骞传》称："而汉始筑令居以西，初置酒泉，以通西北国。"何谓"筑令居以西"？颜师古引臣瓒语曰："令居，县名也，属金城。筑塞西至酒泉也。"金城即今兰州，汉昭帝时设金城郡。令居在今甘肃永登县，酒泉今仍其名，则令居塞是东起永登，西到酒泉，适在河西走廊的东、中部。令居塞的遗迹不断被发现，根据这些遗迹的分布，其走向和构造大体可知。

令居塞始自永登县南部咸水河，咸水河是黄河北岸的一条小河，在兰州市新城注入黄河。它沿咸水河谷向北，经东山乡、红城子镇塌墩子、龙泉乡大坡沟进入庄浪河沿岸，沿河谷山梁继续向北，经大同乡、柳树乡、永登县城关镇、中堡镇、武胜驿镇，进入天祝县，全长约 76 公里。在永登县境内，令居塞采用了壕堑、筑墙和利用河谷三种方式。壕堑多顺河谷两侧的山梁走向而开凿，有的地方为平行的两道壕堑，间距 30 米至 50 米。壕堑宽约 6 米至 8 米、深 1 米至 2 米、底宽 1.5 米至 2.5 米，全长约 50 公里至 60 公里。土墙多筑于平坦开阔的地方，皆为夯土版筑，两层黄土夹一

---

[1]　景爱:《沙漠考古通论》，紫禁城出版社 2000 年版，第 260 页。

层草，黄土层厚 10 厘米至 14 厘米，草层厚 3 厘米至 5 厘米。墙体基宽约
1 米，残高约 0.5 米至 1 米。土墙可见者在中堡江家湾（永登县城关北），
全长不到 1000 米，在河川、沟壑陡深的地方，则以断壁为险，不用人工建
筑，这种现象多见于咸水河东南和永登县城关红砂川砂沟一带。就整体
而言，永登县的令居塞是以壕堑为主，沟谷次之，土墙最少。①

在天祝县境内，令居塞是沿庄浪河上游金强河谷，由东南向西北走
向，既有土墙又有壕堑，被当地人称作边墙。在华藏寺镇华藏寺村、三里
墩村、打柴沟村、金强驿村，土墙残迹比较明显，累计长约 4300 米。在乌
鞘岭的南坡，土墙作南北走向，已风化为土埂，遗迹不甚明显。壕堑多为
沙土掩埋，变得模糊不清。②

令居塞由天祝县向北进入古浪县，在古浪县令居塞的遗迹被破坏严
重，已无迹可寻，难以描述。令居塞由古浪县进入武威市，武威市境内的
遗迹很少见。据乾隆《武威县志》卷 1《武威县疆域图说》，境内城堡、烽
燧比较多，其中既有汉代遗留，又有明代遗留。由此分析，武威境内的令
居塞有可能是以城鄣、烽燧为主体。

令居塞在进入民勤县以后，所留下的遗迹比较多。比较明显的有东
南、西北两段。东南段由武威市八十里沙窝入境，沿石羊河（谷水）向北，
经栅子沟、韦柴二湖、梁家滩、新沟，至苏武山鸽子墩。由此向北，经羊路
墩、龙潭、营墩、沙嘴墩、仲家墩、包抹山，至枪杆岭山，全长约 70 公里。西
北段始自青山湖（古体屠泽），溯古云川水西至三角城，然后转向西南，经
连城、古城、芨芨井墩至井泉墩，过古云川水至梭梭井墩，再经沙岗墩、四
方墩，进入永昌县，全长约 50 千米。民勤县境内的令居塞，既有土墙，又
有城鄣、墩台相连。墙体系用泥土夹芦苇叠压而筑，夯土层厚约 25 厘米，
芦苇层厚约 8 厘米至 10 厘米。③ 民勤县地处石羊河下游，古代有一处很
大的内陆湖泊休屠泽（又称猪野泽），汉代时是水草丰美的绿洲。后来由
于石羊河中上游用水量大增，致下游河水减少，休屠泽干涸，并逐渐沙漠

① 《永登县志》，甘肃民族出版社 1997 年版，第 685—686 页。
② 《天祝县志》，甘肃民族出版社 1994 年版，第 678—679 页。
③ 《民勤县志》，兰州大学出版社 1994 年版，第 669 页。

化,古代的长城、城鄣、烽燧多被流沙掩埋。因此,今日所见到的长城遗迹只是其中的一部分,实际令居塞长度不止如此。

在永昌县,令居塞自东而西横穿全境,长约120公里。永昌县境内汉边塞,大部分被明代所沿用,在明代进行了增修。大体上可以分为三段,从民勤入境的大口子至青山堡为东段,长约40公里。由于长期的风化剥蚀,大部分已颓圮为2米左右的沙土脊梁。从金川西到月牙湖为中段,长20多公里。城墙保存比较完好,尤以毛卡喇附近长约4000米的城墙为完整,高约4米左右。从王信堡村羊庄子到绣花庙为西段,长约20公里。城墙高约2米,保存较为完好。永昌县境内的令居塞大部分为墙体,不过金川峡一带有悬崖峭壁,成为天然屏障,故而未筑墙体,这一段天险长约30公里。①

令居塞由绣花庙向西,经水泉子进入山丹县。在山丹县,经老君、陈户、位奇、清泉、东乐等5个乡18个自然村以后,转而向北龙首山脉的东大山烟洞,进入张掖市,全长98.5公里。它是由壕堑、河川、列鄣、烽燧组成的边防体系,而以壕堑为主,在老军乡峡口南以东约3.5公里一段,因为有龙首山陡坡天险可以利用,没有修建人工设施。壕堑深0.8—3米,上口宽5—8米,境内壕堑全长为59.95公里。在壕堑内侧有烽燧18座、城鄣3处,在壕堑外有烽燧1座,位于海拔2172米的金子山上。烽燧城鄣一部分为汉代所留,一部分为明代所建。②

令居塞由山丹县向西走向,进入张掖市。张掖市北近合黎山,合黎山陡峭难登,故以山险为塞,作为天然屏障,没有修建墙垣和壕堑。只是在南北通行的山口处,修筑有短墙,封闭山口,史称"当路塞"。

令居塞由张掖市进入临泽县,在临泽县的走向是:由张掖市靖安黑河北岸起,经明沙口、柳树堡丁家湾、平川堡打腰墩、清池墩、四坝堡王家坟、水洞塘,西入高台县境。在临泽县既有长城,又有壕堑。汉长城残墙基宽约1.5米,顶宽约1米,残高约5米。明代扩底加帮,使墙体有所增大。

---

① 《永昌县志》,甘肃人民出版社1993年版,第245页。
② 《山丹县志》,甘肃人民出版社1993年版,第581页。

此外,壕堑甚多,被当地人称作"壕洼",以壕堑所在地势低洼而得名。

令居塞由临泽县进入高台县,在高台县境内是以壕堑为主,不过多被后人所破坏。只有在盐池至双井子一线以北,壕堑保存比较完好,宽约10米,深约1米至1.5米。其中以沙河墩至界牌碛北碱泉子,有一段长约15公里的壕堑最为完好,深1.5米,底宽3米。在壕堑附近,有烽燧10座。

高台县西与酒泉市相邻。在酒泉市境内,令居塞仍以壕堑为主,长达28公里。壕堑宽3米,深约1.5米。壕堑内侧有6米宽的路槽,应是巡逻壕堑的士兵所践踏出来的。壕堑西近北大河的地方,改为墙垣,底宽7米,顶宽3.5米至5米,残高2.5米,用碱土和柴草筑成。不过这段墙垣甚短,总长只有1500米。

在黑河右(东)岸,另分出一道汉塞北上,进入肩水都尉辖区,有烽燧、塞墙,与额济纳河下游的居延塞结构相同。[1]

由此可知,令居塞的结构比较复杂,是由壕堑、山险、墙垣、烽燧、城郭组成的边防体系。从长度上来看,是以壕堑为主,山险次之,墙垣又次之。令居塞总长约700公里,墙垣的累计长度约为216公里,只占31%。因此,不能将令居塞称作长城,只能称作边塞、汉塞。《中国历史地图集》将令居塞标示以虚拟的长城符号,反映出编者持慎重的态度,体现了严肃的科学性。[2]

在祁连山某些山口筑有短墙,不具备连续性,属于"当路塞",不属于长城,故本书不做详述。

---

① 李并成:《河西走廊历史地理》,甘肃人民出版社1995年版,第199、200页。
② 谭其骧主编:《中国历史地图集》第2册,地图出版社1982年版,第33—34页。

第 五 章

长城局部增筑时期（上）——北魏至隋唐

在南北朝时期,北魏、北齐、北周都筑有长城。隋代、唐代也筑有长城。在文献中虽然多见记载,然而这个时期的长城遗迹所见不多。究其原因,或者早已毁坏,或者与此前此后的长城相混,难以作出明确的分辨。

一、北魏长城

（一）泰常长城

《魏书·太宗纪》载:泰常八年（423 年）正月,"蠕蠕犯塞。二月,筑长城于长川之南,起自赤城,西至五原,延袤二千余里,备置成卫"。《天象志》亦称:"（泰常）八年春,筑长城,距五原二千余里,置守卒,以备蠕蠕。"据此记载可知,北魏长城是为了防御蠕蠕而建。蠕蠕又称芮芮、茹茹,为北魏对其之蔑称,其自称柔然,为东胡之后裔,随水草牧畜,属于游牧民族。《蠕蠕传》载:道武帝天兴五年（402 年）,蠕蠕首领社崙"犯塞"入参合陂,南至豺山及善无北泽,泰常八年,蠕蠕首领大檀又"率众南徙犯塞"。于是,蠕蠕成为北魏的主要边患,不得已筑长城以防之。

《魏书》称泰常八年二月"筑长城于长川之南",表明该长城是从长川之地起筑,而后向东、向西延展,东抵赤城,西到五原。长达两千余里的长城,恐非一年所能完成。泰常八年只是魏长城始筑之年,何时完成长城之修筑,史无明载,不便推测。

魏长城是从长川之地开始修筑,长川之地望在《水经注·㶟水》中有记载:"㶟水又东,左得于延水口,水出塞外柔玄镇西长川城南小山。"㶟水为今桑干河,于延水为今东洋河。东洋河发源于尚义县与兴和县之间的大青山,其主峰海拔1919米,系阴山的一部分。北魏的柔玄镇,在今尚义县西部哈拉沟古城。柔玄镇长川城南小山,即大青山之一小山。

长川又称牛川,胡三省于《资治通鉴》卷106"拓跋大会于牛川"之下注云:

> 牛川以北皆大漠也,据《魏记》,窟咄之来寇也,珪乞师于燕,自弩山至牛川屯于延水,南出代谷以会燕师。又据《水经注》,于延水出长川城南,则长川即牛川也。

据此可知,长川(牛川)是出塞、入塞,即南北出入阴山的主要通路,蠕蠕南下的必经之地,具有重要的军事地位。长川不是河流,而是以地势平坦开阔而得名。北魏时代将今土默特平原称作敕勒川,即证明了这一点。由于长川平坦开阔,故而拓跋珪于登国元年(386年)在牛川即代王位时,"大会于牛川"。由于上述两种原因,北魏长城从长川开始修筑,绝非偶然。

长川的具体位置,是在内蒙古兴和县城西北约15公里的土城村一带。土城村是以一座北魏古城得名,该城周长约2000米,呈正方形。[①]土城村以南,有广阔的沼泽地,被称作土城滩。由于滩地广阔、南北狭长,故而有长川之称;由于水源充足,牧草繁茂,牛羊成群遍野,又被称作牛川。土城滩濒临东洋河上游的后河,沿东洋河谷可以出入阴山,自然成为古代南北交通要道,土城村古城即北魏的长川城、牛川城,修此城堡的目的,是为了控制南北交通,防止柔然人入侵。泰常长城由这里起筑,也是

---

① 常谦:《北魏长川古城遗址考略》,《内蒙古文物考古》1998年第1期。

为了同一目的。

有人认为牛川与长川为二地，牛川在察哈尔右翼后旗境内，该旗韩勿拉乡克里孟汉魏古城应是牛川城。其依据是《魏书·太宗纪》有"帝自白鹿陂西行，大狝于牛川，登釜山，临殷繁水而南，观于九十九泉"的记载，又称白鹿陂为今白音淖尔，殷繁水为今丹岱河，九十九泉在灰腾梁上，这些山水均在今察哈尔右翼中旗境内。①

仔细考证有关山河，发现这种说法是很不确切的。白音淖尔是一个很小的湖泊，系由丹岱河水汇聚而成。丹岱河全长只有 15 公里，是一条非常短小的河流。白鹿陂、殷繁水既然见诸史书记载，应是比较大的湖泊、河流。从地理环境和方位来看，白鹿陂应是今张北县的大湖安固里淖。安固里淖周围古代是水草丰美的草场，成为鹿科食草类动物经常出没的场所，白鹿陂是以罕见的白鹿得名。殷繁水是汉名，从其名称来看，属于水量比较丰富的河流，它应是源于察哈尔右翼中旗北山，流经察哈尔右翼后旗、右翼前旗，注入黄旗海的那条河流，其上游称六道沟，中游称喇嘛沟，全长近 100 公里。釜山是以山形如釜（锅）倒置，山色黑如锅底得名，应是今察哈尔右翼中旗与右翼后旗交界处的黑山。

六道沟在九十九泉正北，故《魏书》称"临殷繁水而南，观于九十九泉"，丹岱河不仅短小，而且是在九十九泉的东北方，由此转向西南才能到达九十九泉，与《魏书》记载的方位不符合，有很大的差异。魏太宗由白鹿陂（安固里淖）一直西行至长川（兴和县土城滩），又继续西行到达釜山（黑山），釜山在殷繁水南岸，由殷繁水（六道沟）滨折向南行，即可以到达九十九泉。以魏太宗的行程而言，上述白鹿陂、长川、釜山、殷繁水的定位，是合乎历史实际的。

北魏长城东至赤城，北魏时代的赤城见于《水经注·沽河》，其沽河云：

> 沽河出御夷镇西北九十里丹花岭下，东南流……又南径独石西，又南径御夷镇城西……沽水又西南径赤城东……城在山阜之上，下

---

① 李逸友：《中国北方长城考述》，《内蒙古文物考古》2001 年第 1 期。

枕深隍,溪水之名借以变称,故河有赤城之号矣。

沽河发源于沽源县,纵贯赤城县,然后进入北京延庆县(今延庆区),最后注入密云水库。北魏时代的赤城,在今赤城县境内。不过当时的赤城是修建在山皋之上,其军事性质非常明显,并非今日的赤城县城。赤城之山属于阴山,北魏从长川至赤城的长城,应是沿阴山向东走向,充分利用了阴山的山险。

北魏长城由长川西到五原、阴山,五原为朔州附化郡所领四县之一,《魏书·地形志》:"朔州本汉五原都,延和二年(433年)置为镇,后改为怀朔,孝昌中(525—527年)改为州。"怀朔镇方位,见于《水经注·河水》:石门水"出石门山,《地理志》曰北出石门障,即此山也。西北趣光禄城……城东北即怀朔镇城也"。据实地考察所见,石门水即今包头市之昆都仑河,发源于今固阳县坝梁乡阴山中。昆都仑河河谷狭窄,石壁陡立,有如石门,故古称石门,至今仍有石门之称。在昆都仑河谷小召门梁有汉代古城,说者认为可能是光禄城[1],是有道理的。怀朔镇在光禄城东北,则应在固阳县境内昆都仑河上游,有人提出怀朔镇为今固阳县城库仑古城[2],似可相信。五原既为朔州属县,则五原县应在今包头市附近,距昆都仑河不太远的地方。有人提出,五原县故址为今包头昆都仑河西岸的孟家梁古城。以其方位而言,《魏书》既称长城西到五原、阴山,则必西至包头附近。昆都仑河是穿过阴山南北往来的主要孔道,怀朔镇设于此,长城修到此,都是为了阻挡蠕蠕的南侵。

北魏泰常长城的走向是,从兴和县向东进入尚义县南部、张北县南部、崇礼县北部,到达赤城县北部独石口一带,基本上是沿阴山北麓走向,与燕北长城、秦汉长城方向相同,应是沿用了前代长城而略加修缮;从兴和县向西经察哈尔右翼中旗之南、卓资县之北、呼和浩特市之北、土默特左旗之北、土默特右旗之北,到达包头市和乌拉特前旗,这段长城大部分在阴山南麓,也是沿用了前代长城,个别地方有所修缮。例如在察哈尔右

---

① 李逸友:《汉光禄城的考察》,《内蒙古方物考古》1984年第3期。
② 李逸友:《论内蒙古文物考古》,《内蒙古文物考古文集》,中国大百科全书出版社1994年版,第12页。

翼前旗呼和乌素乡的赵、秦长城的烽燧上，发现有北魏的筒瓦和板瓦残片，即可以证明这一点。不过在前代长城顶上和其附近，北魏的遗迹遗物发现甚少。这种现象反映出，北魏泰常长城只是利用前代长城而已，没有对前代长城进行大规模的修缮；当时戍边的官兵在长城上活动也不多，平时他们驻守在城堡里，不出现外敌入侵的警报，很少到长城上来。

泰常长城的长度，《魏书》称是 2000 余里，这个数字不一定很精确。北魏前期一里为 534 米，比现在的里多出 34 米。泰常长城按 2000 里计，合今公制为 1068 公里。

（二）畿上塞围

太武帝拓跋焘太平真君七年（446 年）六月，北魏又修筑了"畿上塞围"。事见《魏书·世祖纪》："七年六月丙戌，发司、幽、定、冀四州十万人，筑畿上塞围。起上谷，西至于河，广袤皆千里。"《说文解字》："畿，天子千里。地以远近言之，则言畿也。"畿系指国都的远近郊区而言，"畿上塞围"就是保卫国都的塞围。"塞围"可以释为围墙，也可以释为长城，今人多解释为长城。

太武帝时，北魏的国都在平城（今山西大同东郊），到了孝文帝太和十八年（494 年），才把国都南迁到洛阳。因此，"畿上塞围"是为了保卫国都平城而建。泰常八年所修筑的阴山长城，在平城的北方；而此次所修的塞围，则在平城的南方。北、南两道塞墙将平城屏障，故称"畿上塞围"。

太和长城东起于上谷，北魏有上谷郡，领平舒、居庸二县。居庸县与居庸关有关，故知居庸县当为今日北京延庆县。上谷郡治所在居庸县，若此则"畿上塞围"应东起于北京延庆县境内。据报道，北京延庆县曾发现明代以前的古城墙，有可能与北魏"畿上塞围"有关。

"畿上塞围"应东始于延庆县八达岭一带，由此向西南走向，经昌平区西部山区，进入门头沟区西部，经黄草梁韭菜山（海拔 1915 米）、东灵山（海拔 2303 米）出北京市境，进入河北涿鹿县南部，经小五台山（海拔 2882 米），进入蔚县南部。然后出境进入山西灵丘县，经太白山（海拔

2234 米)、繁峙县五台山(海拔 3058 米),进入代县、宁武县,经管涔山(海拔 2473 米)、芦芽山(海拔 2771 米),进入五寨县、岢岚县,最后止于保德县黄河岸边。"畿上塞围"亦筑于北魏前期,当时一里为 534 米,其长度按史称 1000 里计,合今公制为 534 公里。

"畿上塞围"所经过的地方,几乎全是崇山峻岭,有山险可以利用,能够减少长城的修筑,这是古代长城线路选择最常见的做法。在山西省境内,有部分墙体为明代改造利用,成为明代边墙,这是"畿上塞围"遗迹难以寻找的重要原因。

有人望文生义,认为"畿上塞围"应是环绕平城而建,有南北二线,北线由居庸关向西北走向,经河北张家口地区、山西晋北地区、内蒙古乌兰察布市南部以及呼和浩特市所属的和林格尔县、清水河县,到达黄河东岸。这条所谓北线塞围没有任何依据,是想象出来的。其实,平城以北已有泰常长城为屏障,没有必要再修筑北线塞围了。

"畿上塞围"的修筑,与卢水胡、吐京胡的反抗斗争有关。卢水胡在今陕西北部,吐京胡在今山西南部,又被称作山胡,属于匈奴人,吐京胡以所居吐京(今石楼)得名,太平真君六年(445 年)九月,卢水胡盖吴在杏城(今黄陵)起义,"诸众胡争应之,有众十余万"[1],自称天台王、秦地王,"署置百官"。[2] 与此同时,吐京胡也起义反抗,"阻险为盗"。为了防止卢水胡、吐京胡北上侵犯京师平城,故而修筑了"畿上塞围"。了解了这段历史,便会明白不会有什么北线塞围了。

"畿上塞围"的修筑,从太平真君七年(446 年)六月至九年二月,前后持续了两年之久,动用了司、幽、定、冀四州之民 10 万人,可知其工程量还是很庞大的。"畿上塞围"的某些段落,与后来的明长城比较一致。在修筑明长城时,有可能沿用了部分"畿上塞围",或拆取"畿上塞围"的土石筑城,造成"畿上塞围"的破坏。这是"畿上塞围"遗迹难以寻找的一个重要原因。

---

① 《资治通鉴》卷 124《宋纪六》,宋元嘉二十二年,中华书局 1956 年版,第 3914 页。
② 《魏书》卷 4 下《世祖纪下》,中华书局 1974 年版,第 100 页。

畿上塞围的东端,已到达了河北怀来县和北京延庆县。有若干长城墙体至今尚存,当地人误称为燕长城。怀来县地方志办公室称:据普查证实,今西起官厅水库拦河坝西,向东沿川东行,经大山口、东湾、羊儿岭,然后向东北入北京延庆县西拨子乡营城子村,此段长城为燕之北长城。2002 年 5 月 21 日,延庆县文物管理所所长于秉根对延庆县西南 8000 米帮水峪村村南 1000 米花家窑沟的一道长城进行考察,根据所见夯窝,断定为我国早期修建的长城,即燕、秦长城。2001 年 6 月,延庆县文物管理所所长程金龙,在调查八达岭长城时,又发现一段古长城遗址,自白羊头山向东至西二道河子,断续起伏,约几十里,大多是由于石碴堆叠的边墙,但损毁严重,有些地段只能隐约地看出痕迹。又称,延庆城南西拨子、营城子一带,山上,确实有夯土层的古边墙,自西向东北延绵数十里。以上仅见宋国熹编著的《中国长城史》,内部自印本①。

王宝岐、张文景编著的《八达岭旅游》一书,也有类似的记载:

> 以北八楼北望,连接北山主峰的山脊上,筑有一段长城,中间还有两个墩台的基础,到了北山腰,再向东绕山而去。这条城墙,工程粗放,是用没有凿打过的石块垒成的。有人估计,这段长城是当年指挥修此长城的人选线失误。也有人说,这是比明长城更早期的长城。参加长城修复工作的施工人员,在修复北六楼至七楼之间,有一段曾与此段很相似,里面露出毛石块垒筑的长城。②

上述不同的记载,其实应是同一道长城,其经过的地区有山岭、有平地。平地为夯土墙,在山岭上就地取材,用毛石垒砌。其走向,在怀来境内是在妫水南岸东行,后入燕山(北京人称军都山)山区,改用石料。大体上是从涿鹿东行,经官厅水库之南,怀来县妫河之南,又经过了八达岭关城附近。西拨子、营城子、帮水岭、花家窑沟、白羊头山、西二道河子,都在延庆境内。西拨子在延庆县西南约 10 千米,距八达岭长城约 5 千米。

① 宋国熹:《中国长城史》,2006 年 7 月自印本,第 61—64 页。
② 王宝岐、张文景:《八达岭旅游》,北京师范大学出版社 1993 年版,第 107 页。

这道残破的古长城,大体上与明代边墙平行走向。在修筑明代边墙时,将古长城扒毁,取其石料而用之,原来墙体内部充填用的碎石,弃而不用,碎石满地,被当地居民称作"石碴子"。当地方言中,碴子按细碎程度而言。如玉米碴子、高粱碴子。可以断定,有石碴子的地方,即为古长城。

　　那么,怀来、延庆的古长城为何代所修筑? 清光绪《延庆州志》称:"古长城,即燕塞。"①《宣化府志》称:"燕与秦之长城,俱在上谷之南。"②当地人将怀来、延庆之古长城认定为燕秦长城,即以此二《志》为据。燕、秦、汉上谷郡治,现在已找到,为今怀来大古城,出土了秦汉遗物,是非常可信的,为学术界采纳接受。怀来、延庆之古长城遗址,在上谷郡治之南,说明古长城不会是燕、秦、汉长城,岂能将郡治弃之于长城之外? 因此,这道古长城应是秦汉以后修筑的长城。北魏的"畿上塞围"的走向是:"起上谷,西至于河。"怀来、延庆都在上谷郡境内,这里的古长城应即"畿上塞围"之故址。至于它东起的具体地点,至今尚不明确,大体应在明代八达岭关城附近求之。此事尚需深入考察研究。长城两端为关键所在,出于安全考虑,多设置于高山之上,或深水之滨,这种例证很多,"畿上塞围"亦当如此。

(三)六镇长城

　　散居北方草原上的柔然人,一直是北魏的心腹之患。在泰常八年(423年)修筑阴山长城以后,到了太和八年(484年),高闾向孝文帝上表,提出了"于六镇之北筑长城,以御北虏"的建议。孝文帝看了高闾的上表,诏曰:"览表,具卿安边之策,比当与卿面论一二。"《资治通鉴》引用了高闾上表中的大部分文字,曰:"请依秦汉故事,于六镇之北筑长城……计六镇东西不过千里,一夫一月之功,可城三步之地,强弱相兼,不过用十万人,一月可就。"③据此可知,太和八年曾于六镇以北修筑过

　　① 　光绪《延庆州志》卷11《古迹志》。
　　② 　《宣化府志》卷14《塞垣志》。
　　③ 　《资治通鉴》卷136《齐纪二》,齐永明二年,中华书局1956年版,第4262页。

边防工程。

镇是北魏时期在边境地区设立的军事重镇，从河西地区到北方地区均有设置。北方六镇的名称，各种记载不尽一致。其中以《资治通鉴·齐纪》胡三省注最为明确："魏世祖破蠕蠕，列置降人于漠南，东至濡源，西暨五原阴山，竟三千里，分为六镇，今武川、抚冥、怀朔、怀荒、柔玄、御夷也。"有人认为，六镇中有沃野镇而无御夷镇，其根据是《魏书·高祖纪》曾记载，太和十八年（494 年）八月有"诏六镇及御夷城人"之语，便认为御夷既与六镇并列，自然不在六镇之列。仔细审之，镇与城并不是一回事。军镇属于州一级的军事机构，犹今日的军区，而城则是屯兵之所，属于基层军事组织。御夷镇初设于今沽源县大宏城古城，由于远垂塞外，故而后来内迁到今赤城县猫峪，仍称御夷镇，而原先的御夷镇则降为军城，改称御夷城。太和十八年高祖诏中的六镇包括御夷镇，同时又别提御夷城，是一点也不矛盾的。其次，胡注所列武川、抚冥、怀朔、怀荒、柔云、御夷六镇均在阴山以北，东西横列一线，从军事防御角度来看是很有道理的。然而沃野镇却在阴山以南（今乌拉特前旗根子场古城），难以与阴山以北的军镇连线，显然是没有道理的。

阴山以北六镇的具体位置，关系到六镇长城的走向，因此，必须明白六镇的方位，才能确定六镇长城的走向。

怀朔镇是自西而东的第一镇。《水经注·河水》载，石门水出石门山，"西北趣光禄城"，"城东北即怀朔镇城也"。石门水为今包头市、固阳县之昆都仑河，光禄城前人多释为徐自为所筑之光禄塞（汉外长城），这是错误的，其实光禄城只是一座城郭，即今乌拉特前旗小佘太乡增隆昌古城。怀朔镇在光禄城东北，则应在增隆昌古城东北。固阳县白灵淖乡库伦古城位于昆都河上游，周长约 4800 米，内有子城，出土有北魏遗物。此城恰在光禄城东北，故当为怀朔镇旧址。

武川镇是六镇中的第二镇，在今武川县境内，武川县得名于武川镇。内蒙古的考古学家认为，武川县二份子古城应是武川镇旧址。该城东西 690 米、南北 774 米、周长 2928 米，墙高 0.5 米至 2 米，城四角有角台，墙上有马面。它位于公忽洞山口之南，是从大青山南通往山北武川县、达尔罕茂明安旗的必经之地。城内出土有北魏遗物,属于北魏古城。① 因此,将二份子古城拟为武川镇址,是有一定根据的。

抚冥镇是六镇中的第三镇,在今四子王旗境内。在乌兰花镇(即旗政府驻地)东南约 7 公里,有土城一座,东西 900 米,南北 890 米,周长 3580 米。城西北有建筑遗址,散布许多子母口筒瓦、莲花纹瓦当、兽面纹瓦当等。② 从遗物来看,应是北魏古城址。从其规模分析,应是北魏抚冥镇。

怀荒镇是六镇中的第四镇,应为察哈尔右翼后旗韩勿拉乡克里孟古城。该城东墙 320 米、西墙 700 米、南墙 1508 米、北墙 1520 米,周长 4048 米。城墙残高 0.5 米至 2 米,城墙外侧有护城壕。③ 从城内出土遗物看,原是东汉古城,在北魏时经改造沿用。有人认为是北魏牛川城址,牛川城即长川城,在兴和县土城村,不应在此。过去多认为怀荒城为察哈尔右翼后旗白音查干古城,然而白音查干古城规模太小,周长只有 2000 余米,与军镇的地位不符。克里孟古城周长在 4000 米以上,只有这样的大城才能成为军镇。因此,将克里孟古城拟为怀荒镇,要比怀荒镇拟在白音查干城更为可信一些。

柔玄镇是六镇中的第五镇,《水经注》有"柔玄镇西长川城"的记载,证明柔玄镇在长川城之东。长川城在兴和县土城村,在此以东规模比较大的北魏古城有尚义县哈拉沟乡土城子古城,东西约 1100 米,南北约 1006 米,周长约 4212 米。④ 该城规模比较大,城内多北魏遗物,作为柔玄镇址是没有什么问题的。

第六镇为御夷镇,御夷镇最初设在沽源县大宏城,该城南墙 130 米、北墙 177 米、东墙 146 米、西墙 146 米,周长为 599 米。⑤ 城内北魏的砖

---

① 盖山林、陆思贤:《内蒙古境内的战国秦汉长城遗迹》,《中国考古学会第一次年会论文集》,文物出版社 1979 年版。

② 张郁:《内蒙古大青山后东汉北魏古城址调查记》,《考古通讯》1958 年第 3 期。

③ 乌兰察布盟文物工作站:《察右后旗克里孟古城调查简报》,《乌兰察布文物》1989 年第 3 期。

④ 李逸友:《中国北方长城考述》,《内蒙古文物考古》2001 年第 1 期。

⑤ 郭郛:《元察罕脑儿行宫实地考辨》,《文物春秋》1993 年第 2 期。

瓦、陶器甚多，应为北魏古城。御夷镇是最偏北的军镇。也是六镇中规模最小的军镇，以其孤悬在外，孝文帝时于今赤城县北部山区重建御夷镇，将旧御夷镇改称御夷城。

上述六镇除御夷镇旧城规模较小以外，其他五镇城址周长都在3000米至4000米左右。军镇属于州级单位，城内设置有官府，屯驻许多军队，必须有一定的规模。御夷镇旧城可能设置比较早，规模比其他军镇小得多，规模太小可能也是南迁赤城的一个重要原因。

所谓的六镇"长城"是沿六镇走向，它起始于固阳县南部阴山以北，向北经武川县、达尔罕茂明安旗、四子王旗、察哈尔右翼中旗、察哈尔右翼后旗、商都县、化德县、康保县、太仆寺旗、正蓝旗，进入丰宁县，全长约500千米。

孝文帝太和八年（484年）由高闾建议所修筑的六镇"长城"，其实是一道边壕，并不是土墙。从史书记载、遗址现状都可以看得出来。

《水经注·鲍丘水》条记载："大榆河又东南出峡。泾安州旧渔阳郡之滑盐县南，左合县之北溪水，水出县北广长堑南，太和中据此以防北狄。"大榆河为鲍丘水之俗称，即今潮河。潮河发源于丰宁县，滑盐县在丰宁县境内。文中所称之"县北广长堑"，就是北魏六镇"长城"的东段。《水经注》作者郦道元是北魏人，他所见到的六镇"长城"竟是"广长堑"，这是不会有差错的。所谓"广长堑"就是壕堑，即今日学术界所称的边壕。

无独有偶，《北齐书·文宣纪》也有相同的记载：天保四年（553年）九月，"契丹犯塞。壬午，帝北巡冀、定、幽、安，仍北讨契丹。冬十月丁酉，帝至平州，遂从西道趣长堑……断契丹后路"。平州在今迁安市，当时东道是走卢龙道，沿滦河北上，西道是经密云沿潮河北上，可以到达丰宁县。文中所说的长堑，仍是指丰宁县内御夷镇"长城"。由此可知，从北魏到唐代，人们一直以长壕称之。长壕即长城，这是当时人的称谓。

六镇长城的遗迹，在大青山以北保存较好，至今仍可以见到。曾在此做过实地考察的陆思贤记述说："1980年调查大青山后长城遗迹的时候，在四子王旗北黑沙兔丘陵草原地带，蜿蜒有一条土垅，夯土结构。基宽不足 1 米,残高仅数十厘米,老乡也叫边墙,即古长城遗迹。如此单薄的墙垣,当初也只不过宽 1 米,高或 2—3 米,还不如过去所说的土围子。北魏长城修筑时为此省工,与这迹象是吻合的。"①大青山以北是沙漠草原地区,风沙活动频繁、剧烈,壕堑早已被风沙所掩埋,只有壕壁(俗称壕堑)尚清楚可见,故后人常常误称为边墙或长城。自张家口坝上以东,北魏的长城后来被金代沿用,成为金边壕的一部分,其遗迹已很难寻找了。

在北方沙漠草原地区,由于地质构造的原因,地表多沙、地下多沙,在这种条件下很难用夯土版筑的方法修筑长城,只能因地制宜,挖掘壕堑作为军防工事。汉代令居塞已开此先河,北魏继之,到了辽金时代边壕大为盛行,其原因均在于此。因此,北魏的六镇"长城",其实只是一道边壕,不能将它作为长城。如果采用古人的说法,可以把它称作六镇长堑,更为确切一些。高闾称一个月可以修完千里长城,这显然是不可能的。只有挖掘长堑才能达到此目的。孝文帝对高闾的建议应是采取了折中的方案,将筑长城改为掘长堑。

二、东魏北齐长城

高欢、高洋父子在东魏、北齐时,也曾筑有长城。

(一)高欢所筑武定长城

《魏书·孝静纪》载,武定元年(543 年)八月,"齐献武王召夫五万于肆州北山筑城,西自马陵戍,东至土隥,四十日罢"。《北史·齐本纪》和《北齐书·神武纪》亦记有此事,其文字完全相同,这是《北齐书》抄录《北

---

①　陆思贤:《乌兰察布盟境内的古长城遗迹》,《乌兰察布文物》1982 年第 2 期。

史》的结果。

引文中的魏帝，即东魏第一代皇帝孝静帝元善见，齐献武王即高欢，死后被北齐追谥为神武帝。东魏的肆州治九原，《元和郡县图志》卷14《河东道》称："忻州，古并州之城……后魏宣武帝又于今州西北十八里故州城移肆州理此，因肆卢川为名也。隋开皇十八年改置忻州，因州界忻川口为名也。"则东魏的肆州，即隋唐时代忻州，今仍其名，称忻州市。肆州北山即今云中山，主峰海拔2645米。依山筑城，从军事角度来看是最好的选择。

马陵戍犹马陵城，是屯兵之处。北朝时期，多将屯兵之处称作戍。马陵戍在今静乐县西北，属于芦芽山区。土磴又称土寨，在原来崞县（今称崞阳镇）的西北，系云中山的北端。从马陵戍到土寨的长城，横越了汾河上游和云中山，长约90公里至100公里，是一条比较短小的长城。它的走向是从西南到东北，所要防御的敌人应是西魏。因为在此以前，东魏和西魏不断发生战争。据《北史·魏本纪五》记载，西魏大统二年（东魏孝静帝天平三年，536年），"东魏攻临夏州"。大统三年（537年），西魏宇文泰"大破东魏军于沙苑"。大统四年（538年），东魏攻临西魏的南汾、颍、豫、广四州。这种互有胜负的战争，迫使东魏采取了修筑长城以自卫。

（二）高洋所筑天保长城

武定八年（550年）五月，高洋篡夺东魏帝位，建立北齐，建元天保（550—559年），史称文宣帝。高洋在位期间，曾多次修长城，见于《北史》和《北齐书》。

《北史·文宣纪》载，天保三年十月，高洋"次黄栌岭，仍起长城，北至社于戍（《北齐书》作社干戍），四百余里，立三十六戍。"

同书又载，天保六年，"诏发夫一百八十万人筑长城，自幽州北夏口，西至恒州，九百余里"。《北齐书·赵郡王琛传》称，赵郡王高琛养子高睿，于天保二年"出为定州刺史，加抚军将军、云州大都督，时年十七……

六年,诏领山东兵数万监筑长城"。

《北史·文宣纪》天保七年称:"先是,自西河总秦戍筑长城东至海,前后所筑,东西凡三千余里。六十里一戍,其要害置州镇凡二十五所"。天保八年又载:"初于长城内筑重城,库洛拔而东,至于坞纥戍,凡四百余里。"

《北齐书·斛律金传》载,其子斛律光于河清二年(563年)四月,"率步骑二万筑勋掌城于轵关西,仍筑长城二百里,置十三戍",其另一个儿子斛律羡于天统二年(566年)筑城,"自库堆戍东拒于海,随山屈曲二千余里,其间二百里中凡有险要,或斩山筑城,或断谷起障,并置立戍逻五十余所"。

从上述记载,我们可以看出高洋及其后继者,曾不断修筑长城。那么,这些长城所在位置和走向如何?天保三年所筑长城,是南起黄栌岭,北到社干戍,全长200里。黄栌岭在今汾阳市西北,为吕梁山区。社干戍在吕梁山北端五寨县境内。吕梁山东麓为汾河谷地,从黄栌岭北到社干戍的长城,应是在汾河西岸沿吕梁山修筑,其防御的敌人是黄河西岸的西魏。这道长城是南北走向,全长约500里。

天保六年所筑长城,是自幽州北夏口至恒州。北魏、北齐均设有幽州,治蓟城,即今北京。幽州北部的居庸关,自古以来就是著名的关隘。居庸关所在的沟谷(今称关沟)长约20公里,其北端称居庸上口,其南端称居庸下口。居庸上口在今八达岭附近,居庸下口在今南口镇。居庸下口这个地名见于《魏书·常景传》,孝明帝孝昌元年(525年)八月,柔玄镇人杜洛周率众于上谷郡(今河北怀来县)起义,孝明帝命尚书行台常景、幽州都督元谭御敌,称"都督元谭据居庸下口",以防止杜洛周通过居庸关攻打幽州。"夏口"即居庸下口,因为地处幽州之北,故《北史·文宣帝纪》称为幽州北夏口。

北魏时的恒州,《魏书·地形志》有明确记载:"恒州,天兴中置司州,治代都平城,太和中改。"平城即今山西大同,平城故址在今大同东郊,故城墙至今可见。北齐时,恒州仍存而不废。

天保六年高洋所筑长城,是东起于北京昌平区的南口镇西达山西北部的大同市。这道长城自东而西穿过了河北北部的涿鹿县、蔚县、阳原县、山西北部的大同县，抵达大同市。长城所经过的地区，多是太行山和恒山北部山区，并越过了桑干河。受地形的限制，会有曲折蛇行。从北京到大同的直线距离只有250公里左右，史称这道长城900里，显然是由于长城回转屈曲的结果。

据《北齐书·文宣帝纪》，在天保七年以前，高洋所修长城西起河西总秦戍，东至大海，长3000余里。北魏、北齐均有西河郡，《魏书·地形志》两记西河郡，在晋州所领的十二郡中有西河郡，"旧汾州西河民，孝昌二年为胡贼所破，遂居平阳界，还置郡"；又汾州所领四郡中也有西河郡，"汉武帝置，晋乱罢，太和八年复，治兹氏城"。据此，则知西河郡一度陷于胡，侨置平阳郡，不久又迁回兹氏城。西河郡治兹氏城，即今山西汾阳市。史称"河西总秦戍"，则总秦戍应在汾阳境内，距汾阳城不会太远。汾阳西北有黄栌岭，疑总秦戍在黄栌岭。天保三年（552年）所筑长城始于黄栌岭，实际是始于总秦戍。天保六年所修长城是从北京南口西到大同，从军事防御考虑，此长城应与天保三年所修长城连成一线，才能构成不仅防御西魏，而且还能防御北方胡人的完整军防体系。以此断之，天保六年所修长城似应与天保三年连在一起，所谓"自幽州夏口至恒州"，是指西至恒州辖境而言。恒州下领8郡14县，南境即今神池县，与五寨县社干戍很近，社干戍为天保三年所筑长城的北端。

高洋所筑长城"东至于海"，这里所说的海显然是渤海。从北京南口向东，可以直接抵达山海关。虽然这是一种推测，不过可以找到一些依据。《辽史·地理志》载，南京顺州为"北齐归德郡境……南有齐长城"，中华书局本校勘记称："《昌平山水记》则谓北齐天保中所筑。"顺州为今北京顺义区，可知北齐长城是从昌平南口镇向东走向，经过了顺义区。宋代使辽的王曾、路振、沈括等人，在其途经辽南京时都见过古长城。《契丹国志》卷24王曾《上契丹事》（又称《王沂公行程录》）称，出燕京北门，"过古长城"。沈括记之最详，称自望京馆"东行少北十余里，出古长城"；"古长城望之出东北山间"；"顺州西距望京馆六十里少南，馆曰怀柔，城依古长城"。① 顺州在今顺义区,怀柔馆在今怀柔区,可知北京顺义、怀柔有齐长城。顾炎武《昌平山水记》卷下称:"顺义县西南三十里有苇沟村,村东温榆河渡,渡南有长城遗迹。"顾炎武所见,也是齐长城,不过现在北京境内的北齐长城遗迹,很难寻找了。

天保八年又于"长城内筑重城",自库洛拔至坞纥戍,长 400 里。库洛拔、坞纥戍失考,不知其具体位置。从"长城内筑重城"来看,这是在天保六年所筑长城的内侧修筑的一道长城,二者应处于平行走向。由于缺乏可以参考的资料,难以作出详细说明。

天保前后修筑的长城,《北齐书·文宣纪》称东西三千余里,《斛律羡传》则称是二千余里,相差了一千里。后者所记在河清三年(564 年),前者所记在天保七年(556 年),前后相差 8 年。晚出 8 年的数字反较早出的数字减少了 1000 里,它说明东西三千里的数字不准确,二千余里更为可信一些。因此,天保长城的总长度,应以《斛律羡传》为准,大约在 2000 里左右。

《斛律羡传》明确记载:"其间二百里中,凡有险要或斩山筑城,或断谷起障",说明是利用山险制敌。山险属于自然实体,与人工建筑属性不同,不能算作长城。因此,北齐长城的总长应扣除二百里的山险,其实际的长度只有 1800 里左右。天保年间已进入北朝后期,这时一里为 450 米。天保长城1800里,合今公制为 810 公里。

此外,宇文氏建立的北周,也筑有长城。《周书·宣帝纪》称,大象元年(579 年)六月,"发山东诸州民,修长城"。在此以前的同年五月,有"突厥寇并州"的记事。北周修长城,显然是为了防御突厥的侵扰。《魏书·地形志》:"并州,汉、晋治晋阳,晋末治台壁,后治晋阳。皇始元年平,仍置。"晋阳本汉代晋阳县故地,隋大业三年于此置太原郡,即今太原市之南郊。从突厥侵并州的记载来看,北周大象元年所筑之长城,应在今太原以北地区。在太原以北,前代所修的长城甚多。北周大概是对其中某些长城做些补修而已,新修筑长城的可能性不大。补筑这是省工省力

---

① 　沈括:《熙宁使虏图抄》,《永乐大典》卷 10877 虏字。

的最好办法。前例甚多,无须赘述。

三、隋代长城

隋继北周以后,仍然不断受到北方突厥等游牧民族的骚扰。故而又有修筑长城之举,从隋文帝到隋炀帝,长城的修筑一直没有间断。

（一）隋文帝修筑的长城

隋文帝即位之初,即面临北方突厥人的巨大威胁。《隋书·长孙晟传》称:"高祖新立,由是大惧,修筑长城,发兵屯北境,命阴寿镇幽州,虞庆则镇并州,屯兵数万人以为之备。"隋文帝修筑长城一事,在《隋书》中多有记载。《高祖纪》开皇元年(581年)四月,"发稽胡修筑长城,二旬而罢";《韦世冲传》载:"高祖践阼,征为兼散骑常侍,进位开府,赐爵安固县侯。岁余,发南汾州胡千余人北筑长城,在途皆亡……因命冲绥怀叛者。月余皆至,并赴长城,上下书劳勉之,寻拜石州刺史"。由此可知,开皇元年所筑长城,应是由韦世冲督建,在石州以北。隋代的石州是沿用后周之旧,大业年间改为离石郡,即今山西离石县。石州以北为突厥侵扰之地,故于此修建长城以防御之。开皇初年修筑长城事,又见于《卫玄传》。该传称:"及高祖受禅,迁淮州总管……拜岚州刺史。会起长城之役,诏玄监督之。"岚州以岢岚山得名,即今山西岢岚县,在隋代石州(今离石县)的北方。卫玄以岚州刺史的身份监造长城,说明长城经由了岚州之境。由此可以看出,开皇元年所筑长城,应由离石走向岢岚,适在吕梁山之西麓。其长度约为150公里。

《元和郡县图志》于岚州合河县载:合河县(今山西兴县西北)开皇三年属于石州,"隋长城起县北四十里,东经幽州,延袤千余里,开皇十六年因古迹修筑"。《元和郡县图志》所记必有所据,依其所言,开皇十六年所筑长城,似与开皇元年所筑为同一道长城。文中的"古迹",是指前代长城遗迹而言,可知隋文帝长城是在前代长城基础上进行修缮,个别地方可能有新筑长城加以补充。《元和郡县图志》开皇十六年筑长城事,不见于《隋书》,可补《隋书》之遗漏,至为重要。隋代一里为442.5米,从石州合河县至幽州的长城按1000里计,合今公制为442.5公里。

《隋书·崔仲方传》记载,隋文帝受禅以后,曾召崔仲方议事,甚为重视崔仲方的建议,为之加官晋爵,"命发丁三万,于朔方、灵武筑长城,东(按,应为西)至黄河,西(按,应为东)拒绥州,南出勃出岭,绵亘七百里。明年,上复令仲方发丁十五万,于朔方已东缘边险筑数十城,以遏胡寇"。此事未注明时间,从隋文帝受禅即召崔仲方议事,命其筑长城来审视,可知应在开皇初年,极有可能与韦世冲筑长城同时。崔仲方所筑长城在朔方,即今鄂尔多斯南部地区。该长城西起北流黄河东岸的灵武(今宁夏灵武市),东到南流黄河西岸的绥州(今陕西绥德县),南出过勃出岭(今陕北白于山),自西而东横亘河套南部。其长700里,为今309.75公里。在宁夏盐池县境内,已发现了隋代长城遗迹,大部分被明长城覆盖叠压在下面,只有一段长约25公里的隋长城尚裸露在地面上。墙体采用堆筑法,与明长城墙体夯筑明显不同。这证明隋文帝在朔方修筑灵武至绥州长城的记载是真实可信的。

上述长城是在西部地区修建的,可称西部长城。隋文帝在修筑西部长城的同时,又在东部地区大修郭塞,可称东部郭塞。《隋书·高祖纪》载,开皇三年二月,"突厥寇边";三月癸亥,"城榆关"。《周摇传》称:"开皇初,突厥寇边,燕、蓟多被其患,前总管李崇为虏所杀,上思所以镇之,曰:'无以加周摇。'拜为幽州总管六州五十镇诸军事。摇修郭塞,谨斥候,边人安之。"这两段《纪》《传》表明,隋文帝采取措施加强东部边防。史文用郭塞、斥候,而不用长城,说明不是修筑长城,只是广修城堡、郭塞以戍边。在前引的《隋书》中,凡是修长城即用长城字样,与此迥然有别。

(二)隋炀帝修筑的长城

隋炀帝杨广即位以后,突厥边患仍然十分严重。《隋书·杨子崇传》载:"炀帝嗣位……突厥屡寇边塞,胡贼刘六儿复拥众劫掠郡境,子崇上表请兵镇遏。帝复大怒,下书令子崇巡行长城。子崇出百余里,四面路绝,不得进而归。"杨子崇所巡行的长城,应是隋文帝时所修的长城。当时突厥势力猖狂,以致杨子崇不能顺利巡视长城,出现四面路绝的形势。因此,隋炀帝又继隋文帝之遗志,大修长城。

《隋书·炀帝纪》载,大业三年(607年)三月七日,"发丁男百余万筑长城,西距榆林,东至紫河,一旬(《北史·隋本纪》作二旬)而罢,死者十五六"。大业四年三月,隋炀帝"车驾幸五原,因出塞巡长城"。炀帝大业三年所修长城,是西起榆林,东到紫河。那么,榆林、紫河为今何地?

《元和郡县图志》卷4"胜州榆林县"条载:"隋开皇七年置榆林县,地北近榆林,即汉之榆塞,因名,属云州,二十年改胜州。"据此,隋代的榆林县,即后来的胜州,其故址为鄂尔多斯市(旧称伊克昭盟)准格尔旗十二连城。紫河又称红河,蒙语作乌兰木伦,源于山西右玉县杀虎口附近,上游称苍头河,先北流,后转向西南流,经内蒙古和林格尔县、清水河县,注入南流的黄河。紫河在东,榆林在西,则大业三年七月所修筑长城,是东西走向,其中有一段是沿紫河而行。其长度(包括沿河而行的屈曲段落)约为120公里。

关于紫河长城的走向,张鼎彝《绥乘》卷8《古迹考》有一段记述,是可资参考的,他说:"按史所称紫河,即和林格尔之兔毛河,俗所称为红河者也。又按《乾隆图说》,清水河厅北之土墙,自河岸而东,延亘百五十里。和林格尔厅西土墙,西接清北河界,南抵杀虎口边止,长七十里。"紫河长城虽称西起榆林,实际并未越过黄河,只抵黄河东岸而止。所谓榆林云云,只是借用其大名而已。

隋代长城的长度,可以从各个段落得知。一段是山西兴县到北京,长约 442.5 公里。二段是从山西离石到岢岚，长约 150 公里。三段是宁夏灵武到陕西绥德，长约 309.75 公里。四段是从内蒙古黄河岸边到山西右玉县杀虎口，长约 120 公里。上述四段长城合计，为 1022.25 公里。

四、唐代长城

唐代也筑有长城。《通典》卷 178 记载，妫川郡"北至张说新筑长城九十里"，"西北到新长城为界三百八十里"，"东北到长城界七十里"。文中有长城与新长城之别，不知新长城是否专指唐代长城而言。由于别无旁证，难以作出判断。如果新长城系唐代新建之长城，从妫川郡（今河北怀来县）的北方、西北方有新长城来看，此长城应从怀来到张家口一带。由于其起止地点和走向均不清楚，故其长度亦无法断定，留给后贤去深入研究探讨。

近年来，在青海门源县、民和县发现有古长城，当地人称为边墙。门源县边墙起始于门源县城关诰门镇，沿大通河北岸向西北走向，至祁连山下的老虎口，长约 5 公里。墙体宽 8 米，残高 2 米至 4 米，已被改作乡间大道。民和县的边墙，沿湟水南岸向西宁走向，其长度不详。其中以民和县马厂源乡边墙村的一段墙体保存得最好。[①]

青海门源、民和的两段边墙，是沿大通河、湟水而筑，边墙以北为祁连山余脉冷龙岭。在隋唐时期，祁连山以南的青海是吐谷浑人的居住地。吐蕃人强大以后，不断向青海扩张势力，侵占吐谷浑的领地。显庆三年（658 年），吐谷浑国王慕容诺曷钵与弘化公主"引残落走凉州"，唐高宗命凉州都督郑仁泰为青海道行军大总管，"率将军独孤卿云等屯凉、鄯"，以防止吐蕃乘胜侵入凉州。总章（668—669 年）中，唐朝廷有"徙吐谷浑

---

① 高东陆、赵生琛：《青海地区的古代城池与边墙》，《中国考古学会第五次年会论文集》，文物出版社 1988 年版，第 153—157 页。

部于凉州旁南山"之议①，凉州即今武威，凉州南山即今门源县以北冷龙岭。咸亨元年（670年）四月，以薛仁贵为行军大总管征伐吐蕃，"率众十余万以讨之"，结果在大非川为吐蕃所打败，"吐谷浑全国尽没"。②

从上述记载来看，青海门源、民和境内的边墙，似为唐朝为防止吐蕃内侵所建，其修筑的时间应在显庆三年至咸亨元年（658—670年）或稍后。有人认为是吐谷浑人所筑，吐谷浑在吐蕃的打击下连连溃败，恐无可能修筑长城，只有唐朝才有能力筑此长城。不过近年青海人士提出，应为明代所建，详本书明甘肃镇长城。不妨两存之。

唐朝初年，据守东北一隅的高句丽（高丽），曾修筑长城以防御唐朝的讨伐。此事在许多史籍中有所记载。《旧唐书·东夷传》载，贞观五年（631年），"诏遣广州都督府司马长孙师往收瘞隋时战亡骸骨，毁高丽所立京观。（高）建武惧伐其国，乃筑长城，东北自扶余城，西南至海，千有余里"。《新唐书·东夷传》有相同的记载："帝诏广州司马长孙师临瘗隋时战亡骸骨，毁高丽所立京观。建武惧，乃筑长城千余里，东北首扶余，西南属之海。"《三国史记》卷20《高句丽本纪第八·建武王》亦称："荣留王十四年春二月，王动众筑长城，东北自扶余城，西南至海千余里，凡十六年毕功。"荣留王即高句丽国王高建武，贞观十六年（642年），荣留王曾"命西部大人盖苏文监长城之役"。从这些记载来看，高句丽荣留王用16年时间修筑千里长城是确有其事。

至于高句丽长城的起止走向，尚不甚清楚。在吉林、辽宁中部地区，有一些被称作边岗、老边岗的地名，北始于农安县龙王乡，在怀德县双城堡镇、秦家屯也有边岗之类的地名，在梨树县有土龙村、三道岗。在辽宁开原（今开原市）有西老边、新民县有三道岗子、沈阳市有老边、海城县（今海城市）有三道岗、营口市有二道边、老边村、老边站。有人认为这些地名自北而南连成一线，应是高句丽千里长城所留下的地名，高句丽长城应沿此走向。③

---

① 《新唐书》卷216上《吐蕃上》，中华书局1975年版，第6075页。
② 《旧唐书》卷196上《吐蕃上》，中华书局1975年版，第5223页。
③ 李健才：《东北地区中部的边岗和延边长城》，《辽海文物丛刊》1987年第1期。

　　这种说法证据不是很充足,三道岗、二道岗之类的地名在许多地方都可以见到,是以自然的山冈、土冈得名。老边、二边之类的地名,与明代边墙、清代柳条边有关,至今仍有边里、边外的说法。边岗多以自然地貌得名,没有证据能证明它与高句丽长城有关。在怀德有一段长约25公里的土墙,但是,其附近既无高句丽古城,又不见高句丽遗物,也无法证明它是高句丽长城。由于没有见到高句丽长城遗迹,故而有人提出高句丽千里长城是以各种山城、平原城以及个别土墙构成的一个防御组群,扼守辽河平原通往高句丽的要冲。① 这种说法出于推测,缺乏可信的证据,亦不可取。

　　关于高句丽长城的起止地点,也众说纷纭。有人认为扶余城在吉林农安县,然而在农安县并没有高句丽的古城址。认为老边岗、边岗、老边与高句丽长城有关的人,提出扶余府应在吉林市龙潭山山城。龙潭山山城确是高句丽古城,然而在龙潭山附近,既没发现长城遗迹,又与西部怀德土墙和边岗、老边岗地名间距太远,直线距离在120公里至150公里以上,彼此相距如此遥远,证明高句丽长城北起龙潭山山城是完全不可能的。据报道在辽宁西丰县凉乡有高句丽山城,城内有许多建筑遗址,出土了典型的高句丽遗物,有人将此城拟为高句丽扶余府故址②,较拟为吉林龙潭山山城更为稳妥一些。关于高句丽长城的走向,扑朔迷离,目前尚无定论。

　　关于高句丽长城的终止地点,史籍一致记载西南至海,此海应是指渤海的辽东湾。有人认为在营口附近,因为这里有老边村、老边站地名;有人认为应止于辽东半岛金县大黑山山城,因为此城属于高句丽山城。这些说法虽有一定道理,然而却缺少直接的证据,在营口、金县都没有发现高句丽长城的遗迹。

　　从高句丽城址的分布来看,高句丽千里长城应是在辽河东岸自东北向西南走向,其终止处为辽东湾,其起始处难以确定,这个问题仍需深入地研究探讨,不要匆忙地作出缺乏根据的结论。

---

① 　梁振晶:《高句丽千里长城考》,《辽海文物学刊》1994年第2期。
② 　王绵厚:《东北古代夫余部的兴衰及王城变迁》,《辽海文物学刊》1990年第2期。

第 六 章

长城局部增筑时期（下）——辽、金

辽代曾在辽东修筑长城，在漠北和第二松花江沿岸挖掘边壕。由于在文献中缺乏记载，辽代的长城和边壕没有引起后人的重视，甚至有人将辽代漠北边壕误作金代界壕。因此，需要对辽代的长城和边壕做仔细考察研究。

一、辽代镇东海口长城

《辽史·太祖本纪》记载，耶律阿保机在被拥立为皇帝的第二年，即唐天祐五年（908 年），"筑长城于镇东海口"。此虽是一句之言，却表明在辽朝建立的前夕，曾修筑了一道长城。耶律阿保机为什么要修筑长城？镇东海口长城的位置、走向如何？都需要认真考证。

在辽朝建立以前，契丹人主要居住在西辽河流域。在契丹人的东方是渤海国（720—926 年），渤海国的都城设在上京龙泉府，即今黑龙江宁安市渤海镇。契丹与渤海有世仇，耶律阿保机在征讨渤海之前，有"唯渤海世仇未雪，岂宜安驻"之语①，反映出契丹与渤海有深仇大恨，不讨平渤

---

① 《辽史》卷 2《太祖本纪》，中华书局 1974 年版，第 21 页。

海,不足以雪耻。

渤海是受唐册封的地方政权,属于唐朝版图的一部分。因此,双方关系十分密切,使节往来不断。据统计,双方使节往来至少有近百次之多。① 耶律阿保机为了防止渤海从中原取得援助,亟须隔断渤海与中原的联系,故而在讨伐渤海以前,先修筑镇东海口长城。所谓"镇东",就是震慑东方渤海国。

耶律阿保机修筑长城的目的,是阻隔渤海与中原的联系,则此长城必然位于渤海与中原往来的交通要道上。当时,渤海与中原的使节往来,主要是走海路,即从辽东半岛渡过渤海海峡,到达山东半岛。这条海路早在汉、魏时期即已开通,有许多中原人士由此海路到达辽东。例如北海都昌(今山东昌乐县)人逄萌,由于对王莽统治不满,于西汉末年"将家属浮海,客于辽东"②。所谓"浮海"就是渡过渤海海峡,它比走陆路要方便得多。

到了唐代,从山东到辽东的海路交通尤为发达重要。《新唐书·地理志》载:"登州东北海行,过大谢岛、龟歆岛、末岛、乌湖岛三百里。北渡乌湖海,至马石山东之都里镇二百里。东傍梅,过青泥浦、桃花浦、杏花浦、石人汪、橐陀湾、乌骨江八百里……至泊沟口,得渤海之境。"③登州即今山东蓬莱,大谢岛应为今长山岛,末岛即今庙岛,乌海湖即今渤海海峡,马石山应为乌石山之误,即今旅顺老铁山,都里镇为今旅顺。青泥浦又称青泥洼,即今大连,乌骨江为今鸭绿江支流之叆河,泊汋口在叆河注入鸭绿江处,至此便进入渤海境了。对此海路记载如此详细,是因为渤海与唐朝的使节频频由此海路往来的结果。

据《辽东志》卷1《地理·山川》记载:"在金州旅顺口黄山之麓,井上石刻有:敕持节宣劳靺鞨使鸿胪卿崔忻凿井两口,永为记验。开元二年五月十八日造,凡三十一字。"此石刻记载唐玄宗开元二年(714年)鸿胪卿崔忻奉命出使靺鞨(即渤海)时,途经旅顺时凿井之事,它证明了当时的

---

① 王承礼:《渤海简史》,黑龙江人民出版社1984年版,第123—129页。
② 《后汉书》卷83《逸民列传》,中华书局1965年版,第2759页。
③ 《新唐书》卷43下《地理志七下》,中华书局1975年版,第1147页。

旅顺口是从中原通过海上前往渤海的必经之地。旅顺又被称作旅顺口，即古代以旅顺作为登陆的海口而得名。

《新唐书·地理志》称都里镇东傍海口，此海口系指舍舟登陆的海口而言，这个海口四面环山，南面有一缺口与渤海相通，海口内风平浪静，利于海船停泊靠岸。由此登陆以后东北行，要经过大连、甘井子、金州（又称金县）以后，才能走出辽东半岛进入渤海境内。金州以南9公里处有南关岭，地势比较高。岭东是大连湾，属于黄海的一部分，岭西是金州湾，属于渤海的一部分。其间的陆地之宽只有5公里左右，是辽东半岛最狭窄的地方。在此设防，便可以阻止由渤海登岸之人的北行，无法进入辽东内地，在军事上具有极重要的地位。这里地近海口，镇东海口长城修筑在这里，应当是最理想的选择。据报道，在南关岭上发现有类似长城的墙体存在，应即镇东海口长城故址。

在南关岭长城墙体附近，古代的遗物甚少，没有发现可以断代的古代文物，故而对此长城的时代，有不同的看法。有人认为它是唐代高句丽所筑，高句丽曾在辽河东岸修筑千里长城，以防御唐朝的讨伐。高句丽修筑南关岭长城，用以阻挡海上运兵运粮，倒是有可能的，然而这里没有发现高句丽的遗物，高句丽是否在此构筑长城，尚在疑似之间，难以肯定。退一步说，即使高句丽在此筑长城设防，也不能排除耶律阿保机加以沿用的可能性，因为后代沿用前代长城的现象屡见不鲜。

耶律阿保机在此修筑长城一事，我们还可以找到其他相关的材料作为旁证。金代王寂《鸭江行部志》称，辽代在此设有苏州关，其文称：

> 自永康次顺化营，中途望西南两山，巍然浮于海上。访诸野老，云："此苏州关也。"辽之苏州，今改为化成县。关禁设自有辽，以其南来舟楫，非出此途不能登岸。相传隋、唐之代高丽，兵粮战舰，亦自此来。南去百里，有山曰铁山……①

永康为复州倚郭县，即今大连市普兰店区之复州镇旧城。顺化营指

---

① 罗继祖、张博泉：《鸭江行部志注释》，黑龙江人民出版社1984年版，第48、49页。

辽代顺化城,其故址在金州城南。① 王寂所望见的两山,应即南关岭,南关岭东西均为海湾,有如浮在海上。则辽代的苏州关也设在南关岭上。到了金代,苏州改称化成县,苏州关随之改称化成关,女真语称为曷撒罕酉,《辽东志》称作哈思关。②

据实地考察所见,苏州关墙至今犹存,在甘井子大连湾镇,东南起自盐岛村东海(即大连湾),经前关村台子山东、后关村头道岭和二道岭,然后转向西北,止于土城村大旺山海边(即金州湾)。关墙采用土木混筑,有望台、关门、角道、马面等。③ 苏州关的设置,要晚于契丹长城,然而都在同一地方,可以把苏州关看作是契丹长城的延续或扩大,很可能是在长城的基础上改建而成。它表明,金州南关岭一带在辽、金时期始终是军防要地,在此修筑镇东海口长城,是由于地理环境所决定的,并非出于偶然。

二、辽漠北边壕

在我国内蒙古呼伦贝尔、俄罗斯外贝加尔、蒙古国东方省和肯特省境内,有一道自东北向西南走向的古边壕,全长约 700 公里。蒙语称为"乌尔科",译成汉语为长城。从前这道边壕或被称作金源边堡,或被称作成吉思汗长城。其实,这些说法都不准确。从实地考察和文献记载来看,它是辽代为防御乌古敌烈修建的边壕。

(一)边壕的位置与走向

关于这道边壕的位置与走向,屠寄《黑龙江舆图》、《蒙兀儿史记》卷

---

① 罗继祖、张博泉:《鸭江行部志注释》,黑龙江人民出版社 1984 年版,第 48、49 页。
② 谭其骧:《金代路制考》附二《曷苏馆路考》,原载《中国历史地理论丛》第一辑;又见《长水集》,人民出版社 1987 年版。
③ 陈钟远、刘俊勇:《〈鸭江行部志〉沿途记事杂考》,《北方文物》2003 年第 3 期。

2、张家璠《呼伦贝尔志略》,对我国境内的边壕做了记述。由俄国人阔尔马左夫撰写的《呼伦贝尔》一书,对此边壕的整体走向,做了如下的记载:

> 该项堡垒之方向,系由东向西,从海岸起,横断阿穆尔省,经北满洲过黑龙江、额尔古纳河,由多罗也夫斯基及开来拿托也夫司基两村之间,入后贝加尔省。复横断额尔古纳河,于满洲里站以北八公里之处,转向西部蒙古。其遗迹复现于阿富汗及波斯之外,其他则不可复见矣。①

这种记载是误听了民间传说所致,是很不准确的,其中存在许多错误。它既非东从海岸起,横断阿穆尔省,又没有到达阿富汗和波斯。只是出现于中国呼伦贝尔、俄罗斯外贝加尔、蒙古国东方省和肯特省。

据实地考察所见,古边壕东始于额尔古纳市(旧称额尔古纳右旗)东部库力河西岸一座古城,东北距上库力乡约 2000 米,其地当北纬 50°15′、东经 12°24°(见附图)。库力河为根河南岸支流,西北流至小库力村注入根河,成一条直线走向拉布达林。从古城到拉布达林这段边壕长约 20 公里,它穿过拉布达林市区,到达逼近根河百余米处,则折向西南,沿根河南岸以西偏南 20 度的方向,走向拉布达林牧场,并由此爬上山坡,横山越岭而行。此后,边壕离开山岭,在草地上取直线向西,经小孤山、黑山头,到达额尔古纳河东岸的四卡。从拉布达林到四卡,边壕长约 60 公里。

自四卡起,边壕沿额尔古纳河东岸向西南走向。这一段边壕破坏甚烈,遗迹比较模糊。中经 35 公里到达八大关,再向前约 3 公里到达红山嘴止。边壕由此越过额尔古纳河,进入俄罗斯外贝加尔省的嘎普察古尔谷和博格达诺夫卡,然后沿额尔古纳河西岸前行一段以后,离开额尔古纳河,经那伦、凯拉斯推、中额尔公斯克、阿巴该图,到达外贝加尔斯克(旧称奥特波尔)。在俄罗斯境内的边壕长约 120 公里。

边壕由外贝加尔斯克西南 5 公里处,进入满洲里,适当 60 号界堆正

---

① 阔尔马左夫:《呼伦贝尔》,东省铁路经济调查局 1929 年出版,哈尔滨中国印刷局铅印本,第 16 页。

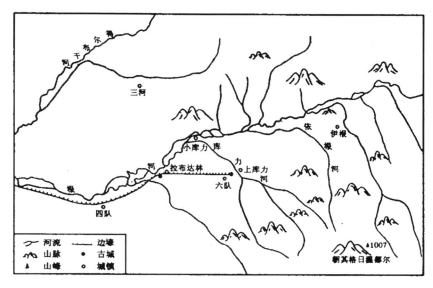

上库力附近地形及边壕

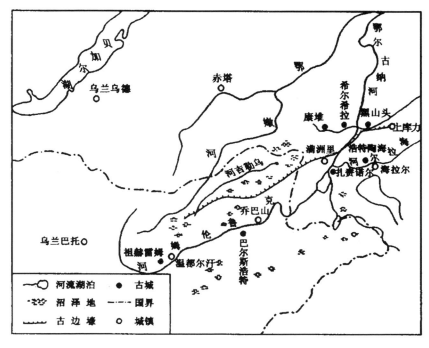

漠北辽边壕的走向及附近的古城遗址

西约 3 千米处。60 号界堆的位置是北纬 49°37′55″、东经 117°6′25″,东南距查干诺尔 5 公里。边壕从 60 号界堆以北通过,转向西南,进入新巴尔虎右旗境内。经查干陶勒盖山之南,海拉很乃洗雷沼泽之北,在今 635 号界标附近,进入蒙古国东方省。从 60 号界堆到 635 号界标,边壕长约 60 公里。

边壕进入蒙古国以后,一直在克鲁伦河以北、乌勒吉河以南的草原上走向,并由东方省进入肯特省。最后,终止于鄂嫩河源与乌勒吉河源之间的沼泽地中。其终止处为北纬 48°27′、东经 111°29′,西南距温都尔汗约 140 公里,西距乌兰巴托约 245 公里。在蒙古国境内,边境长约 400 公里(见附图)。①

（二）边壕的结构与城堡

边壕是在地下挖掘的沟堑,在挖掘过程中所取出之土,均堆积在沟堑的两侧,用以增加沟堑的深度,被称作壕壁。其外观极似墙体,蒙古人所称的"乌尔科"即指此而言。不过壕壁堆积之土棱未经夯实,与长城夯筑的墙体有根本的不同。从自然形成的剖面观察,其中夹杂有沙石,无夯土层,不见有夯筑的任何痕迹。

由于自然和人为作用的影响,边壕破坏十分严重,已远非其原貌。自然力破坏最烈,风沙的袭击,流水的冲刷,沼泽的淤浸,都给边壕造成了致命影响。风沙常常把沟堑掩埋,夷为平地。人为破坏作用较为复杂,在拉布达林镇,大段的壕壁已荡然无存,是居民取土垫地的结果。从上库力到拉布达林的壕壁,已经变成了乡间的大道。拉布达林七队北面的壕壁,被开凿成了引水渠。

受自然和人为作用的影响,边壕已失去其原貌。为了便于科学研究,在不同地方做了一些测量,兹列表如次②:

---

① 景爱:《关于呼伦贝尔边壕的考察》,《博物馆研究》1986 年第 3 期。
② 景爱:《关于呼伦贝尔边壕的考察》,《博物馆研究》1986 年第 3 期。

呼伦贝尔境内边壕遗址一览表　　　　　　　　　　单位:米

测量地点	沟　壕		壕　壁		说　明
	宽	深	宽	高	
拉布达林牧场七队北	7.5	1.0	5	0.5	拉布达林牧场七队位于上库力与拉布达林之间,壕壁已成为乡间大道
拉布达林镇	6	0.2	5	0.3	这里沟壕已近于平地,壕壁依然存在
小孤山南2千米处	7	0.1—0.5	5	3.3	小孤山在黑山头以东约7公里处
黑山头南郊	10—14	2—2.5	5	0.3—0.5	这里是山坡处,雨水冲刷作用较为严重
满洲里六十号界堆西	8	1.55	9	0.85	这里是地势较为低洼的草原地区
满洲里西南小山包	13	2.3	5—6	0.2—0.3	这里是山坡处,雨水冲刷较为严重
满洲里西820.6高地南	7—8	1.0	5—6	0.45	
新巴尔虎右旗哈拉诺尔北	5—6	0.1—0.3	5	0.4	

从上表可以看出,沟堑的宽度多在7米至8米左右,这个数字比较接近于原貌。黑山头南郊沟堑宽10米至14米,满洲里西南小山包沟堑宽11米,当是由于雨水冲刷所致。拉布达林镇、哈拉诺尔北的沟堑较窄,则是由于受风沙、淤土掩埋的结果。沟堑的深度已难推测,估计至少应在2米以上。壕壁的宽度多在5米左右,可能较原来略小。从残存高度多在0.3—0.5米推测,壕壁当初亦不会太高。未经夯实的疏松土,不可能堆积很高。

为了巡视边壕,就要屯驻一定的士兵。因此,在边壕内侧每隔一定距离,便附设城堡一座。它是边壕军事防御体系中,不可缺少的组成部分。兹将其中重要的城堡,依次记述如下。

(1)上库力古城　此城建于根河南岸支流库力河西岸滩地上,东北距上库力乡约2公里至3公里。边壕即始于此城西。该古城呈正方形,实测西墙56米、南墙58.6米、东墙56.5米、北墙56.5米、周长227.6米。

城墙残高 0.85 米,城外有沟堑,深 0.65 米。城墙底宽 9 米、顶宽 2 米。如以西墙为准,其方向为北偏东 45 度。在东墙中间偏南处设门,门道宽 6.5 米。城四角突出、高大,当设有角楼。

(2)拉布达林古城　此城在拉布达林镇北部,边壕至此转向西南。亦呈正方形,实测东西长 45 米、南北长 44 米、周长 178 米。如以西墙为准,其方向为北偏西 10 度,城外掘有沟堑,并设有角楼。城墙高出地表 1.5 米,宽约 10 米。当地居民依墙修建了许多房屋,致城墙大部分遭到破坏。边壕在城北约 20 米至 30 米通过,不与古城相连。

(3)小孤山南古城　小孤山是根河下游南岸低矮的山冈,海拔 597 米,西距黑山头村约 3.5 公里。边壕在小孤山南约 1500 米处,自东向西穿行而过。在边壕以南约 100 米处,又有一座海拔 574 米的小山,在此山冈之上建有古城。古城呈正方形,东墙 44.2 米、南墙 45.3 米、西墙 45.6 米、北墙 44.6 米、周长 179.7 米。如以东墙为准,其方向为北偏东 20 度。城墙宽 11 米、残高 1.32 米。城墙外有沟堑,深 0.7 米。东墙正中设门,门道宽 4.5 米。古城四角高大,当设有角楼,《呼伦贝尔志略》称为古立也里村南孤山古城。

(4)阿巴该图古城　此城在俄国境内,东南距阿巴该图约 10 公里。阿巴该图又称阿巴哈依图,以山得名。据《恰克图条约》,这里是西起沙毕纳依岭(沙宾达巴哈)的中俄中段边界的终止点,设置有第 63 号鄂博(界堆)。这是一组双城。

(5)绰诺西巴尔达呼泊古城　此城在中蒙边界处,即今 635 号界标所在地。边壕经此城之北,进入蒙古国东方省境内。

(6)萨尔奇图古城　此城在蒙古国东方省境内,是一组双城,位于萨尔奇图山之北。

(7)绰罗图古城　在蒙古国东方省境内,南依绰罗图山,北邻边壕,也是一组双城。①

上述这些古城,均在边壕的内侧,距边壕很近,古城的规模、形制大体

①　景爱:《关于呼伦贝尔边壕的考察》,《博物馆研究》1986 年第 3 期。

相同。从上库力到四卡,边壕是沿根河走向,北以根河为天险,每隔20公里至30公里建城堡。四卡以南,边壕沿额尔吉纳河走向,由于河水深急,又较根河为险,因此没有筑城。在离开额尔古纳河以后,边壕在草地上穿行,故每隔一段便修筑一组双城。这表明边壕以内城堡的分布配置,充分考虑到了地理条件。有天险以利用的地方,尽量少建城堡;在没有天险可以利用的大草原上,则每隔一段距离设置一组双城,以便屯驻更多的士兵。辽代城池多建二城,这种例证很多,辽上京城、饶州城(在林西县)都是如此,成为时代特点。

(三)边壕不是成吉思汗所建

自19世纪中叶以后,俄国人频频进入呼伦贝尔探险。俄国人波·克鲁泡特金、科·革沙霍夫斯基、诺·革鲁霍夫、波·包诺索夫等人,都把边壕称作成吉思汗长城①,阔尔马左夫在《呼伦贝尔》一书中,也持此说。受俄国人的影响,至今英、美出版的地图上,仍称边壕为成吉思汗长城(Wall of Gnenghis Khan)。

这种说法最初来源于民间传说,由于成吉思汗在蒙古人中有极大的影响。他们常常把北方草原上的古迹都说成与成吉思汗有关。正如爱·阿纳特所言:"一入蒙古,处处都有成吉思汗的遗迹,对这些遗迹都有好多传说,当然其中也有些是荒唐无稽的假构。"②关于成吉思汗长城的传说,即属于假构中的一种。

其实,漠北边壕早在成吉思汗以前就存在了。成吉思汗在统一蒙古各部的战争中,曾多次越过此边壕。1202年,成吉思汗与劲敌塔塔儿部大战时,《元史·速不台传》称:"帝(按,指成吉思汗)与乃蛮部主战于长城之南","乃蛮部奔阔赤檀山而溃"。《圣武亲征录》亦记此事,称成吉思

---

① 波·包诺索夫:《北满考古学史》。原稿存黑龙江省博物馆,系俄文。译文见《黑龙江考古民族资料译文集》第1辑,黑龙江省博物馆,1991年9月(内部印本)。

② 爱德华·阿纳特著,李雅森译:《满蒙探秘四十年》,第90页。

汗"自兀鲁失连真河移军入塞"，"大战于阙奕坛之野……填沟堕堑而还"①。《元史》所记之长城，即《圣武亲征录》所称塞，文中的"填沟堕堑"是指填埋边壕而言。

阙奕坛即阔亦坛。《蒙古秘史》作阔亦田，拉施特《史集》作奎腾。奎腾在蒙语中为寒冷之意。屠寄《蒙兀儿史记》卷2《成吉思汗本纪》称："奎腾河，源出乌特温图山，北流八十里入辉河……所谓阔亦田之野，必在此河上。"乌特温图山又作穆克图尔山，今称特尔莫山，为大兴安岭的一部分，奎腾河即发源于此。这里地近大兴安岭，地势较高，气候较他处寒冷，故元代有奎腾（阔亦坛）之称。呼伦贝尔境内的边壕，大体作东西走向，奎腾河之野恰在边壕之南。因此，成吉思汗在战争中曾多次越过边壕，史书均称"出塞""入塞"，都是指此边壕而言。

漠北边壕不是成吉思汗所建，还有其他证据。在此边壕以北，有三座蒙古人的城池。一是根河北岸的黑山头古城；二是俄国乌鲁留圭河（额尔古纳河支流）北岸的康堆古城；三是乌鲁留圭河上游的希尔希拉古城（此城以北山谷中发现了著名的古蒙文纪功碑）。这三座古城规模比较大，都在成吉思汗长弟拙赤合撒儿封地内，是其后王所建。② 如果成吉思汗修此边壕，岂会将其爱弟的城池拒之于外？

还有一点，蒙古人是游牧民族，他们自己不会修建城池。在成吉思汗时代，正忙于战争，无暇顾及营建，而且也无力营建。蒙古人直到窝阔台的时代，才在漠北营建了哈剌和林。不过修造的工匠却不是蒙古人，而是来自中原地区的汉族俘虏。在成吉思汗时代，没有任何的营建记录。

同样的原因，有人将边壕说成是蒙古人塔塔儿部所修建③，也是毫无根据的一种臆测。

---

① 见《说郛》卷55，涵芬楼刻本。
② 景爱：《黑山头古城考》，《吉林大学社会科学学报》1980年第6期。
③ 夏恩训、李荣超：《草原上的口岸城市——满洲里》，《实践》1980年第8期。

（四）边壕不是金代所建

漠北的古边壕，又有金源边堡、兀术长城之说。这种说法也是来自民间，而后为采访者所接受。金源边堡说为屠寄所提出，他在其编绘的《黑龙江舆图》上，将此边壕标为金源边堡。由于屠寄主持黑龙江省舆图测绘，故其说影响甚大，《呼伦贝尔志略》发挥其说，将边壕又称为兀术长城。《黑龙志稿》也沿用屠寄之说，称为金源边堡、兀术长城。寿鹏飞《历代长城考》，则把此边壕称作明昌旧城："此城俗呼兀术长城，亦曰金源边堡，为当时国界前线，其建筑当早也。"①

金源边堡说、兀术长城说，都是对此边壕未能亲自考察所做的推测。屠寄虽然主持黑龙江舆图的测绘，然而他并未亲赴呼伦贝尔，呼伦贝尔舆图是由崔祥奎测绘。寿鹏飞认为呼伦贝尔边峰是金朝"国界前线"，其实金朝是以大兴安岭为界，这在《金史·地理志》中有明确记载："金之壤地封疆，……北自蒲与路之北三千余里，火鲁火疃谋克地为边，右旋入泰州婆卢火所浚界壕而西，经临潢、金山，跨庆、桓、抚、昌、净州之北，出天山外，包东胜，接西夏。"文中的金山在今科尔沁右翼前旗，临潢在今巴林左旗，庆州为今巴林右旗白塔子，桓州为今正蓝旗黑城子，抚州在今兴和县，昌州为今太仆寺旗白城子，净州为今四子王旗城卡子古城，天山在今大青山西北，东胜州为今托克托县。由此可知，金代东北边界是外兴安岭和大兴安岭，呼伦贝尔、外贝加尔、蒙古国东部，均不在金朝的版图之内。金代的女真人属于农业民族，不可能到境域之外的漠北草原地区去修建工程浩大的边壕。

将漠北边壕视为金代边壕，与人们对漠北边壕的走向不清有关。有人提出："分布在呼伦贝尔草原上的那一条壕堑，蜿蜒于额尔古纳河左岸（按，应为右岸），西端伸入贝尔湖以西的今蒙古人民共和国境内，再向南

---

① 　寿鹏飞:《历代长城考》,1941 年,第 15 页。

的伸延至东乌珠穆旗东北部大兴安岭北麓。"①这种说法只是一种推测而已，并没有什么根据可言。东乌珠穆旗北部确有边壕进入蒙古国东方省、苏赫巴托尔省北部地区，不过行走不远就回到阿巴嘎旗境内。东乌珠穆泌旗的边壕属于金代边壕，把呼伦贝尔古边壕与东乌珠穆沁边壕视为一体，自然呼伦贝尔边壕也应当为金代边壕了。缺乏实地考察，是将漠北边壕误作金代边壕的重要原因。

有人援引拉施特《史集》的记载，来证明漠北边壕为金边壕，也是徒劳无益的。《史集》在记述汪古惕部落时，有下述一段话：

　　在成吉思汗时以及在此以前，汪古惕部属于乞台君王阿勒坛汗的军队和徒众之列。[该]部落（g[a]uin）很特别，但与蒙古人相类仿；他们有四千帐幕。尊号为阿勒坛汗的乞台君王们，[为了]保卫自己的国家以防御蒙古、客列亦惕、乃蛮以及附近地区游牧人，筑了一道城墙，这道城墙在蒙古语中称为兀惕古[atku]，突厥语则称为不儿忽儿合（burgurgeh）。[这道城墙]从女真海岸开始，顺着乞台、至那和摩支那之间的哈剌·沐涟河岸[延伸出去]；这条河的上游，则在唐兀惕和吐蕃地区内。城墙的任何一处，都禁止通行。起初，这城堵被托付给这个汪古惕部，责成他何守卫城墙。②

上文中的乞台君主阿勒坛汗，是指金朝皇帝而言，城墙是指金代的边壕。有人据此提出，《史集》所载的城墙，就是漠北的边壕。③ 这种说法是对《史集》作出错误理解得出的错误结论。其实，《史集》所记的城墙，不是指漠北边壕，而是漠南阴山北麓的边壕。

《史集》称城墙（边壕）沿哈剌沐涟走向，贝勒津在脚注中称："哈剌—沐涟（蒙语 gara-muren），即黄河。在布列什奈德的《中世纪史研究》（第一卷）所附地图《亚洲中部》中，中国长城的走向，一直画到发源于青海湖以北山岭的额济纳河上游。"④这个注释并不完全，它忽略了另外一条河

① 《文物考古工作三十年》，文物出版社 1979 年版，第 80 页。
② 拉施特：《史记》第 1 卷第 1 分册，商务印书馆 1983 年版，第 229—230 页。
③ 米文平、冯永谦：《岭北长城考》，《辽海文物学刊》（内部刊物）1990 年第 1 期。
④ 拉施特：《史记》第 1 卷第 1 分册，商务印书馆 1983 年版，第 229—230 页。

流,即西拉木伦河。西拉木伦河又称黄河、潢河,它是由鲜卑语、契丹语演变而来。① 西拉木伦河之水浑黄,是以水色得名。

由于西拉木伦河之水浑黄,与大河(即黄河)水色相间,故而古代北方人认为它是大河的别派。北宋沈括在使辽途中,曾渡过西拉木伦河。他在《熙宁使虏图抄》中,有如下的记载:

> 狄人言,此大河之别派。以臣度之,大不然。大河距此千里,千里之水不应如是之微。凡雨暴至,辄涨溢,不终日而复涸。此其源不远,势可见也。以臣考之,乃古之潢水也。虏人不知,谬为大河耳。②

沈括的记载提供了一个重要的信息,即古代北方人将西拉木伦河看作是黄河的别派,认为它们是连在一起的。这个信息后来通过耶律大石的西辽传播到了中亚地区和西亚地区,被拉施特所接受。他笔下的《史集》中关于哈刺—沐涟的论述,应当是包含有西拉木伦河在内的。

《史集》称:"(这道城墙)以女真海岸开始,顺着乞台、至那和摩支那之间的哈刺—沐涟河岸(延伸出去)",正与西拉木伦河相一致。漠南边壕的临潢路一段,是在西拉木伦河北岸,与西拉木伦河大致处于平行状态,可以说边壕是沿着西拉木伦河走向。由此可知,《史集》所记载的城墙,正是漠南地区的金边壕。

《史集》称汪古惕部被金朝皇帝责成"守卫城墙",也证明此城墙系指漠南边壕,而不是漠北的边壕。汪古惕部却汪古部,据《元史·阿剌兀思剔吉忽里传》记载,"金源氏辈山为界,以限南北,阿剌兀思剔吉忽里以一军守其冲要"。后来,他投附了成吉思汗,"从下中原,复为向导,南出界垣"。阿剌兀思剔吉忽里为汪古部之长,所谓"堑山为界""界垣"都是指漠南边壕而言。由于他放弃了对边壕的看守,作为成吉思汗的向导带领蒙古大军入境,从而受到成吉思汗的赞赏,其后人先后被封为高唐王、北平王、赵王。

---

① 景爱:《黄河考》,《史念海先生八十寿辰学术文集》,陕西师范大学出版社1996年版,353—357页。

② 此文原载《永乐大典》卷10887房字下,贾敬颜著有《熙宁使契丹图抄疏征稿》,改"虏"字为"契丹",见《文史》第22辑,第121—152页。

汪古部居住在阴山南北，故有阴山鞑靼之称。其主要居住地是四子王旗、达尔罕茂明安旗，王府在今达尔罕茂明安旗鄂伦斯木古城（俗称赵王城），所属的砂井总管府在今四子王旗红格尔苏木大庙古城，所属的集宁路城在今察哈尔右翼前旗巴彦塔拉乡土城子古城。[①] 汪古部被奉命看守的城墙，就是阴山以北的金边壕，在金代被称作西南路边壕。汪古部之长阿剌兀思剔吉忽里向成吉思汗大军开放边壕的地点，是金代净州境内的乌沙堡[②]，在今四子王旗北部。如此众多的事实都表明，汪古部居住在阴山附近，他们所看守的边壕也是在阴山附近。汪古部无论是在金代或元代，都没有迁移到漠北地区，这是非常清楚的事实。何以断定汪古部看守的边壕是漠北的边壕呢？这显然是一种移花接木、张冠李戴的做法，稍有一点地理知识的人都会明白它是错误的。

（五）边壕为辽代所建

漠北的古边壕既不是蒙古人所建，又不是金代所建，而是辽朝为了防御乌古敌烈部的侵扰而建。

1. 辽朝对乌古敌烈部的征讨

乌古（又称于厥、于谐里）、敌烈（又作迪烈）原居于谐里河（今哈拉哈河，旧称喀尔喀河）、乌尔逊河、呼伦湖、海拉尔河一带，是两个强大的游牧民族。十世纪初契丹人崛起以后，逐渐感到西辽河流域地土太小，准备向呼伦贝尔扩张，遂不断地对乌古敌烈用兵。耶律阿保机即帝位以后，于神册四年（919 年）大举征讨乌古部，"俘获生口万四千二百，牛马、车乘、庐帐、器物二十余万，自是举部来附"。此后又乘胜征服了敌烈部，将此二部置于自己的统治之下。

---

① 李逸友：《论内蒙古文物考古》，《内蒙古文物考古文集》，中国大百科全书出版社 1994年版。

② 周清澍：《汪古部事辑》之一《汪古部统治家族》，《中国蒙古史学会成立大会纪念集刊》，1997 年。

契丹征服了乌古敌烈以后,将它们肢解为许多小部落,据《辽史》记载,乌古被分成五部,敌烈被分成四部。这些小部落都被迁往偏远地区,如额尔古纳河以西、根河以北、大兴安岭西麓。其目的既是削弱乌古、敌烈的势力,便于统治,又是占领呼伦贝尔肥美的草场。

此后,契丹人便大量地向呼伦贝尔移民。《辽史·营卫志》载:辽太宗会同二年(939年),"以乌古之地水草肥美,命(欧昆烈)居之。三年,益以海勒水之地为农田";《太宗纪》载,"诏于谐里河、胪朐河之近地,给赐南院欧堇突吕、乙斯勃、北院温纳河剌三石烈人为农田"。契丹移民来此以后,便开垦草场为农田,从事农业耕种。契丹人在此耕种的遗址,在克鲁伦河沿岸不断被考古学家发现。例如在新巴尔虎右旗克尔伦和蒙古国东方省的祖赫雷姆、巴伦赫雷姆等地,都发现了辽代的灌溉水渠和农田的废墟,类似的遗迹在新巴尔虎左旗的哈拉哈沿岸也有所发现①。到了统和(983—1011年)年间,耶律唐古"田于胪朐河侧",连年获得丰收,"斗米数钱"。②

2. 边壕城堡的修建

契丹人以武力占领了乌古、敌烈的家园,乌古敌烈自然不会甘心,不断地掀起反抗斗争。开泰四年(1015年),耶律世良征讨乌古敌烈,曾"兵渡曷剌河","结阵河曲"③。曷剌河即今海拉尔河,河曲即海拉尔河的大折屈处,河曲以下始称额尔吉纳河。可知当时的乌古敌烈已侵入海拉尔河以北,即今陈巴尔虎旗西部。咸雍九年(1073年),耶律独迭征讨敌烈,"以兵少不战,屯胪朐河"④。胪朐河即今克鲁伦河,可知敌烈之兵已进犯到克鲁伦河北岸,耶律独迭由于兵少而不敢与之交锋,只好屯兵以待援。

为了防御乌古、敌烈的侵扰,辽朝被迫修建长达700多公里的边壕,又修筑了许多比较大的城镇,作为官府驻地,《辽史》称为边防城。考古

---

① 景爱:《关于呼伦贝尔吉边壕的探索》,《历史地理》第3辑,上海人民出版社1983年版。
② 《辽史》卷91《耶律唐古传》,中华书局1974年版,第1362页。
③ 《辽史》卷15《圣宗纪六》,中华书局1974年版,第176页。
④ 《辽史》卷93《萧迁鲁传》,中华书局1974年版,第1376页。

学家在克鲁伦河、海拉尔河沿岸,发现了许多辽代的边防城。

(1)祖赫雷姆城 在蒙古国肯特省克鲁伦河北岸木伦河口处,周长1939米,城四周有壕堑,城内有宽阔的十字大街和许多建筑遗址。在房屋建筑遗址中有火炕,出土了辽代太平年号的铜钱。太平(1021—1030年)是辽圣宗的第三个年号,证明此城确为辽代古城。它应是辽代边防城中的皮被河城故址。①

(2)巴伦·赫雷姆城 在祖赫雷姆城以西约2000米处,周长3316米。在城内南部和东南部,有用围墙圈起来的庭院,其中有建筑物遗址。城内西部西北部,是没有任何建筑物的空地,考古学家认为应是农田和菜地,将农田和菜地圈进城内,显然是为了防御敌人的掠夺破坏。②

(3)巴尔斯浩特 在蒙古国东方省,克鲁伦河南岸。周长6820米,城内有民宅和庙宇,庙宇佛塔的风格,与内蒙古的辽塔相似。③ 龚之钥《后出塞录》载:"达赖贝子领属境内,有城名巴喇河屯,译言虎城也。城内废寺甚大,后殿有二塔,一七层、一五层。二塔壁间所绘诸佛像俱在。其七层者,内有石台,上供木匣,长三尺许,贮画一轴,上绘三世佛及文殊、普贤并四大天王像。殿侧有碑记,字多剥落,间有一二字可识,仿佛辽时之物。"④巴尔斯浩特,即巴喇河屯,据龚之钥的记载,此城肯定是辽代城镇。

(4)浩特陶海古城 在陈巴尔虎旗境内,南濒海拉尔河。东距海拉尔市(今呼伦贝尔市海拉尔区)约40公里,古城周长2000米,筑有高大的城墙、马面和瓮城。城中有建筑遗址,地表散布有许多辽代的篦纹陶片,证明它是一座辽代的城镇。⑤

以上这些古城规模都比较大,不是一般的屯兵之所,而是重要的地方官府驻地,即《辽史》中所称的边防城。值得注意的是,这些辽代的城镇都位于漠北边壕的内侧,在边壕的外侧没有发现辽代的城镇遗址,却有元

---

① 景爱:《关于呼伦贝尔吉边壕的探索》,《历史地理》第3辑,上海人民出版社1983年版。
② 景爱:《关于呼伦贝尔吉边壕的探索》,《历史地理》第3辑,上海人民出版社1983年版。
③ 景爱:《关于呼伦贝尔吉边壕的探索》,《历史地理》第3辑,上海人民出版社1983年版。
④ 张穆:《蒙古游牧记》卷9《外蒙古喀尔喀鲁伦巴尔和屯盟游牧所在(车臣汗部)》,张正明、宋举成点校,山西人民出版社1991年版,第220页。
⑤ 张太湘、郝思德:《呼伦贝尔草原考古研究的新收获》,《北方论丛》1979年第5期。

代的城址,如黑山头古城、康堆古城、希尔希拉古城等。这个事实清楚地表明,辽代的契丹人是居住在边壕以南,边壕以北是乌古敌烈以及其他游牧民族的居住地区。边壕是用来防御乌古敌烈的侵扰,其功用十分明确。

3.边壕修建的时间

漠北边壕为辽代所建,是有充分根据的。由于《辽史》以及其他文献中没有在此修建边壕的记载,因此,边壕修建的时间,我们只能以辽朝对乌古敌烈的关系中去寻找。

辽朝与北方游牧民族的关系,大体经历了三个阶段。在辽太祖、辽太宗之世,"乘百战之胜,辑新造之邦",先后征服了乌古敌烈以及阻卜诸部,将他们置于辽朝的统治之下。到了辽圣宗、辽兴宗时代,"内修政治,外拓疆宇",随着疆域的扩大,北方边患日益严重。降及辽道宗、天祚帝两朝,北方边患加剧,东北方女真人的反抗斗争迭起,辽朝的注意力转向东北,最后由女真人颠覆了辽朝政权。

综观辽朝的北方边患,以辽圣宗、辽兴宗时代最为严重。这时,对乌古敌烈部进行各种经济勒索,强迫他们缴纳名贵的方物。《辽史·圣宗纪二》载:统和六年(988年),"乌隗于厥部以岁贡貂鼠、青鼠皮非土产,皆于他处贸易以献,乞改贡"。这条贡非所产的记载,反映出给乌古敌烈部造成了极大的负担。故而在辽圣宗、辽兴宗时代,乌古敌烈部的反抗斗争最为频繁。因此,漠北边壕应是在辽代中期,即辽圣宗至辽兴宗时期修建的。修建边壕需要很大的人力和财力,辽代中期最为富强,完全有此条件施工修建。到了辽代后期,正忙于对付女真人的反抗斗争,已经没有力量顾及北方修建边壕和城堡了。

三、第二松花江沿岸辽边壕

漠北边壕不见于辽代文献记载,故而许多人表示怀疑,不相信辽代有修建漠北边壕之举，误认为它是金代的边壕。

其实，由于辽代文献贫乏，有许多重要之事被漏记了。即以边壕而言，辽代为了防御女真人的反抗斗争，曾在第二松花江与拉林河之间修建了一道边壕。此事也不见于辽代文献记载，却为宋朝使者许亢宗所见到，他在《乙巳奉使行程录》中作了记录。许亢宗记载说：

> 第三十五程，自漫七离一百里至和里间寨。漫七离行六十里即古乌合寨，寨枕混同江湄，其源来自广漠之北，远不可究……过江四十里，宿和里间寨。

> 第三十六程，自和里间寨至句孤孛董寨。自和里间寨东行五里，即有溃堰断堑自南而北，莫知远近，界隔其明，乃契丹昔与女真两国古界也。八十里至来流河……以船渡之，五里至句孤寨。①

许亢宗所记的混同江，即今第二松花江；他所记的来流河，即今拉林河。他在渡过第二松花江以后，即见到了"溃堰断堑"。所谓"溃堰断堑"，就是已经废弃的边壕。从"莫知远近"，反映出边壕很长。这条边壕以外属于女真地界，边壕以内是辽朝地界。因此，许亢宗称："界隔甚明，乃契丹昔与女真两国古界也。"

许亢宗所见到的辽边壕，在辽代文献中是没有记载的，在《金史》中也不见记载，只见于许亢宗的《乙巳奉使行程录》，反映出当时的修史者，对此不甚重视。《辽史·圣宗纪八》记载：太平六年二月，"以迷离已同知枢密院，黄翩为兵马都部署，达骨只副之，赫石为都监，引军城混同江、疎木河之间。黄龙府请建堡障三、烽台十，诏以农隙筑之"。这里所记的混同江，是指今东北流的松花江，疎木河是指西北流的第二松花江。黄翩筑城混同江、疎木河之间，就是在第二松花江以北筑城，也是为了防御女真人。据此分析，第二松花江以北的边壕，也应当是在此时修建的，其修建者应当是黄翩。因为边壕要有士兵巡视，必须筑城堡以屯兵，为了传递边防上的军事信息，应当修建烽火台，这三者是密切相关的。当然，这只是以情理作出的分析，边壕即使不与筑城堡、烽台同时修建，其相差的时间

---

① 见《三朝北盟会编》卷20《政宣上帙二十》宣和七年；又见《大金国志》卷40。

也不会太远。

太平是辽圣宗的年号,太平六年为 1026 年,为辽圣宗的后期。以此事来看,漠北辽边壕修建于辽圣宗时期是极有可能的,当然也不排除辽兴宗时期修建的可能性。

许亢宗使金,是在辽朝灭亡以后。如果没有他的《乙巳奉使行程录》,我们是不会知道辽朝曾在第二松花江以北修建了一条边壕。同样的道理,我们不应以《辽史》没有漠北边壕的记载,来否定漠北边壕不是辽代所建。

辽边壕的修建,是金边壕的始源。女真人由于长期在辽朝统治下,受辽朝影响甚深,这在政治、经济、文化上都可以看得出来。金代边壕的修建,实际上是继承了辽代的传统。如果没有了辽代的边壕,大概女真人建立的金朝也就不会修筑那么多的边壕。

四、金代的长城

金代的长城有两处,一在吉林延边地区,一在黑龙江牡丹江地区。为了论述的方便,姑简称为延边长城、牡丹江长城。

(一)延边长城

魏声和《珲春古城考》对珲春县境内的古长城,曾有详细记载:"珲春北境,东自中俄分界之分水岭起(拉字界牌北),有边墙一道,向西北行,每隔十里有土筑堡垒一,或双垒并峙,高约丈许,其基广一丈五六尺。又自勇智乡洛特河子山起,并见边墙蜿蜒,堡垒接续,至兴仁乡之水湾子,随山高下,值高山之顶,常有巨垒建其上。更向西北,在德惠乡方面,又有壕堑,深约六七尺、三四尺不等,堑左犹存边墙形迹。由密江屯迤西,至珲春与汪清分界之黑滴达,循图们江山岭西南,筑有石墙,高及丈许,远至汪清县之孤山子北、凉水泉子街始尽。又石头河窟窿山顶亦有土筑边墙,迤逦而西,至延吉县境。上述墙堡,是否互相联属,以年久湮没,若断若续,难以指认。或谓金源之兴,与高丽争界,此实当交战之中,古垒纵横,即其遗迹云。"①

据实地考察所见,这道边墙"东从哈达门村西山经过涌新、涌川,再经镇郊的车大人沟等地方,直至英安乡关门咀子西山,大致东西向横跨三个山岭、三个沟,总长约50华里"。在平地上边墙土筑,基宽8米,残高1米至1.5米,壕宽6米至7米,深1米至2米;在山顶上边墙有的土筑,有的石垒,有的地方利用山险,不筑墙体,只建若干堡垒。在边墙附近,设有烽燧和瞭望台。②

在珲春县以西的龙井县(今龙井市)、和龙县以及延吉市,也有边墙遗址。在和龙县有两段边墙,均作南北走向,一段西起土山乡东山村二道沟北,至龙门乡县人参场,然后进入龙井县。这段边墙长约20公里,墙体有土筑、石筑,以土筑为多,基宽3米,残高0.6米至2米,边墙附近有烽燧5处。另一段由龙门乡青龙村,至西城镇獐项村,其结构与前者相同,长约5公里,附近有烽燧2处。③ 这两段边墙应是互相连接在一起,可能是由于其间有严重破坏,被夷为平地,不易被人发现了。

龙井县的边墙是由和龙县龙门乡龙门村入境,经县境细鳞河乡长城、日新、文化、小北,桃源乡大箕、廉明、官道、官船,铜佛乡泗水,朝阳乡石山,八道乡互助、双凤,穿越延吉市北部烟集乡平峰山、台岩、南溪、利民,兴安乡清茶馆(红旗)、广兴,又进入龙井县长安镇磨盘,最后抵达长安镇鸡林北山。在边墙附近,有烽燧10座。④

延边长城附近有一个显著特点,挖掘有与之平行走向的长壕。因此,魏声和《珲春古城考》又称为边壕,至今当地居民仍称为边壕,边壕所经过之山称作边壕岭。这种长壕是连续不断的,它与边墙之间的距离有远

---

① 魏声和:《珲春古城考》,转引自《珲春县文物志》。
② 《珲春县文物志》,1984年,第59页。
③ 国家文物局主编:《中国文物地图集》吉林分册,中国地图出版社1993年版,第216页。
④ 《龙井县文物志》(内部印本),1984年,第99页。

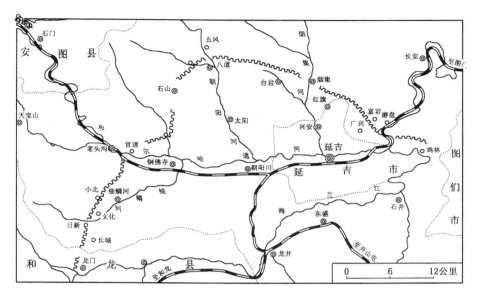

金代延边长城图

据《龙井县文物志》

有近,不是修筑墙体时取土所形成的壕沟,而是特意为防敌而挖掘的壕堑。因此,壕堑既宽又深,虽经受了近千年的风吹雨淋和泥土的掩埋,其宽度仍在 6 米至 7 米以上,其深度达 2 米左右。其形制与内蒙古地区的金边壕没有太大的差别。

今延边东部珲春河、图们江、布尔哈通河、海兰江流域以及东到日本海波谢特湾、大彼得湾、阿穆尔湾的地域,在金朝建立以前即是女真人的居住地,当时称作曷懒甸,是以曷懒水(今海兰江)得名。在金朝建立的前夕,高丽看到女真人的势力日益强大,有些恐惧不安,双方不断发生冲突,于是,高丽靖宗十年(1044 年)在曷懒甸南部(今朝鲜咸镜南道)修筑了九城和一段长城,史称曷懒甸长城。

与此同时,女真人为了防御高丽入侵,也采取了相应的措施。《金史·斡鲁传》记载:"高丽筑九城于曷懒甸……斡鲁亦对筑九城与高丽抗,出则战,入则守,斡赛用之,卒城高丽。"斡鲁所筑的九城,是九座城堡,今延边长城附近金代城堡很多,数以十计,九城即在其中,不过今日很难分辨哪些城堡为斡鲁所筑。"城高丽",是指在临近高丽的边境筑长城,长城亦可简称为城,这种用法在古籍中多见。今日延边珲春、和龙、龙井、延吉所见之古长城,即斡鲁所筑。据《金史·世纪》记载,斡鲁筑九城和长城,是在康宗袭生女真节度使的第四年。康宗乌雅束是金太祖阿骨打的长兄,于辽天祚帝乾统三年(1103年)袭节度使,卒于天庆三年(癸巳,1113年)。其袭位的第四年为丙戌(1106年),阿骨打称帝建国是在天庆五年(1115年),则延边长城筑于金建国前9年,恰是金朝建立的前夕,至今(2005年)已有899年的历史。

延边长城珲春段长25公里,和龙、龙井、延吉段长78公里,合计103公里。这是长城遗址可见部分的长度,如果将早已毁坏、无痕迹可寻的段落计算在内,还不止于此。至于珲春长城是否与和龙、龙井、延吉长城接在一起,由于缺乏实地考察材料,不清楚其间的图们市是否也有长城,尚无法确定。魏声和称珲春长城"至延吉县境",似应连接在一起为合理,不过目前不能遽下断语,寄希望于图们境内的考古发现。

延边金边壕的浚治,与延边长城的修筑并非同时。《大金国志》卷20《章宗纪中》记载,泰和元年冬,"浚界壕,深广各三丈,东接高丽,西达夏境,列屯戍兵数千里,防其复至"。夏境是指西夏国而言,按字面来说,很容易使人理解为金代界壕是东起高丽,西到西夏国。实际上并非如此,金代东北路、临潢路、西北路、西南路边壕的走向,《金史》中有明确记载,并没有到达高丽(详后)。从延边金边壕遗址的发现来看,所谓"东接高丽"应指高丽边境附近有边壕而言,这段边壕与东北路或临潢路边壕都不相连接。由于行文不够明确,很容易使人产生误解。

延边边壕的浚治在金章宗泰和元年,这一年为公元1201年。延边长城修筑于1106年,要比边壕早95年,显然二者并非同时,不能将边壕看成是掘土筑城所形成的壕沟。金章宗浚治延边边壕,是因为延边长城修筑近百年之久,由于长期的风吹雨淋,长城墙体坍塌破坏,已失去了防敌的作用。重新补修长城的工程量比较大,反不如修治边壕省工省力。因此,采用了修治边壕的办法,与旧长城相辅相成,从而在延边地区留下了一道长长的边壕。

（二）牡丹江边墙

牡丹江发源于镜泊湖,自南向北流,在依兰注入松花江。牡丹江左岸有一支流,名叫海浪河,海浪河以北是崇山峻岭的山区。牡丹江边墙在牡丹江市北郊,海浪河北岸的山中。据实地考察所见①,这道边墙东始于牡丹江市江西村西沟北山主峰,然后向西北走向,经新峰南岭、蛤蟆塘砬子、馒头砬子、岱王砬子、二人石南岭,最后终止于西大砬子(海拔 740 米)北坡,全长约 50 公里。这道边墙成为牡丹江市和海林县(今海林市)的分界线。由于边墙主要修筑于山岭之上,故当地居民将边墙所经过的山岭称作边墙山。

牡丹江边墙的东西两端,系采用土筑墙,然而却不见夯土版筑的痕迹。在两山之间的沟谷中,也常见短小的土墙,基宽 5 米至 7 米,顶宽 0.5 米至 1.5 米,残高 1.8 米至 2 米。土墙外侧,残留有取土时形成的浅沟。在地势险要的土墙内侧,多见有圆形土坑,大坑直径约 5 米,小坑直径 3 米,其深度不到 1 米。除土坑外,还有石壁圆坑,直径约 3 米。据分析,土坑为戍守边墙士兵的住处,石坑则是蓄水池,在吉林龙潭山上即有巨大的石壁蓄水池。

在山岭上更多的墙体是石墙,系用石块垒成。石块不大,均以人力能够搬运为限,有自然形成的石块,也有经过人工开采的石块。石墙多垒于山脊的外侧,墙体外侧高,内侧低,利于防守,而不利于敌人攻城。石墙一般基宽 5 米左右,顶宽 1 米左右,外侧高 4 米左右,内侧偶见二级台阶,在第二级台阶的墙体中,设有孔洞,是放箭射击的地方。

沿墙体外侧筑有马面,马面也有土筑和石砌之别。从三道关至城砬碰子的马面保存得比较完好,在长约 10 公里的边墙上,共有马面 13 个,墙内有土坑 46 个,反映出这一段是边墙防御的重点地区。

在边墙附近,发现了金代遗物若干。其中以刻有文字的铜镜和官印最为重要,铜镜边缘刻有“泰州录判”4 字和押记。金代的铜禁很严,只有

---

① 牡丹江市文物管理站:《牡丹江边墙调查简报》,《北方文物》1986 年第 3 期。

经过官府的验检，才能允许销售使用，故而在铜器上多刻有官府验检的文字。官印为"古州之印"，印文为九叠篆，印背凿刻有"应办所造""天泰二年二月廿五日"等文字。天泰为蒲鲜万奴东夏割据政权的年号，天泰二年为金宣宗贞祐四年，即公元1216年。

牡丹江边墙有南、北两道，上述边墙为北边墙，除此以外还有南边墙。南边墙在镜泊湖东岸，大体作东西走向，是以石块砌筑。镜泊湖东岸是老爷岭山区，老爷岭主峰海拔1115米。边墙沿山势向东，这一带的山岭被当地人称作城墙砬子。由于山高林密，野兽经常出没，行人很难深入其中。因此，这道边墙一直没有人做实地考察，很可能进入汪清县北部天桥岭一带，其长度估计应在数60公里以上。①

在镜泊湖北岸，有一座重要的东夏山城，称作城子后古城（俗称吊水楼古城）。该城修建在一座高山之上，其东、西、北三面，均是陡峭的悬崖断壁，绝难攀登，只有南面山势平缓，可通行人。山城由南、北二城组成，周长约3000米。北城与南城只有一墙之隔，北城为内城，南城为外城。在北城中有古井十余口，可供千人食用，显然是主要的屯兵之所。城墙石筑，高约4米左右。在城门处设有半圆形的瓮城，在城墙上筑有马面，在城墙外挖有护城壕，在城门的西南还有一座小城，守卫着大城的南门。城子后古城的结构布局，显示出它固若金汤，非一般的军城可比。②

城子后古城出土有金代的砖瓦、铁锅、铁车輨、铁镞，砖瓦的发现证明城中有砖瓦建筑物，是官府所居的场所。铁车輨是车轮上的重要部件，证明车辆可以出入城中。城中出土的最重要的遗物，是1919年发现的"不匋古阿邻谋克之印"，印背凿刻有"天泰八年"字款。天泰是东夏政权（1215—1233年）所用的年号，天泰八年为金宣宗元光元年，即公元1222年。由此可知，城子后古城应是东夏所建的古城址。城子后古城以及许多东夏官印的发现，为研究牡丹江南、北边墙的时代，提供了重要的线索和证据。

东夏是金朝末年出现的一个地方割据政权，其创建者为金朝地方官、

① 友之：《吉林东部延边地区发现古长城》，《辽金契丹女真史研究》1985年第1期。
② 景爱：《镜泊湖访古》，《奋斗》1986年第4期。

辽东宣抚使蒲鲜万奴。在史书中东夏又被称作东真、大真,金哀宗天兴二年(1233年)为蒙古所灭,前后存在了19年。东夏建立以后,不断遭到金朝和蒙古人的讨伐,于是割据今吉林和黑龙江东部山区,以维持其政权。蒲鲜万奴原是金朝的地方官,非常熟悉金朝的典章制度,他仿效金朝设立文武百官。金朝设有五京(中都、北京、东京、西京、南京),东夏则设有南京和北京。东夏的南京设在延吉市附近的城子山古城[1],其北京则设在宁安镜泊湖附近的城子后古城。在牡丹江北边墙附近的海林县,曾出土"万户天字号之印",印背凿刻有"天泰二年北京行部造"字款。印背上的北京即东夏的北京,北京应当设在牡丹江一带。在牡丹江南、北边墙附近,城子后古城是唯一的一座东夏古城,而且这座古城的结构布局又非一般的山城可比,具有比较高的级别,因此,城子后古城就是东夏的北京。东夏将其南京、北京都设在山城中,是以山险为守,以防止金朝和蒙古人的讨伐。特殊的历史条件,培育了山区的都城。

城子后古城即东夏的北京,其南、北各有一道边墙,显然是以这两道边墙来保卫东夏北京的安全,达到割据一方的目的。东夏是金代的地方割据政权,东夏的边墙就是金代的长城。

延边地区金长城长约103公里,牡丹江地区金长城长约110公里,合计约213公里。在中国历代长城中,这是比较短小的长城。

五、金漠南边壕

在漠南地区,金代曾修筑边壕,史称金界壕。它大体上从东北向西南走向,横亘于大兴安岭以东、以西和阴山以北的草原上。金边壕穿过了嫩江草原、科尔沁草原、锡林郭勒草原、乌兰察布草原,其规模要比漠北辽边

---

[1] 景爱:《关于东夏国都城的再探讨》,《延边大学学报》1981年第4期;景爱:《三说金末蒲鲜万奴东夏国的都城》,《延边大学学报》1984年第4期。

壕大许多,其中有干线和支线,据不完全统计,其总长度约为 3356.5 公里。在我国北方地区,金边壕是仅次于长城的古代伟大军事建筑工程。

金代边壕在古代文献中有记载,虽然遭受自然和人为的破坏,至今却仍然可以看到若干残迹,许多文物考古学家曾做过考察记录。虽然这些记录不是很全面的,然而参照有关的古代文献,金代边壕的基本情况大体还是可以搞清楚的。

(一)边壕干线的位置与走向

金代边壕依史书记载分为四路,即东北路、临潢路、西北路、西南路。金代最高地方行政区称路,相当于现代的省。不过这里的四路边壕,是按军事管理的需要将边壕划分成四个单元,隶属于不同的军管区,与行政区的路不是一回事。据有关记载,上述四路边壕分属于东北路招讨司、西北路招讨司、西南路招讨司。《金史·兵志》称:"东北路者,初置乌古迪烈部,后置于泰州。泰和间,以去边尚三百里,宗浩乃命分司于金山。西北路者置于应州,西南路置于桓州。以重臣知兵者为使,列城堡濠墙,戍守为永制。"《金史·兵志》关于西北路、西南路招讨司的治地记载有误,中华书局本《金史》校勘记已作出了订正。泰州故址,为今黑龙江西部泰来县塔子城。[①] 西北路招讨司治于桓州(故址为今内蒙古正蓝旗黑城子,后迁四郎城),西南路招讨司治于丰州(今呼和浩特市东白塔子古城)。[②] 临潢路驻临潢(今巴林左旗)。

1. 东北路边壕的起止走向

《金史》记载,东北路边壕始于达里带石堡子,止于鹤五河。经实地考察所见,东北路边壕始于内蒙古莫力达瓦旗尼尔基镇北 8 公里七家子附近嫩江西岸沼泽中。其起点处有南北两条平行走向的壕堑,相距约1000 米,均从嫩江岸边向西走向,在北边壕村附近,这两条平行的壕堑合

---

① 景爱:《辽金泰州考》,《辽金史论集》,上海古籍出版社 1987 年版,第 125—195 页。
② 李逸友:《论内蒙古文物考古》,《内蒙古文物考古文集》,中国大百科全书出版社 1994 年版,第 13、15 页。

而为一。此外,在与莫力达瓦旗相邻的讷河县(今讷河市)托拉苏村北2500米的嫩江西岸,还有一条东西走向的壕堑,也是边壕起点的一部分①。边壕起始处从南到北有三条平行的壕堑,表明了对起始地点防御的高度重视(见附图)。

对《金史》中东北路边壕起始处的达里带石堡子,屠寄解释说:"达里带,满洲语有石也,堡在嫩江西岸,布特哈旧总管衙门之北,伊倭齐之地。"②清代的布特哈总管衙门治于布西,即今尼尔基镇。伊倭奇,今作宜卧奇,有前宜卧奇、腰(中)宜卧奇、后宜卧奇三个自然村。在后宜卧奇有边堡,它是边壕起始处的第一座边堡,《金史》中的达里带石堡子,即指此堡而言。此堡东距嫩江水面只有200米,可以说是贴近嫩江而建。

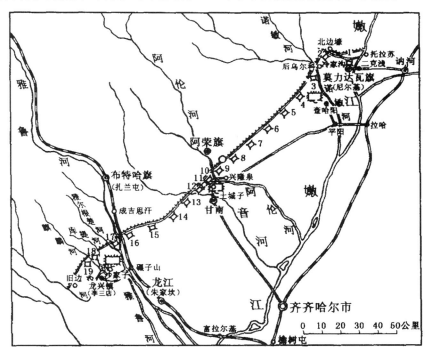

漠南金东北路边壕北段

据黑龙江省博物馆

---

① 黑龙江省博物馆:《金东北路界壕与边堡调查》,《考古》1961年第5期。
② 屠寄:《蒙兀儿史记》世纪第一,中国书店1984年影印本,第1页。

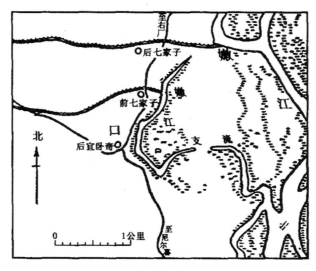

界壕起点

据黑龙江省博物馆

边壕起始一段是自东向西走向,至冷家沟附近则转向南偏西,沿嫩江右岸草地走向。经甘南县、龙江县,进入内蒙古扎费特旗。再进入科尔沁右翼前旗,经索伦镇到达乌兰毛都苏木满旗屯,在此附近边壕一分为二,干线在东,支线在西。干线经内蒙古突泉县,进入内蒙古科尔沁右翼中旗,到达霍林河沿岸的吐列毛杜镇。吐列毛杜镇所属的白音乌兰,地处霍林河东岸,是东北路边壕的终止地点。霍林河旧称霍勒河,即《金史》中所称的鹤五河,鹤五河是东北路边壕与临潢路边壕的分界线。

东北路边壕的北段,现在成为黑龙江省和内蒙古自治区的分界线,边壕以东为黑龙江省的甘南县、龙江县,边壕以西为内蒙古的莫力达瓦旗、阿荣旗、扎兰屯市(旧称布特哈旗)。

2. 临潢路边壕的起止走向

临潢路边壕东始于霍林河西岸的巴仁巴彦乌兰,向西南走向,经赛音花、坤都冷进入扎鲁特旗,经乌兰哈达苏木、巴雅尔图胡硕镇进入阿鲁科尔沁旗(旧称天山县),经巴彦温都尔苏木,进入巴林左旗(旧称林东县)

乌兰达坝苏木,经巴林左旗北部的好尔吐、新浩特、好布高、乌兰坝林场、横河子、乌尔吉、海力图、亚儿腰、边墙沟、乌兰白旗(其),进入巴林右旗,经索博日嘎苏木(俗称白塔子)以北的王坟沟(即辽代庆陵所在之山沟),进入林西县,经老房身、新林镇之北,毡铺之南,进入克什克腾旗(旧称经棚县),经天合园(王家营子)之北,巴彦查干苏木之南、阿其乌拉苏木之南,而进抵达里诺尔北岸和西岸。《金史·地理志》称临潢路边壕"自鹤午河堡子至撒里乃","撒里乃"见于《辽史·道宗纪六》,寿隆(昌)二年六月、四年五月,辽道宗两次到此驻跸。这里清凉宜人,适于避暑,《金史·地理志》记载,临潢府"有撒里乃地,熙宗皇统九年尝避暑于此"。元代外戚宏吉剌氏曾在达里诺尔设立应昌路,作为"驻夏之地"①。应昌路故城,在达里诺尔南岸。辽道宗于五月、六月来撒里乃驻跸,估计也是与避暑有关。"撒里乃"属于契丹语,是对达里诺尔的契丹语称谓,其意不详,或指湖泊的形状,或指湖水的特点,尚需进一步研究探讨。

3. 西北路边壕的起止走向

《金史·章宗纪三》称西北路西自坦舌,东至胡烈公(又作胡烈么),近600里,王国维认为,胡烈么即辖里袅,又作辖里尼要,"尼要一语与淖尔同源",达里诺尔以南的活来库勒,"即金之辖里尼要",亦即胡烈么②。按今日地图,达里诺尔西南有一小湖,名叫多若诺日③,为达里诺尔余水所形成,或即王国维所说的活来库勒、胡烈么。西北路边壕起始于此,是可以相信的。

据实地考察所见,西北路边壕自达里诺尔起,向西南走向,经过了今锡林郭勒市南部草原,进入正蓝旗。自正蓝旗东北部斜向西南,进入正镶白旗北部,斜穿而过,在阿拉坦嘎达苏苏本与布日都苏本之间,进入镶黄旗,自东北向西南斜穿镶黄旗北部,经宝格达音高勒苏木,进入商都县西北部八股地,此后,边壕向西经苏尼特右旗南部、察哈尔右翼后旗北部,进

---

①　《元史》卷118《特薛禅传》,中华书局1976年版,第2920页。

②　王国维:《金界壕考》,《观堂集林》第3册,中华书局1959年影印本。

③　赤峰市人民政府:《赤峰市地名图集》,1987年,第193—194页。

入四于王旗。

西北路边壕西止于坦舌，坦舌为女真语地名，或指某城堡而言，如达里带石堡子之例。屠寄认为，坦舌在武川厅（今武川县）以北的塔集呼都克，王国维指出其误："其地已在西南路招讨司辖境，屠说非也"[1]，然而王国维也没有确指坦舌在何处。

边壕岭南山北支线，在商都县西北八股地冯家村与边壕干线相会合（详后）；锡林郭勒草原支线，在四子王旗东南新敖包山附近的白音花嘎查与边壕干线相会合。边壕会合之处，显然是军事要地，应是西北路边壕与西南路边壕之分界处。故西北路边壕的西端，不外乎上述两个边壕的会合点。商都县的会合点有些太偏东，而且也不如四子王旗的会合点重要。因为在四子王旗会合点西南约 80 公里处（直线距离）的吉尔太乡城卡子古城，为金代净州所在的天山县故址。《金史·地理志》称：净州天山县"北至界八十里"所谓"界"系指界壕而言。此城卡子古城以北约 40 公里，正是金边壕。净州是"大定十八年以天山县升，为丰州支郡"。丰州是西南路招讨司的驻地，净州为丰州支郡，则净州的重要性由此可知。在此会合点西南约 57 公里（直线距离）的红格尔苏木所在地希拉莫仁庙古城，则是元代砂井总管府和砂井县故址。彭大雅《黑鞑事略》称沙井在天山县北八十里，天山县故址城卡子古城到希拉莫仁庙古城，恰好为 40 公里，王国维认为："西南路界壤之与西北相接者，实为净州"[2]，是完全正确的。不过他认为净州天山县不应在四子王旗，"天山以山名县，自当在阴山中"的推断，却是错误的。王国维没有亲赴其地，以时地之限出现失实的推断，自在情理之中。

由此可知，金代西北路边壕的终止地点，即西北路边壕与西南路边壕的分界，应当在今四子王旗东南部白音花嘎查附近的内、外边壕会合处。西北路边壕的长度，《金史》称近 600 里，唐代一里为 459 米，宋代一里为 471 米，金代里应与唐、宋里相近，其一里按 471 米计，600 里合今公制为

---

[1] 王国维：《金界壕考》，《观堂集林》第 3 册，中华书局 1959 年影印本。
[2] 王国维：《金界壕考》，《观堂集林》第 3 册，中华书局 1959 年影印本。

282.6 公里。

4. 西南路边壕的起止走向

西南路边壕起始于四子王旗白音花嘎查,由此继续向西南走向,经红格尔苏木、大井坡乡之西北,白音花苏木(不是前述的白音花嘎查)之东南,进入达尔罕茂明安联合旗境内,在百灵庙(旗政府驻地)以东,经额尔登敖包苏木所在地和日本音善达以后,改作向南走去,经坤都滩,进入武川县二份子乡,然后又折向东南,经西红山子之东,西乌兰不浪之西,进入武川县西南部庙沟乡上庙沟村。转上山坡,最后终止于大青山海拔 1850 米处。庙沟山势险峻,边壕停止于此,即与有山险屏障有关。[①]

《金史·地理志》记载:"金之壤地封疆,东极吉里迷兀的改诸野人之境,北自蒲与路之北三千余里,火鲁火疃谋克地为边,右旋入泰州婆卢火所浚界壕而西,经临潢、金山、桓、抚、昌、净州之北,出天山外,包东胜,接西夏,逾黄河,复西历葭州及米脂寨,出临洮府、会州、积石之外,与生羌地相错。"许多人以此为据,认为金边壕越过了阴山,到达了黄河岸边。例如王国维称:"西面路界壕之可考见者止此,而《仆散揆传》云,筑垒穿堑,连亘九百里,盖此壕自沙井西包东胜、云内之北,直达黄河,与西夏接。"[②]据实地考察所见,西南路边壕终止于大青山中,并没有越过大青山进入山前土默特平原的迹象,"直达黄河,与西夏接",说的是金朝的边界,而不是指边壕。金朝有一段边界是沿边壕走向,即"右旋入泰州婆卢火所浚界壕而西,经临潢、金山、跨庆、桓、抚、昌、净州之北,出天山外"这一段,"天山外"系指天山北,即阴山(大青山)北,在天山(阴山)以南,既无边壕之遗迹,因此也就不能以边壕为边了。王国维的误断,是由于误解了《金史》的记载所造成的。当时还没有对边壕做过实地考察作为依据,出现此类误解、误断是可以理解的。

《金史·仆散揆传》中的"连亘九百里"又作何解?据其本传,仆散揆

---

① 贾洲杰:《金代的长城》,《中国长城遗迹调查报告集》,文物出版社 1981 年版。
② 王国维:《金界壕考》,《观堂集林》,中华书局 1959 年影印本第 3 册。

在西南路招讨使任上，"尝转战出塞七百余里，至赤胡睹地而还"，在此以后，"揆沿徼筑垒穿堑，连亘九百里"。赤胡睹地望不详，不过可以肯定是在域外，这从"出塞七百余里"可以得知。从四子王旗经达尔罕茂明安联合旗至武川县的边壕，显然不足九百里，只有将四子王旗以北的支线边壕加进去，才能有九百里之数。金代一里按 471 米计，西南路边壕 900 里，合今公制为 423.9 公里。

5. 漠南金边壕干线的长度

漠南金边壕的分布范围很大，既有内线、外线，其间又有若干支线，其长度在史书中缺乏明确记载。因此，我们只能据边壕的走向，分段加以计算，最后统计其全部长度。

东北路边壕在黑龙江西部的一段，长约 200 公里。在内蒙古科尔沁右翼前旗、右翼中旗境内走向，直到霍林河左岸吐列毛杜镇白音乌兰的一段，长约 170 公里，合计为 370 公里。

临潢路边壕从霍林河右岸巴仁巴彦乌兰到扎鲁特旗境内一段，长约 100 公里。由扎鲁特旗经阿鲁科尔沁旗、巴林左旗、巴林右旗、林西县到克什克腾旗达里诺尔湖畔，长约 200 公里，临潢路边壕总长为 300 公里左右。

西北路边壕长度，据《金史》记载为 600 里，约 282.6 公里，西南路边壕的长度，《金史》记载为 900 里，为 423.9 公里。

这样，金边壕干线总长应是 1376.5 公里。

（二）边壕支线的位置与走向

《金史·地理志序》所记载的金代边壕，属于边壕的干线和主体。除此以外，还有许多支线，有的支线在干线的内侧，有的支线在干线的外侧，呈现很复杂的局面。支线是为了加强干线的防御能力而建，在时间上要晚于干线。

1. 突泉支线

突泉支线在大兴安岭东麓,沿大兴安岭作东北—西南走向。它北起于扎赉特旗解放屯,西南经科尔沁右翼前旗太平山、好仁、大石寨、保门、哈拉黑、古迹,进入突泉县境内,全长约100公里。这道边壕遗迹比较清楚,壕堑宽2米至3米,壕壁(壕侧残留的土墙)高0.5米至1.5米,宽4米至5米,它位于干线边壕的东侧①,长约100公里。

2. 岭南山北支线

这条边壕支线比较长,一部分在大兴安岭南麓,一部分在阴山北麓,为了记述的方便,简称为岭南山北支线。它的东端起始于林西县统部乡凌家营子,先是向南走向,经嘎查、曹家屯进入大营子乡,经宝林、黄家店、三楞子山、和平林场,自和平林场转向西,经东大荒进入克什克腾旗热水溺镇二八地村。② 由此向南,经新井乡、柳林乡、昌义乡进入南甸乡。在南甸乡边壕遗迹比较清楚,沿苇莲河走向,经中兴号、大城、西沟门、水地、冯家营子、木先厂子、同盛义、哈达梁进入翁牛特旗灯笼河牧场。③ 由于边壕两侧的壕壁保留得比较完好,边壕内侧有许多小城堡,故有人误认为是战国燕北长城遗址。这些小城堡规模大小相等,其周长多在50米左右,其间距多在120米左右,应属于边堡,不是战国的城鄣。金代边壕附近常常设有边堡,作为士兵的休息之所。从而可以证明克什克腾旗境内的古代遗迹是金代的边壕边堡,而不是燕北长城。

此边壕支线由翁牛特旗灯笼河牧场南下,进入赤峰市郊区,经二龙库进入河北围场县三义永乡。在围场县金边壕的走向,基本上与燕北长城的走向一致,有的是利用燕北长城改造而成,有的是新挖掘的壕堑。在围场县西部半截塔乡、燕格柏乡、牌楼乡、城子乡、桃山乡、西龙头乡,可以清

---

① 庞志国:《金东北路临潢路吉林省段界壕边堡调查》,《中国长城遗迹调查报告集》,文物出版社1981年版。

② 吴宗信:《(林西)金边堡边墙遗迹》,《林西文史选》第一辑,第137—140页。

③ 刘志一:《战国燕北长城调查》,《内蒙古文物考古》1994年第1期。

楚地看见边壕的遗迹，当地人称为"长壕"或"万里长壕"。在燕格柏乡，壕堑宽 8 米、深 1 米。在城子乡，壕堑上宽 5 米、底宽 2 米。在西龙头乡，壕堑上宽 5 米、底宽 1.5 米至 2 米。① 这些遗迹清楚的壕堑，应是金代新挖掘的边壕，而利用燕北长城改造的边壕，则遗迹不甚清楚，是可以分辨出来的。

金边壕由围场县老窝铺乡卡伦后沟进入内蒙古多伦县石门沟，继续向西走向，进入河北丰宁县北部坝上草原乡（又称骆驼场），这一段边壕甚为短小，然后又进入多伦县西干沟乡南沟村，由此向西北走向，经旧边墙村、大北沟乡花塘沟村、下滩羊场，进入正蓝旗黑城子种羊场三分场，越过闪电河（滦河上游）进入太仆寺旗骆驼山乡郭家营子村，中经宋家营子乡、城郊乡、贡宝拉嘎苏木包日浩特、东井子乡贾家地村，进入康保县阎油房乡，从康保县中部横穿而过，经李家地乡毛胡庆村，进入内蒙古化德县土城子乡，向西经白土卡子、杨家营子、二吉淖尔、边壕渠村，进入商都县卯都乡，经八股地乡至冯家村南山，与金边壕的干线相会合②，这条支线全长约 480 公里。围场县是大兴安岭与阴山的交汇处，在围场县以东边壕是在大兴安岭以南，在围场县以西边壕转入阴山以北。

3. 科尔沁右翼前旗支线

金边壕干线从科尔沁右翼前旗满族屯分出一条支线，经树木沟乡向西南走向，经科尔沁右翼中旗吐列毛杜、骆驼脖子，沿霍林河左（北）岸向扎鲁特旗走向，经沙尔胡拉、霍林河市，越过大兴安岭，进入东乌珠穆沁旗，经巴音胡硕镇之南向西走向，最后终止于乌拉盖苏木以南的沼泽地中。其所经过的地区多山多石，因此壕堑挖掘得不深，现在只能见到浅壕，壕壁多为土石混筑，不见副壕和马面，形制比较简单。③ 其长约在 200 公里。

---

① 布尼阿林：《河北省围场县燕秦长城调查报告》，《中国长城调查遗迹报告集》，文物出版社 1981 年版，第 40—44 页。

② 李逸友：《中国北方长城考述》，《内蒙古文物考古》2001 年第 1 期。

③ 庞志国：《金东北路临潢路吉林省段界壕边堡调查》，《中国长城遗迹调查报告集》，文物出版社 1981 年版。

4.锡林郭勒草原支线

这是里程最长的一条支线,它从扎赉特旗进入科尔沁右翼前旗索伦军马场小黑牛圈,经大黑牛圈、兴龙沟、索伦乡草根台、乌兰毛都乡特门沟、哈德,沿果以其根河向西走向,经敖门台高勒北岸和毛西盖沟,在宝格达林场之南穿过大兴安岭,越过乌拉盖河,在满都胡宝拉格苏木以北的准夏巴尔湖附近折向北行,进入蒙古国东方省和苏赫巴托省南部。有人误认为进入蒙古国以后折向北走向,与漠北的辽边壕相连接。其实并非如此,边壕进入蒙古国以后走行不远,即回到内蒙古阿巴嘎旗,作东北向西南走向,斜穿阿巴嘎诺北部,进入苏尼特左旗、苏尼特右旗。经苏尼特右旗的布图木吉山(海拔1046米)之旁、朱日和镇西北进入四子王旗,与来自克什克腾旗、正蓝旗的边壕干线合而为一。其会合的地点,在白音朝克图苏木新敖包山(海拔1539米)西北约20公里处,其附近有白音花嘎查。[①] 这条支线从未进行过科学考察,其详细情况尚缺乏了解。由于所经过之地属于牧区,所受人为破坏比较少,故边壕的遗迹还是比较清楚的。其长度约为1200公里。

这样,支线边壕的全部长度约1980公里。干线边壕全长1376.5公里,两者合计为3356.5公里。如果把延边的边壕约103公里也计算在内,则总共长3459.5公里。过去有人称金边壕全长15000米,显然过分夸大了边壕的长度。即以长3459.5公里而言,金代边壕也是中国古代又一种规模巨大的军防工程,以其长度而言仅次于长城。

金代边壕长度统计表

边壕名称	长度(公里)	合计(公里)
边壕干线		1376.5
东北路	370.0	
临潢路	300.0	

---

① 李逸友:《中国北方长城考述》,《内蒙古文物考古》2001年第1期。

边壕名称	长度(公里)	合计(公里)
西北路	282.6	
西南路	423.9	
边壕支线		1980.0
突泉线	100.0	
岭南山北线	480.0	
科右前旗线	200.0	
锡林郭勒线	1200.0	
延边边壕	103.0	103.0
合　计	3459.5	3459.5

(三)边壕之形制结构

漠南之金边壕与漠北辽边壕相比,其形制结构要复杂一些、先进一些,显示出规划思想的进步和建筑施工技术的提高。不过各段边壕修建的时间不完全相同,其修建施工的速度有快有慢,所用的经费有多有少,主持人的身份有高有低,都对边壕的修建施工产生了一定的影响,因而便出现了大同小异的现象。

1. 沟堑与壕壁

边壕的主体是壕堑,深阔的沟堑可以阻止人、马的前进。王国维指出:"界壕者,掘地为壕堑,以限戎马之足。"[1]其说至为明确。即使在现代战争中,沟堑仍是重要的防敌设施。在敌人必经之地挖掘深沟,可以阻止坦克、装甲运兵车的快速前进,俗称防坦克壕。

在挖掘沟堑的过程中,会产生大量的废土。为了减少废土的搬运,只能将挖掘出的废土堆积在沟堑的两侧,形成壕棱,从外观来看极似矮墙,于是,后人误称为边墙或长城。长城(明代称边墙)墙体的显著特点是必须夯

---

① 王国维:《金界壕考》,《观堂集林》第3册,中华书局1959年影印本。

实,因为泥土不夯实就不能形成高墙。金代边壕两侧的矮墙,只是随意堆积,没有经过夯实,这是其低矮不高的主要原因。许多考古学家对此都做过仔细观察,未发现夯打的痕迹。李文信在考察临潢路边壕时指出:"壕壁外凿有断面稍近方形之深堑,壕壁外侧斜度较大,内侧较小,顶上平如砥路。由壕壁外面及破断面观之,纯用黄土堆筑,并无使用晒甓及版筑成层形迹。"①所谓"晒甓"即未经焙烧之土坯,所谓版筑即夯土版筑,不见夯土成层,证明未经夯实。黑龙江省博物馆在对东北路边壕的考察中,亦"不见夯层的迹象"②。边壕附近的城堡墙体,却均是夯筑而成,二者成为明显的对比。曾仔细考察过金边壕的李逸友称:"我们重点复查了克什克腾南部的界壕遗迹,所见墙体无明显的夯层,是挖掘壕堑时堆积的土石方而形成。"③

　　上述知名考古学家均称金代边壕之壕壁并非夯土版筑,是值得重视的。然而近年有人提出,河北北部的金边壕壕壁上见到了夯层,用以证明壕壁就是长城,这种说法很难取信于人。金边壕在修建过程中,曾利用了前代的长城,以前代长城的墙体作为壕壁。这种现象在河北北部、内蒙古中部最为常见,因为这里是古代长城最密集的地区。李逸友指出:"金界壕南段 B 线(即岭南山北支线)自赤峰二龙进入围场县境后,在桃山以东基本上利用燕秦长城改造,桃山以西则只挖有壕堑";又称从多伦至正蓝旗黑城子种畜场的边壕,以及"自此以西到商都县二吉淖尔之间的界边壕,皆为将北魏长城改筑而成";在武川县,"汉代长城墙体,已被改筑为金代界壕";"自阿路康卜至二份子村东之间的汉长城,金代改筑为界壕";"自武川县二份子乡以南至后石背图村后的金界壕南线(即西南路边壕干线)乃是利用汉五原郡外长城北线改造而成。"④这类例子很多,无须一一罗列引证。

　　既然金边壕改造利用了前代的长城,在其壕壁中自然可以看到前代长城的夯土层,这是一种很正常的现象。如果对此缺乏深入仔细的观察研究,很容易将前代的夯土层误作金代的夯土层,得出错误的结论。金代

---

① 　李文信:《金临潢路边壕边堡址》,见《辽海引年集》,1947 年。
② 　黑龙江省博物馆:《金东北路界壕与边堡调查》,《考古》1961 年第 5 期。
③ 　李逸友:《中国北方长城考述》,《内蒙古文物考古》2001 年第 1 期。
④ 　李逸友:《中国北方长城考述》,《内蒙古文物考古》2001 年第 1 期。

漠南边壕所通过的地区,大多是沙漠草原地区,地下地上土质松散,含沙量比较高,黏结力比较低,夯筑墙体相当困难。金代边壕是在边患危急、朝廷内部有争议的情况下,匆匆忙忙修建而成,只能舍难就简去挖掘壕堑,难以夯土版筑墙体,将挖出之泥土堆积在壕堑之侧,就算作是完事了。

沟堑之土堆积在沟堑之侧,显然是为了节省运土的结果,可以节省人力物力,这是当时的本意。不过今日观之,废土堆积在沟堑两侧,却可以加大沟堑的深度,有利于防敌,因为沟堑越深敌人就越难以通过,人、马误坠其中,往往难以自救。因此,李文信将沟堑两侧之矮墙称为壕壁,是对其功用的最科学解释,深得边壕之要旨,故为学者所赞同,多援引其说。

沟堑的宽度,于防敌功用最为重要,因为沟堑越宽,敌人越难以通过。在已知的金代边壕中,以临潢路边壕最为宽阔,系由两条平行的沟堑组成。内壕一般宽15米至20米,外壕一般宽6米至8米,在内壕、外壕之间,保留有一道隔墙,被称作长堤或副堤,长堤、副堤的残留,与古代挖掘技术的落后有关。当时挖掘用的工具是铁锹,所挖出来的泥土,是用铁锹直接扬弃在沟堑之侧。人的体力限制了其扬弃的距离,沟堑越宽,扬弃泥土的困难就越大,内外两沟堑并列,却可以解决这个困难。于是,在内外壕之间便留下永久性的长堤或副堤。如果使用现代的挖掘机施工,就不会在沟室之中留下一道长堤。在漠北辽边壕,不见这种现象,内外沟堑并列的形制,反映出金代边壕有所改进。

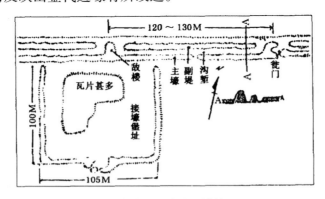

漠南金临潢路边壕之结构图

李文信所绘

2. 复线

为了加强边壕的军事防御能力,金代边壕在修建中出现了复线,所谓复线即双线,与现代的铁路复线相似,即两道边壕在近距离内平行走向。

复线边壕不多见,仅见于黑龙江西部的东北路边壕和内蒙古的临潢路边壕,其中以东北路边壕最有代表性。东北路边壕在其起始处,自嫩江河岸以西共有三条大致平行的沟堑,其中第一条在后七家子之南、前七家子之北,第二条在后七家子之北,第三条在托拉苏之北。第一条、第二条间距约1000米,第二条与第三条间距稍远一些,站在第三条边壕处,目力可以清楚地看见第二条边壕,据此估计约2000米。在边壕起始处采用三条复线,反映出当时高度重视这里的军防地位。

自此以后,边壕一直是以复线为主。自嫩江至诺敏河段,自诺敏河至阿伦河段,自阿伦河至雅鲁河段,自雅鲁河至济沁河段以及以南段,均属于复线。只有中间雅鲁河至麒麟河一小段,可能由于地形的原因,采取了单线。

在地形允许条件下(如平坦的草原),边壕复线采取等距离走向,间距30米左右。在多山地带,复线距离比较近,间距只有2米左右。雅鲁河至济沁河一小段虽无复线,却采取了内外沟堑并列的做法,用以加强边壕的防御能力。

由此可知,在黑龙江西部的东北路边壕,是以复线边壕为主,其中只有一小段是单线边壕。复线边壕极大地加强了边壕的防御功能,敌人骑兵要连续两次突破边壕是相当困难的。在漠北的辽边壕,不见有复线的现象,这是时代的差别,且不可等闲视之。

3. 马面与瓮门

马面与瓮门是古代城墙上的重要附属设施,漠北辽边壕无此,而漠南的临潢路边壕却普遍存在。据李文信记述,边壕内侧壕壁上附有马面,"较壁稍高,突出部分宽约10米至12米,长约10米至15米。其间隔距离约为130米至150米。上顶平面微凹,往往有柱础及陶瓷器残片散布于其间,或为有屋盖可住戍者,然非全数皆然也"①。据其记载,马面顶上似有女墙或低矮的围墙,并覆有棚盖以遮风雨,以利于士兵戍守。所不明者,此种设施是战时临时搭建,还是初建时即有? 由于资料不够完整,尚需深入研究。

在边壕支线上,也有马面之类的设施。例如在克什克腾旗岭南山北支线上,即设有马面(有人误作墩台)。从大黑山至边墙沟脑的边壕上,有马面11座,其间距为140米至190米,马面为土石砌筑,残高2.5米左右。从哈达梁到天顺成的边壕上,有马面3座,其间距为110米至150米,马面由石块垒筑,直径为1.5米至2米,残高分别为0.5米、1米、2米。有人将马面视为边堡,是错误的,马面是在边壕上,而边堡位于边壕的内侧,这是有所不同的。

边壕在重要处设有关隘,作为出入边壕之通道,在东北路边壕和临潢路边壕,都可以见到关隘的存在。此种关隘附近,一般都设有城堡,以加强防守。除此以外,在关门的外侧均建有半圆形的瓮门,瓮城城门开在旁侧。瓮门的外观、高低与马面无异,使敌人难以发现。其构思颇为巧妙,体现了古人的聪明才智。

4. 边堡

边堡是指边壕内侧屯兵的城堡,边堡有两种,一种是附在边壕上的小城堡,戍守边壕的士兵,平时就居住在这里。另一种是距边壕稍远的大城堡,可以屯驻更多的士兵,前线指挥官即驻守于此。王国维称:"边堡者,于要害处筑城堡以居戍人"②,是指这种大城堡而言。它是根据地形而设置,故称"要害处"。许多人把边壕附属的小城堡视为王国维所说的边堡,实是一种误解。黑龙江西部边壕上的城堡,是等距离设置,每隔10公里即有一处,无要害可言。东北路边壕上的小城堡,整齐划一,周长均为600米左右。临潢路边壕小城堡,其周长有400米者,还有周长142米者。

---

① 李文信:《金临潢路界壕边堡址》,见《辽海引年集》,1947年。
② 王国维:《金界壕考》,《观堂集林》第3册,中华书局1959年影印本。

边堡的分布疏密不均,可能与地形有关。

在克什克腾旗境内的边壕支线上,边堡规模小,边堡间距小而密,见下表。①

边堡规模与间距关系表

(单位:米)

编号	长	宽	周长	间距
1	14.7	11	51.4	
2	13	12	50	121
3	14	14	56	120
4	12	12	48	120
5	15	12	54	不详
6	30	30	120	900
7	13	10	46	650
8	12	11	46	500
9	11	11	52	不详

从上表可以看出,这段边堡是小而密,边堡小就必须密集,才能达到防敌的目的。此地属于山区,地形复杂,只有小而密的城堡才利于防守。由此可知,边堡规模的大小和疏密程度,与地形有密切的关系。

距离边壕稍远的地方,有大城堡。如东北路边壕的诺敏河古城,周长1210米;阿伦河古城,周长1310米。距边壕分别为9公里和3.5公里。临潢路边壕(干线)的内侧,有临潢城、庆州城、祖州城、怀州城以及其他无名的大古城,都是军事指挥机关的驻所。

西北路、西南路边壕的形制结构,与东北路、临潢路大体一致,只是繁简有所不同而已,故予以省略,不再赘述。

金代边壕有内壕外壕、复线,边壕上附有马面、瓮门,都是漠北辽边壕所不具备的。辽边壕内侧虽然有城堡,但是间距比较大,多在数十公里以上,而金边壕的边堡却密集得多。相比之下,我们可以发现,漠北的辽边壕形制结构比较简单,尚处于草创阶段。到了金代,边壕的形制结构日趋

---

① 刘志一:《战国燕北长城调查》,《内蒙古文物考古》1994年第1期。

复杂,出现内外壕、复线、马面、瓮门等新设施,极大地增强了边壕的防御能力。事物的发展,通常是从简单到复杂,边壕也是如此。上述事实充分表明了,漠北边壕与漠南边壕是不同朝代的建筑,不能将二者混为一谈。漠南边壕是金代所建,在文献中有明确记载;漠北边壕为辽代所建,虽然缺乏明文记载,然而其形制特点的简陋,却清楚地表明了其原始性,应是辽代所建,这是可以理解的。

（四）边壕的修建过程

金代边壕的修建,非一时所完成。金朝廷内部,对修边壕一直有不同意见,长期争论不休,故而拖延了很长时间才最后完成。

1. 边壕与边堡之先后

王国维称:"有壕堑则不能不置戍守,置戍守则不可无堡垒,则边堡之筑,亦当在同时。"①就道理而言,王国维之说颇为可信。然而事实并非如此,早在边壕修建以前,在边境地区即已有戍边的城堡。

《金史·地理志》载:"大定二十一年三月,世宗以东北路招讨司十九堡在泰州之境,及临潢路旧设二十四堡障参差不齐,遣大理司直蒲察张家奴等往视其处置。于是东北自达里带石堡子至鹤五河地分,临潢路自鹤五河堡子至撒里乃,皆取直列置戍堡。"据此可知,早在大定二十一年(1181年)以前,东北路、临潢路即有边堡,只是参差不齐而已。这些城堡有的是辽代的遗留,辽代临潢、泰州地近上京,一向是边防重地,修建有许多城堡。《金史·婆卢火传》载,金太祖天辅五年(1121年)婆卢火又屯驻泰州,以戍边为任,"守边屡有功",并因此受到奖赏。婆卢火在此续建城堡,自在情理之中。

不过这些城堡主要是前朝建筑的,比较零乱,不便于管理,故而蒲察张家奴做了一些调整,"取直列置堡戍"。这个事实表明,早在修建边壕

① 王国维:《金界壕考》,《观堂集林》第3册,中华书局1959年影印本。

以前,临潢路和东北路即有许多城堡存在了,并不是在修建边壕同时出现的。

需要说明的是,这里所说的城堡不是附于边壕的小城堡,附于边壕的小城堡,当然是与边壕同时修建的。且不可把边壕上的小城堡,与边壕内的大城堡混同为一。许多人每每把这二者混为一谈,应当予以纠正。

2.边壕始修之时间

王国维称:"金之界壕,萌芽(原作牙)于天眷,讨论于大定,复开于明昌,落成于承安。"其言一直被学术界视为定论,然而细读《金史》,发现大定间即有修建。《地理志》称:

> (大理)评事移剌敏言:"东北及临潢所置(堡障),土墙樵绝,当令所徙之民姑逐水草以居,分遣丁壮营毕,开壕堑以备边。"上令无水草地官为建屋,及临潢路诸堡皆以放良人戍守。省议:"临潢路二十四堡,堡置户三十,共为七百二十,若营建毕,官给一岁之食。"上以年饥权寝,姑令开壕为备。四月,遣吏部郎中奚胡失海经画壕堑,旋为沙雪埋塞,不足为御。乃言:"可筑二百五十堡,堡日用工三百,计一月可毕,粮亦足备,可为边防久计。泰州九堡、临潢五堡之地斥卤,官可为屋外,自撒里乃以西十九堡,旧戍军舍少,可令大盐泺官木三万余,与东直堡近岭求木,每家官为构室一椽以处之。"

王国维《金界壕考》在引述这段记载时,不知何种原因却遗漏了"上以年饥权寝,姑令开壕为备"这句话,然而这句话却非常重要,它表明金世宗当时已决定开凿边壕,由郎中胡失海主持其事,并且已经开凿出一大段,只是受沙雪掩埋的危害,边壕的防敌作用未能充分发挥出来而已。王国维对此评论说:"按此但记诸人建议,未及当时实行之状",言外之意是当时并未曾开凿边壕。

王国维之说,有失偏颇。胡失海明明是开凿了边壕,怎么能说未及实行?边壕"旋为沙雪埋塞"的记载,史文确凿,岂能视而不见?故而我们可以说,金代边壕的修建始于金世宗年间,只是其后有所中断而已。

3. 金章宗的边壕开凿

金章宗即位之初,边壕的开凿仍在进行中,这在《金史·章宗纪一》中可以找到证据。明昌三年(1192 年)四月(王国维《金界壕考》误作明昌五年三月),金章宗"诏集百官议北边开壕事",五月"罢北边开壕之役"。把这两条记事联系起来,可以知道当时的边壕开凿正在进行,只是在百官商议中许多人持反对意见,被迫在一个月以后停止施工。如果边壕开凿不再进行,何以会有"罢北边开壕之役"?从行文上看,罢开壕之役,说明有开壕之役,其理显然。

《金史·张万公传》有一段记载很重要:

> 初,明昌间,有司建议,自西南、西北路,沿临潢达泰州,开筑壕堑以备大兵,役者三万人,连年未就。御史台言:"所开旋为风沙所平,无益于御侮,而徒劳民。"上因旱灾,问万公所由致。万公对以"劳民之久,恐伤和气,直从御史台所言,罢之为便"。

这里所说的明昌间,显然是指明昌三年五月以前。当时动用了三万人去开凿西南路、西北路、临潢路以及泰州的边壕,由于战线太长,工程量太大,故而"连年未就"。明昌三年四月,金章宗召集百官议事,就是为了研究边壕是继续施工,还是停止施工的问题。张万公也是持反对意见的百官之一,其反对的理由有两条:一是边壕易受风沙危害;二是劳民伤财。

从《章宗纪》和《张万公传》的两条记载来看,在明昌三年(1192 年)五月以前,边壕的开凿一直在进行,没有中断。

金边壕的开凿在停顿了数年以后,到了承安三年(1198 年),又重新开始。在此期间,由于左丞相夹谷清臣"北御边措划乖方",即措施不当,引起了胡里乣和阻卜的反叛,边患危急,由内族完颜襄取代夹谷清臣主持军务,出任枢密使兼平章政事。他提出必须修边壕以御敌,"请就用步卒穿壕筑障,起临潢左界北京路以为阻塞",许多人仍持反对意见。他对金章宗说:"今兹之费虽百万贯,然功一成则边防固,而戍兵可减半,岁省三百万贯,且宽民转输之力,实为永利"。金章宗"诏可",于时,完颜襄"亲督视之,军民并役,又募饥民以佣事,五旬而毕。于是西北、西南路亦治塞如所请……自是北陲遂定"。①

完颜襄所开凿的是临潢路、东北路边壕,由于有大定、明昌年间原有边壕可以利用,因此,他在五旬(50天)之内很快就完成了临潢路、东北路边壕的开凿。当时,临潢、泰州一带是阻卜(即鞑靼)侵扰的重点地区,故而先修这里的边壕。在此以后,根据完颜襄的请求,又续修了西北路和西南路边壕。为了嘉奖其功,泰和四年正月,完颜襄"进拜司空,领左丞相如故"。

西北路边壕的开凿,与独吉思忠有关。《金史·章宗纪三》载,承安五年(1200年)九月,尚书省奏:"西北路招讨使独吉思忠言,各路边堡墙隍,西自坦舌,东至胡烈公,几六百里,向以起筑匆遽,并无女墙副堤。近令修完,计工七十五万。"②此事又见《金史·独吉思忠传》:"初,大定间修筑西北屯戍,西自坦舌,东至胡烈么,几六百里。中间堡障,工役促迫,虽有墙隍,无女墙副堤。思忠增缮,用工七十五万。"③据此,在金世宗大定年间,西北路已筑有堡障,只是有些简陋,故而独吉思忠又加以增缮。疑西南路边壕,亦当开凿于此时。

西南路边壕的开凿,由西南路招讨使仆散揆主持。《金史·仆散揆传》称:"会韩国大长公主薨,揆来赴,上谕之曰:'北边之事,非卿不能办。'乃赐战马二,即日遣还。揆沿徼筑垒穿堑,连亘九百里。"④文中的"穿堑"即开凿边壕,此记事时间不详,估计也当在承安年间,与西北路边壕开凿大体同时,或相差不远。

综上所述,金代边壕的修建,始自大定二十一年(1181年),到金章宗明昌、承安年间续修,前后近20年。其间曾有停顿、中断,实际修建的时间不足20年。

---

① 《金史》卷94《完颜襄传》,中华书局1975年版,第2091页。
② 《金史》卷11《章宗纪三》,中华书局1975年版,第254页。
③ 《金史》卷93《独吉思忠传》,中华书局1975年版,第2064页。
④ 《金史》卷93《仆散揆传》,中华书局1975年版,第2068页。

第 七 章
长城整体维护时期——明清

　　中国古代长城遗址，以明代长城保存最为完好，在北方许多省区至今仍然可以见到。其中北京八达岭长城、慕田峪长城、司马台长城，河北金山岭长城、山海关长城、甘肃嘉峪关长城已开辟为旅游区，人们都比较熟悉。明长城保存完好，一方面是由于它是时代最晚的长城，受自然和人为的破坏比较轻；另一方面是由于长城的建筑技术有了很大改进和提高，使之更加坚固结实。

　　明长城是今人的称谓，在明代当时并不称长城，或称边墙，或称塞垣。为了尊重历史，本书仍称为边墙，边墙即今日所称长城。

一、释"边墙"

　　明朝人为什么将长城称作边墙呢？这是需要搞清楚的一个重要问题。中国古代将边境地区的军防工程称作边塞，长城是边塞的重要组成部分。长城就其结构和形态来说，是绵延不断的高大城墙，就其地域分布来说，主要是在边疆地区。边墙之称，即来源于此。

　　上述是从语义上诠释边墙的由来。那么，明朝为什么不使用相沿已久的长城之称,而另选边墙代替长城呢？这其中还有深刻的政治原因。

秦始皇所修筑的万里长城,不知累死了多少人,给人民群众造成了深重的灾难。从某种意义上来说,秦始皇长城是用人民群众的尸骨堆筑起来的。秦代民谣说:"生男慎勿举,生女哺用脯。不见长城下,尸骸相支拄。"①这是广大人民群众对秦始皇修筑长城的血泪控诉,反映出人们对长城的憎恨。孟姜女哭长城的故事虽属虚构,然而却深入人心,凡是有长城的地方,后人多建有姜女祠庙。其中以山海关望夫石的姜女祠影响最大,许多文人墨客多在此作诗赋词、撰写楹联。有一楹联题作:"秦王安在哉？万里长城筑怨;姜女未亡也,千秋片石铭贞!"②这副楹联不知是何人所作,它不仅对仗工整,而且寓意深远。"万里长城筑怨",就是历史所作出的结论。

司马迁在《史记》中对秦修长城之事,一针见血地指出:"固轻百姓力矣。"秦始皇不爱惜民力,兴师动众大修长城戍边的结果,激起了人民群众的反抗斗争,人民群众起义的怒火最后埋葬了秦王朝。这个历史教训十分深刻,对后世产生了广泛的影响。西汉初年即以秦为鉴,尊崇黄老的无为之术,采取"与民休息"政策,旨在爱惜民力,消除人民群众的敌对思想,达到长治久安的目的。明太祖朱元璋出身于农民,是农民起义领袖,他对农民的思想情绪是非常了解的。他即位以后提出:"天下始定,民财力俱困,要在休养安息";"居上之道,正当用宽",因为"弦急则断,民急则乱。"③洪武元年(1368年)十二月,朱元璋告诫皇太子诸王要爱惜民力,少动土木兴建。他指宫中隙地说:"此地不可以起亭馆台榭为游观之所,今但令内史种蔬,诚不忍伤民之财力耳。"④朱元璋的这些言论,作为祖传圣训对后世子孙产生了一定的影响。基于这种认识,明朝统治者设法缓和阶级矛盾,对农民作出一些让步,尽量消除人民群众的疑虑和不满。由

---

① 郦道元著,陈桥驿校正:《水经注校证·河水》引杨泉《物理论》,中华书局2007年版,第77页。
② 杨宾:《柳边纪略》卷1。
③ 《明史》卷2《太祖纪二》,中华书局1974年版,第19页。
④ 雷礼等:《皇明大政记》卷2。

于秦始皇修长城留下了千古罪名,孟姜女的影响深入人心,故而明朝统治者非常忌讳长城之名,将长城改称边墙,以边墙作为长城的替代用语。

二、明辽东边墙

《明史·兵志三》边防称:"元人北归,屡谋兴复。永乐迁都北平,三面近塞。正统以后,敌患日多。故终明之世,边防甚重。东起鸭绿,西抵嘉峪,绵亘万里,分地守御。初设辽东、宣府、大同、延绥四镇,继设宁夏、甘肃、蓟州三镇,而太原总兵治偏头,三边制府驻固原,亦称二镇,是为九边。"这里的"边"系指边防而言,九边是把地方边防划分为九个区域,"分地守御"。九边分属于九镇管理,辽东边墙就是辽东镇管辖下的边墙。所谓辽东边墙,是明代当时的称谓,不可望文生义。实际上辽东边墙不限于辽河以东地区,在辽河以西地区也有修筑。辽东边墙均在今辽宁省境内,是明代修筑最早的边墙。

(一)辽东边墙的位置与走向

辽东边墙是以保卫辽河以东地区为重点,故称辽东边墙。辽东地区自秦汉以来,便是内地统治东北的重心所在,明代亦是如此。关于辽东边墙的位置与走向,在正统八年(1443 年)辽东都指挥金事毕恭所撰编的《辽东志》、嘉靖四十四年(1565 年)巡按使李辅重修的《全辽志》二书中,均有所记载,是考察研究辽东边墙重要的第一手资料。

《辽东志》卷首,附有辽东河东地方总图和辽东河西地方总图,详细绘制了重要的山河分布和边墙的走向。从这两幅地图来看,辽东边墙的平面分布,极似汉语拼音字母的"M"形。边墙以北为蒙古人的牧地,边墙以东为女真人所居,边墙用以防御蒙古人和女真人的目的性非常清楚(见附图)。《辽东志》卷 1《地理》引薛子之言曰:"东西倚鸭绿、长城为固",凸显了辽东边墙的重要边防地位。

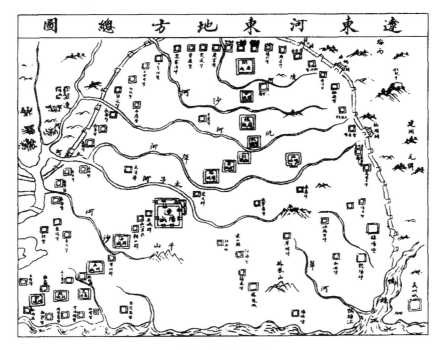

明代辽东边墙东段

《辽东河西地方总图》《辽东河东地方总图》是明朝人绘制的舆地图,原载《辽东志》卷首。图中标志了辽东边墙的走向,平原地区边墙用城墙和烽火台表示,在山险地区则用山峰和烽火台表示,以示其区别。这对于了解长城与山险的异同,提供了重要的参考依据

　　《全辽志》有《边防志》,在障塞的条目下,详细记载了辽东边墙的位置与走向。为了保存原始资料的完整性,兹转录如次。其先后次序,一依原载,不做改动。

　　第一段,从铁场堡吾名口(今绥中县铁厂堡锥子沟)到锦川营小河口,有土墙9520丈,石墙9250丈,木柞河口(即木墙)2870丈,山险无墙3500丈。

　　第二段,从黑庄窠西古路口到椴木冲堡小虹螺山,土墙11230丈,石墙8965丈,木柞河口3420丈,险山5806丈。

　　第三段,从椴木冲到义州大定堡,土墙12630丈,石墙8860丈,水口四处,共21.5丈。

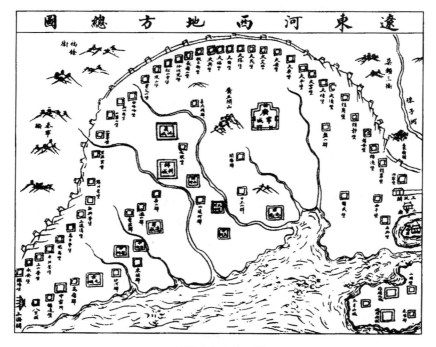

明代辽东边墙西段

第四段,从义州大茂堡到广宁镇夷堡,土墙17566丈,石墙11033丈。

第五段,从义州大清堡到镇边堡,土墙190里390步,石墙35里209步。

第六段,从镇武堡至西宁堡,土墙17752.5丈,不见有石墙。

第七段,从西宁堡到东胜堡,土墙7130丈,不见有石墙。

第八段,从东胜堡至沈阳靖远堡,土墙170里,不见有石墙。

第九段,从懿路三岔儿堡至辽阳东州堡,土墙6499丈,不见有石墙。

第十段,从辽阳东州堡到马根单南界,有劈山墙8492丈1尺,木栅墙5447丈,版筑墙800丈。

第十一段,从沈阳城西靖远堡接辽阳长营堡起,北至上榆林接十方寺止,有土墙9752丈。

第十二段,从上榆林堡到懿路丁字泊堡,有土墙5400丈。

第十三段,丁字泊堡以西有土墙35里,以东到三岔儿堡有土墙及劈山墙31里。

第十四段,从丁字泊北到铁岭曾迟堡,有土墙 25 里。从铁岭平定堡南到三岔儿堡,有劈山墙 6 里。

第十五段,从泛河宋家泊北到开原庆云堡,有土墙 46 里。从中固柴河堡南到泛河白家冲,有劈山墙 6 里。

第十六段,从铁岭平定堡北至开原庆云堡,有土墙 30 里。从柴河堡南至铁岭抚安堡,有劈山墙 30 里。

第十七段,从中固城定远堡经庆云古城永宁三堡,有土墙 60 里。此外,在清阳镇北二堡有劈山墙 116 里,从威远、靖安、松山三堡至中固城柴河堡,有劈山墙 95 里。

第十八段,从凤凰城孤山南至鸭绿江沿岸,有柞木墙 6817 丈。

从《全辽志》的记载来看,辽东边墙的结构颇为复杂,有土墙、石墙,还有山险和木墙。上述这些数据为研究辽东边墙提供了重要依据。兹将这些数据列表统计如次。

明辽东边墙结构表

顺　序	土　墙	石　墙	木　墙	山　险
第一段	9520 丈	9250 丈	2870 丈	3560 丈
第二段	11230 丈	8965 丈	3420 丈	5806 丈
第三段	12630 丈	8860 丈		
第四段	17566 丈	11033 丈		
第五段	190 里 390 步	35 里 209 步		
第六段	17752.5 丈			
第七段	7130 丈			
第八段	170 里			
第九段	6499 丈			
第十段			5447 丈	8492.1 丈
第十一段	9752 丈			
第十二段	5400 丈			
第十三段	35 里			31 里
第十四段	25 里			6 里
第十五段	46 里			6 里

续表

顺　序	土　墙	石　墙	木　墙	山　险
第十六段	30 里			30 里
第十七段	60 里			211 里
第十八段			6817 丈	
合　计	97479.5 丈 又 556 里 390 步	38108 丈 又 35 里 209 步	18544 丈	7858.1 丈 又 284 里

旧制 1 里为 150 丈,500 步约合 1 里。为了统计方便,可以都换算为里。换算的结果是:土墙为 1011 里有余,石墙为 289 里有余,木墙为 177 里有余,山险为 120.9 里有余。土墙、石墙合计为 1300 里。明代一里为 480 米,1300 里合公制为 624 公里。

自古以来战争之际即以山险御敌,山势有陡坡、有缓坡,陡坡可以作为军防,敌人难以攀登逾越。在缓坡处为了御敌,需将某些岩石凿掉,使之难以攀登,俗称劈山墙。对山险做少许加工,并不能改变山险的性质:它仍然是山险,而不是长城。因为人工的削凿只限于局部,人们不可能将整座大山都削凿成石头长城。利用山险是为了省工省力,故而只能是少量的加工。山险属于自然实体,它与人工修筑的墙体,有着完全不同的属性,不能把山险当成边墙或长城。将山险称作边墙长城,实是一种很大的误解,应当予以纠正。劈山墙是民间的说法,是指其功用有如墙体而言。它不能作为科学术语,称为山险是最确切、最科学的。

辽东边墙中木墙很多,在山区多见。这种木墙有两种形式,一种是木栅栏,又被称作木柞水口,拦河而建,河水可以从木栅栏中流过,而敌人却难以通过。另一种是将木桩埋入土中形成木墙,又被称作木柞墙、版筑墙。木栅栏、版筑墙多采用柞木(学名 Xulosma Janonicum),柞木木质坚硬,不易腐烂,在辽宁省境内的丘陵山地分布比较广,成为制作木墙的最好材料。不过木墙的寿命比较短,不是永久性建筑,不属于木城。清代东北地区曾流行木城,所谓木城,是"排木为重垣,实以土,具雉堞之观"。①

---

① 西清:《黑龙江外纪》卷 2。

木城垣内部是夯土,具有土墙的特征,只是墙表包木而已。其寿命比较长,属于永久性建筑。木墙则不同,属于临时性建筑,要不断更换,不具备城墙特征。因此,木墙不能称作长城。

上述辽东边墙中段和西段,最初是为防御兀良哈三卫蒙古而建。到了明代后期,由于建州女真的兴起、壮大,对明朝构成了威胁。为了防御女真人的侵扰,在辽宁东部加筑东段边墙。

万历三十七年(1069年),熊廷弼在疏文中称:"自东州堡经马根单、散羊峪、清河、一堵墙、碱场、孤山、洒马吉、叆阳、新奠、永奠、长奠一带,城垣多系数乱石堆垛,原无灰汁灌砌,年久开裂。"于是,于同年重修这道边墙,"通计排筑过沟墙六百八十五里"。[①] 据此,在万历以前似有一道边墙,由于年久失修,故熊廷弼又加以修复。以今日行政区而言,辽东东边墙始自抚顺,中经本溪,进入宽甸,边墙所经为辽东丘陵山区。

(二)辽东边墙的修筑经过

辽东边墙不是同时修筑的,有的段落早些,有的段落晚些。从现在资料来看,辽边墙的修筑从明朝初年一直持续到明朝末年。

辽东边墙的中段,即沿辽河两岸走向的边墙,是最先修筑的。顾祖禹《读史方舆纪要》卷37《山东八》称:"成化二十年,边将邓钰言,永乐时筑边墙于辽河,内自广宁,东抵开元,七百余里。若就辽河迤西,经抵广宁,不过四百里。以七百里边重堡塞,移守四百里,若遇入寇,应接甚易。"顾祖禹精于地理考证,所述皆以史实为据。所援引邓钰永乐年间(1403—1424年)筑边墙于辽河之说,是可以相信的。广宁(今北镇)至开元(今开原)边墙以北,为兀良哈三卫蒙古居住地,这道边墙是为防御蒙古人而建。

明边墙的西段,即从绥中铁场堡吾名口到广宁这道边墙,修筑于正统年间(1436—1449年)。《全辽志》卷4《宦业志》载,毕恭由于巡抚王翱的

---

① 熊廷弼:《熊襄愍公集》卷2《修边举劾疏》。

举荐升任辽东都指挥佥事，"图上方略，开设迤西边堡墙壕，增置烽墩，兵威大振，虏人畏服"。文中的"迤西边堡墙壕"，是指辽河以西边堡墙壕而言。又载，王翱于正统七年（1442年）提督辽东军务，曾亲自巡边，"沿山海抵开原，高墙垣深沟堑，经略屯堡，易置烽燧，珠连璧贯，千里相望"。据此可知，明边墙的西段，是王翱督辽期间由毕恭所建。

辽东边墙的东段，即自开原至鸭绿江一段，在成化年间（1465—1487年）曾修筑有城堡。据《全辽志》卷4《人物志》，成化丁亥（成化三年，1467年），韩斌在辽阳副总兵任职期间，"建东州、马根单、清河、碱场、叆阳、凤凰、汤站、镇东、镇夷、草河、十堡拒守，相属千里"。又载，周俊于成化己丑（成化五年，1469年）移守开原，"开拓柴河抵薄河界六十余里，改设镇北、清阳二堡。柴河堡增立烽墩，疏挑河道，边人得安"。不过韩斌、周俊二人只是增建城堡、烽墩，还不能算是筑边墙。据《明宪宗实录》，到了成化十五年（1479年），才正式修筑东路自开原抵鸭绿江边墙。为了加固东路防守，万历年间又增修了从抚顺到鸭绿江的边墙。辽东边墙的终止地点有两种说法，一说为今宽甸县古楼子乡古楼子村[1]，另一说为宽甸县虎山乡老边墙村。

（三）清代为什么讳言辽东边墙

辽东边墙在明代文献中有清楚记载，然而在清代官方文献中却见不到辽东边墙。乾隆《盛京通志》是著名的地方文献。该书卷15《城池志》称："国家定鼎燕京，以留都为重镇而展封疆，复郡邑，绣壤相错，号极盛焉。此外，阒故垒，营每边防守御之资者，兹当万国车书之日，已无所用之。""故垒"即指明代的边墙，采用了隐语的形式，反映出清代讳言明代辽东边墙。《柳边纪略》竟然把明边墙的终止地点说成是在山海关大龙头（又称老龙头）。

由于清代文献中讳言辽东边墙，把明边墙的东端终止处说成是在山

---

[1]　武家昌、王德柱：《试探明代万里长城东部起点》，《北方文物》1990年第1期。

海关,这种误导作用产生了广泛影响。不仅清代当时许多人不知道明边墙东止于辽东鸭绿江,就是到了民国年间,许多人仍然重述东止山海关的错误说法。例如臧励和主编的《中国古今地名大辞典》称:"今日之长城,西起甘肃安西县布隆吉尔城,东抵直隶临榆之山海关,长五千四百四十里,号万里长城。"①以后,一些书刊仍重复明边墙东到山海关的错误,例如《辞海》称:"明代为防御鞑靼、瓦剌侵扰,自洪武至万历时,前后修筑长城十八次,北部长城东起山海关东南老龙头,西至嘉峪关,称为'边墙'。"②直到近年,明边墙东到山海关的错误说法,才开始纠正。

清代官方文献为什么讳言辽东边墙,把明代边墙说成是东止于山海关? 有人认为是清朝政府为了"保存祖宗发祥之地",实行了"封禁政策",限制汉人、蒙古人进入盛京以东地域而修筑了柳条边,更把长城的记载给取消了。这种解释很牵强,没有说清问题的实质所在。如前所述,辽东边墙的东段(史称东路),是明朝末年为了防御建州女真所建,这在明代文献中多有记载。以努尔哈赤为代表的爱新觉罗氏,即出于建州女真。清朝建立以后,特别是迁都北京、入主中原以后,从巩固清朝的统治出发,自然要忌讳明朝修筑辽东边墙,将女真人拒之于边墙以外的一段历史。这是从政治需要考虑的一种做法,避免揭己之短。因此,在清代官方文献中讳言辽东边墙。受此影响,民间的一些著作为了不触犯清廷,自然更不会记述明代辽东边墙。因此,清代官方文献不是遗漏了辽东边墙,而是故意抹杀辽东边墙的存在,让人们忘掉这段历史。

三、明蓟镇宣府大同太原边墙

在辽东镇以西,依次有蓟镇(以今天津蓟州区得名)、宣府镇(治今河

---

① 臧励和:《中国古今地名大辞典》,商务印书馆1931年版,第555页。
② 《辞海》第7版缩印本,上海辞书出版社2022年版,第69页。

北张家口市宣化区）、大同镇（治今山西大同市）、太原镇（治今山西偏关县）。此四镇分别在京师（北京）之北和西北，负有保卫京师的任务，因此，此四镇的边墙特别重要。为了加强京师的保卫，边墙有内、外两道（特别重要的地方还不止两道），其修筑也格外坚固。此四镇边墙所经地区，为燕山、阴山、太行山、管涔山山区，有丰富的石料，故而长城墙体多用石砌，具有明显的地方特点。

（一）四镇边墙的起止走向

1. 蓟镇边墙

蓟镇边墙东起山海关，这是没有什么问题的。其西止地点，今人多称在灰岭口（今北京延庆区永宁镇南），全长 1200 多里。[①] 然而据《四镇三关志·形胜考·乘障》记载，蓟镇边墙实止于居庸路。此边墙是从东南向西北走向，经今秦皇岛、抚宁、青龙、卢龙、迁安、迁西、宽城、兴隆、遵化、蓟县（今天津蓟州区）、平谷、密云、滦平、怀柔、延庆等市县区。

明万历四年（1576 年）刻印的《四镇三关志》，将蓟镇边墙分为 11 路（大段），其下又细分为 27 小段。今据其原文，列表如下。

顺序	段名	长度（里）	始建时间
1	山海路	20	洪武年间（1368—1398）
	石门路		
2	一片石下	23	嘉靖三十年（1551）
3	大毛山下	24	嘉靖三十年（1551）
4	义院口下	18	嘉靖三十年（1551）
	界岭口下	42	
	燕河路		
5	桃林口下	27	嘉靖三十年（1551）

---

① 林岩、李益然主编：《长城辞典》，文汇出版社 1999 年版，第 16 页。

顺序	段名	长度（里）	始建时间
6	冷口下	38	嘉靖三十年（1551）
	太平路		
7	擦崖子下	47	嘉靖三十年（1551）
8	榆木岭下	23	嘉靖三十年（1551）
	喜峰口路		
9	董家口下	28	嘉靖三十年（1551）
10	大喜峰口下	30	嘉靖三十年（1551）
11	龙八井下	50	嘉靖三十年（1551）
12	洪山口下	20	嘉靖三十年（1551）
13	罗文峪下	63	嘉靖三十年（1551）
	马兰路		
14	大安口下	28	嘉靖三十年（1551）
15	宽佃谷下	27	嘉靖三十年（1551）
16	黄崖口下	60	嘉靖三十年（1551）
17	将军营下	69	嘉靖三十年（1551）
	墙子路		
18	镇房营下	145	嘉靖三十年（1551）
19	墙子岭下	86	嘉靖三十年（1551）
	曹家路		
20	曹家寨下	164	嘉靖三十年（1551）
	古北口路		
21	古北口下	55	嘉靖三十年（1551）
22	潮河川下	92	嘉靖三十年（1551）
	石塘路		
23	白马关下	155	嘉靖三十年（1551）
24	石塘岭下	92	嘉靖三十年（1551）
	居庸路		
25	灰岭下	26	嘉靖三十年（1551）
26	八达岭下	24.5	嘉靖三十年（1551）
27	石峡峪下	16	嘉靖三十年（1551）
合　计		1492.5里	

根据《四镇三关志》的记载,蓟镇边墙全长应是 1492.5 里,即 716.4 公里。

蓟镇边墙是在燕山山区修建的,施工的难度比较大。由于蓟镇边墙之南为京师(北京)所在,是保卫京师最近的一道边墙,具有特殊的重要性,因而墙体多用石条和青砖砌筑,至今保存比较完好,其中八达岭、慕田峪、金山岭、司马台等段落,经过整修现今已成为著名的旅游点。

2. 宣府镇边墙

宣府镇边墙,据明代总督宣、大、山西、保定军务的翁万达奏疏,"宣府起西路西阳河,逶迤而东北,历东、北二路,抵东路之永宁四海冶,实一千二十五里"[①]。《明史·翁万达传》则作"千二十三里",二者稍有不同。西阳河今作西洋河,在河北省怀安县。永宁四海冶,在北京市延庆县。这道长城自四海冶向北,经独石口折向南,转向西至张家口,然后西至怀安。在延庆县境内称东路,在赤城县境内称北路,在张家口、怀安境内称西路。宣府镇边墙北出燕山,再沿阴山向西走向,多以山石砌筑,然而却不如蓟镇边墙厚实坚固。在赤城独石口和张家口市区北,边墙遗址保存比较好,至今仍清楚可见。宣府镇边墙以其地理位置而言,是明代最北部的一道边墙。可以称作外边。

在宣府镇管辖区的南部,还有一道边墙,东始于黄花镇,西止于龙泉关。《四镇三关志》对其走向、里距有详细记载,今依其原文列表如次。

顺序	段名	长度(里)	始建时间
	黄花路		
1	渤海所下	81.50	隆庆三年(1569)
2	黄花镇下	55.50	隆庆三年(1569)
	横岭路		
3	白羊口下	11.00	隆庆三年(1569)

---

① 见《明经世文编》卷224。

顺序	段名	长度（里）	始建时间
4	长谷城下	15.00	隆庆三年（1569）
5	横岭下	31.00	隆庆三年（1569）
	紫荆关*		
6	乌龙潭下	1.10	弘治年间（1488—1505）
7	奇峰口下	8.52	嘉靖四十五年（1566）
8	盘石口下	4.98	景泰元年（1450）
9	乌龙沟下	43.77	隆庆五年（1571）
10	浮图峪下	24.96	隆庆五年（1571）
11	宁静安下	22.10	隆庆五年（1571）
12	白石口下	37.38	隆庆五年（1571）
13	沿河口下	3.87	隆庆五年（1571）
14	大龙门下	4.20	隆庆五年（1571）
15	马水口下	22.33	隆庆五年（1571）
16	金水口下	0.87	隆庆五年（1571）
17	倒马关下	11.14	隆庆五年（1571）
18	插箭岭下	9.09	隆庆五年（1571）
19	狼牙口下	0.77	隆庆五年（1571）
20	茨沟下	2.20	弘治二年（1489）
21	龙泉关下	0.93	嘉靖二十一年（1542）
	合　计	392.21	

* 紫荆关以下，原里距为丈，今换算为里。一里为150丈

以地理方位言，此边墙可称作内边。宣府镇内、外边墙合计为1417.21里（明里），即680.26公里。龙泉关在今河北阜平县西35公里处，上述内边墙在当时的顺天府、保定府、真定府境内，均属北直隶。以今日行政区划而言，在北京市、河北省境内，有一小部分经由山西省东部的灵丘县。

3. 大同镇边墙

明朝人翁万达《修筑边墙疏》论及大同镇边墙时称："大同起西路丫

角山,逶迤而北,东历中、北二路,抵东路之东阳河镇口台,实六百四十七里。"①明制 647 里,合公制为 310.56 公里。丫角山又称鸦角山,在山西偏关县东北约 50 里。东阳河即今东洋河,在河北怀安县西北。镇口台系一墩台之名。大同边墙的走向是:从偏关县的丫角山向东北,经右玉、左云、大同、阳高、天镇之北,进入河北怀安县,与宣府外边墙相连接。其长度为 647 里。这道边墙,现在已成为山西省与内蒙古自治区的分界线。

魏焕《巡边总论》称:"北去镇城(按:镇城即大同城)九十里,旧为二边;又九十里,为大边,各墙堡联络以限边夷。"②这里所说的大边,应是指宣府镇外边墙,二边似指大同镇边墙。大同镇边墙与宣府镇外边墙是连接在一起的,故而魏焕称:"各墙堡联络以限边夷。"翁万达称:"逐年以来,大虏屡寇山西,必自大同入;侵犯紫荆,必自宣府入。"③由此可知大同边墙之重要性,其修筑实属必然。

4. 太原镇(山西镇)边墙

太原镇边墙又称山西镇边墙,其走向和里距,以翁万达所说最为准确。他说:"山西(边墙)起保德州黄河岸,逶迤而东,历偏关抵老营堡尽境,实二百五十四里……山西老营堡转南而东,历宁武、雁门、北楼至平型关尽境,约八百。"这两段边墙合计为 1054 里,即 505.92 公里。

保德州今称保德县,地濒黄河东岸。明代保德州的管辖范围,要比今保德县大得多,今河曲县、偏关县当时都属于保德州辖境。据实地考察所见,该边墙起始于今偏关县北部黄河岸边的老牛湾,直东走向,到达老营堡。然后转向东南,再转向东北,经神池、宁武、代、繁峙诸县之北,进入河北阜平县。在此边墙线上有偏头关、宁武关、雁门关,明代称为三关。在三关之东,还有著名的平型关。三关非常重要,明人魏焕称:"偏头、宁武、雁门关,自西迤东三关并列,而尽黄河东岸,东抵大同西路。虽太原北

---

① 见《明经世文编》卷 224。
② 见《明经世文编》卷 249。
③ 见《明经世文编》卷 224。

境要害之地,与真定相为唇齿,非惟山西重镇,而畿辅之地安危系焉。"①因此,太原镇(山西镇)治所,先后设于偏头、宁武。

上述是见于记载的重要边墙。除此以外,还有若干短小的边墙。因此,太原镇(山西镇)明代边墙的总长度不止于 1054 里,还要长一些。

(二)四镇边墙修筑过程

蓟镇、宣府、大同、太原四镇边墙不是同时修筑的,前后持续了很长时间。从有关记载来看,这些边墙是分段修筑,最后连成一体,组成了北部防线。

山海关附近的边墙修筑最早,始于明太祖洪武年间。《四镇三关志》在《蓟镇形胜考》中载:"山海路,边城二十里,洪武年建。"这是明边墙修筑时间最早的记载。山海路,就是始于山海关的一段边墙。洪武元年(1368 年)八月,明军攻克元大都以后,以纳哈出为首的元军盘踞在东北地区,仍有很大的势力。洪武年间修筑山海路边墙,主要是为了防御纳哈出入山海关收复元大都。洪武二十年(1387 年),纳哈出投降明朝,来自东北的威胁得以缓和。因此,山海路边墙只修筑了 20 里即停止了。

魏焕《巡边总论》称,明太祖"命魏国公徐达于内,西自古北口东至山海关增修关隘一道,为内边"②。这里所说的关隘,是指城堡而言,内边是指城堡组成的边防线,不是指边墙,不要将关隘误作长城。

《明会要》卷 63《兵六》载:"永乐十年,敕边将治濠垣,自长安岭迤西至洗马林,皆筑石垣,深壕堑,以固防御。"长安岭在今河北赤城县龙关镇东南,属大海坨山的一部分。洗马林在河北万全县(今张家口万全区),今有洗马林河,为洋河支流。魏焕称:"北路独石、马营一带,地虽悬远,然势阻长安岭,虏难径下。中路之葛岭、大白、阳青诸堡,西路之柴沟、洗马林、万全诸城……皆称虏冲,警屡至焉。"③可知从长安岭到洗马林一

---

① 见《明经世文编》卷 248。
② 见《明经世文编》卷 248。
③ 见《明经世文编》卷 248。

线，是防御蒙古南下的冲要之地。故而永乐十年(1412 年)明成祖下令在此修筑边墙，这是沿阴山东西走向的边墙，即宣府镇外边。

"土木之变"以后，瓦剌的威胁加剧。因此，在景泰、成化、弘治年间，又不断有边墙的修筑。不过规模比较小，属于零星的修筑。如景泰元年、二年(1450、1451 年)，在紫荆关附近的盘石口修筑边墙 748 丈，弘治年间(1488—1505 年)在紫荆关附近乌龙潭修筑边墙 172 丈。

大规模地边墙修筑，是在明世宗嘉靖年间及以后的隆庆、万历年间。在嘉靖年间，俺答汗不断南下掠边。《明史·世宗纪二》载，嘉靖二十九年(1550 年)八月，俺答汗的大军"攻古北口，蓟镇兵溃。戊寅掠通州，驻白河，分畿甸州县，京师戒严"。此后数年，俺答汗不断侵扰大同。在这种形势下，明朝被迫扩大蓟镇、宣府、大同、太原四镇边墙的修筑。从山海关到居庸关的边墙，是在嘉靖三十年创修的，后来在隆庆年间(1567—1572 年)又进行了增修。在隆庆年间，戚继光总理蓟镇军务，对蓟镇边墙进行整修，增建了许多敌台。为了表彰其功，"诏予世荫，赉银币"。①

嘉靖二十三年，翁万达在总督宣、大、山西、保定军务以后，"屡疏请修筑边墙"，得到嘉靖皇帝的准许。"乃自大同东路天城、阳和开山口诸处为墙百二十八里，堡七，墩台百五十四；宣府西路西阳河、洗马林、张家口诸处为墙六十四里，敌台十。斩崖削坡五十里。"②由此可知，宣府、大同、山西的许多边墙，是在翁万达主持下于嘉靖年间修筑的。这些修筑有的是属于新建，有的是属于补修。洗马林的边墙早在永乐十年(1412 年)即已创修，不过到此时已有 130 年左右，其受自然和人为的破坏(蒙古人常常破坏边墙)，仍有补修的必要。新修边墙要比早修边墙高大结实。例如翁万达《修筑边墙疏》称："臣看得该镇边墙，自阳和迤西靖虏堡至山西丫角山止，沿长五百余里。虽经先年陆续修完，比之今年新修阳和迤东一带，高低厚薄，委有不同。"因此，对明代文献中关于修筑边墙的记载，必须仔细分辨研究，区分哪些属于新建，哪些属于补修(更确切地说应当叫

① 《明史》卷 212《戚继光传》，中华书局 1974 年版，第 5615 页。
② 《明史》卷 198《翁万达传》，中华书局 1974 年版，第 5245 页。

修缮），切不要把补修误作新修。

四、明榆林镇边墙

榆林镇原称延绥镇，是以镇治于延安府绥德州（今陕西绥德县）得名。成化九年，将镇治北迁到榆林城（今陕西榆林市），此后延绥镇即改称榆林镇，为明代九镇之一。

榆林镇边墙的修筑，与蒙古人对河套地区侵扰的不断加剧有关。元朝末年，河套地区为王保保（蒙名扩廓帖木儿）所占据。元朝灭亡以后，王保保退出了河套地区。洪武四年（1371年），明朝于黄河北岸设立了东胜卫（今内蒙古托克托县），以防止蒙古势力侵入河套地区。

正统年间（1436—1449年），明朝废除了东胜卫，退守到黄河以南，以黄河作为防御蒙古的险阻和防线。此后，明朝放松了对河套地区的戍守，"易守河之役为巡河，易巡河之役为哨探"[①]。于是，蒙古人乘虚而入，"索来、毛里孩、阿罗出之属，相继入犯，无宁岁。"[②]在这种情况下，不断有人提出在河套地区修筑边墙的建议。

最早提出修筑边墙建议的人，是延绥巡抚王锐。然而尚未动工，王锐即离开了延绥。余子俊继任延绥巡抚以后，再次提出此建议。他说："三边惟延、庆地平易，利驰突。寇屡入犯，获边人为导，径入河套屯牧……急宜于沿边筑墙置堡。"[③]然而此建议为兵部尚书白圭所阻，未能实现。成化八年（1472年），余子俊再次提出在延绥镇修筑边墙城堡的建议，白圭仍加以阻止，却得到明宪宗朱见深的支持。于是，在成化九年，由余子俊主持修筑了边墙和城堡。

《明史·余子俊传》载："子俊得一意兴役，东起清水营，西抵花马池，

---

① 见《明经世文编》卷224。
② 《明史》卷91《兵志三》，中华书局1974年版，第2237页。
③ 《明史》卷178《余子俊传》，中华书局1974年版，第4736页。

延袤千七百七十里,凿岩筑墙,掘堑其下,连比不绝。每二三里置敌台崖砦备巡警。又于崖砦空处筑短墙,横一斜二如箕状,以瞭敌避射。凡筑城堡十一,边墩十五,小墩七十八,崖砦八百十九,役军四万人,不三月而成。"《明史·兵志三》亦称:"由黄甫川西至定边营千二百余里,墩堡相望,横截套口,内复堑山堙谷,曰夹道,东抵偏头,西终宁、固……北人呼为橐驼城。"

榆林镇边墙起始于清水营,清水营位于黄甫川下游,故亦可说是东起黄甫川。清水营在黄河西岸,与黄河东岸偏头的太原镇边墙隔河斜对,故《明史·兵志三》称"东抵偏头",以示榆林镇边墙与太原镇边墙相接续。榆林镇边墙西止于定边营,定边营之西为花马池,花马池是古代著名的盐池(今称北大池),自然也就成为地理坐标了。花马池在宁夏府境内,东与延安府接界,成为分界的标志。

榆林镇边墙不是一个直线,中间有大折屈,作"V"字形。边墙的走向作如此的选择,其原因有三个方面。其一,边墙是以保卫葭州所属的府谷县、神木县和绥德州所属的米脂县等边境州县为目的,就必须将这些州县圈到边墙以内。因此,边墙是从清水营斜向西南走向,而后又折向西北,至花马池。其二,明边墙沿用了秦长城,从神木到靖边的明边墙,大部分是沿用了秦长城。余子俊不到三个月就修筑了1770里的边墙,平均日修19.7里。修筑速度如此之快,就是利用了秦长城的缘故。其三,边墙恰好是修筑在黄土与沙漠的分界线上,边墙夯筑必须要有丰富的土源,流沙无法夯筑墙体。由此可知,地理环境对边墙路线的选择,产生了重要影响。

为了便于管理,榆林镇边墙分成三段,称作中路、东路、西路。《明史·地理志三》称:"东有长乐堡,分辖双山等十二营堡,为中路。又有神木堡,分辖镇羌等九营堡,为东路。西有安边营,分辖永济等十二营堡,为西路。"中路又称榆林道,东路又称神木道,西路又称靖边道。以今日行政区划而言,边墙中路在榆林市、横山县(今榆林市横山区)境内,东路在府谷县、神木县境内,西路在靖边县、定边县境内。在边墙修筑以后,原来的延绥镇治便由延绥州迁往榆林堡,改称榆林镇了。

除了成化九年余子俊主持修筑的边墙以外,弘治年间又修筑了一些边墙。"成化十年,兵部议将榆林原立界石以外空闲地土,逐一清出丈量明白,先尽俵作本卫屯田,其余拨与各堡军人或附近人户承种。"这些耕地极易遭受蒙古人破坏。因此,弘治年间(1488—1505 年),"抚臣文贵以屯田多在边外,于是修筑大边防护屯田,而以子俊所筑者为二边"①。弘治年间所修筑的边墙,只限于局部地区,不是从清水营直达定边营,自成一个系列。其实,它是依附于成化九年余子俊所筑边墙,可以看作是余子俊所修边墙的补充和扩大。

余子俊所筑边墙长达 1770 里(明里),合公制为 849.6 公里,不到三个月就完工了,反映出施工极其草率,结果造成墙体低矮单薄。到了嘉靖年间,边墙即出现坍塌毁坏的情况。王琼说余子俊"筑墙高厚不过一丈,可坏而入",曾铣则称"边墙岁久倾颓,不异平地"。因此,王琼在嘉靖十年(1531 年)、曾铣在嘉靖二十五年(1546 年),分别提出了维修榆林边墙的建议,王琼称"务使崖堑探险,墙垣高厚",曾铣认为"宜分地定工,次第修举"。然而这些建议均未被采纳。故而榆林边墙遗迹至今不甚清楚,有的被夷为平地,有的被流沙掩埋,只有在榆林镇西北的镇北台保存完好,已被列为全国重点文物保护单位。

五、明宁夏镇边墙

宁夏镇治于宁夏卫(今银川市),其管辖范围包括北流黄河的东西两岸,东与榆林镇相邻,南与固原镇相邻。宁夏镇边墙比较多,在黄河东西两岸均有修筑。

(一)河东边墙

在成化九年余子俊修筑榆林镇边墙稍后,巡抚宁夏都御史徐廷章提

---

① 《读史方舆纪要》卷 61《陕西十·榆林镇》,中华书局 2005 年版,第 2906 页。

出,在宁夏镇内需要修筑河东边墙。他的建议得到了朝廷的准许,于是,在成化十年修筑了河东边墙。所谓河东即北流黄河以东,河东边墙是从"黄河嘴起,至花马池止,长三百八十七里"。①

榆林镇边墙西止于花马池,宁夏河东边墙在花马池与榆林镇边墙相连接,使边墙从东到西将整个河套拦住,形成了一个完整的军事防线。因此,宁夏河东边墙是十分重要的。到了正德元年(1506年),三边总制(统管榆林、宁夏、甘肃三镇的最高长官)杨一清"修筑徐廷章所筑外边墙,高厚各二丈,墙上修盖暖铺九百间,墙外浚堑,亦深阔各二丈"②。杨一清的修筑属于重修,即进一步加固徐廷章所修的边墙,使边墙达到高7米、宽7米,变得更坚固。边墙上又加修暖铺,便于士兵休息。

杨一清加固宁夏河东边墙,与蒙古人侵掠的进一步加剧有关。在成化年间和弘治初年,蒙古人进入河套抢掠一番随即离去,不敢在这里久留。"至弘治十三年,虏酋火筛大举踏冰入套驻牧,以后不绝,河套遂失。"③蒙古人占领了边墙以北的河套地区,并不以此为满足,反而以此为根据地,进一步冲破边墙,到边墙以内抢掠。花马池一带水草丰美,成为蒙古南下的必经之地,他们常常毁墙而过。有鉴如此,杨一清对徐廷章所筑河东边墙进行重修加固。

嘉靖初年,进一步修筑河东边墙,加强对蒙古人的防御。嘉靖十年(1531年),三边总制王琼又修河东防御工程,"自黄河东岸横城起,迤东转南抵定边营南山口,开堑一道,长二百一十里,筑墙一十八里。后总制唐龙改修壕墙四十里,总制王宪接修壕墙一百三十四里。总制杨一清初筑墙四十里,皆依前墙堑,止于定边营北。嘉靖十五年,总制刘天和因都督梁震奏,筑定边营南至山口一带壕墙,长六十里,亦依前墙堑。十六年,总制刘天和奏筑垒堤一道,亦西自横城,南抵南山口,并壕墙为二道"④。

---

① 魏焕:《巡边总论》卷3《论边墙》,见《明经世文编》卷250。
② 魏焕:《巡边总论》卷3《论边墙》,见《明经世文编》卷250。
③ 魏焕:《巡边总论》卷3《榆林经略》,见《明经世文编》卷250。
④ 魏焕:《巡边总论》卷3《论边墙》,见《明经世文编》卷250。

据实地考察所见,徐廷章、杨一清所修筑的河东边墙,西起宁夏灵武县黄河岸边,向东南,经盐池县,进入陕西定边县。边墙大多毁坏,在盐池县杨柳堡乡边墙遗迹比较明显,残高 1 米至 1.8 米,残宽 6 米。边墙上每隔 1 公里至 1.5 公里,即有墩台一座,残高 10 米左右。当地居民将这道边墙称作二道边。

嘉靖年间王琼等人修筑的边墙,其西段(即从横城到兴武营一段)是沿用了成化年间的边墙。从兴武营向东新筑边墙,一直到定边营南山口,与成化年间的边墙呈平行状态,其间距约 5 公里至 10 公里左右。这道边墙比成化年间所筑墙高壕深,因此又被称作"深沟高垒"。其遗迹的保存要比前者好一些,边墙残高 5 米至 8 米左右,残宽 8 米左右,墙上每隔 150 米左右即有墩台一座,残高 10 米左右。边墙上设有暗门,便于出入,当地居民将这道边墙称作头道边。

嘉靖年间河东增修新边墙,在做法上也是高墙深壕,比成化年间的边墙更为坚固结实。嘉靖年间蒙古人的侵扰加剧,故而在北方大修边墙以加强防御,河东边墙只是其中一例而已。

此外,为了防止河套的蒙古人西渡黄河进入银川平原进行抢掠,三镇总制刘天和于嘉靖十五年(1536 年)沿黄河东岸,"修筑长堤一道,顺河直抵横城大边墙,以截虏自东过河,以入宁夏之路"。[1] 这道长堤是河东边墙向北方的延续,由于比河东边墙低矮,有如河堤,故而被称作"长堤",实际上也是边墙。

据实地考察所见,河东"长堤"是从灵武县的横城沿河向北,经过月牙湖、高仁镇、陶乐县城、五堆子、红崖子,越过都思兔河,到达内蒙古鄂托克旗西南部的巴音陶亥,长约 100 公里。这道"长堤"破坏十分严重,遗迹变得十分模糊,不过高大的墩台尚可以看到。"长堤"是贴近黄河岸边修筑的,这一段黄河不断向东岸移动,河岸不断坍塌,是造成"长堤"被破坏的重要原因。

---

① 魏焕:《巡边总论》卷 1《宁夏保障》,见《明经世文编》卷 248。

(二)河西贺兰山东边墙

在北流黄河以西、贺兰山以东,是黄河冲积平原,被称作宁夏平原或银川平原,自汉唐以来便是著名的农耕区,汉延渠、唐徕渠都是古代遗留下来的水渠。在西夏和元代,这里的农业相当发展。到了明代,居住在贺兰山以西阿拉善荒漠草原上的蒙古人,时常越过贺兰山到宁夏平原上抢掠、放牧。为了保卫宁夏平原,明代在这里设立了宁夏镇,并在贺兰山以东修筑了一系列边墙。

其中银川西南的一道边墙修筑最早,为成化年间(1465—1487年)所建。嘉靖《宁夏新志》卷1《边防》载:"城西南墙,自双山南起,至广武界止,长一百余里。成化间巡抚都御史贾俊奏筑,今圮坏不堪。"双山在今中宁县石空乡永兴村,广武在今青铜峡市,二地均靠近贺兰山。实际上这道边墙不止于此,后来,它由青铜峡市向北,经永宁县进入银川市郊区,止于赤木隘口(又名三关口)。这一带的贺兰山比较低矮,山口易于穿越,故而在各山口都修筑了城墙,以防止蒙古人的侵扰。与此同时,又把这道边墙向南延长,经胜金关进入中卫县(今中卫市)境内,经镇罗林场、城关林场、东园、迎水桥、黑林,至西园乡黄河岸边的西沙嘴。① 据顾祖禹考证,成化十三年(1477年),宁夏镇曾"请修宁夏西路永安墩至西沙嘴一带边墙"②。永安墩、西沙嘴均在今中卫县境内,一在中卫县城之东,一在中卫县城之西。据此则从胜金关走向西南黄河岸边的边墙,应是在成化十三年以后修筑的。

嘉靖年间,对上述这道边墙又进行了若干修补。嘉靖《宁夏新志》卷1《边防》又记载:"西关门者,北自赤木口,南抵大坝堡八十余里。嘉靖十年(1531年),金事齐之鸾建议于总制王琼,奏役夫丁万人,费内帑万金而为之堑者。"这是在边墙以外又增挖壕堑,以加强军事防御能力。

---

① 《明宪宗实录》卷191成化十五年十一月丁未。
② 《读史方舆纪要》卷62《陕西十八·宁夏镇》,中华书局2005年版,第2963页。

成化年间修筑的宁夏西南边墙,北止于赤木隘口。赤木隘口比较开阔,为了加强防御能力,嘉靖十九年(1540年)都御史杨守礼、总兵任杰等奏请修筑贺兰山口。于是,在赤木隘口依次修筑了三道城墙,墙中各开一门,称作三关。此后,人们即将赤木隘口称作三关口,一直延续至今。现在三关口是从银川通往阿拉善盟首府巴彦浩特的必经之地。

从赤木隘口向北,贺兰山高大险峻,难以逾越。因此,由此向北没有修筑边墙。只是在山口中修筑了隔断山口的短墙而已,其中以打硙口(今称大武口)、红果子沟口、汝箕口、大水口、贺兰口、镇木关口(又称镇北口)等最为重要。在这些山口中均筑有短墙,与赤木隘口相似。不过这些山口内的短墙,是不能称作边墙的,因为各关口内的短墙彼此分隔,没有连成一线,与连续性的边墙在性质上有所不同。

在宁夏平原的北部,为了防止蒙古人的南下侵掠,曾修筑有东西走向的边墙,被称作北关墙。据记载,北关墙有新旧两道,大体上是平行走向,都是东止于黄河岸边,西至贺兰山下。嘉靖十九年(1540年),巡抚都御史杨守礼在奏疏中称:"臣会同镇守总兵官都督金事任杰,亲历各边阅视。得宁夏迤北旧有镇远关,关之东为黄河,关之西贺兰山尽头。山水相交,最为要地,以故设立防守,诚振古之见也。"[①]镇远关在今平罗县城西北30公里左右,为明朝初年所修建的屯兵城堡。在镇远关城的东西两侧,筑有边墙一道。魏焕《巡边总论》在宁夏镇条内称:"宁夏北贺兰山黄河之间,外有旧边墙一道。嘉靖十年,总制王琼于内复筑边墙一道,官军遂弃外边不守,以至边内田地荒芜。"嘉靖《宁夏新志》也有类似的记载。明代的宁夏平虏所城,即今平罗县城,可知这道边墙是在今平罗县城以北约25公里的地方。经近年实地调查,这道边墙仍然可以看到若干残迹。它的西端在贺兰山红果子向北侧,向东经石嘴山市惠农县(今惠农区)下营子乡、尾闸乡,抵达黄河西岸,全长约15公里。接近贺兰山的边墙,墙体由石头砌筑,离山比较远的墙体,则用黄土夯筑。

上述这道边墙修筑的时间不详,其时代较早,很可能是在成化以

---

① 杨守礼:《复边镇疏》,见《嘉靖宁夏新志》卷1《边防》。

前。到了嘉靖初年,在这道旧边墙以内,又修筑了一道新边墙。嘉靖《宁夏新志》卷1《边防》称:"嘉靖九年(1530年),佥事齐之鸾建议于总制尚书王琼,东自黄河,西抵贺兰筑墙,以遮平虏城者。初奏起自贺兰王玘口,北去平虏城四十余里。命既下,工浩费繁,役不能举,改就今筑之地",即选择了新路线:"由沙湖西至贺兰山之枣儿沟,凡三十五里,皆内筑墙,高厚各二丈,外浚堑,深广各一丈五尺……沙湖东至黄河,凡五里,水涨则泽,竭则壖,虏可窃出,皆为墙,高厚一丈五尺,堑深广一丈。"这条新修筑的边墙,全长为19.2公里,从沙湖(非今日之沙湖)之旁经过。

据实地考察所见,新修的北关边墙西始于石嘴山市区(即大武口)以北约2公里处,向东经明水湖农场,过包兰铁路,再经简泉农场、平罗县二闸乡,转向东北富庄乡,经惠北乡、头闸乡,抵达黄河西岸。保存完好的墙体残高5.7米,基宽15米,每隔500米左右即有敌台一处。墙外的壕堑,宽达10余米。

杨守礼的奏疏称:"其新修边墙已经十年,间有坍塌之处,量为修筑,重关设险,亦不为过。"①杨守礼的奏疏写于嘉靖十九年(1540年),在十年之间,边墙即有坍塌之处,说明由于财力不足,修筑匆忙,故而墙体的质量不高。因此,杨守礼在嘉靖十九年又对此边墙进行了维修,其遗址保存较为完好,只有个别的段落遭到了破坏。例如修筑包兰铁路,建设明水湖农场和简泉农场机砖厂,都破坏了边墙遗址,机砖厂甚至毁墙取土作为烧砖的原料。

贺兰山东的明边墙,在宁夏中卫的万斛堆(今沙坡头)以东越过黄河,沿黄河右岸向西,进入甘肃境内。据实地考察所见,边墙越过黄河的地点,在河北岸叫黄沙嘴,在河南岸叫下河沿。在河南岸,边墙向西经中卫景庄乡,进入甘肃景泰县。由下河沿向东,经南长滩、北长滩、常乐、大柳树、煤矿至瓷厂止。全长约70公里。这段边墙是为了防止阿拉善的蒙古人南渡黄河,进入宁夏南部地区。

---

① 杨守礼:《复边镇疏》,见《嘉靖宁夏新志》卷1《边防》。

宁夏镇边墙的总长度,杨寿《朔方新志》卷2《边防》称:"西长城起自靖房芦沟界,迤北接贺兰山,山有东长城,至定边界,凡周一千一百七十里。"顾祖禹《读史方舆纪要》卷62宁夏镇条称:"旧时边墙,东起大盐池,抵延绥定边界,西至石空寺,抵固原芦塘界,凡一千八百里。"上述这两种数字究竟哪种可信,尚需仔细考察。

河东边墙有新旧两道,杨寿《朔方新志》卷2《边防》载:"河东故墙自黄河嘴至花马池,长三百八十七里……河东新墙自横城至花马池长三百六十里。"不过新边墙是从兴武营起筑,从横城到兴武营的里距,《读史方舆纪要》卷62宁夏镇条称:"横城堡在清水营西北八十里……毛卡剌堡在清水营东南三十五里,又东南三十里即兴武所。"据此,从横城到兴武营是145里,新边墙的实际长度只有215里。新旧边墙合计应为602里(明里),合公制为288.96公里。

贺兰山东边墙,《朔方新志》称为西长城,"西长城四百一十一里,以北接贺兰山"。此411里为明里,换算公制为197.28公里。贺兰山与黄河之间的北边墙,亦有新旧两道,新边墙长19.2公里,旧边墙长约15公里,新旧合计为34.2公里。黄河东岸的"长堤"其长度在文献中不见记载,据地图测量约为100公里。黄河南岸下河沿的边墙,长约70公里。

宁夏镇管辖下的边墙,各段累计的长度是690.44公里,即1380.88里,与《朔方新志》所载的1170里比较接近,而与《读史方舆纪要》所称的1800里相差甚远。

六、明固原镇边墙

榆林镇边墙和宁夏镇河东边墙的修筑,对于阻止蒙古人的南下,产生了积极的作用。然而贺兰山西麓的蒙古人,却常常从靖房(今甘肃靖远县)兰州一带侵入。"靖房一带,每岁黄河冰合,一望千里,皆入平地。若贺兰山后之房,踏冰驰骋,则兰(兰州)、靖(靖房)、安(安定)、会(会宁)之间,便为祸阶。"①特别是到了弘治年间,蒙古人已在河套定居,势力有所壮大,他们扒开边墙进入内地抢掠,甚为猖狂。例如弘治十四年(1501年)七月,蒙古小王子(达延汗)侵入盐池,都指挥王泰战死;八月,"火筛(和硕)诸部犯固原,大掠韦州、环县、萌城、灵州"。②

蒙古侵掠的加剧,使明朝廷大为震惊。许多人担心,蒙古人再进一步即可以侵入陕西行省的驻地西安府(今西安)。既然形势是如此严重,为了统一调度榆林、宁夏、甘肃三镇的兵力御敌,于弘治十五年(1502年)由兵部奏请设立三边总制于固原,以户部尚书兼左副都御史秦纮为三边总制。固原既成为三边总制之驻地,于是这里便由原先的固原卫升格为固原镇,成为九镇之一,它是建立最晚的一镇。由于固原镇所管辖的地面是陕西北部军防重地,故又称作陕西镇。魏焕称:"嘉靖十八年,因主事许论议以总制移镇花马池,仍以陕西巡抚总兵提镇此边"③,则三边总制的驻节之地,在嘉靖年间一度迁往花马池(今宁夏盐池县)。

为了防止蒙古骑兵由固原南下平凉、巩昌、凤翔、西安等地,曾在固原的北方修筑了一道大体上为东西走向的边墙。由于它位于榆林、宁夏边墙之内,当时又称为内边。魏焕对这道边墙的走向详有记述:"固原在宁夏之南,实番胡要害之地。弘治间,总制秦纮筑内边一条,自饶阳界起,西至徐斌水三百余里,系固原地界。自徐斌水起,西至靖虏花儿岔止,长六百余里,亦各修筑……屹然为关中重险,东向可以顾榆林,西向可以顾甘肃。"④

这道边墙东始于饶阳,饶阳即饶阳堡,又作饶阳水堡,在今陕西定边县南部,北距榆林边墙约60里。徐斌水今说作徐冰水,在今宁夏同心县东北。靖虏即靖虏卫,为今甘肃靖远县,西濒黄河。花儿岔应是黄河岸边的一个小地名。边墙从东到西全长为900里,边墙之内有固原镇治、平凉府、庆阳府、巩昌府、凤翔府、西安府,修筑这道边墙就是为了保卫这些地

---

① 魏焕:《巡边总论》卷2《固原镇》,见《明经世文编》卷249。
② 《明史》卷15《孝宗纪》,中华书局1974年版,第193页。
③ 魏焕:《巡边总论》卷2《固原镇》,见《明经世文编》卷249;又见《明史·兵志三》。
④ 魏焕:《巡边总论》卷2《固原镇》,见《明经世文编》卷249。

方,故而被称作"关中重险"。其修筑的时间,据有关文献的记载,是弘治十五年至十七年(1502—1504年)由三边总制秦纮所主持修筑的。由于这道边墙很重要,后来又不断补修。继任的三边总制杨一清补修40余里,唐龙补修40里,王琼补修130里,王宪补修57里,刘天和补修60余里。补修从弘治年间一直持续到嘉靖中,为了加强防守,还在边墙之外挖掘了壕堑①,从而反映出当时三边镇总制对此边墙的高度重视。

以今日行政区划而言,固原镇边墙是东始于陕西定边县南部山区,这里是白于山的余脉,最高峰海拔1907米。山之北即榆林镇边墙的定边营。边墙由此向西南,进入宁夏盐池县南部,经甘肃环县北部甜水镇,再进入盐池县南部萌城乡、环县白家沟,穿过老爷山,向西进入宁夏同心县下马关、徐冰水,经同心县城之南,横越清水河,进入宁夏海原县境内,经海原县城北、西安州、干盐池,进入甘肃靖远县境,经打拉池、青沙岘,到达黄河东岸的花儿岔。边墙遗迹在同心县下马关一带尚可以见到若干,其他地方大多夷为平地,遗迹模糊。明代将徐斌(冰)水以东的边墙称作固原东路边墙,将徐斌(冰)水以西的边墙称作固原西路边墙。西路边墙地形复杂,也是防御的重点,故经多次补修重建。

西路边墙经过了一段流沙,《读史方舆纪要》卷58固原镇条引明人许论语:"固原旧边,繇徐斌水西南至靖远(按,应为靖虏)卫黄河岸,凡六百五十里。其间有青沙岘者凡八十里,随风流走,不可筑墙。寇若窃发,必假途于此。"因此,嘉靖中刘天和、许论等人多次提出,应当从徐斌水向鸣沙洲修筑一道边墙,以阻隔蒙古从西境侵入掠夺。但是,这个建议遭到许多人的反对,说是"弃地扰民"。所谓"弃地",是指放弃了青沙岘八十里而言。不过这个计划后来还是实现了,明万历《固原州志》上卷《地理·边隘》记载说:"复自徐斌水迄鸣沙洲黄河岸,修(边墙)一百二十五里。增茸女墙,始险峻。"此《固原州志》成书于万历四十四年(1616年),则徐斌水至鸣沙洲的边墙,应是在嘉靖后期、隆庆年间、万历四十四年以前这段时间修筑的。在这道边墙修筑以后,人们将它称作新边,而把弘治

---

① 万历《固原州志》上卷《地理·边隘》。

年间修筑的边墙称作旧边。

由此可知,固原镇边墙有新旧两道。旧边从定边县到靖边县,依文献所记载其长度为900里,不过青沙岘有一段长80里未修筑边墙,实际长度只有820里。新边从徐斌水到鸣沙洲,长125里。二者合计为945里(明里),合公制为453.6公里,这便是固原镇边墙的总长度。

七、明甘肃镇边墙

甘肃镇边墙东端有南、北两道,分别与宁夏镇、固原镇边墙相接续。北边墙与宁夏中卫河南边墙相接,是宁夏边墙的延长。它起始于今甘肃景泰县索桥嘴黄河古渡口附近,向西北走向,经芦阳、马鞍山、草窝滩、八道泉、三眼井、陶家山、红水、龙口、长岭山、牦牛圈,进入古浪县,再经大岭、裴家营、大靖镇、西靖、土门镇,进入武威市。南边墙是固原镇边墙的延长,南边墙始于靖远县城附近黄河岸边,沿黄河右岸向西南走向,经榆中县境抵达兰州市,北越黄河到达沙井驿,由此边墙折向西北,进入永登县,沿戚水河经苦水、红城、龙泉寺、大同、榆树、永登县城关、中堡、武胜驿,进入天祝县。沿金强河北上,越过乌鞘岭,经古浪县进入武威市,与北边墙合而为一。北边墙长约175公里,南边墙长约350公里,南、北边墙合计长为525公里。

乌鞘岭是甘肃东部山区与河西走廊的分界线,在河西走廊酒泉以东、武威以西,明边墙与汉代边塞的走向是基本一致的。民勤、永昌二县境内的明边墙,基本上是沿用汉代的旧墙加以补修增筑。民勤县有边墙120公里,永昌县有边墙90公里、利用山险30公里。在山丹县,明边墙与汉代令居塞旧墙是平行走向,明边墙在内侧,汉代旧墙在外侧,彼此相距约10米至80米左右。边墙长52公里,有壕沟59.95公里。在张掖市,明代也仿效汉代,以北部合黎山山险作为制敌的屏障,利用山险56公里,没有修筑边墙。在临泽县的东部仍然是利用山险,西部利用了汉长城。高一涵《创修临泽县志》卷3《军政志》称："边墙古曰障,巨次高厚不等。其始不纪,明多增葺,亦曰长城。"所谓"增葺",就是对汉代旧墙加以修复和扩大。据实地考察所见,汉代旧墙底阔约5尺,顶阔2.5尺,高约10尺。明代扩底加帮,使边墙底阔12尺,顶宽5尺,高16尺,扩大了许多。① 不过这段长城甚短,大约只有18公里左右。

在高台县是以壕堑为主,其西部明代边墙也基本上沿用了汉代旧墙,只有个别地方有新筑。明朝人杨博在其给朝廷的奏文中,多次提到这一点。他说"其甘州地界十坝墩起,至塔儿湾镇夷地界止,年久不堪边墙四百一十二丈,俱合行修筑",而六坝湖、朱家湾"原筑边墙年久积累并平坍四百二十丈,彼处地形下湿,若更帮修,不过数年仍覆前辙,徒费人力,相应移改北山坡下修筑六百丈"②。徐家瑞《新纂高台县志》卷2《边墙》对于帮筑旧边,也详有记述:"自高台马路口儿起驼岭塘止,又接水庙儿塘起八坝双树儿墩止,又关桥塘起镇夷胭脂堡该管界牌止,边墙共一千三百一十丈,内帮筑边墙底阔六尺、上接四尺,实台一丈四尺,裙墙三尺,共高一丈七尺。"

由高台向西,边墙有两道,进入酒泉市境内。"高台营北一道,东自六坝夹山墩起,西至十坝马圈塘墩止,计通长六十里";此外,"镇夷营边墙一道,西自本营山嘴墩起,东至胭脂堡张家湾,接连高台营略上,共长七十八里"。③ 这两道边墙合计长138里,民国一里为500米,合公制为69公里。镇夷营即镇夷百户所,在今高台县西北正义峡附近。边墙由此向西,与肃州(酒泉)北长城相连接,直到嘉峪关境内。

嘉峪关是明代新建的城池。这里是河西走廊的最狭窄处,南为祁连山,北为黑山,二山之间只有15公里左右。其间有九眼泉,是一处水草丰美的地方。洪武五年(1372年)冯胜在占领河西地区以后,在九眼泉建立了嘉峪关城。最初嘉峪关只是一座孤城,后来在其附近修筑了边墙,有西、东、北三道。西边墙"南自讨来河,北尽石关儿,共长三十里"。东边

①　《临泽县志》,甘肃人民出版社2001年版,第526页。
②　杨博:《修筑紧要边隘以御房患疏》,见乾隆《重修肃州新志》第十三册。
③　《新纂高台县志》卷2《边墙》。

墙"西起嘉峪关北边墙,新腰墩止,一万九百八十四丈"(按,合 73 里)。北边墙在肃州(酒泉)城北三十里,"东西长七十里"①。北边墙向东,与高台县(所)的边墙相连接。嘉峪关附近新修的三道边墙,共长 173 里(明里),合公制为 83 公里。

明代甘肃镇边墙,从东到西,即从景泰、靖远黄河岸边到嘉峪关,如果按首尾相连来计算,全长大约为 1100 公里。不过其中有的地方是以山险制敌,并没有筑墙(如张掖县),还有的地方是以壕堑为防(如山丹县有壕堑 59.95 公里)。因此,甘肃镇边墙各段累计长度只有 957 公里。特别需要指出的是,明边墙在很大程度上是沿用了汉代的旧墙。除了上面提到的武威、民勤、永昌、临泽、高台、酒泉等地以外,在兰州以东也有这种现象。光绪《重修皋兰县志》卷 18《古迹上》记载:"长城在黄河南岸,秦蒙恬筑,明万历六年重修。厚二丈,高倍之,土色坚毅。西起新城,沿河而东,至静远大浪沟界止,约计二百余里。"因此,明代甘肃镇边墙如果扣除汉代的旧墙,实际新修筑的边墙还不到 957 公里。

甘肃镇边墙,不是同时修筑的,有的段落早一些,有的段落晚一些。边墙修筑的早晚,与边境地区的政治、军事形势有密切的关系。通常是危急的地方先修,其他地方陆续修筑。

洪武初年冯胜所修的嘉峪关城比较简陋,经弘治十四年(1501 年)、正德元年(1506 年)、嘉靖十八年(1539 年)不断增筑,才形成了有内城、罗城、外城的局面。最初嘉峪关是孤城一座,难以阻止敌人。嘉靖十一年(1531 年)依据首辅大学士翟銮的建议,在嘉峪关西修筑了南北走向的边墙,以防御西来之敌的侵扰。嘉靖中,杨博嫌原先的北边墙低矮,难以御敌,又重修了北边墙。东边墙则是万历元年(1573 年)所修筑。②

甘肃镇东端的边墙有南、北两道,南边墙比北边墙要早一些。南边墙是固原镇边墙的接续,因此,修筑时间稍早。在成化年间,鞑靼诸部多次侵入镇番(今民勤)、庄浪(今永登),骚扰甚烈。南边墙应在此以后修筑

① 乾隆《重修肃州志》第十一册《肃州》边墙。
② 乾隆《重修肃州志》第十一册《肃州》边墙。

的,由于南边墙与固原镇边墙相接续,故其修筑时间或与固原边墙同时,或稍晚于固原边墙。

北边墙的修筑,与松山宾兔部蒙古的驱逐有关。在今景泰、古浪、永登三县之间,有松山,树草繁茂,长期以来被鞑靼宾兔部所占据,他们四处抢掠。一直到了万历二十六年(1598年),才把宾兔部驱逐出松山,为了防止他们重新返归,随即在三边总制李汶的主持下,于次年修筑了从景泰县到古浪县的北边墙。①

武威以西、张掖以东的边墙,大多是在嘉靖、隆庆、万历年间修筑的。在嘉靖以后,北方的鞑靼、瓦剌侵扰加剧,迫使明朝不得已修筑边墙御敌。因此,明代的边墙大多是在嘉靖年间和嘉靖以后修筑的,并非偶然。

明代北方的九镇(九边),都筑有边墙。九镇边墙的长度列表如下:

九镇(九边)	长度(公里)
辽东镇	624.00
蓟　镇	716.40
宣府镇	680.26
大同镇	310.56
太原镇	505.92
榆林镇	849.60
宁夏镇	690.44
固原镇	453.60
甘肃镇	1289.00
合　计	6119.78

由此可知,明代边墙总长达6119.78公里,即12239.56里。后世将明代边墙称作万里长城,是有一定根据的。

在青海湟水沿岸,有西宁卫边墙,今称青海边墙,是甘肃镇边墙的一部分。其主体在湟水河谷中,东始于乐都县(今海东市乐都区)芦花乡,中经花湾村、二水沟,西北入互助县龙王山,又西南入大通县、湟中县,入

---

① 梁云龙:《荡空松山碑文》,见周树清修:《永登县志》卷3《兵防志》关隘。

湟源县,终止于湟源县城关浩门镇,全长 332 千米。墙体有夯土墙、石墙、山险、山险墙,还有壕堑。墙体高 2—4 米,宽 8 米,多改为乡间大道。其中以民和县马厂塬乡边墙村一段保存得最好。在不适于筑城的地方,则挖壕沟以代替之。在墙体内外,有时也挖壕沟,当地人称为"随墙沟",用以加强墙体的防御能力。

西宁卫边墙的修筑,与蒙古的侵入有关。西宁附近居民以汉、藏为主。自"土木之变"以后,蒙古的势力壮大起来,除不断骚扰京师以外,又向青海发展,占领了青海湖周围的草场。在这里放牧的蒙古部落越来越多,驱逐藏民,蒙古各部落之间也因争夺草场而战斗,社会秩序混乱。西宁卫虽加以征讨,却因兵力不足而失败。于是西宁卫用修筑边墙加以防备。

西宁卫边墙的修筑,始于嘉靖二十五年(1546 年),到万历二十四年(1596 年)告一段落,前后有半个世纪之久。除长城墙体以外,附近还修建了墩台(烽燧)和闇门(城门)。清人苏铣《西宁志》、杨应琚《西宁府新志》,对此事有记载。近年来,高东陆、赵生琛和任晓燕撰文,对西宁卫边墙有详细记述。

八、清代柳条边与明代边墙

在清朝前期,即顺治、康熙年间,曾在今辽宁和吉林南部地区修建了一道重要的工程,称作柳条边,又称条子边,简称"柳边"。

柳条边的形制结构,与辽、金边壕很相似,也是掘地为沟堑,所不同的是在壕壁上种有柳条,柳条边、条子边、柳边都是以此得名。沟堑是主体工程,种植柳条主要是为了防止水土流失。从其结构上来看,分明是辽、金边壕的延续。

柳条边、条子边、柳边,都是民间的称谓。官方文献称为"盛京边墙"。嘉庆《重修一统志》卷 60《奉天府二·关隘》称:"盛京边墙,南起岫岩厅所辖凤凰城,北至开原,折而西至山海关接边,城周一千九百五十余里,名为老边。"

嘉庆《重修一统志》的记载,实来自乾隆《盛京通志》卷33《关邮·奉天府关隘》称:"盛京边墙,起自凤凰城,北至开原,折而西,至山海关接边,周围一千九百余里,十七边门,名为老边。"

为什么将柳条边称作"盛京边墙"呢?这是有原因的,其一柳条边大部分是在盛京将军管辖的范围内(即今辽宁省);其二是柳条边以明代辽东边墙为基础,逐渐形成的。《奉天通志》卷78《山川十二》,对于这个问题有所记载:"清因明障塞故址,植柳于墙之外,名曰柳边,亦名柳条边。并展明广宁迤东,沿古塞旧址,经彰武、法库以至开原城西前双楼台,穿过明边,经威远堡东南,又穿明边,展至兴京,以接凤凰城。复自威远堡西,而北穿明边墙,东北展至船厂。又自义县西南至长城,亦有展边。"

这段记载,可以说是对盛京边墙的由来,作了最详细的注释,"清因明障塞故址,植柳于墙之外"至为明确。明障塞故址即明辽东边墙(长城),证明清初曾沿用明辽东边墙,所不同的是"植柳于墙之外"。正是这种缘故,清代官方文献才称为盛京边墙,盛京边墙即明代的辽东边墙。因此,在顺治朝的官方文献中,几乎见不到有修建柳条边的记载。

最初的柳条边沿用了明代的边墙,还可以找到一些证据,有些初设的柳条边门就是明代边墙上的城堡。例如,平川营边门就是明代的平川堡,高台堡边门是明代的高台堡,长岭山边门是明代的长岭堡,白土厂边门是明代的镇宁堡,碱厂边门是明代的碱厂堡,叆阳边门是明代的叆阳堡等,可以说顺治年间的柳条边,有相当长的一部分是沿用了明代边墙,只是在墙外加种了柳条而已。

在顺治年间(1644—1661年),明朝的残余势力仍然存在。清朝统治者正忙于对南明的征讨,以及对郑成功的围剿,一时尚无暇顾及东北柳条边的营建,利用原有的明代辽东边墙,显然是最为省时省力的办法。这个道理是很清楚的,无须作更多的说明。

到了康熙年间,有了展边之举,即扩大盛京边墙的范围。展边之事,在《盛京通志》卷33《关邮·奉天府关隘》中多次提道:

长岭山边门,城(按,指锦州府城)西南九十里,旧设边于此。本朝康熙三十六年展边,门因废。

新台边门,城(按,指宁远州城)西北七十里,旧设于芹菜沟,在城西北十里。本朝康熙十四年,展边二道河,三十六年移置于此。

梨树沟边门,城(按,指宁远州城)西北一百里,旧有碾盘沟门,在城西北七十里,本朝康熙三十六年展边,移置于此。

白石嘴边门,城(按,指宁远州城)西北一百二十里,旧按高台边门。本朝顺治八年,初设水口,康熙十四年展边高台堡,二十五年展边移置城西北一百里,名宽邦门,三十六年又移设于此,改今名。

从上述记载可以看出,在康熙十四年(1675年)、二十五年、三十六年曾先后三次展边,展边的结果,使原有的边门废弃。除上述提到的边门废弃以外,还有:

黑山口边门,城(按,指宁远州城)西北一百十里,旧设边门于此,今废。

平川营边门,城(按,指宁远州城)西北一百十里,旧设边门于此,今废。

根据上述引文的记载,可知康熙年间因展边而废弃的边门有8个,即长岭山边门、芹菜沟边门、碾盘沟边门、水口边门、宽邦边门、黑山口边门、高台边门、平川营边门。在这些边门中,长岭山边门在锦州府辖境内,其他7个边门在宁远州辖境内。

据实地考察所见,上述废弃边门的具体位置是:长岭山边门为今锦西县西北长岭,芹菜沟边门在今兴城市旧门乡北,碾盘沟边门在今锦西县碾盘沟,水口边门在绥中县西北王宝水口村,宽邦边门在今绥中县宽邦乡东北,黑山口边门在今绥中西南大黑山口,高台边门在今绥中县高台堡乡西南,平川营边门在今绥中县西南平川营村。① 由此可知,展边主要是在今锦州市、锦西县、兴城市、绥中县。向外拓展的里距,一般都在10公里至15公里以上。

---

① 吉林师范大学历史系:《清代柳条边》,辽宁人民出版社1978年版,第47页。

在辽宁东部地区,盛京边墙基本是沿用明代辽东边墙之旧,明代辽东边墙东段,经过了碱厂(在今本溪县)、叆阳(在今宽甸县),盛京边墙有碱厂边门、叆阳边门,可以证明这一点。不过其中有个别段落是不同的。例如兴京(赫图阿拉,在今新宾县)原在明辽边墙之外,清代则圈进边内,并设有兴京边门,明代辽东边墙东段抵达鸭绿江边,清代盛京边墙是从叆阳经凤凰城(今凤城市)走向西南,到达东港市(旧称东沟县)的黄海之滨,这段边墙不但没有拓展,反而向内收缩了许多。此外,在开原、铁岭、抚顺以东,则向外拓展了许多。

盛京边墙的拓展与收缩,与清朝统治者的政治、经济需要有关。边墙的西段,原是农区和牧区的分界线,边内是以汉族为主的农业耕种地区,边外是以蒙古人为主的游牧草原地区。到了顺治年间,边内人口增殖很快,耕地渐感不足,有许多农民私自到边外耕种。"粮不足支,展边开垦"①,成为亟待解决的社会问题。从锦州到锦西、兴城、绥中的辽西走廊地区,地域狭窄,人多地少的矛盾尤为突出,于是,顺治十八年(1661年),世祖在临终前提出:"盛京边外居住庄村,俱著移居边内,其锦州以内、山海关以外,应展边界。"②因此,在康熙年间先后三次在这里展边拓地。

辽东东部山区的缩边,另有原因。这里原是清朝统治者的故里和后金的发祥地,被清朝统治者视为"龙兴重地",自然十分重视这里的保护。如果展边拓地,就会有许多汉族人到那里去垦荒耕种,造成山区环境的破坏,影响到风水和"龙脉"。因此,清朝统治者出于此种考虑,不仅没有向外展边,反而向内缩边,收缩了数百里。

九、柳条边的位置与走向

柳条边在清代的许多文献中都有记载,不过关于其位置与走向却甚

---

① 《大清会典事例》卷137《户部·盛京各驻防官兵屯田》。
② 《清圣祖实录》卷5顺治十八年十二月壬申。

为简略,柳条边上设有许多边门,这为研究柳条边的位置、走向提供了重要的地理坐标,因此,我们需要认真考证这些边门的地理位置。

（一）老边边门

清代将西起山海关,中经开原,东到凤凰城的柳条边称作老边。在老边上的边门数量,有的记载为 16 个,有的记载为 17 个,实际数量不止于此,还要多一些,今根据有关记载和实地考察所见,逐一加以说明。

（1）明水堂边门　明水堂又作鸣水堂,明水堂边门是自西向东顺序的第一个边门,在山海关东北。嘉庆《重修一统志》卷65《锦州府二·关隘》(以下简称《一统志》)称:"明水堂边门,在宁远州西北一百六十里,西至山海关边城界四十里。"宁远州为今兴城市,明水堂边门在今绥中县城西约 40 公里,西南至山海关长城约 20 公里。有一条小河从明水堂边门流过,成为内外交通孔道,故旧有"地势险要,形胜天成"之称。

（2）白石嘴边门　以所在之山得名,在明水堂边门以北 45 公里处,东南距绥中县城约 60 公里。发源于建昌县(旧名凌源县)的六股河(又称六州河),由此边门流过。《绥中县志》卷2《舆地·河流》称六股河"由白石边门入境,西南流至三门店"。边门位于两山之间,是进出凌源之咽喉。宽邦河从右岸注入六股河,宽邦河旧有边门,后废。宽邦村在清代是著名集镇,商业发达。建昌县商人,多至此贸易。

（3）梨树沟边门　梨树沟边门在白石嘴边门东北 3.5 公里,以山沟得名。其东南 15 公里的碾磨沟村,原设有边门,称碾盘沟边门,后废弃,将边门迁移到梨树沟。梨树沟、碾盘沟都是通往边外凌源县的重要通路。

（4）新台边门　在梨树沟边门东北 38 公里,东南距锦西县城 45 公里。地处女儿河发源地附近,在此东南 15 公里,原有芹菜沟边门,后废弃,将边门迁移到新台,称新台边门。

（5）松岭子边门　在新台边门东北 60 公里,东南距锦州 45 公里。是以松岭山(又名高冈山)得名,小凌河自西向东从边门处流过,经锦州注入渤海。这里自古以来就是从锦州进入朝阳的交通要道,在军事上、经济上有重要地位。

（6）九官台边门　在松岭子边门东北 55 公里，东南距义州镇 15 公里，发源于朝阳地区的大凌河，经九官台边门东南流，经义县、锦县（今凌海市）注入渤海，在清代这里是出入蒙古牧区的重要通道。九官台又作九关台，是以山得名。

（7）清河边门　在九官台边门以东 33 公里，西南距义州镇 28 公里，清代清河边门属于义州辖境，其地今改属于阜新县。清河边门设于康熙十五年（1676 年），是以大凌河的一支流清河得名。

（8）白土厂边门　在清河边门以东 42 公里，在今黑山县西北。白土厂边门为明代边墙上镇宁堡故址，《镇安县乡土志》载："白土厂门在明为镇宁堡，指挥刘世勋守之，后降清。清拆城立边，以东墙作边壕，西南有白土厂坡，旧迹宛然。"又称："白土厂门镇，逢五、十两日成市，蒙汉交通贸迁有利。"①

（9）彰武台边门　在白土厂边门以东 80 公里。彰武台又作彰五台，旧属广宁县，今改属新民市。咸丰《开原县志》卷 2《地理·关隘》称："彰五台边门，又名杨柽木门，城西二百五十里，通热河大道。"在清代，彰武台边门以西是养息牧厂，又称杨柽牧厂，属于宫廷的皇家牧场，故彰武台边门又有杨柽木厂边门之称。清代的养息牧场即今彰武县，彰武县是以彰武台边门得名。

（10）法库边门　又作发库边门，俗称巴虎门，在彰武台边门东北 60 公里。"法库"来自满语，意为鱼梁。法库边门清代在开原县（今开原市）境内，今在法库县城东北，法库县是以法库边门得名。咸丰《开原县志》卷 2《地理·关隘》称：法库边门"与科尔沁蒙古搭界，商民稠集，人烟辐辏，开原巨镇。"这里是从盛京（今沈阳）到科尔沁蒙古往来的必经之地。至今在法库县头台子、西山，尚能看出柳条边的遗迹。②

（11）威远堡边门　威远堡边门在法库边门东北 50 公里，这里是明

---

① 《奉天通志》卷 77《山川十一·沙河流域·黑山县》。
② 《法库文史资料》，1982 年，第 12—13 页。

代边墙威远堡故址。《一统志》称："威远堡边门，在开原县东北三十里。堡周三里，南、北二门，为吉林乌拉等处往来孔道"。咸丰《开原县志》卷 2《地理·关隘》则称威远堡边门，"为黑龙江、吉林咽喉之地"。它在往来交通上，具有重要地位。清代柳条边的老边和新边，在此交汇连接。

（12）英额边门　又作英莪边门、英峨边门，在威远堡边门东南 75 公里，旧属开原县境，今属清原县境。因其附近的英额河而得名，"英额"在满语中是母驼的意思。英额边门以外属于山区，"边外为围场"，因此，英额边门"为领票刨参者出入往来之区"。①

（13）兴京边门（旺清边门）　在英额边门以南 105 公里，兴京边门最初在兴京以东旧门村，以后迁移旺清河畔。《奉天通志》卷 35《山川九》载："旺清河，源出县治东北五十里八道沟岭，西南流迳旺清村北……又东南径旧门村东，清初置兴京边门于此，村北边沟即旧边址也。"又引《兴京县志》："旧门在今旧门村东二里，扼柳条边冲，盖清初置兴京边门即在此地，后拓移旺清门。"旺清河先经旺清村，东南流到旧门村，则旺清新边门在兴京旧边门之东北，是向外移边以后，新建了旺清边门。

（14）碱厂边门　在兴京边门南偏西 55 公里，又称加木禅门。碱厂是东西往来的孔道，明代辽东边墙在此设有碱厂堡，碱厂边门即碱厂堡故址。

（15）叆阳边门　在碱厂边门以南 85 公里，又称爱哈边门或爱河边门。"爱哈"出自满语，意为琉璃，明代辽东边墙有叆阳堡，叆阳边门即叆阳堡故址，叆阳边门在清代属于凤凰城，今属宽甸县，在宽甸县城西北。

（16）凤凰城边门　在凤凰城西南 5 公里，即今沈丹铁路线上凤凰城火车站所在地。凤凰城是以附近的凤凰山得名，在草河（叆河支流）右岸，《盛京通志》卷 33《关邮·奉天府关隘》称："凤凰城边门，城西南十里，濒海。为朝鲜人入贡之道。"清代文献多称柳条起自凤凰城或止于凤凰城，实际上柳条的起始地点，在今东沟县长山镇的窟窿山②，即黄海北

---

①　咸丰《开原县志》卷 2《地理·关隘》。
②　《东沟县志》，辽宁人民出版社 1996 年版，第 1016 页。

岸鸭绿江入海口附近。在清代时,朝鲜入贡之道是从新义州渡过鸭绿江,然后北上经凤凰山至盛京,再转道至北京顺天府。因此,凤凰山边门在南北交通线上,具有重要地位。

上述 16 个边门,是老边上主要的边门。实际上老边的边门不止如此,还有一些。例如在彰武台边门与法库门之间有叶茂台边门,在法库边门与威远堡之间有马千总边门,在威远堡边门与英额边门之间有土口子边门。这些边门多是康熙以后添置的,不如前面的 16 个边门重要,故而许多文献忽略了它们,只称老边有 16 个边门,这种说法是不够精确的,如果把叶茂台边门、马千总边门、土口子边门也计算在内,老边实有 19 个边门。

从边门的分布可知,柳条边的老边是从今山海关明长城起,沿渤海西岸向东北走向,经今绥中县、兴城市、锦西县、锦州之西部,到达义县北部清河边门折向东,经白土厂边门转向东北。再经黑山县、新民市之北,法库县之南,到达开原县威远堡边门。然后折向东南,经清原县、新宾县、本溪县之东,宽甸县之西,再经凤城县之中部,南抵黄海之滨的东沟县(今东港市)。老边全部在辽宁省境内,它穿过了辽宁西部、北部、东部,全长 1950 里,为 936 公里(清代 1 里为 480 米)。

(二)新边边门

从开原县威远堡边门向东北,有一道康熙年间修建的柳条边,由于时代晚于老边,故而被称作新边。在新边上设有 4 座边门,自南而北依次是布尔图库边门、克尔素边门、伊通边门、法特哈边门。

(1)布尔图库边门　在威远堡边门以北 89 公里。布尔图库边门最初称作布尔图库苏巴尔汉边门,又作布尔德库苏巴尔罕边门,在乾隆年间省为布尔图库边门或布尔德库边门。《吉林通志》卷 50《武备志一·驻防》称:"苏巴尔汉,国语塔也,以门之东南塔山为名,乾隆年间奉部文裁苏巴尔汉四字,惟称布尔图库,又名巴拉山门。"在今四平市山门乡,边门东南塔山上的古塔遗址尚存。1986 年,边门的部分建筑物被修复。

（2）克尔素边门　在布尔图库边门东北75公里，又称克勒素边门或赫尔苏边门，是以克尔素河得名，"克尔素"在满语中意为"海滨盐池所生之草"。此边门在今吉林梨树县孟家岭乡，克尔素河今称招苏河，为辽河左岸支流。

（3）伊通边门　在克尔素边门东北92公里，又作伊屯边门、一统边门，是以伊通河得名，在今伊通县黄岭子乡，伊通河西岸。伊通边门以外，在清代是蒙古哲里木盟（今通辽市）的牧场。

（4）法特哈边门　在伊通边门东北88.5公里，又称巴延鄂罗边门，是以法特哈山得名，在满语中，"法特哈"是蹄子的意思，法特哈山即蹄子山。康熙皇帝东巡至此，嫌"法特哈"不雅，改法特哈山为巴延佛罗山，意为富裕之山。《盛京通志》卷33《关邮·奉天府关隘》称："法特哈边门，城北一百五十里，即巴延鄂佛罗门。为伯都纳、黑龙江往来孔道，东北以额塞哩河为界，边外皆蒙古科尔沁等诸部地。"法特哈山（蹄子山）边门在今舒兰市法特乡北，在边门附近尚可以看到若干柳条边的遗迹。

上述四座边门，均在吉林省境内，由威远堡边门到法特哈边门的新边，经过了四平市郊区、梨树县、伊通县、九台市（今长春市九台区），直达舒兰市，其间越过了东辽河、伊通河、饮马河、第二松花江，全长清制为690里，折公制为331.2公里，其长度只有老边的三分之一左右。

十、柳条边的性质、作用和影响

（一）柳条边的形制结构

关于柳条边的形制结构，以杨宾《柳边纪略》卷1所记为具体："今辽东皆插柳条为边，高者三四尺，低者一二尺，若中土之竹篱，而掘壕于其外，人呼为柳条边。"杨宾所记，只是约数，彰武台边门向奉天将军呈报的修理边墙计划书，讲到了柳条边的形制结构，最为精确可信。该文称："边壕深八尺,底宽五尺,口宽八尺,边柳一步三棵,粗应四寸,高应六尺,涂土埋二尺,降剩四尺,边外大路,二丈六尺宽,区内马道,一丈一尺宽。"①

从此文可以看出,柳条边是由三部分组成,其一是上宽 8 尺、底宽 5 尺、深 8 尺的壕沟;其二是壕壁植柳,其间距是一步(约为 1 米)3 棵,保留在地面部分高 4 尺;其三是在边壕内外修有道路,便于士兵巡逻。由此可知清代柳条边的形制结构与辽金边壕是基本相同的,都是以壕沟作为主体,所不同的是柳条边在壕壁上植柳,柳条边即以此得名。

柳条边为什么要植柳? 这是有原因、有道理的。柳条边所经过的辽宁、吉林,属于温带湿润区,年均降水量多在 500 毫米至 700 毫米,其东部可达 1000 毫米以上,这种地理条件与沙漠草原地区有明显的差别。降水主要集中在夏秋季节,暴雨成灾,水土流失严重。在壕壁上植柳,可以防止水土流失,避免将壕沟湮没。其次,在柳树成荫、成林以后,即成为封禁的标志,使人望而止步。据记载,柳条边结绳为网,在一定程度上可以防止行人的逾越,达到禁断往来的目的。因此,柳条边又称作长栅或边栅。《法库乡土志》称:"柳条边……新译满洲地图谓之长栅。"②《奉天通志》卷 82《山川十六·大洋河流域·凤城县》称:"边栅者,即清之柳条边也。"

清代的柳条边,受自然和人为破坏,现在保留下来的不多,只有在个别地区尚可以见到若干残迹。在吉林省梨树县石岭乡、蔡家镇、孟家岭,现有柳条边遗迹 10 公里,保存较好的壕沟宽 2.5 米、深 1.5 米。③ 在舒兰县法特乡、莲花乡,也保留有柳条边的残迹,在法特乡榆底村小南屯,可以见到上口宽 5.5 米、底宽 2.9 米、深 4.2 米的壕沟和高 0.4 米至 1.5 米的壕壁④。这些柳条边的残迹,有助于我们对柳条边的认识和了解,其结构与辽金边壕基本是一致的。

---

① 辽宁省博物馆编:《辽宁史迹资料》,1962 年,第 138 页。

② 刘鸣复:(光绪)《法库厅乡土志》,见《东北乡土志丛编》,辽宁省图书馆 1985 年 12 月印本,第 498 页。

③ 国家文物局主编:《中国文物地图集》吉林分册,中国地图出版社 1993 年版,第 126、64—65 页。

④ 《舒兰县文物志》,1985 年 12 月印本,第 67 页。

（二）柳条边的性质和功用

辽金时代的边壕,属于边防军事工程,是为了防御北方游牧民族的侵扰而建,因此,在边壕内侧有屯军的城堡。清代的柳条边属于界标,《盛京通志》和《一统志》均称:"插柳结绳,以定内外。"当时所说的内外,系指农耕与游牧射猎的区别而言,农耕地区称作内,游牧射猎地区称作外,故清人高士奇称:"柳条边插柳结绳,以界蒙古。"①

《奉天通志》卷78《山川十二·大小凌河流域·义县》对此有更详细的说明:

> 明置障塞,用捣夷虏之内犯,设关数座,以通互市。清起东北,蒙古内附,修边示限,使畜牧游猎之民,知所止境。设门置守,以资镇慑,并讯察奸宄,以弭隐患而已。情势与明迥殊,明之筑墙,清之植柳,盖随宜而制也。

"使畜牧游猎之民,知所止境",是对柳条边性质、作用最确切的说明。老边、新边之西,属于蒙古人的游牧地区,老边、新边之东,属于窝集(森林)密布的猎区。修建柳条边,一方面是防止边内的汉族人到边外去开垦耕种,另一方面是防止边外的蒙古人进入边内放牧,其目的是保护鸭绿江、图们江和第二松花江流域的森林,保护清朝统治者的政治、经济利益。

老边以东以北、新边以东地区,在明代是建州女真的生活地区。在清朝入关以后,即把边外地区改作皇家猎场,称作围场。满族是一个长于射猎的民族,"行围肆武,原为满洲旧习",早在努尔哈赤、皇太极时代,即设有围场。天命四年(1619年),努尔哈赤在攻灭叶赫部(今吉林梨树县东南)以后,随后即将这里改为皇家围场。在天命、崇德年间,皇太极多次到此打猎。在皇太极时代,围场打猎已形成了一定的制度,有许多规定。在射猎时,皇帝优先,其他人以身份高低贵贱为序。参加围猎的人,必须

---

① 高士奇:《扈从东巡日录》卷下。

不避艰险,行动要一致,有严格的组织纪律,借以培养满洲贵族勇敢善战的精神。

顺治迁都北京以后,仍然保持了满族的传统,将吉林、辽宁东部山区作为皇家的猎场,为了保证围场中有丰富的动物资源可以猎取,故而先后建立了旧边和新边,防止皇室以外的人到此偷猎。吉林、辽宁东部山区,有丰富的森林资源。"柳条边外,山野江河产珠、人参、貂、獭、猞猁孙、雕、鹿"等,禁止百姓采捕,"设官督丁,每岁以时采捕,俱有定所定额,核其多寡而赏罚之"①。设立柳条边,采取封禁政策,就是为了保证朝廷对这些资源的垄断权,防止黎民百姓染指。经济利益的驱动,也是建立柳条边的重要原因。

(三)柳条边的管理

柳条边绵长,柳条边边门分散,这种情况决定了柳条边必须分区分段管理,即由所在的州县管理。根据《盛京通志》卷33《关邮奉天府关隘、吉林边隘部分》的记载,将边门的分区管理列表如下。

主管官府	所 属 边 门
1. 盛京兵部	碱厂边门、旺清边门(兴京边门)
2. 开原县	英莪边门、威远堡边门、发库边门
3. 凤凰城	叆爱河边门、凤凰城边门
4. 锦州府	长岭山边门、松岭子边门
5. 宁远州	黑山口边门、高台边门、新台边门、梨树沟边门、平川营边门、白石嘴边门、明水堂边门
6. 广宁县	彰武台边门
7. 义州	白土厂边门、清河边门、九官台边门
8. 吉林府	法特哈边门、伊屯边门、克尔素边门、布尔德库边门

在上表所列的边门中,包括有新旧边门。宁远州多次展边,故而新、

---

① 杨宾:《柳边纪略》卷3。

旧边门数量最多。《盛京通志》成书于乾隆元年(1736年),所反映的是在此以前边门的隶属情形,后来又有改动,故与《清会典》《清文献通考》的记载不完全一致。

边门是管理柳条边的主要机构,每个边门均设防御、笔帖式各一员,防御为武官,笔帖式是文官,其职责各有分工。每个边门均有满汉八旗兵若干,其人数不等,少者二三十人,多者四十余人,被称作披甲兵。披甲兵负责边门按时启闭,检查行人出入。当时规定,出入边门的人,必须持有官府发给的印票,印票上注明所要出入的边门。没有印票出入边门,或虽有印票而未按指定边门出入者,均以违法论处,印票不能转让他人。凡是违法者,轻者鞭打、上枷,重者处死。印票通常是使用满汉不同文字,满人印票用满文,汉人印票用汉文。① 实行印票办法,是为了严格控制出入柳条边的人数,达到封禁的目的。

维护柳条边是一项重要的事情,受暴雨、大风的影响,边壕时常被湮没变浅,失去作用。因此,在柳条边门之间设有边台。边台不是烽火台,而是台丁驻守的地方,每台设有台丁150人至200人不等。边台的长官,满语称拔什库,译成汉语叫千总,每台不止一人。台丁的职责是"俱供补篱浚壑"②,即修补柳条边。修补的时间,多在每年农历的二月、八月,因为这个季节有利于挖掘壕沟。台丁多是吴三桂的旧部下,在三藩叛乱失败以后,其部下兵丁有相当一部分被迁移到东北,充当台丁和站丁。台丁和站丁是世袭的,耕种柳条边旁的土地,世代为丁,不许参加科举考试。因此,边台附近居民渐多,逐渐形成了村落、城镇。今吉林境内有许多头台、二台、八台、九台之类地名,就是清代边台的遗留,其中九台后来成为县城,现在为长春市九台区。

(四)柳条边的影响

清代柳条边是为封禁而建,是农业区和游牧射猎区的分界线。到

---

① 杨宾:《柳边纪略》卷1。
② 《宁远州志》卷5《武备志》,见《辽海丛书》,辽沈书社1984年影印本,第2425页。

了清代后期,柳条边失去了作用。其实,早在乾隆年间河北、河南、山东等省连年大旱成灾,许多流民被迫到东北谋生,不断冲破柳条边的禁区。灾荒年份朝廷也准许流民到口外觅食。到了嘉庆年间,在部分地区开禁,关内农民纷纷出关到今辽宁、吉林务农。当时蒙、汉分治,为了管理汉族流民,先后设立了长春厅、昌图厅。道光以后,为了解决财政困难,采取了"移民实边"政策,柳条边完全弛禁,彻底失去了其封禁的作用。

不过柳条边在历史上还是有一定的影响力的,至今东北的地方行政区,仍与柳条边有一定的关系。例如辽宁省与吉林省的分界线,即是以柳条边为基础,而略有变动。吉林省公主岭市(原怀德县)与伊通县之间,也是以柳条边作为分界线。辽宁省绥中县、兴城市、锦西县与建昌县(旧称凌源县)之间的分界线,同样是以柳条边为基础,个别地方有所变动。这种现象与有些地方行政区以长城为界、以边壕为界,属于同一道理,是历史遗留的结果。柳条边绵长,有壕沟、柳树易于识别,自然就成为最理想的地理坐标了。

柳条边上的边门、边台、边壕,有的后来变动了地名,这种现象在辽宁、吉林都可以见到。新宾县有旧门村,是以兴京边门设于此而得名。义县有五台子村,是以在老边上边台得名。黑山县还有边壕村,是以地近柳条边的壕沟得名。[①] 凡此种种,都可以看出有许多地名与柳条边有关,值得研究地名学的专家学者注意。此外,边里、边外的说法在东北相当盛行,至今仍有些老年人将辽宁称作边里,将吉林、黑龙江称作边外。

由此可知,清代柳条边最初是清朝版图内农业区与游牧区、狩猎区的分界线,后来演变为地方行政区的分界线。苏联的齐赫文斯基等人,把柳条边说成是清朝东北的边界线和边界军事工事,显然是违背了历史事实,是别有用心的一种说法。

---

① 《奉天通志》卷78《山川十二·大小凌河流域》、卷77《山川十一·沙河流域》、卷2《山川九·辽河流域三》。

第 八 章

虚假的长城

就长城的构造和形态而言,其实就是一道绵长的墙体。如今所能见到的长城墙体,小者在数十千米,大者在数百千米,因此常常被称作万里长城,如秦始皇万里长城、明万里长城。长城最初用于防御战车,后来用于防御北方游牧民族的骑兵。战车和骑兵运动速度快,是步兵难以阻挡的,故而出现了长城,可以有效进行阻挡。它是冷兵器时代的产物,在进入火器时代以后,便逐渐消失了。

长城是战争的产物,具有明显的政治色彩。因此,长城不是一般的长墙,只用于防御外部敌人,对于内部敌人,通常不采用这种办法,因为修筑长城的费用特别高昂,只有采用全部国力才能完成,给民族造成深重的灾难,孟姜女哭倒万里长城的传说,表现了人们对长城的仇视心理。正因为如此,明朝才把长城改称边墙,清朝停止了长城的修建。

有些人(特别是搞古建的人)常常不分青红皂白,将地面上的比较长的高墙都称作长城;与此相似,有些人将古代界墙也称作长城;甚至将日本侵略者为了限制中国人活动的城壕,也称作长城,于是产生了"清代长城""民国长城"。有鉴于此,有必要对这些所谓的"长城"进行仔细剖析,以便于提高人们鉴别真假长城的能力,勿上其当。

一、所谓"云南长城"

在云南东部地区,有一道南北走向的土石墙。长期以来,被当地居民称作"石埂子"。在民间,人们将田间小路称作"埂子","石埂子"是以低矮如路而得名,实际上直到晚近民国年间,"石埂子"确实是田间小路。

然而新世纪初年,有位大学教授著书出版,将这道"石埂子"改名为"云南长城",进行大肆宣传炒作,认为这是什么新发现。实际上"石埂子"早就见于历史文献记载,当地人对它很熟悉,只是不称作长城而已。

1. 石埂子是爨人界墙

明隆庆六年(1572 年),由邹应龙修、李元阳纂的《云南通志》,对"石埂子"有如下记载:

> 鞑子城,在州东三十里,夷语曰"底伯卢"。其城起自曲靖,抵于广西,绵延三百里。其酋长兄弟筑此,以分地界。[1]

文中所称"兄弟",系指兄弟部落而言。所谓"州"指路南州,即石林彝族自治县城鹿阜镇。石林彝族自治县,原称路南彝族自治县。曲靖县(今曲靖市)即明代曲靖府治南宁县。曲靖府领州四、县二,有陆良州(今陆良县)、马龙州(今马龙县)。文中的广西指广西府,其故址为今泸西县。广西府辖有弥勒州,即今弥勒县(今弥勒市)。[2] 鞑子城,北起马龙县、陆良县,中经石林县,南到弥勒县,作南北走向,长约 300 里。明代一里为今 480 米,300 里相当于 144 千米。所谓"鞑子",是古代对少数民族而言。鞑子城系少数民族之间的界墙,不具有军事性质。自然它不会是什么长城。

---

[1]　隆庆《云南通志》卷 3《路南州》古迹条。
[2]　《明史》卷 46《地理志三》,中华书局 1975 年版,第 1173、1179 页。

1943 年,李埏对"石埂子"进行考察,事后撰文称:

> 长城埂,在城东三十里,水塘铺附近,闻长约十里,为白石累成,高约三尺,厚二尺,并非砖城,成于何时,尚无考证。此埂工程颇不小,惟据考查结果,并非为军事目的而设,是否为田庄界墙,此时亦无定论,颇堪研究。①

李埏将"石埂子"改为"长城埂"是无根据的,与文中的"并非为军事目的而设"自相矛盾,因为长城为军事设施,这是人所公认的,说明"长城埂"是无心所为。"石埂子"长 300 里,见于明代《云南通志》,他却称"长约十里",说明他没有深入调查全部,可能只在路边见到了一小段,以偏概全。"白石累筑,高约三尺,厚二尺",则为实际情况。他提出"石埂子"为田庄界墙,颇有见解,然而关于"石埂子"的时代,却未能进行深入研究。

1945 年,楚图南对"石埂子"进行了比较深入的调查,他撰文称:

> 长城埂是路南的古迹之一,但也难以说明是古迹之一。与乱石堆成的城垣模样的埂堤,这条古长城埂,高广约三尺,缘乱山脊起伏,俨如巨龙一样⋯⋯根据记载和传说,虽都叫长城,其实并没城垣的规模,也似乎看不出有城垣的用处,而且没有一块砖头,没有一处可避风雨及守望的地方,只是一望看不见两端的乱石堆成的索链,锁着了路南一带的山头。县志的记载说,这是蛮酋相争建立起来的,正确的时代不知道,建筑的人物也无从考证⋯⋯水草对人畜的需要是最宝贵的,而在这一带地方既全是山地,仅有少数的水源,所以便成为相争的对象。后来则是垒石为界,不同的部落各在自己的界内牧畜,不相逾越,如同蒙古人所谓的旗与盟之类,而这正是旗盟的界石,我想这个假说是可能的。路南西南的河西县,有所谓盟石,其来源和作用也正如此,是一样性质。至于长城埂垒的时代,则以这一带地方原为黑爨部落所据。据《澄江府志》谓:爨蛮为东西黑〔白〕四种。西汉末,白爨据曲州、靖州、安宁等处,黑爨据昆明、新兴、宁州、威楚等处。

---

① 李埏:《路南乡土地理》,1943 年油印本。

不知像长城埂这类垒石的遗迹,即为当时不同种族、不同部落争战或决斗以后所垒筑起来的公界。①

楚图南的记述,要比李埏更详细更深刻一些。他指出,长城埂是部落间的地界,与蒙古人的旗盟相似,可以说是点中了要害;他又指出,长城埂的时代,与东爨、西爨、黑爨、白爨的争战搏斗有关,这是很有见解、很有道理的,只是他没有更深入地论证。

爨是自南北朝以来,居住在云南东部地区的少数民族。晋宋隋唐时期,爨人分为东、西两部分,东部以黑爨(又称乌蛮)为主,西部以白爨(又称白蛮)为主。东爨乌蛮为现在彝族的祖先,西爨白蛮为现在白族的祖先。黑爨、白爨的分界线,大体上是北起马龙县,向南至建水县(属红河哈尼族彝族自治州)。今日所见"石埂子"遗迹,北起马龙县,向南经陆良县、宜泉县、石林县,南达弥勒县,与隋唐时期的黑爨(乌蛮)、白爨(白蛮)的分界线相一致。滇东的"石埂子",恰是东爨、西爨的分界墙,这是没有什么疑问的。从其遗迹来看,"石埂子"界墙,其初建时大约在1米,由于它是分界标志,不是军事设施,没有必要修得很高很结实,只要便于识别就可以了。

2."石埂子"修建时代

前人认为"石埂子"是地界,与古代爨人有关,这是正确无疑的。然而爨人历史很长,"石埂子"究竟是什么时代修建的问题,前人未能提及,是一个需要深入研究探讨的问题。

"石埂子"所在,是古代爨人所居住的地区,此事已为碑刻所证明。在陆良(旧称陆凉)县发现有南朝宋大明二年(458年)《爨龙颜碑》,碑额刻《宋故龙骧将军护镇蛮校尉宁州刺史邛都县侯爨使君之碑》,碑文记述爨氏世系及爨龙颜祖孙三代事迹,称元嘉三年(432年)参与镇压益州赵广起义。在曲靖县发现有东晋义熙元年(405年)《爨宝子碑》,碑额刻

---

① 楚图南:《路南杂记》,1945年油印本。

《晋故振威将军建宁太守爨府君之墓》，记述爨宝子的家世和政绩。①　建宁即今曲江，说明陆良、曲靖是爨人居住生活的主要地区。《爨龙颜碑》记载："岁在壬申，百六构衅，州土扰乱，东西二境，凶竖狼暴，缅戎寇场。君收合精锐五千之众，身伉矢石，扑碎千计，肃清边隅。"②碑文中的壬申岁，即刘宋元嘉九年（432 年）。"东西二境"指东爨和西爨，在这一年东、西二爨发生了冲突暴乱，爨龙颜帅兵前去弹压，平定了这场冲突。事后，为了防止东、西二爨争夺土地之纠纷，遂修建了一道边墙（即当地民众所称"石坎子"），将此二部隔开，各在界墙之内居住生活，不得越墙侵扰对方。因此，滇东的"石埂子"当修建于元嘉九年以后。由于南北长达 300里，工程量巨大，不是短时间能完成的，很可能持续了若干年，其始建和完工的时间，难以考定。东爨、西爨之名，很可能在此边墙（石埂子）修筑以后出现的。此前虽有东爨、西爨民族实体之存在，然而不一定有明确的名称。

到了隋唐时代，东爨、西爨的居住地，由于界墙的存在，其居住地没有发生变化。《新唐书》记载："自曲州、靖州西南昆川、曲轭、晋宁、喻献、安宁距和龙城，通谓之西爨白蛮；自弥鹿、升麻二川，南至步头，谓之东爨乌蛮。"③白蛮、乌蛮之称，是在唐代出现的。

在唐高宗永徽年间（650—655 年），东、西二爨又发生了重大的冲突。东爨的首领盖聘及其子盖启，被西爨杀死，此后，东、西二爨之间的争斗一直持续了很长时间。争斗的对象是土地和人口，《新唐书》称："于是诸爨乱。"在争斗中，彼此双方损失惨重，"诸爨稍离弱"。于是，唐朝廷予以干预。于唐德宗贞元中（785—804 年），置都督府，设羁縻州，分别管理，东、西爨之间的冲突才得以缓和，④后来分别发展为不同的民族。

滇东的"石埂子"，就是东爨、西爨之界墙，这种界墙很可能不是一次完成的。随着居民由少到多，对土地的需要也日益强烈，边墙不断延长势

---

① 《全国重点文物大全》，中国旅游出版社 1989 年版，第 510—511 页。
② 民国《陆良县志稿》卷 70。
③ 《新唐书》卷 222 下《南蛮下》，中华书局 1975 年版，第 6315—6318 页。
④ 《新唐书》卷 222 下《南蛮下》，中华书局 1975 年版，第 6315—6318 页。

在必行。

3. "石埂子"不是汉长城

滇东"石埂子"不仅见于明代《云南通志》,而且遗址尚存,20世纪40年代李埏、楚图南二人进行了调查研究,指出"石埂子"不是长城,而是爨人部落的"公界",即界墙。其修建的时间当在刘宋元嘉九年以后,此后又加以续修,称为界墙是比较妥当的。

然而在新世纪初年,有位云南籍的教授却将"石埂子"称作"云南古长城","是中国古代文明的奇迹",是"世界上最南的古长城"。① 对于没有到过云南的人来说,颇有新奇之感。然而经过仔细研究,发现这种说法缺乏证据,属于虚假的长城。长城属于军事建筑物,出于军事需要,墙体上要有城门、马面(敌台)和一定的高度,至少应当高七八米以上,除此以外还要有烽燧、城鄣等附属设施。这是人所尽知的常识。然而滇东"石埂子"高度只有3尺,一步即可跨过,不具备防敌功能,岂能称作古长城?这分明是在作秀。

为了凸显"石埂子"的重要性,又提出"石埂子"是王莽时期益州郡太守齐文主持修筑的,具体时间可以肯定在王莽地皇二年(21年)前后,差不了两年。其唯一的依据,是在《后汉书·西南夷传·滇王》中的一段话:

> 及王莽政乱,益州郡夷栋蚕、若豆等起兵杀郡守,越嶲姑复来人大牟亦皆叛,杀略吏人。莽遣宁始将军廉丹,发巴蜀吏人及转兵谷率徒十余万击之。吏士饥疫,连年不能剋而还。以广汉文齐为太守,造起陂池,开通灌溉,垦田二千余顷。率厉兵马,修鄣塞,降集群夷,甚得其和。

文中有"鄣塞"字样,在《史记》《汉书》《后汉书》中频见。鄣又作障,按《说文解字》的解释,鄣就是城邑,故古代城鄣常常连用。塞本指堵塞,古代在山口建城设防,堵塞交通往来,称作当路塞。因此,古代的鄣塞是

---

① 于希贤等:《云南古长城考察记》,云南人民出版社2001年版,第163页。

指城邑而言。张维华称："汉之边塞，大抵塞为通称，长城为绵亘相接之边墙，障为一地之防御工事，或指城堡而言。"①张维华对郭塞的解释比较精准，郭塞就是城堡，不是连绵不断的长城。二者有别，不能等同。从《后汉书》记载来看，文齐担任太守以后，其主要精力用于兴修水利，开垦农田，解决官兵的粮秣，修郭塞置于次要地位。况且如前所述，"石埂子"高度只有三尺，没有防敌的功能，这是很清楚很明白的事实，它与汉代所修高大的夯土长城有本质的区别，岂能称作汉代长城？汉代长城多在北方和西北，用于防御强悍的匈奴骑兵。在西南地区，蛮夷虽有反抗朝廷的斗争，然而其势力不能与匈奴相比，地方官府岂能大修长城防御之？这显然是不可能的。

滇东"石埂子"就是少数民族部落的界墙，这是没有什么问题的，由于它地处部落之间，也可以称作边墙。然而"石埂子"不是长城，更不是王莽时代修筑的南方长城。本书执笔者为云南人，可能是出于乡土观念之故，竭力美化地方古迹，其乡土之情是可以理解的。但是，必须实事求是，要尊重历史，离开了这一点，好心也许会办成坏事。任何不符合实际的妄说都会适得其反，这种例证很多，要引以为戒。

二、所谓"南方长城"

在湖南湘西土家族苗族自治州境内，有一道南北走向的长墙，土筑、石筑兼而有之，当地人称为"边墙"。在地方文献如《湖南通志》《凤凰厅志》《湘西州志》《古丈坪厅志》都有所记载。有位古建专家闻讯前来考察以后，随即发文，称这是新发现的长城，并命名为"南方长城"。中国古代的长城，主要分布在北方，在南方无之，故此"南方长城"一经提出，便引起了人们的关注，特别吸引了新闻媒体的眼球，纷纷予以报

---

① 张维华：《中国长城建置考》（上编），中华书局 1979 年版，第 138 页。

道炒作,闹得沸沸扬扬。其实,它是一道很普通的边墙,早已有之,并不是什么新发现。称为"南方长城",是名不副实的,何以见得？下面加以说明之。

湖南湘西和毗邻的贵州东部、四川东南部,自古以来就是苗族的居住地区,在贵州东部有印江土家族苗族自治县、黔东南苗族侗族自治州,在四川东南有秀山土家族苗族自治县。在明清时代也是如此。苗族是我国少数民族中,人口数量多、历史比较早的民族,在湘西、黔东比较多。由于他们与汉族接触有多少之不同,有一部分经济文化发展水平比较高,还有一部分经济文化发展比较缓慢,故而有生苗、熟苗之别,犹古代东北有生女真、熟女真。生熟苗族之间,为了争夺土地、山林时常发生冲突,有如东爨、西爨。于是,当地官府修建一道边墙加以区别,减少接触,用以保持安定。其修建的时间为明代,道光《凤凰厅志》收录有辰州知府刘应中撰写的《边墙议》一文,对此事有详细的说明,被称:

> 询之寨老,有能言其颠末者,曰:"旧日边墙,上起黄会营,下止镇溪所,绕水逾山,统三百余里。"问其筑自何时,曰:"祖父传闻,创自先明万历时。"问其当日需费若干,出自何项,则称用银四万两有余,出于公帑。问其墙之高阔,则称高八尺许,基厚五尺,顶三尺。募兵民,给与工食,凡筑一丈,兵给银一钱二分,民给银一钱八分。
>
> 复设营哨,养汉、土兵七千八百名。各哨选游兵头目、巡墙队长,领兵数十名。虽雨夜接替,传签沿墙巡视,墙圮则令兵时为补葺。
>
> 后天启中,又起自镇溪所,至喜鹊营止,添墙六十里。及崇祯间,寇乱苗叛,土墙尽踏为平地矣。又得苗民家藏《传边录》一帙,他事不无讹谬,唯纪边墙始末,与寨老所言如一。[①]

据此记载,湘西边墙始筑于明万历年间(1573—1619年),至天启年间(1621—1627年),又增筑镇溪所至喜鹊营一段长 60 里,新旧合计长360 里。

---

① 道光《凤凰厅志》卷 11《苗防志一》,第 22、23、25 页。

　　据此记载，湘西边墙是以镇溪所为中心。镇溪所即北宋时镇溪寨，在沅陵西南武溪上游，明代在此设镇西千户所，即今湘西土家族苗族自治州首府吉首市。喜鹊营为今吉首市马颈坳镇喜鹊营村，黄会营在今凤凰县黄合乡。说明湘西边墙均在湘西土家族苗族自治州境内。

　　据《湖南通志·关隘》记载，明崇祯年间（1628—1644年），苗族群众掀起反明活动，"寇敌苗叛"，将边墙推倒，"土墙踏为平地"。到了清代，由于"改土归流"，激化了苗民上层的不满，苗民进行反抗斗争。于是官府又想起利用明代边墙来控制苗族人的反抗斗争，刘应中到湘西调查了解边墙的现状，即与此有关。由于旧边墙已破坏不堪，不便于利用，只好新建了许多其他设施。傅鼐在《修边论》中对此有所记载，称"筑围墙百数十里"，"凤凰厅内设堡、卡、碉、台八百四十八座，乾州厅汛、堡、碉、卡百八十八座，永绥厅境内汛、堡、碉、卡百二十七座，古丈坪连保清县境内汛、堡、碉、楼六十九座。""其修设之处，关墙则近石处用石，远石处用土。炮台则四面用石，中心筑土。""又添设各寨苗弁、土塘苗兵，互相稽察，是以苗制苗之道。"①

　　文中凤凰厅为今凤凰县，永绥厅为今花垣县，乾州厅为今吉首市，古丈厅为今古丈县，保靖县今仍其名。上述厅县均在湘西土家族苗族自治州境内。文中所记"筑围墙百数十里"，是修旧还是新建，不甚明确，有可能是修复少量明代旧墙，因为此时财力不足也。

　　现在所能见到的湘西边墙，有明、清两部分。其墙体多为明代所建，少量为清代补修，至于城堡、炮台之类设施，则多为清代所修建。

　　苗族不是外敌，为防范苗民叛乱而建的边墙，自然不是什么长城，"南方长城"是不能成立的。

　　在长江以南地区，边墙是很少见的。据传，湘西边墙近年经过维修，光彩亮丽，游人很多，成为著名的旅游景点。物以稀为贵，湘西边墙在江南成为少见的稀缺之物，游人纷至沓来是必然的，是有原因的。

_____

① 《湘西州志》附录，湖南人民出版社1999年版，第1310页。

三、所谓"清代长城"

　　清朝是中国历史上最后一个封建王朝,北方有内外蒙古和西蒙古。然而自后金时代及清初(1616—1643 年)以来,通过文武相济的办法,先后统一了漠内漠外和新疆蒙古,编入蒙古八旗,解除了北方游牧民族的威胁。在此情况下不需要修筑长城了。康熙帝骄傲地说:"万里经营到海涯,纷纷调发逐浮夸。当时费尽生民力,天下何曾属尔家。"又称:"帝王治天下,自有本原,不恃险阻。"解除了自战国以来北方游牧民族的威胁,实现了从陆疆到海疆空前的大一统,奠定了今日中国领土的基础。长城是弱国保卫自己领土的产物,对于强大的清朝而言,是不需要修筑长城的。修筑长城要消耗大量的民力和国力,秦朝的灭亡与修筑长城有一定的关系,明朝统治者特别忌讳"长城"二字,故改长城为边墙。

　　近年来,不断有人提出,清代也修建了不少长城,今举例说明如次。

　　其一,山东的清代长城。

　　清咸丰、同治年间,发生了太平天国起义。受其影响,在北方河南、山东等地,出现了捻军的反抗活动,进入了直隶(今河北)、陕西,给清朝廷造成了恐慌。于是任命科尔沁蒙古贵族僧格林沁为统帅,征讨之。出于围剿捻军的需要,僧格林沁在山东莱芜县(今济南市莱芜区)境内,修复了一段齐长城石墙,又在北运河、山西黄河东岸修筑了长墙。

　　路宗元等人在实地调查齐长城时,在莱芜县锦阳关附近见到了僧格林沁修复的齐长城,并称,在莱芜"境内,保存最好的一段长城,为清代防捻军时重修后的遗留,长 756 米,高 3—6 米,宽 1.8—2 米;上有 190 个城垛,高 1—1.5 米,宽 1.4—1.9 米,中设瞭望孔,20×20 厘米;墙内设战台,高 1—1.5 米,供官兵往来观察"①。

---

　　①　路宗元主编:《齐长城》,山东友谊出版社 1999 年版,第 21、120 页。

从所附的照片来看，修补的工程量很大，修补以后的墙体很壮观。不过墙体上的雉堞（所谓战台），是原有的，还是补修的，尚需研究，估计补修的可能性比较大。

咸丰十一年（1861 年），僧格林沁曾巡视黄河左岸旧河堤，布置挖壕筑垒，从考城至云台南阳湖，构筑了长达 230 千米的军防线。又在淄川等地挖壕沟，筑高台，又沿北运河修筑了长墙。①

据记载，捻军北上以后，曾"扰宁江、曲阜、泗水，逼近泰安城下。旋由莱芜、博山、章丘陷长山之周村，饱掠东行"。僧格林沁修复一段齐长城，在北运河、黄河筑沿河长墙，就在此时。有人认为，"莱芜境内的长城，不是春秋战国长城"，而是清代长城。② 这种说法显然不妥。

其二，山西的长墙。

类似的情况，又见于山西省。同治五年（1866 年）十月，西捻军小梁王张宗禹率领 10 万起义军攻打西安城。为了防止捻军渡过黄河进入山西，山西地方官修建了黄河东岸的长墙，南始于乡宁县枣岭乡毛敦村，向北经师家滩村、水滩村、南庄岭、万宝山，进入吉县，在乡宁县境内长约 10 千米。在吉县，经由柏山乡官地岭、刘古庄岭、壶口镇小船窝村、七郎村、马粪滩村、文成乡原头坡、南窑科，进入大宁县，在吉县境内长墙长约 80 千米。在大宁县境内，经太古乡仁坡村、六儿岭村、平渡关、徐家垛乡于家坡村、古镇村、曹家坡村、马渡关，终止于窝子畔村北 200 米处，在大宁县境全长 35 千米。这道长城经由乡宁、吉县、大宁县，全长为 125 千米。

墙体两侧用片石砌筑，中间填土夯筑。内外两侧有烽燧、城堡、炮台。事后，同治七年（1868 年）六月初六日，还修建纪念碑纪念，碑额题作《修长墙碑记》，建碑的领衔人是山西布政使、提督陈湜。③ 此"长墙"之名，是当时人共同的认识，实际上"长墙"之形制构造，与长城墙体几乎完全相同，却使用"长墙"之名，反映了当时人的思想理念，他们不认

① 《山东省志·大事记》，山东人民出版社 2000 年版，第 25、31—32、35 页。
② 见路宗元主编《齐长城》所引，1999 年，第 383 页。
③ 《中国文物地图集》山西分册，中国地图出版社 2006 年版。

为这是长城。

其三,日本人修建的"治安城"。

在抗日战争期间,山东人民对日本侵略者的反抗斗争最烈。因此,日本占领者计划修建一道东起昌乐县高崖,西至益都县王坟,长达 150 千米的墙壕,"遇山筑墙,平地挖沟",日本人称"治安城"。由于人民群众的抵制,"治安城"计划未能实现,只是在临朐县治安镇西圈村南腊山完成了一小段,系用青石砌筑,横断面为梯形,基宽 4 米、高 6 米。①

其四,湖北竹山白莲教边墙。

据报道,在湖北竹山县和陕西白河县交界处,有一道用石块垒筑的城墙长 200 里,平均高度 3.5 米,宽 1.2—1.8 米不等,在垭口处留有城门,在此段落有堆堞、射孔、箭楼。民间称为"垱城",有人认为是楚长城,有人认为是清嘉庆年间或咸丰年间地方政府修建的边墙,用以防止白莲教起义。② 这种说法未必可信。白莲教起义活动范围只是在竹山县、白河县一带,官府岂能修建长 200 里长城以御之? 地方财力有限,在短期内很难完成 200 里边墙的修筑。因此,这道边墙出现的时间,尚需深入研究。

上述这些所谓的清代长城,都是不能成立的。所谓长城是用于防御外部敌人的大规模的军事设施,湖北用于镇压民众起义的军事设施,是不能称作长城的,山西称为长墙就是考虑到了这一点。必须坚持内外有别的原则,捻军是人民起义斗争,属于内部"敌人",白莲教起义也是如此。僧格林沁修复齐长城,只是沿用齐长城而已。日本侵略者修建的"治安城",用于对中国民众实行镇压,更不能称作什么长城。长城具有明显的政治色彩,这一点必须引起人们的重视,不能乱来。

长城建设,劳民伤财。故明朝统治者对长城一词非常忌讳,改用边墙代之。清朝也是如此,在官方很少提长城,讳莫如深。那些反抗暴政的起义者,属于内部敌人,可以化敌为友。为阻捻军北上威胁京城,僧格林沁

---

① 《临朐县志》,山东人民出版社 1991 年版。

② 宋国熹:《中国长城史》,2006 年自印本,第 157 页。

在交通要道修建防线,有如长城,却命名为长墙,说明有深层次的考虑,非小民所能知。

研究长城,要以国家利益为重。"位卑不敢忘忧国",何况是专家学者。不可以得意忘形,胡说八道,要考虑社会影响,不要变成负能量。

第 九 章

长 城 综 论

　　中国长城的修筑,始于战国初年,以齐长城最早。自战国以后,秦、汉、北朝、隋、唐、辽、金、明各代亦有所修筑。中国是一个名副其实的长城之国。

　　前面就各代修筑长城的历史情况,分别做了记叙,在此基础上需要对中国长城修筑的一些重要问题,做一综合性的论述,以加深人们对长城的认识,消除疑惑,走出长城的误区。

一、历代长城的长度

　　中国历代长城的长度,由于计算方法的不同,出现了许多不同的数字,因而中国长城的总长度亦很不一致。现在一些报刊和书籍多称中国长城有 10 万里,即 50000 公里。这是一个估计数字,很不准确,它夸大了长城的长度。长城的长度是一个很重要、很严肃的数据,是国家实施长城保护的基础,因此,务必使长城的长度准确可靠。由于历代长城墙体均遭到不同程度的破坏,有些甚至荡然无存,对长城的长度很难作出精确的统计。不过我们应当使长城的数据尽量接近于事实,减少不应有的误差。

中国历代长城的长度，前面有关章节都已经作了说明。现在将这些数据汇为一表，便于检索和统计。

（一）中国历代长城统计表

序号	长 城 名 称		长度（公里）	合计（公里）
1	战国长城	齐长城	618.90	618.90
2		楚东长城 楚西长城	100.00 100.00	200.00
3		魏河西长城 魏河南长城 魏河北长城	200.00 100.00 100.00	400.00
4		赵肃侯长城 赵武灵王长城	100.00 900.00	1000.00
5		中山长城	68.00	68.00
6		燕南长城 燕北长城	150.00 5000.00	5150.00
7		秦昭王长城	750.00	750.00
8	始皇长城	黄河沿岸秦长城 阴山北麓秦长城 沿用秦昭王长城 延长秦昭王长城 沿用赵长城 沿用燕长城	60.00 410.00 750.00 740.00 900.00 5000.00	7860.00
9	汉代长城	沿用赵长城 沿用燕长城 新修外长城 疏勒河长城 令居塞长城	900.00 5000.00 1385.00 556.00 216.00	8057.00
10	北魏长城	泰常长城 畿上塞围	1068.00 534.00	1602.00
11	东魏北齐长城	武定长城 天保长城	100.00 810.00	910.00
12	隋代长城	隋文帝长城 隋炀帝长城	902.25 120.00	1022.25

续表

序号	长 城 名 称		长度（公里）	合计（公里）
13	唐代长城	高句丽长城 青海长城	459.00 5.00	464.00
14	辽代长城	镇东海口长城	5.00	5.00
15	金代长城	延边长城 牡丹江北长城 牡丹江南长城	103.00 50.00 60.00	213.00
16	明代长城	辽东镇长城 蓟镇长城 宣府镇长城 大同镇长城 太原镇长城 榆林镇长城 宁夏镇长城 固原镇长城 甘肃镇长城	624.00 716.40 680.26 310.56 505.92 849.60 690.44 453.60 1289.00	6119.78
	合　　计		34439.93	34439.93

历代长城的长度，已详列上表之中。关于数字的来源和计算方法，需要作出说明。

（二）来源与依据

有关长城数字的来源，主要见于文献记载。这些文献包括正史、典籍和地方志，都属于官书，应当说都是比较可信的。明代的《四镇三关志》《全辽志》在记载长城时，有些段落以"丈"作为计算单位，可以说是比较精确的。不过有些史书常常称某代长城长数千余里、数百余里，只举其大数，而略其小数，这些数字显然不够精确。遇到这种情况。只能按整数计算，千余里即千里，百余里即百里。

我国古代长度计量，与现在有些不同。根据各代出土的实物尺，发现古代的尺度比现在小一些，只有个别朝代例外。过去人们大多忽略了这一点，将古代的里视为今日的里（民国里），从而产生了很大误差，是造成长城长度不准确、数值偏大的一个重要原因。为了科学地统计长城的长度，必须将古代不同的里，都换算为今日通行的公制（米、公里）标准。

根据考古发现的古代实物尺，可以准确地测定出古尺的长度，换算为今日的公制标准。换算的结果如下表[①]：

古尺时代	合今公制（厘米）	古尺时代	合今公制（厘米）
东周	23.1	隋	29.5
秦	23.1	唐	30.6
西汉、新莽、东汉	23.1	宋	31.4
三国	24.2	元	35.0
晋	24.2	明	32.0
北朝前期	25.6	清	32.0
北朝后期	30.0	民国	33.3

本书中关于历代长城长度的换算，即以上述表内的数值为准。

有些长城虽然见于史书，然而其长度却失于记载。遇到此种情况，我们只好考证其起止地点和走向，依今日地图的方位，来测定其长度。这是唯一可行的办法。然而长城的起止地点，往往只能考证其大体方位，难以明确具体精确的位置；其走向受地形的影响，往往不是一条直线，而是蜿蜒曲折，如有遗址参照，是不难确定的，然而有些长城已夷为平地，不见痕迹，也难以确切描述。因此，尽管长城长度的测定都是有根据的，然而其误差是难免的，只能是近似值或约数。受条件的限制，目前只能做到这种程度。

明代辽东镇长城防线上，有许多木墙，属于《汉书》所称的"木柴僵落"，累计长度达 177 里（明代的里），公制为 84.96 公里。木墙虽然有防敌的作用，属于军防设施，然而却不是永久性建筑，在使用若干年以后就会腐朽烂掉，现在已经看不到木墙的遗迹了。这种临时性的边防设施，与长城的属性不同，不能算作长城。因此，在长城统计表中，辽东镇木墙不能统计在内。

---

① 丘克明等：《中国科学技术史》度量衡卷，科学出版社 2001 年版，第 447 页。

明代甘肃镇长城的长度,在计算时所遇难度最大。在河西走廊地区,长城、边壕、山险往往是交替使用。有些市县的旧志、新志对此有些记载,可是有些市县(如天祝县、古浪县、武威市)的新旧地方志都缺此内容,又不见实地考察报告,其长城、边壕、山险具体长度不详。出于慎重起见,天祝、古浪、武威三市县只好空缺,留待将来补充。

(三)不能做重复计算

自战国修筑长城以来,后代往往沿用前代的长城。秦代、汉代都沿用了赵国、燕国、秦国长城,北朝又沿用了战国、秦、汉长城,甚至晚到明代仍在沿用前代的长城,可见这种现象具有一定的普遍性。在统计每一时代的长城时,不管是本朝新修的,或沿用前代的,都应当统计在内,以见一代长城之长度。然而在统计全国历代长城的总长度时,必须将重复的长城删掉,不能做重复的计算。这一点过去也常常被人忽略,出现了多次重复计算,造成了长城统计数字的不准确,往往比实际长度大了许多。

彻底清理后代沿用前代长城,是一件非常困难的工作。考古学家在野外调查中,虽然在不同的地方多次发现后代长城沿用前代的例证,然而受时间和经费的限制,却难以把沿用的段落全部调查出来,公之于众。这项研究工作,只好留待将来的长城考察,只要工作细致深入,是可以把后代沿用前代长城的情况搞清楚的。

被后代沿用的长城,主要是战国赵武灵王长城、战国燕北长城、战国秦昭王长城、秦始皇阴山北麓长城,其中赵武灵王长城、燕北长城在秦代、汉代被沿用 2 次,秦昭王长城在秦代被沿用 1 次,秦始皇阴山北麓长城在汉代被沿用 1 次。上述长城都比较长,它们被沿用的总长度,是可以计算出来的。

(赵武灵王长城 900 公里+燕北长城 5000 公里)×2+秦昭王长城 750公里+秦始皇阴山北麓长城 410 公里 = 12960 公里

在长城统计表总数中,应当减去重复数字 12960 公里,才是比较真实的长城总长度 21147.93 公里。如果把北朝和明代沿用前代长城也考虑在内,长城的总长度还要小一些。

二、长城与边壕

（一）边壕的历史

中国古代曾以江河作为军事防御的天然屏险,深阔湍急的河水,在一定程度上可以阻止敌人的前进,取得防御敌人进攻的目的。因此,古代重要城邑四周多挖掘护城河以自卫,于是,城邑又有了城池的别称。

以壕沟为防,早在原始社会就出现了。在中国北方许多早期聚落遗址中,都发现了环壕即证明了这一点,其中以陕西西安半坡聚落遗址最有代表性(详见本书《长城的起源》一节)。不过早期的环壕是用来防御野兽的侵袭,而不是用于战争。

到了战国初年,由于战争频繁,人们开始大量挖掘壕堑,来防御敌人的进攻。《左传》记载,鲁襄公十八年(前556年),晋平公率领十二国联军伐齐,"齐侯(指齐灵公)御诸平阴,堑防门而守之广里"。所谓"堑防门",就是在防门之地挖掘壕堑以御敌。《左传》又记载,鲁哀公十一年(前485年),齐国伐鲁国,鲁"师及齐战于郊,齐师自稷曲,师不逾沟"。这里所说的"沟",是在城郊挖掘的壕堑,从"师不逾沟"可以看出,壕堑阻止了敌人的进攻,其防敌的作用是很明显的。

自战国以后,边壕作为军防工程一直受到重视。汉武帝在边境地区修筑长城的同时,又挖掘了许多边壕,当时被称作边塞。从永登县至酒泉市的令居塞,据当地人的观察记录,是以壕堑为主,长城所占的比例很小。这些壕堑受风沙侵蚀大部分为沙土所掩埋,然而在永登县、山丹县等地,至今仍可以清楚地看到边壕遗址,累计长达120余公里。因此,有的学者提出酒泉以东的汉塞,"实地是以堑壕构成的,局部地区则以山崖、河流等作自然屏障"。这种说法是甘肃省的考古学家在实地考察以后所作出的结论,是有根据的。

在北朝时期,边壕仍是重要的边防军事工程。孝文帝太和八年(484年),由高闾建议修建的六镇边防体系,在《水经注》《北齐书》中均被称作"长堑",长堑就是长长的壕堑,其长近千里(古里),故有长堑之称。由此可知北魏太和年间在北方草原上挖掘了规模巨大的边壕。

到了宋、辽、金时期,边壕被广泛地用于边防上来。北宋为了防御契丹骑兵南下,除利用白沟(今仍其名)天险以外,又在河北中部地区挖沟筑堤,西起保州(今保定市清苑区),东到尼姑海口(今天津塘沽附近),全长约900里(古里)。

辽代为了防止乌古、敌烈南下,在漠北地区修建了东起根河之滨、西到乌勒吉河河源的边壕,长达700余公里。金代为了防止蒙古南下,在漠南地区修建了多条边壕,全长达3459.5公里,成为空前宏伟的军防工程。到了清代,为了防止关内流民进入东北地区,又修建了柳条边,长达1267.2公里。中国历史上的主要边壕长度,今列为一表:

古代主要边壕统计表

序号	时　代		长度(公里)	说　明
1	汉代令居塞		120.00	可见遗址长度
2	北魏六镇边壕		534.00	北魏前期1里为534米,按千里换算
3	北宋防辽沟堑		471.00	宋代1里为471米,按900里换算
4	辽代	漠北边壕 第二松花江边壕	700.00 不详	未经实地考察
5	金代	漠南边壕 延边边壕	3356.50 103.00	
6	清代柳条边	老边 新边	936.00 331.20	老边1950里,新边690里,清代1里为今480米,按此换算
	合　计		6551.70	

中国古代的边壕,如果从战国初年算起,到清朝初年修建柳条边止,前后持续了2300余年。古代的边壕为什么经久不衰,与长城长期共存,这是有原因的。同修筑长城相比,挖掘边壕更为省工省力,在短时期内即

可以完成，以满足边防的紧急需要。金代完颜襄主持挖掘的临潢路边壕长达300余公里，竟然在"五旬"（即50天）完成，其速度之快可以看得很清楚。如果在50天修筑一道长300公里的长城，那肯定是做不到的，因为夯土版筑的墙体不能一蹴而就。

其次，历史上的边壕主要出现于北方沙漠草原地区，河西走廊、漠南、漠北都属于沙漠草原地区。在这里地表多沙，地下也多沙，多沙的土质很松散，缺乏团聚性（俗称黏性），难以夯筑成墙；即使勉强筑成，亦不坚固，易于破坏，匈奴人对汉长城、蒙古人对明长城，都不断加以破坏。沙漠草原的地理环境，对边防军事工程的修建，不能不产生深远的影响。

（二）边壕与长城结构形态不同

边壕的结构形态，与长城有根本的区别。长城属于地面建筑，是在地上垒筑的绵长高大的墙体，用以阻止敌人的前进。长城之名即由此而来。长城墙体的高度，随时代不同而变化。汉代疏勒河沿岸长城残存高度多在2米以上，阴山以北汉长城残存高度多在2.5米以上，明长城高度多在8米以上。如此高大的长城，完全可以阻止骑兵的逾越。

古代的长城除山区采用石砌以外，在其他地区多采用土筑、土石混筑、沙土夹红柳或芦苇混筑，加以夯实，俗称夯土墙。夯土版筑是修建泥土、土石、沙土夹植物所必需的手段，只有经过夯实才能保证长城有高大的墙体，并使墙体坚实，达到"版筑甚坚，锄耰不能入"的程度。如此高大、坚实的墙体，不仅敌人难以逾越，在战争之际想毁坏它也比较困难。正是因为长城墙体属于夯土版筑，故而虽经千百年的风吹雨淋，至今仍能保持高大的墙体，成为世界奇观。

边壕的结构形态，与长城迥然有别。边壕是在地下挖掘的沟堑，是以深阔的沟堑来阻止敌人骑兵逾越。由于沟堑多被风沙、淤土所湮没，故其当初确切的深度和宽度，已难以知其详。据实地考察所见，黑龙江西部的金边壕深4米至5米，宽约2.5米，内蒙古赤峰市北部的金边壕深3米至6米，其宽度内外壕合计达20多米。如此深阔的沟堑，骑兵是很难跨越的,人马误坠沟堑之中,很容易被戍守边壕的士兵击毙。即使有人救助,也会失去战机,从而达到阻止敌人侵入的目的。

挖掘沟堑所取出的泥土、沙土,直接扬弃在沟堑的两侧,以内侧居多,从而形成矮墙,有如长堤。这种矮墙可以加大沟堑的深度,故而被称作壕壁。据实地考察所见,沟堑之旁的矮墙不是夯土版筑,其低矮的原因即在于此。由于边壕是以深阔的沟堑作为防敌的主体设施,故而对壕侧的土墙并未进行仔细加工,没有采取夯实。这与长城墙体大不相同,具有根本的区别。

有人称,边壕之侧的矮墙属于夯土版筑,这是缺乏认真观察研究所造成的误解。金代漠南边壕在修建过程中利用了前代的长城的墙体,这种现象相当普遍,以河北北部和内蒙古中部居多,李逸友对此做过仔细的观察和记述。既然利用了前代长城的墙体,自然可以看到夯土层,这是很正常的。有些人对此缺乏深入研究,竟把前代长城的夯土墙误作金代所筑,完全混淆了时代的界限,从而得出了错误的结论。

夯土版筑的长城墙体,在修筑时十分费时费力,需要很长的时间。蒙恬修筑秦始皇长城以30万之众修筑了十余年才得以完成。唐代高句丽长城的修筑,用了16年的时间,从这些事实不难发现,古代夯筑长城相当困难。然而金代完颜襄主持边壕修建,只用了50天的时间,这是由于修建边壕主要是挖掘壕堑,所取出之土堆积在壕侧即可,不必夯筑,故而能大大地节省时间。在短期内见效,然而不持久,金边壕后世多被风土掩埋,即此缘故。

夯土版筑的墙体十分坚固,抵御自然力破坏的能力比较强。阴山南麓的赵武灵王长城,距今已有2300余年,其残存高度可达2米左右。宁夏固原地区的秦昭王长城,距今亦2000多年,其残存高度达2米至15米。然而金代边壕之侧的土墙,大部分已被夷为平地,或略见起伏,只有极个别的地方受地形的影响,稍为明显,其高度只有0.5米至1米左右。利用前代长城修建者略高一些,属于例外。金代边壕距今只有800年,却受自然力的破坏如此严重,其原因是土墙未经夯筑,难以抗拒风吹雨淋。

高墙和深沟,在结构上、形态上完全不同,这是非常清楚的事实。科学研究最基本的原则是实事求是,要从客观实际出发,才能得出正确、科学的结论。

(三)将边壕误称长城的由来

将沟堑用于军事防御,始于战国时代。公元前556年,由晋平公率领的多国联军讨伐齐国,齐侯(齐灵公)"御诸平阴,堑防门而守之广里",即挖掘壕沟御敌(详《战国齐长城》)。到了汉代,在边防线上挖掘边壕御敌之例渐多,例如在令居塞防线上,大量挖掘边壕作为防御工事,其遗迹在今永登县(即古令居)、天祝县、永昌县、临泽县、高台县均有发现(详《河西走廊令居塞》)。辽代曾在漠北草原和第二松花江沿岸挖掘边壕,后者被称作溃堰断堑。到了金代,在漠南大规模地挖掘边壕,于《金史》中多有记载,或称作深堑,或称作壕堑,或称作壕,或称界壕。深堑、堑、壕堑,是金代对边壕常用的称谓,界壕则是元朝人编撰《金史》时所用的称谓,二者略有不同。元朝人认为边壕是金朝的北部疆界,故而称为界壕。在金朝统治的范围内,前代修筑的长城很多,如战国长城、秦长城、汉长城、北魏长城、北齐长城等,金朝人知道长城是何种建筑,李石和纥石烈良弼称"古长城备北,徒耗民力",说明他们对长城相当了解。然而金朝人称其边防工事为深堑、壕堑,而从不称其为长城,说明金朝人认定自己所修建的边防工事是边壕而不是长城。由于金朝修建的边壕与长城有根本的区别,金朝人自然不能把它称作长城。

将金朝以及辽朝的边壕称作长城,是在金朝灭亡以后。北方草原地区风沙比较大,对边壕有重大的破坏作用。李石、纥石烈良弼反对"穿深堑"的理由,便是"塞北多风沙,曾未期年,堑已平矣"①。《金史·地理志》载:"遣吏部郎中奚胡失海经画壕堑,旋为沙雪堙塞,不足为御",即证明了这一点。

在金朝灭亡以后,边壕已失去作用,无人管理,在荒野之中任凭风沙

---

① 《金史》卷86《李石传》,中华书局1975年版,第1915页。

侵袭,自然有的地方边壕很快就被流沙掩埋,夷为平地。只有那边壕之壕壁尚存,看上去犹如低矮的城墙,故而民间将其称为长城或乌尔科(蒙语乌尔科即长城)。这种说法后来被文人们所转用。最早将边壕称作长城的著作,是南宋人所撰的《蒙鞑备录》,称金章宗明昌年间,"乃筑新长城在静州之北"①。据王国维考证,《蒙鞑备录》的作者是赵珙,他于宋宁宗嘉定十四年(1221年)出使蒙古,"珙仅至燕京见木华黎也"②,并没有深入静州(即净州,今内蒙古四子王旗,在阴山北)之地,亲眼看到金边壕,其所记新长城云云,显然是来自传闻。到了明代撰修《元史》,则又根据《蒙鞑备录》的记载,将北方漠北的辽边壕也称作长城了。③《元史》属于官书,后人多援引其说,于时,将边壕误称长城的说法广为流行,一直延及今日。

对于将边壕误称长城的说法,国学大师王国维早就指明了其来源。他在《金界壕考》一文中明确地指出:

> 《金史·内族襄传》赞,论北边筑壕事,以元魏、北齐之筑长城拟之。后世论金界壕者,如赵珙《蒙鞑备录》、《元史·速不台传》,并谓之长城。然金世初无长城之称也,其见于史者,曰边堡、曰界壕。界壕者,掘地为沟堑,以限戎马之足。

王国维把边壕与长城的名称演变,说得非常明白,被学术界视为定论。一些重要的学术著作,如中国社会科学院考古研究所主编的《新中国的考古发现和研究》、《中国大百科全书》考古学卷,都依王国维之例称为金界壕,而没有把边壕称为长城,它表明了考古学界一致的看法。

边壕就是边壕,称为界壕亦可,因为边壕多在边境地区。但是,却不能将边壕称为长城,不能将结构、形态完全不同的军防工程等同起来。如果把边壕看成是长城,那么,清代东北的柳条边,岂不也变成了长城?柳条边也是以沟堑为主体,沟侧堆土为矮墙,植柳以护墙,设边门以通行人。其结构、形态与辽金边壕是基本相同的。有人提出,清代还在修建长城,

---

① 赵珙:《蒙鞑备录》征伐,见《说郛》卷54。
② 王国维:《〈蒙鞑备录〉跋》,见《观堂集林》卷16《史林八》。
③ 《元史》卷121《速不台传》,中华书局1976年版,第2975页。

不知所指的清代长城为何物,是否是指柳条边而言?如果把柳条边视为长城,正好是落入了苏联齐赫文斯基的窠臼,其危害性十分明显,无须细说。

三、长城与山险

上述历代长城统计表中,不包括山险在内,因为山险不是长城。今略作说明。

古往今来,在战争中都十分重视地理条件的利用,达到以奇制胜。《孙子·始计第一》说:"地者,远近、险易、广狭,死生也",《行军第九》又提出:"凡地有绝涧、天井、天牢、天罗、天陷、天隙,必亟去之,勿近也。"利用天险御敌,将敌人引至绝境,备受军事家的关注。自战国以来,由于战争频繁,山险最受重视。《淮南子》记载天下有九塞,这九塞是太汾、渑阨、荆阮、方城、殽阪、井陉、令疵、句注、居庸,均属于山险。太行山有八陉,即轵关陉、太行陉、白陉、滏口陉、井陉、飞狐陉、蒲阴陉、军都陉,也是古代的重要山险。① 战国军事家吴起指出:"名山大塞,十夫所守,千夫不过",更明确地阐明了山险的重要性。据山险御敌,能够以少胜多,达到却敌的目的。唐朝李白诗《蜀道难》中的"一夫当关,万夫莫开",就是由此演变而来。

由于山险制敌有以少胜多的奇功,因此,古代选择长城路线的时候,尽量让长城通过山区,充分利用山险,以减少长城的修筑,可以节省大量的人力、物力。历代长城多建于山区,其原因即在于此。以明代长城为例,辽东镇长城分布在辽西丘陵和辽东丘陵,蓟镇长城分布在燕山,宣府镇长城分布在阴山和太行山,大同镇长城、太原镇长城分布在太行山、恒山、五台山、芦芽山,榆林镇长城穿过了白于山,固原镇长城穿过了六盘

---

① 《读史方舆纪要》卷46《河南一》,中华书局 2005 年版,第 2094 页。

山,宁夏镇长城旁贺兰山,甘肃镇长城旁龙首山、合黎山。在山势特别险峻的地方,不需要修筑长城,或对山体略作加工整修,即可以达到防御敌人进攻的目的。后世有人将这种山险一律称作长城,这种认识有失偏颇,应当进行仔细地研究探讨。

长城的墙体虽有土筑、石垒、土石混筑、泥土夹植物枝条等多种不同的形式,然而都属于人工建筑,故而被列入世界人类文化遗产名录。山险属于自然实体,不属于人工建筑,这是山险与长城最根本的区别,正是由于这种原因,长城线上的山险不能称作长城。

有些山险不用人为加工,即可以成为天然的军防工事,将这类山险称之为长城,显然是毫无道理的。例如河西走廊北部,有相互连接的两道大山,一是龙首山(主峰海拔 3440 米),一是合黎山(主峰海拔 2054 米),均是祁连山的余脉。由于其北坡比较陡峭,坡度比较大,山上还生长有森林,成为行人和兵马难以逾越的天然屏障。因此,汉代的令居塞在今张掖市和临泽县的北部,没有构筑城墙之类的军防工程,直接以合黎山险为屏障。明代在修筑甘肃边墙的时候,考虑到合黎山险可以利用,仍然沿袭了汉代的老办法,不再修建城墙,只是在临泽县的西部,即邻近高台县的地方,挖掘有壕沟而已。从张掖市到临泽县这一段山险,其长度在 100 公里左右,至今尚未见到有人为加工的痕迹。像这样的山险,纯属自然实体,显然不能称作长城。《中国历史地图集》在从山丹县经张掖县到临泽县这一段,没有标注长城符号,而在此以东、以西都标志了长城符号,即出于此种原因。

在山西北部、河北北部、辽宁东部和西部长城线上,有在修筑长城时对山体进行加工的记载,不过至今对这些记载的确切地点、加工的痕迹尚未见有实地考察报告。据文献记载,对山体的加工有三种形式。一是有些山体外坡平缓,敌人可以攀援而上。为了防止敌人攀援,采用凿山削岩的办法,使缓坡变陡,被称作"劈山墙"。二是有些山体内坡、外坡都很陡峭,绝难攀登。为了便于驻守的士兵上山执行巡逻任务,也采用凿山削岩的办法,修理出可以攀登的羊肠小道或台阶,被称作"马道"。三是在山顶之上,容易遭受敌人攻击的部位,砌筑短墙加以掩护,这是军事临战所用的"掩体"。

上述三种加工山体的方式,常常并不在同一地点。山区的范围很大,在选择长城路线的时候,尽量挑选外坡陡峭的山体与长城相连,这样便可以减少长城的修筑,以山险御敌。只有在无可选择的条件下,才能采取凿山削岩的办法。因为古人在凿山削岩工具落后的条件下,自然明白凿山削岩费时费力,不在万不得已的情况下,是不会采取这种方式的。因此,凿山削岩虽然见于有关记载,其实数量相当有限,至今尚未见到有大范围凿山削岩的科学考察报告。

人为加工山体只限于个别地方,不具有连续性和普遍性,在绵长的数百公里、数千公里长城线上,只不过是星星点点而已。在分析这种现象时,必须注意要有数量的界限。任何事物的性质,都是由有关因素量的积累来决定的,只有量达到一定程度,才能引起质变。个别的、零星的凿山削岩,只是人们在利用山险时所采取的一点措施,它不能改变山体的自然属性,大山仍然是大山,它不会因为有了一点人为的加工而变成了长城。

加工山体,使山体成为军防工事,从古至今都可以见到,在近现代仍然相当盛行,但是,都不可能改变山体的属性。日本占领东北时期,为了防御苏联从外贝加尔进攻,曾于大兴安岭山中修建了许多军防工事,在山体中开凿了数以百计的洞穴,大小房间星罗棋布,且有巷道相通,可以居住士兵和储藏军用物资。用当地居民的话来说,"大兴安岭几乎被挖空了,山中全是军堡"。然而大兴安岭仍是一个自然的实体,我们不会因此而改变大兴安岭的性质,称它是人造的碉堡。

四、长城与"当路塞"

高大陡峭的山险可以有效防御敌人的侵犯,然而山间的沟谷,却给敌人留下了可通之路,成为山险防御中的薄弱环节。于是,古代在可以通行兵马的山谷中设防,修筑短墙将山谷隔断,并驻有士兵看守。有人将这种沟谷中的短墙也称为长城，也是很不妥当的。

这种修筑在山谷中的短墙，早在汉代就出现了，司马迁称为"当路塞"。汉武帝元光二年（前133年），令聂翁壹引诱匈奴大军至马邑，计划以伏兵将匈奴消灭。然而此计被匈奴所识破，自汉初以来的和亲关系由此中断。《史记·匈奴列传》称："自是之后，匈奴绝和亲，攻当路塞，往往入盗于汉边，不可胜数。"《索隐》引苏林语，称"当路塞"是"直当道之塞"。依苏林的注释，"当路塞"就是直接遮挡道路的城塞，即筑城墙将通行车马的道路堵塞。当时的匈奴人是在阴山以北草原驻牧，其犯边南下必须经过阴山，阴山的沟谷成为匈奴南下的必经之路。因此，"当路塞"应是修建在阴山沟谷之中。在平川地上，匈奴的骑兵可以横行无阻，不必选择什么固定的道路。在沟谷中修筑一道短墙，左右连山，即可以把整个山谷隔断，使敌人难以通过。在阴山西段的大青山中，曾发现有古代的短墙，也证明了司马迁所说的"当路塞"设置于山谷之中。

阴山山体高大，山谷很多，因此，汉代在这些山谷中修筑了许多"当路塞"。

在呼和浩特市以北蜈蚣坝至边墙梁的山谷中，有三段短墙将三条沟谷隔断，虽然在方向上大体一致，然而三段短墙并不连接，彼此相隔甚远，因此，不能算作是长城，只能是司马迁所称的"当路塞"。

在卓资县与察哈尔右翼中旗交界的山谷中，有土筑的短墙200米，高2米至4米，宽3米至4米，在短墙以东以西，是以山险为防，不见有长城，这段短墙也是"当路塞"。

在阴山西段狼山上，山谷尤多。在磴口县北部有哈隆格乃山谷，作南北走向。在山谷的南口，发现有石墙遗迹，在石墙附近有石城。这段石墙只限于山口附近，距山口较远的地方没有见到墙体，因此，哈隆格乃山口的石墙也是"当路塞"，而不是长城。

在狼山西段山上，还有布都毛德山谷，也是作南北走向，此山谷位于磴口县与阿拉善左旗的交界处，在山谷南口有石砌的墙体，然而只是一小段而已，没有向东向西延长的痕迹，因此只能是"当路塞"，而不是长城。

在山谷中设置短墙"当路塞"的做法，自汉代以后为历代中原王朝所继承。明代在北方边防线上多设"当路塞"，其中以宁夏的贺兰山最有代表性。

贺兰山位于宁夏平原与阿拉善荒漠的交界处，主峰海拔3600米，南北全长约200公里。贺兰山西坡平缓，东坡陡峻，山中多沟谷，敌人很容易从阿拉善荒漠进入银川平原。在西夏时期，为了防止蒙古人的侵入，曾在贺兰山沟谷中建城设防，驻扎有军队。到了明朝，为了防御蒙古侵扰，在三关口以南至中卫县沙坡头一段，修筑了边墙（史称西边墙）。在北部石嘴山，修筑了一段西起贺兰山、东抵黄河的边墙（史称北关墙）。从石嘴山到三关口，贺兰山体最为高大险峻，以山险为防，没有修筑边墙，只是在山谷中修筑了许多短墙作为防御工事。

贺兰山东麓沟谷比较多，在北起石嘴山市红果子口、南到银川市三关口之间的山谷中，明代修筑了许多短墙，今列表如次：

地　点	长度（米）	说　明
石嘴山市 　大武沟 　　头道关 　　二道关 　　里　关 　　外　关 　　桃坡口关 　　枣儿沟关 　　韭菜沟 　　红石梁上段 　　红石梁下段 　　郑官沟 　　北岔沟 　　石大公路段	95 90 84 6.3 21 22 140 30 105 15 100 5000	大武沟数字据杨守礼奏疏。原为丈，今换算为米 以下六段墙体长度，均据《宁夏文物普查资料汇编》（1986年）
贺兰县 　白虎沟 　镇木关沟	100 1000	据《宁夏文物普查资料汇编》（1986年）
平罗县西峰沟、龟头沟	不　详	
合　　计	6808.30米	

据上表可知,贺兰山山谷中的短墙累计总长只有 6808.30 米,平罗县境内西峰沟、龟头沟中均有短墙,但其长度不详。即使把平罗县沟谷中的短墙计算在内,也不会多出很多。从石嘴山市红果子沟到银川市三关沟,贺兰山长约 150 公里①,山谷中的短墙累计不到 7 公里,只有这段山长的 5%,可以说是星星点点而已。这些山谷被大山阻隔,彼此相距很远,少者在 3 公里至 4 公里左右,多者在 20 公里至 35 公里左右。短墙是一小段一小段地分散在不同山谷之中,它们并无关联,而是孤立、分散的存在,缺乏连续性和系统性,因此,它不具备长城的特点,只能称为"当路塞"。

五、长城与烽燧

在长城附近,常常见有烽燧,于是,有些人认为烽燧是长城的附属,甚至将烽燧与长城视为不可分离的一体,提出有烽燧的地方必定有长城,烽燧是长城的一个组成部分,并以此为线索去寻找长城。这种认识有失偏颇。因此,必须对长城与烽燧的种种关系进行深入研究,以求得正确的认识。

(一)烽燧是早于长城的报警系统

烽燧俗称烽火台、烽台,有些地方又称为墩台,是以土筑或石砌的高台得名。烽燧是以烽烟、火光作为报警的信号和最早的军事通信系统,烽燧的出现要比长城早得多。从文献记载来看,在西周时即以烽燧报警和通信。《史记·周本纪》记载,周幽王宠爱褒姒,为了挑逗褒姒发笑,"幽王为烽燧大鼓,有寇至则举烽火。诸侯悉至,至而无寇,褒姒乃大笑"。其后,"西夷犬戎攻幽王,幽王举烽火征兵,兵莫至,遂杀幽王骊山下"。

---

① 　牛达生、许成:《贺兰山文物古迹考察与研究》,宁夏人民出版社 1988 年版,第 71 页。

这一年为公元前 771 年，可知早在距今 2700 多年以前，烽燧即用于报警通信。这时的烽燧显然不是最早的烽燧，其最初产生的时间还要早得多，很可能是在西周初年或殷商末年。

到了战国时期，由于战争频繁，烽燧报警备受重视。《史记·魏公子列传》载："公子与魏王博，而北境传举烽，言'赵寇至，且入界'。魏王释博，欲召大臣谋。"到了汉代，匈奴频频南下侵掠，在边境地区广设烽燧，一遇到烽燧警报，人们便奔走相告，做杀敌的准备。"夫边郡之士，闻烽举燧燔，皆摄弓而驰，荷兵而走，流汗相属，唯恐居后，触白刃，冒流矢，义不反顾"①；"西边、北边之郡，虽有长爵不轻得复，五尺以上不轻得息，斥候望烽燧不得卧，将吏被介胄而睡。"②

按照《墨子·号令》的解释："昼则举燧，夜则举火。"烽即烽烟，在白日烽烟扶摇直上天空，从很远的地方即可以看得见。在黑夜则以火光代替烽烟，便于观测。在大风、降雨之际，无法举烽火，则以红色、白色的布帛旗帜传递军情，称作"表"，也称作烽，今日海上船只航行所用的旗语，即由此演变而来。

以烽烟、火光传递信息，要比邮亭送信快捷得多。据汉简记载，烽燧报警的速度是每时百里，每昼夜可达 1800 里。汉代的时与今日的时不同，汉代一昼夜为 18 时，每时为今日 1.3 时。③ 汉代的 1 里为今日 346.5 米，百里为今 34.65 公里。烽燧一时传递速度为 31.65 公里，在当时来说已经相当快了，要比驰马送信快得多。驰马送信要受道路状况影响，遇到崎岖不平的山路或沼泽地，良马亦无法疾驰。烟、火信息是在空中传播，所受外界的影响比较小。从汉简记事得知，从居延鸣沙里至张掖郡为1630 里（今 546.795 公里），邮亭传送书信需要 6 昼夜，而烽燧仅需要 10时④，其速度只为前者的 9%，其快捷是十分明显的。正因为如此，从西周

① 《史记》卷 117《司马相如列传》，中华书局 1959 年版，第 3045 页。
② 《汉书》卷 48《贾谊传》，中华书局 1962 年版，第 2240 页。
③ 陈梦家：《汉简年历考叙》，《考古学报》1965 年第 2 期。
④ 初师宾：《居延烽火考述》，《汉简研究文集》，甘肃人民出版社 1984 年版，第 388—389 页。

到清代初年,烽燧系统一直被利用。这是电话、电报未发明以前,古代比较科学的通信系统。到清末电话、电报传入以后,古老的烽燧才被停止使用,走下了历史舞台。

(二)长城线上的烽燧

烽燧的出现,至少比长城的出现早 360 余年。长城是重要的边防工程,军机大事需要速速传递,于是,长城的出现极大地推动了烽燧的发展。现存的烽燧遗址,为研究长城与烽燧提供了重要资料。

从实地考察结果来看,战国赵武灵王长城、燕北长城、阴山北麓秦始皇长城线上,分布有许多烽燧遗址。然而这些烽燧遗址常见的遗物,皆为汉代的绳纹陶片,不见战国、秦代遗物。因此,有人提出北方赵、燕、秦长城,不曾修筑烽燧,现在所见到的烽燧,是汉代利用这些前代长城时所补筑的。[①] 这个说法是有道理的。它表明,初期的长城设施不是很完备的。

到了汉代,烽燧有了极大发展。不仅在新修筑的长城附近修建了烽燧,对可以利用的前代长城,也补建了烽燧,在内蒙古中部、河北北部、辽宁西部战国和秦代长城线上,所见到的烽燧都是汉代修筑的。

汉代新修筑的长城,普遍设立了烽燧。其中阴山以北的外长城,烽燧与城鄣并存,皆位于长城的内侧(南侧)。其中以今乌拉特后旗境内保存较好,有石筑和土筑两种,土筑直径约 8 米、残高约 3 米,石筑呈正方形,每边宽 5 米、残高 4 米至 5 米。据说在烽燧上堆放着干柴,即烽燧用以发烟发火的燃料。烽燧修建于高阜之上,距长城约 200 米,烽燧之间距离为2.5 公里。[②]

疏勒河流域汉长城附近的烽燧,保留下来的数量比较多,据实地考察所见,至少有 184 座。烽燧大多建在长城以内,也有的建在长城上,如敦煌 61 号烽燧、69 号烽燧、71 号烽燧,安西 124 号烽燧、165 号烽燧,极个别

---

① 李逸友:《中国北方长城考述》,《内蒙古文物考古》2001 年第 1 期。

② 盖山林、陆恩贤:《潮格旗朝鲁库伦汉代石城及其附近的长城》,《中国长城遗迹调查报告集》,文物出版社 1981 年版。

的烽燧建在长城之外,如安西望杆子城烽燧、184 号烽燧(详见本书《汉代疏勒河流域长城》)。疏勒河流域汉长城全长 556 公里左右,有烽燧 184 座,其平均间距约 3 公里。①

长城附近烽燧之间距,阴山以北外长城多在 2.5 公里左右,疏勒河长城平均为 3 公里左右。烽燧之疏密,与敌情有关,凡匈奴骑兵经常出没的地方,烽燧即密集一些,反之则稀疏。阴山以北外长城是防御匈奴的第一道防线,疏勒河流域长城是第二道防线,故而前者烽燧比后者密集一些。

(三)不在长城线上的烽燧

烽燧不只是分布在长城线上,在其他边防线上也修筑有烽燧,居延塞、令居塞便是如此,其中以居延塞最有代表性。

居延塞是由城鄣、烽燧、塞沟、塞墙组成的边防体系,城鄣是长官驻守的地方,烽燧是士兵居住的地方,因此,烽燧的数量远比城鄣多。在居延塞上,烽燧除了施放烟火以外,还是防御敌人的重要堡垒和阵地。从烽燧考察的结果来看,烽燧多建有坞和房屋,是屯兵的主要场所,下级军官和士兵都居住在这里。据汉简记载得知,卅井塞的塞候(秩比六百石),即驻守在古居延泽最南端的博罗松治烽燧(P9)。

索马斯特勒姆根据贝格曼原始记录整理的《内蒙古额济纳河流域考古报告》②,对居延塞、广地塞、橐他塞烽燧所保存下来的坞,有详细记载。原始编号为 K778、A6、T14、P9、T138、T139、A20、T141、A22、P8、T111、T148、T162、T164、T166 等 15 处烽燧,均有坞的痕迹。其中 T14 烽遂南、北有坞墙,相距 60 米,北墙长 45 米,南墙长 100 米,墙厚 3 米,其面积为6000 平方米。P9(博罗松治)烽燧,有 30 米×30 米的坞。P8 有 13 米×18 米的坞,T111 有 10 米×10 米的坞,T166 有 15 米×28 米的坞。

坞即小城,《后汉书·马援传》载:建武中,光武帝刘秀诏武威太守放

① 岳邦湖、钟圣祖:《疏勒河流域汉代长城考察报告》,文物出版社 2001 年版。
② 该报告的摘要,收入《居延汉简甲乙编》下册附录,第 291—318 页。

还西羌金城客民,使各返旧邑。马援"奏为置长吏,缮城郭,起坞候",李贤注引《字林》曰:"坞,小鄣也,一曰小城。"可知坞与鄣同义,均为小城,从上述烽燧坞堡来看,大坞为 60 米×100 米,小坞仅为 10 米×10 米,确为小城。坞为屯兵之所,坞中之兵,既负责施放烟火,又担负着抗击匈奴来犯的任务。居延塞虽无长城,然而烽燧间距甚近,只有 1 公里至 1.5 公里,远者只有 2 公里,由城鄣、烽燧、坞堡、塞墙组成的防线,可以有效地阻止匈奴的侵犯。

从烽燧分布来看,居延塞的烽燧明显地分为三条线。一是沿额济纳河、黑河通往张掖郡,有烽燧百余座。二是经巴丹吉林沙漠之南、阿拉善右旗之南部,通往武威郡,有烽燧 30 余座。此外,在古居延海的北部和东部,发现有若干烽燧向东走向,可能是通往狼山一带。前两条都远离长城,是为了向张掖郡、武威郡以及国都长安(今西安)传递军情;后一条线可能是向朔方郡、五原郡、云中郡传递军情,以便于协调军事行动,共同抗击匈奴。

由此可知,汉代的烽燧属于独立的报警通信系统,它既可以与长城结合在一起,与长城平行走向;也可以离开长城,独辟新的线路,以军情传递便捷为准则。有长城的地方,一般都有烽燧;反过来说有烽燧的地方,不一定有长城。研究长城时,必须注意到这一点,且不可轻易地将烽燧线视作长城线,更不能在没有长城的地区,将烽燧称作长城的一部分。

第 十 章

长 城 旅 游

一、长城旅游的由来

旅游风景有两大类,一曰名胜,二曰古迹。名胜是指山川自然景观,古有仁者爱山、智者爱水之说,说明山川是最早的旅游景点。古迹指人工建筑物,出现得比较晚。不过古迹和名胜二者有密切的关系,有些古迹多在名山大川之上。佛寺、道观多在山川之间,利用天时地利之长,可以吸引更多的游人。北京颐和园前有昆明湖,后有万寿山。北京八大处,是以在卢师山、翠微山上修建有八处寺院而得名。金朝皇帝完颜璟有西山八大水院,都是有山有水之地。

长城以战国为早,秦汉继之。初建之时,长城属于军事重地,战火纷飞,人们避之不及,自然不会有游人光临。到了三国时代,以前的长城都失去了军事价值,开始有游人参观,孟姜女的传说,令游人向往长城。这游人不是平民百姓,而是有身份的文人,他们多为帝王官僚身边文人墨客,在公务活动中得以接触到长城,吊古悲今,作诗文以抒怀古之悠情。

王粲《七哀诗》有:"登城望亭燧,翩翩飞戍旗。"看来他是登过长城之人。陈琳《饮马长城窟行》:"长城何连连,连连三千里。边城多健少,内舍多寡妇……君独不见长城下,死人骸骨相撑拄。"修长城的青少年多累死,家乡少妇成寡妇。"窟"指修长城挖成的深坑,年久积水可以饮马。如非亲历其境,很难观察到这种现象。刘虞诗:"长城地势险,万里与云平……羽书时断绝,刁斗昼夜惊。"在高山之上筑长城,高入云端,极言长城之高险。刁斗是炊具,夜间击打刁斗可以传警。说明作者到了烽火前线。尚法师:"长城征马度,横行且劳群。入冰穿冻水,饮浪聚流文。"描写了长城征战之艰苦。

唐代诗人笔下的长城,更加真实生动。李白《北风行》:"倚门望行人,念君长城苦寒良可哀。"李益《登长城》:"汉家今上郡,秦塞古长城。"上郡为今陕北榆林市渔河堡,其地附近有秦长城。陆龟蒙《筑城词》:"城上一搭土,手中千万杵。"筑城墙要一层层不断撒土,每撒一次土就用杵(夯)一层层夯实,达到锥刺不进的程度。汪文显《长城外》:"饮马长城窟,马繁水枯竭。水竭将奈何,马嘶不肯歇。君看长城中,尽是骷髅骨。"说明修长城时又累又渴,死了许多人马。这些诗词都是纪实之作,不到长城下是写不出的。

清代康熙、乾隆二帝考察长城有诗作。康熙帝《古北口》:"断山逾古北,石壁开峻远。形胜固难凭,在德不在险。"清朝未筑长城,其理念是用长城之险不是治国良策,只有用"德"来加强民族团结,才是最好的途径。乾隆帝《密云道中望长城》:"此日长城为苑囿,二秋巡狩数经还。"木兰秋狝在秋季,一往一归称二秋。乾隆诗意与康熙诗相同,长城以外蒙古已归附,长城已失去作用,变成园囿之院墙。乾隆帝考察木兰围场内之古长城,撰有《古长城说》碑,至今尚存。

从三国到清代,游长城的人均为文人和皇帝,他们是由于公务之便而参观长城,与现在的长城旅游有性质上的不同。他们只是少数人,而现在的长城旅游具有群众性的特点,二者不可同日而语。

自清末至民国初年,有许多西方人士(含日本)进入中国游历,其身份相当复杂,除外交官以外,还有旅行家、探险家、专家学者、新闻记者等,多达数十人。他们为光辉灿烂的中国古代文化所吸引、所感动,用笔和照相机记录了其所见所闻,其中就有古代长城。他们活动的范围以华北(含北京)和西北为主,这里是中国古代长城分布最密集的地区,因此,对长城的拍照最多。

此前,古代的帝王和文人墨客,由于公务之便,在旅行中曾观览古代长城,留下一些诗文,多以悲古伤今为主调,对长城本身记载有些不足。从这个意义讲,他们很难说是职业旅行家。国外旅行者则不同,他们以观察拍照长城实体为宗旨,所形成的资料要公开发表,向社会进行展示,在社会上产生的影响力比较大,至今人们仍在引用。因而他们成为最早的长城职业旅行家。

具有作品传世的外国旅游者很多,今据相关资料之记载,对其中具有代表性的旅行家简述如后。

①约翰·汤姆逊(John Thomson,1837—1921年),英国旅行家。1873年,出版了摄影集《中国和中国人》,共收入照片200余幅,其中包括了居庸关和八达岭长城照片。

②托马斯·查尔德(Thomas Child,1841—1898),英国摄影家。1870年,被英国海关总署聘为工程师,在北京拍摄大量照片,其中有八达岭长城、水关长城和居庸关照片若干。

③山本赞七郎(S. Yamamoto),日本摄影家。在东安门外霞光府路开设山本照相馆,拍摄对象为清室、古建筑、风土人情,1899年、1906年编辑出版了《北京名胜》两本相册,其中收录了关沟长城照片若干。

④小川一真,日本摄影家。1901年入中国,在北京、天津、秦皇岛拍摄许多照片,出版了《北清事变写真帖》,其中有山海关四座城门照片。

⑤穆默(Mumm),德国驻华大使(1900—1902年在任),遍游中国各地,拍摄了大量照片。1902年在德国出版《图像中国日记》,收录600余幅照片,涉及山海关、古北口、八达岭和紫荆关,以紫荆关照片最珍贵。

⑥奥雷尔·斯坦因(Marc Aurel Stein,1862—1943年),英籍匈牙利人。1906—1908年和1913—1915年,他两次进入河西走廊考察,涉及敦煌、玉门、嘉峪关,对汉代疏勒河长城拍摄大量照片,分别收入《西城考古记》(1921年)和《亚洲腹地考古记》(1928年),在学术界影响很大。由于拍摄时代早,屡被后人引用,具有很高学术价值。

⑦爱德华·沙畹（Edouard Chavannes，1865—1918 年），法国著名汉学家，1889 年、1907 年两次来中国，对河北、山东、河南、陕西、山西等地，广为收集各种资料，其中涉及北方长城。收入其所著《华北考古考察图谱》一书中。

⑧罗伯特·斯特林·克拉克（Robert Sterling Clark，1877—1956 年），美国探险家。1908 年，他组织 36 人的探险队，从太原经陕西至兰州，拍摄大量长城照片，其中以榆林、定边空心敌楼照片最为珍贵，如今多为流沙埋没不见了。

⑨威廉·珀道姆（William Purdom，1880—1921 年），英国植物学家，1909—1912 年受美国哈佛大学派遣，到中国华北地区搜集资料，他拍摄了古北口长城照片。

⑩张伯林（Chamberlin Thomas Chrowder，1843—1928 年），美国地质学家，1909 年由北京前往张家口考察，途中拍摄了岔道城、怀来、下花园、张家口和北京、山海关长城照片。

⑪乔治·厄内斯特·莫理循（George Ernest Morrison，1862—1920 年），澳大利亚人，在英国就学，记者出身，自 1894 年以后，多次出入中国，有英国《泰晤士报》驻中国首席记者身份。1910 年，他从陕西咸阳经平凉、兰州、甘州、肃州、嘉峪关入新疆哈密、乌鲁木齐、石河子到达伊犁，沿途拍摄大量照片。莫理循在华期间，以其收集的丰富资料建立私人图书馆，收藏各种资料 2000 余册，称"莫理循文库"，1917 年被日本收购，运至东京，在此基础上建立了"东洋文库"，成为日本研究中国的资料中心，至今仍存。

⑫加藤新吉，日本摄影家，自 20 世纪 20 年代起，他先后成为"亚细亚写真大观壮"和"华北交通株式会社"职员，搜集中国各种资料，拍摄了山海关、古北口、居庸关、张家口各地长城照片，其选景构图精准、优美，被誉为经典之作。

⑬西德尼·甘博（Sidney D. Gamble，1890—1968 年），美国社会学家，1908—1932 年间，他四次入中国进行经济调查，拍摄大量照片，涉及居庸关、青龙桥、八达岭、潘家口、背牛顶和山海关。2009 年，他拍摄 5000 幅

甘博在长城上

中国照片由美国杜克大学图书馆进行数字化处理,免费对外开放。

⑭海因茨·冯佩克哈默尔(Heinz von Perckhammer,1895—1965年),德国水兵,摄影家。1915年开始摄影,1928年出版大型画册《Peking 北京》。他拍摄了八达岭长城全景,还拍摄了八达岭长城南段"野长城"。

⑮赫达·莫理逊(Hedda Morrison,1908—1991年),女,德国摄影家。1933年,她受雇于北京哈同照相馆,其摄影水平非常高,拍摄范围广,涉及名胜古迹。1946年,她离开北京。1991年在澳大利亚逝世。据其遗嘱,她在中国拍摄的照片和底片,分别捐赠澳大利亚的 Power House Musum 和哈佛大学燕京图书馆。

以上15位外国人士所拍摄之中国古长城照片,时间比较早,多为19世纪末和20世纪初中期。当时中国长城保存的状态比较好,后来由于各种战乱和自然灾害,许多长城遭受破坏,甚至消失了。因此,早期照片记录的长城,仍有比较好的原始风貌,具有重要的科学价值,是求之不得的。

"Ladders"梯子——河北秦皇岛市背牛顶峭壁上的木长梯　甘博/摄

　　其次,19世纪末20世纪初,西方国家照相机的使用比较多,拍照方便。在中国经济文化落后,思想保守,富贵人家认为照相机属于奇技淫巧,即使财大钱多也不会购置照相机,照相机的操作使用,胶片的冲洗放大,也不容易掌握。因此,照相事业起步晚、不普遍,也就在所难免了。照片记录的信息,可以弥补文献记载之不足,使长城的形象在照片中得以显现。因此,科学研究人员相当重视影像的分析利用。越是老照片,其科学价值就越高。

　　在新中国成立以前,广大人民群众处于"三座大山"的压力之下,为生活拼命奔波,没有精力财力从事长城旅游。新中国成立以后,广大人民群众翻身作主,才有了旅游的需要。20世纪50年代,国家出资修缮了居庸关、八达岭长城、山海关城和嘉峪关城,随即对游人开放,博得了国内外游人的高度赞赏,接待了许多国家元首、政府首脑。然而长城景点太多,游人也不断增加。为了满足广大人民群众的需要,应当扩大长城旅游的范围,将长城旅游纳入地方经济发展规划中。

至于哪些长城景点可以列入旅游,哪些缓入旅游,需要仔细研究,不能一哄而上。应当是创造条件,分期分批开放长城旅游。最先开放的长城景点,应当是保存完好,稍加修缮就可以利用者。有些长城破坏严重,恐怕短期内无法对游人开放。对外开放的应是在历史上特别重要、有影响的长城段落和相关的附属设施(烽燧、城堡)。何谓重要、何谓有影响,空洞的描述很难使人明白,不如将一些有重要影响的长城景点进行具体介绍,可能效果会更好一些。于是从众多的长城景点中,选择若干景点简介如次。

二、具有代表性的长城景点

1. 山海关城

山海关城简称山海关,地处燕山与渤海湾之间,故称山海关。这里是燕山与渤海湾最近的地方。山海关旧称临渝关,简称渝关,是明洪武初年徐达所建。元顺帝退出大都(今北京)以后,驻扎在辽东金山的元太尉纳哈出,拥有十余万兵马,势力很强大。明太祖朱元璋很担心纳哈出率兵收复元大都,于是命徐达赶紧驻兵渝关,防止纳哈出的西入。徐达闻命以后,随即视察了渝关。顾祖禹谓:"旧渝关在抚宁县东二十里,明初徐达将兵至此,以其非控扼之要,移建于旧渝关东六十里。"渝关以渝水得名,渝水又称石河,武则天改临渝为石城,渝水改称石河,抚宁县(今秦皇岛市抚宁区)境石河中游有石门寨,为乡镇级,当为旧渝关所在地。旧渝关接近燕山,距渤海稍远一些,明代道路是沿海岸线(又称渤海走廊)而行。因此,徐达认为沿用渝关对防御纳哈出不利,故而在燕山与渤海湾最近的地方另建新城,改名为山海关,代替了渝关、临渝关的旧名。山海关是为了防御纳哈出的重兵所建,因此山海关城规模巨大,与其他的关城有所不同。

新中国成立初期的山海关

山海关城地理位置为:东经 119°44′38″、北纬 39°59′49″至 40°00′12″。关城不是正方形,而是南宽北窄。东墙长 1389.8 米,墙宽 16.4—16.8

米。东墙正中设城门，有城楼，称镇东楼。城楼上有"天下第一关"巨大匾额，为本地进士萧显所书写。门外有瓮城、罗城。北城墙长693.5米，正中设威远门，门外有瓮城。西城墙长1429.8米，正中为迎恩门，门外有瓮城。南城墙长1172米，正中设望洋门，门外有瓮城。全城周长4685.1米。

山海关城的正门在东方，这同一般城池以南门为正门有所不同。这是因为要防御的敌人在北方，为了防御敌人攻城的考虑，特意将正门开在东方，用以减缓敌人的冲击。其次太阳从东方升起，正门向东接受太阳的曙光，可以增加福祉。

山海关城建于洪武十四年（1381年），此后于成化十五年（1479年）、万历十五年（1587年）、万历三十九年（1611年）多次修缮，或拆旧换新，或局部改建，用以增强其军事防御能力。修筑山海关的人力和材料来自全国各地。特别是砌墙的青砖，消耗量特别大，质量要求特别高，砖上都打有戳记。从戳记来看，烧砖的地方涉及河北抚宁、正定、遵化、卢龙、迁安、滦县和山东德州。

为了加强山海关城的军事防御能力，在关城四周修建了许多小城堡，俗称"营盘城"。规模不大，用于驻兵。如果有战事，可以成为第一道防线。

明朝灭亡以后，山海关城设有许多关卡，防止关内流民出关耕种、采挖人参和各种药材。跑关东之语，就是由此而来。京秦（沈）铁路和高速公路对山海关城破坏很大，1952年、1966年、1967年、1998年，国家多次维修山海关城，基本上恢复了其原貌，被列为全国重点文物保护单位。

2. 清河城

清河城在辽宁本溪满族自治县太子河支流清河北岸，是明代辽东边墙内的城堡，建于明成化五年（1469年），是辽东副总兵韩斌所建辽东边墙十堡之一，用以防范建州女真（后称满族）。建州女真对此心知肚明，必欲除之而后快。成化十六年（1480年），建州女真"惨掠清河等堡"。弘治十五年（1502年），"虏（指建州女真）入清河等地，为明所败"。嘉靖二十五年(1546年),明朝在清河堡附近增设散羊峪堡、一堵墙堡、孤山堡,用以加强防御能力。嘉靖三十九年(1560年),将清河堡的级别由提调提升为守备,增兵500人,又将东州、马根单、散羊峪、一堵墙、碱厂、孤山六堡4518人划给清河堡管辖。万历三十四年(1606年),将清河堡守官由守备升为游击,又增兵1000人,所管辖官兵达到5518人。

清河堡不断增兵,引起了建州女真的恐惧和不安。1616年努尔哈赤建立后金以后,决心铲除清河堡,以减少其威胁。两年以后,努尔哈赤誓师伐明,他于当年七月二十二日,集中八旗官兵近万人将清河堡包围,城内守将邹储贤、张旆率领守城士兵7000余人,用滚木礌石火炮各种武器反击,后金士兵死伤很大。后来攻城士兵一面头顶木板架木梯登城,又组织士兵在城东北角拆砖挖墙,破城而入。张旆战死于城墙之上,邹储贤战死于城下。守城士兵群龙无首,兵溃如山倒,失去战斗力,后金占领了清河堡。这场攻城之战,大长了后金的信心,使明朝大伤元气,故史称:"清河既失,全辽震动。"

据民间传说,努尔哈赤攻占清河堡与李货郎有关。李货郎名叫李继学,是清河当地人。平时他挑货担子,经常出入清河堡,与城内明军士兵混得很熟。努尔哈赤找到李货郎说,我要攻打清河堡,如果你能带路,成功以后给你金银财宝,给你土地山林,给你官爵。李货郎听了以后产生了积极性,他让后金士兵换装,改成贫民的模样,跟随在他的后边。李货郎到城门大喊:"我是李货郎,给你们带来了好货,快开城门。"守城士兵信而不疑,给他打开了城门,后金士兵蜂拥而入,占领了城门,后金大军很快进入城内,消灭了明朝的士兵。占领清河堡以后,努尔哈赤果不食言,赏赐给李货郎许多金银宝物,还给他许多土地,他死后就埋葬在清河城附近望城岗子山林中,有墓碑和看坟人,"文化大革命"以前尚存。又封李货郎为"茂利伯",群众称他为"伯爷"。

据当地人调查,李货郎之事是真实的。他死后,其儿子继承他的爵位。李继学之子名叫李国翰,《清史稿》卷236有传,称:"李国翰,汉军镶蓝旗人。其先居清河。父继学,初为商,从明经略杨镐军,尝通使于我。天命六年,克辽阳,继学来归,授都司……授世职三等副将。请老,国翰袭世职。事太宗，授侍卫，赐号'莫尔根'。"（9451页）由此看来，李货郎父子与后金关系很深，他们受到朝廷的高度重视，李货郎的传说不是空穴来风，是有事实为依据的，不像李货郎传说那么简单。

清河堡今称清河城，故址犹存，大体是正方形，旧说周长2000米。新近调查，东墙长550米，北墙长520米，南墙长480米，西墙被破坏，残留10米，全城周长2140米。墙体内石外砖，用白灰勾缝，墙顶原有女墙、垛墙和马面，城四角有角楼。原有东门、北门、西门，南墙以清河为防，未设门。城墙体不存，被居民拆除自用，不过墙基尚存。城东南有烽火台。城内清泉甚多，遗物多残砖断瓦。城内多耕地，有居民，清河城镇政府设在城内，城内有柏油公路通过，西达本溪市区，北达抚顺市区，南达本溪县城小市镇，交通甚为方便。小城很安宁，如世外桃源。

清河城是历史名城，它见证了明代辽东边墙和后金的历史。后金由清河城走向辽东，对于研究满族史和明清史提供了重要资料，研究满族史的学者，常到此考察拍照。它早已于1961年就被列为本溪市文物保护单位。考察清河城的游人很多，只是处于零散状态，没有形成规模，缺乏接待客人的旅行设施。

3. 九门口长城

长城墙体的走向，尽量避开河流。因为大多长城的墙体是夯土版筑，水的侵蚀会慢慢破坏墙体。如果长城墙体必须越过河流而行的话，古代人想出了一种办法，就是在河流上建桥，使长城墙体越桥而过。民间将这种长城称作"水上长城"。最著名的水上长城，是九门口长城。

在河北抚宁县与辽宁绥中县之间，有一条河流名叫新台子大河，又叫九江河、九门口河，它源于抚宁县北部山区，其中下游在绥中县，注入渤海（又称辽东湾）。它属于山溪性河流，不同季节落差很大。在新台子村附近，河底有大片的岩石，民间称为"一片石"，成为最适于建桥的河段。在河西建有关隘，称一片石关。

桥墩基础用11层条石砌筑，以防水蚀，上面为砖砌，共有8个桥墩，其间形成9个水门。桥墩作菱形，顺河上下两端为60度锐角，以便于河水顺利通过。石基高 4.62 米,桥墩间距(即水门)宽 5.7 米、高 8.5 米,即使发生大洪水,也不会危及桥面的安全。泄水孔底部用花岗岩石铺设找平,相邻的条石用银锭榫扣合,防止在流水冲刷下出现松动。桥上面的长城墙体,与桥两端岸上者完全相同,有女墙、垛墙、瞭望孔和马道。在水门洞中央的上方,镶嵌有"一片石关"四字匾额,故此桥又被称作一片石关。在石桥两端岸上,各有一小城堡,驻兵保护石桥的安全,西桥头的城堡比较大一些,驻兵比较多。

九门口一带的边墙是明洪武年间修建的。按理说桥上墙体应是同时建造的,只是缺乏明确的记载。桥头有两通石碑,其中万历四十三年(1615 年)修桥碑记载:"万历肆拾叁年,春防,石门路主兵原派修工军工柒佰柒拾一名,□修石黄一片石关头等□□□桥。自河南岸起至北第叁洞□中止,□□修贰洞口五总计长贰拾丈,贰券门肆丈,分水尖贰□□□陆丈壹尺,连南头帮券洞壹□□陆尺,共折头尖边以贰拾伍丈,高连垛口叁丈贰尺,底阔肆丈,收顶叁丈陆尺,分水尖高壹丈贰尺。"这是工头记载此次修建的工程量,以示责任。说明只是部分维修,而不是初建。天启六年(1626 年)《增筑九门口桥两端围城碑》,提到九门桥洞,其重点却是桥两端的小城,称作围城。也只维修了部分工程。

许论《九边图说》绘有过河城桥,成于隆庆三年(1569 年),隆庆为明穆宗年号,其前任皇帝为嘉靖帝,史称明世宗。以此视之,九门口河桥可能在嘉靖年间(1522—1566 年)就已存在了。至于洪武年间是否有九门口河桥,仍无据可言,难以确定。

九门口河桥造型雄伟壮观,至今仍保存完好。桥西属抚宁县,桥东属绥中县,可以说是两县共有之桥。1989 年,抚宁、绥中两县协商,由辽宁出资重修九门口桥,恢复了其原先的风貌,吸引了许多游人,大家称奇,赞不绝口。这里交通不便,本地游客多,外地游客少,服务设施有待于提高和加强。相关的两县政府,应当将九门口长城列入地方经济发展规划,共同合作打造九门口长城旅游,互利互惠,同心合力发展九门口长城旅游经济。

4. 黄崖关关城

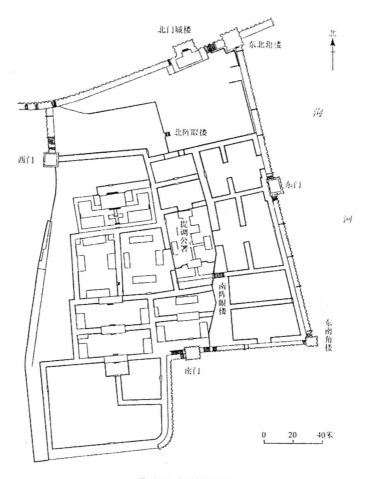

黄崖关关城平面图

黄崖关又称黄崖口关,现黄崖关南门有"黄崖口关"匾额可以为证。它是以黄崖山得名,黄崖山是燕山的一部分,以高峻著称。《读史方舆纪要》:"黄崖山县东北五十里,高十里,陡峻崎岖。"这里的蓟镇边墙多为山险和山险墙,夯土墙极为少见,即此缘故。

黄崖关关城在天津蓟县(今天津市蓟州区)北部,蓟县旧称蓟州,民国二年(1913年),蓟州改蓟县,2016年设蓟州区。蓟镇边墙分为十路,黄崖关关

天津市蓟州区黄崖关关城南门

城属于马兰路。蓟镇为九边之一，设置于嘉靖二十七年（1548 年）。蓟镇边墙的建筑始于嘉靖三十年（1551 年）。《四镇三关志》称：黄崖口关"边城六十里，嘉靖三十年建。三十六年、三十八年、隆庆元年修。"明人常把边墙称作边城，古人所说的"建"指始建，"修"指重修，可知黄崖关始建以后，又进行多次维修。

黄崖关关城在蓟县下营镇黄崖村北，沟河西岸，海拔 246 米，南距蓟县县城 25 千米。沟河发源于河北兴隆县天秤山，南流与州河会，南流于天津塘沽注入渤海湾。充足的水源解决了士兵用水问题，黄崖关设置于此，与沟河有关。黄崖关关城所在，为燕山山区，康熙《蓟州志》载：黄崖关"山险难行"。山险易于防敌，黄崖关建在山险处，符合古代的军事思想。

黄崖关关城建在山丘高处，其平面呈不规则的长方形，北部狭窄，南部宽阔，其南偏西处，有凸出大城以外的小城，大城中有南北长墙，将大城分割为东西二城。大城的方位不是正南北，而是稍微偏向西北，可能与地形有关。

1984—1987 年，曾对黄崖关关城全面整修。整修后周长 923 米，北墙长 149 米，东墙长 235 米，南墙长 204 米，西墙（含西南小城西墙）267 米。现在的城墙全部是砖包墙，不过未修以前，城墙断面可见整齐的石墙面，可知维修时是在原石墙的基础上，外贴砖面。由于黄崖关关城多次重修，石墙面上贴砖在何时，难以确知，不过当代维修贴砖，是难以避免的。蓟镇边墙贴砖在万历初年，关城墙贴砖亦当在此时。当代维修时，在脱砖处补充贴砖，恐难避免。

天津市蓟州区黄崖关关城水关

黄崖关关城有东、西二城，有人认为这是内城、外城之别，居住官员的身份应有高低不同。在内城中建有官府，规模很大，由照壁、门厅、大堂和东、西厢房组成。大堂面阔 5 间，东西长 17 米，南北宽 7 米。照壁东西长 12 米，高 3 米，厚 0.55 米。东、西厢房均为 3 间，南北长 11 米，东西宽 5.8 米。大堂是官员的办公处，东、西厢房属于附属物，其用途不详，也可能是储物的地方，或下级官员办公处。在大城西南方的小城，应当是士兵居住的场所。这座关城如此规模之大，与其重要性有直接的关系。马兰路的长官为参将，黄崖关的长官为提调，各关提调的公署资料非常罕见，难以进行比较。黄崖关公署恐为最详细和具体,对长城的研究提供了可信的资料。

黄崖关关城修复以后,随即对游人开放。虽然这里不通火车,交通有些不便,然而游人前来参观者络绎不绝,对此关城赞不绝口,说明它对游人有很大的吸引力,外地人士也不妨到此参观访问,增长知识。

5. 紫荆关城

八路军收复长城要隘紫荆关　摄影/沙飞

紫荆关是以紫荆树得名,在太行山中,是战国太行八陉之第七陉,又称上谷关、五阮关、子庄关、金坡关,金大安元年(1209 年)改称紫荆关。紫荆关在拒马河东岸,今河北易县境内。拒马河发源于太行山北涿鹿县,沟通了太行山南北。《读史方舆纪要》:"路通宣府、大同,山谷崎岖,易于控扼,自昔为戍守处。"因此,紫荆关自古以来便是兵家必争之地。公元45 年,乌桓南下,光武帝刘秀派马援出五阮关"掩击之"。1209 年,蒙古

紫荆关城门内看到的景观　摄影/穆默

紫荆关内城门　摄影/穆默

南下,攻打居庸关失利,改攻紫荆关进入。元代大都与上都为争夺皇位而兵戎相见,上都兵在居庸关受阻,改由紫荆关进入大都。明初华云龙提出:"紫荆关芦花山岭尤为要路,宜设千户所守御。"土木之变以后,瓦剌首领也先自大同打紫荆关,未能成功而退。1458 年,蒙古头目孛来围攻大同以后转攻雁门之路,明军屯紫荆关、倒马关御之。故《明史·兵志》称:"敌犯山西必自大同,入紫荆必自宣府。"明代修宣府镇外边墙以后,继之又修真保内边,明人将紫荆关、倒马关(在唐县)、居庸关合称"内三关"。

到了清代,紫荆关已失去作用,变成了现在的古迹,虽然有一定的破坏,大体保存比较完好。当地人言,紫荆关城由五个大小不同的城堡组成,主城之外有卫城和关门。紫荆关第一道关门在西山峡谷中,关门还有左右翼城伸入两侧大山中,在山头上设有烽火台。由此经过十八盘道才能接近关城。规模最大的关城叫南城,周长 3043 米,在南城门上有"畿南第一雄关"石制匾额。城内遗物甚多,有水井、石臼、水槽、石碑,石碑为《重修紫荆关盘道记》,均在农家收藏。

在此南城以北有一小城,周长 532 米。毛石垒墙,夯土封顶,现存有城门、水门。在小城以北又有一城,它才是主城。其正南门上有"紫荆金城"4 字匾额,其旁有题记二,一作"钦差总理紫荆关兵备按察使刘秉星、直隶保定府管官通判宋应试";二作"钦差分守紫荆关等处地方参将韩光""万历十七年岁次乙丑孟秋吉日立"。民间称此城为"文武衙门"。在此主城以北,便是拒马河。

在主城之东之西又有二城,东城周长 2845 米,西城周长 2212.5 米。西城原是商业区,现为紫荆关镇政府驻地,坐西朝东,城门上方有"河山带砺"匾额和"万历丁亥聊城傅光泽书"题款。东城功用不详。在拒马河北岸,还有一小城,称小新城,又称小金城,南与主城相对。

从紫荆关城的分布来看,昔时城内居民很多,有官署、士兵和平民,各有不同的居住区域。紫荆关城内遗物很多,多流落到居民家收藏,难以精确统计。紫荆关如果从八陉说起,至今已有 2000 多年历史,是一座古老的关隘,在文献中多见记载,特别是对于长城的历史,具有重要研究价值。

有关方面应当予以重视,不妨将它列入长城旅游的备用资源,创造条件加以开发利用。

6. 镇北台

烽燧又称烽火台,简称烽台,早在周代就出现了,当时还没有长城。后来它变成长城的附属设施,在长城附近多能见到烽台。烽台的形状或作方形,或作圆形。根据地形和实际需要,烽台有大有小。在明代榆林镇北有一座规模最大的烽火台,被称作"天下第一台",已被列为全国重点文物保护单位。

镇北台　摄影/盖洛

镇北台在陕西榆林市区以北 3 千米处。榆林城属于国家历史文化名城,是明代九边之一的榆林镇所在地。榆林镇最初称延绥镇,驻在绥德县,当时榆林寨只是一个城堡,随着镇治的迁移,榆林寨得以发展壮大,在榆林寨的基础上,成化九年(1473 年),延绥巡抚修建了榆林城。榆林城东依驼山,西临榆溪河,北近蒙古,属于军事要地。

镇北台建于万历三十五年(1607 年),由巡抚涂宗浚主持修建,故而镇北台上有他题写的匾额"向明"和"镇北台"。现在所见的"镇北台"三字,是由当代著名书法家魏传统所书写,苍劲有力。"镇北"具有安抚的意思。

镇北台为正方形,由四级组成。第一级高 10.2 米,周长 320 米。东墙南侧置城门,东南内侧设马道,由此可以登第二级,东北侧为士兵的营房。第二级高 11.1 米,周长 128 米,南墙正中开券门,由此可以登第三级。券门上方有涂宗浚题写的"向明"石匾,向明一语双关,一是向往光明;二是忠诚于大明国家。在北墙上,有涂宗浚题写的"镇北台"三字,今已不存。第三级高 4.6 米,周长 86 米。第四级高 4.4 米,周长 35.4 米。其中心原有砖木结构的瞭望棚,现已不存,还有旗杆,也毁而不建。每级台都是以夯土为核心,外砌青砖,台面铺砖。台的体积各级逐渐缩小,用以增强稳定性,防止地震的破坏力。从其结构和相关设施来看,镇北台既是烽火台,又是瞭望台,其瞭望的功用更为明显。站在高台之上向北方望去,草场上的牧民和牛羊清楚可见。由于明代采取了安抚蒙古的办法,彼此冲突很少发生,烽火台的功用并没有展示出来。

镇北台之地地势比较高,当地人称为红山,借此地势使镇北台格外高大雄伟,对蒙古人具有一定威慑作用。同时考虑到只有双方和好,才能免除冲突。因此,在修建镇北台时,在其东北近处又修建了"款贡城",其城墙虽然遭到破坏,但是遗迹仍依稀可见。所谓"款贡",就是纳款,北齐时居庸关又名"纳款关",纳款、款贡意同,就是贡献方物的场所。少数民族首领常用款贡的方法获得良好的草场。双方在此会谈协商。在镇北台西南隅,另有"易马城",这是普通蒙古牧民与汉族商人进行易货的地方,牧民用牛羊、皮毛换取汉商的丝织品、棉布、食盐、茶叶、烟酒,双方各以所需,以货易货,两相方便。"易马城"建于明嘉靖四十三年(1564 年),这种交易安排在每年正月十五日以后,一次以 10 日为限。届时牛羊成群,人声鼎沸,呈现一派空前繁荣的景象,增进了民族友谊,改善了民族关系。

红石峡是一风景区,长 300 余米,中间有榆溪河流淌,两岸为摩崖石窟,书法石刻不可胜数,其中有左宗棠"榆溪胜地"、马占山"还我河山"、刘志丹"力挽狂澜"等名人题字,还有许多寺庙。此风景区始于西夏,盛于明代,与榆林镇的出现有密切的关系。目前这里游人仍然很多,推动了镇北台旅游,二者相互促进并行。

7. 玉门关城

古北口长城北门　摄影/穆默

　　汉代玉门关在疏勒河上游,是以玉石得名。古代的和田玉大多由此进入内地,故称玉门关。《寿昌县地镜考释》:"县北一百六十里有玉门关,汉武帝元鼎六年置,并有都尉。"元鼎六年为公元前111年。它与阳关合称两关,是古代通往西域的重要通道,丝绸之路的重要关隘,西域商人大多由此进入内地。在此所设都尉一职,是以验检过往行人为责。出于国家安全考虑,检验相当严格。太初元年(前104年),贰师将军李广利往西域取善马(汗血马),花了两年时间仍未成功。"天子闻之,大怒,使使遮玉门关,曰:'军有敢入,斩之'。"其后从大宛取得善马,封李广利为海西侯。

　　汉代玉门关城,在疏勒河长城南侧,北距长城3千米,丝绸古路在玉门关北通过。玉门关城今称小方盘城,西北有洋水海子,小方盘城建在一高地上。关城呈方形,南北长15.7米,东西宽15.4米,系夯土版筑,夯土层厚9厘米。城墙残高0.9米,宽0.9米,城墙上部有女墙,已无存,尺寸不知。西墙、北墙各设一门，西门宽 2.1 米，高 2.85 米。北门宽 2.8 米，高度不知。城内东南角有台阶，宽 1.5 米、高 3.8 米，为登城墙所用之夹道。东南角有墩台，残高 1.4 米。西北角内侧有裂隙，裂隙中有一捆芦苇炬。关城正东 115 米处，有南北走向坞墙，长 75 米，宽 2—3 米，残高 0.3—1.5 米。坞墙北端向西北延长 18 米，南端向西延长。关城以北 50 米处，有东西走向的坞墙，长约 40 米。关城外、坞墙内，是一般士兵居住的场所。有人称小方盘城有内外两重城墙，即指此而言。

自 20 世纪初以来，有许多中外学者到此考察。1944 年，夏鼐、阎文儒到此考察，发现了"玉门都尉"简牍。晚近，岳邦湖、钟圣祖到此考察，又发现了新简牍，文作："□□谨：勿，即在诸事官以故不绝者，今后坐敌后至□□"。还采集到汉代鞋和取暖器等物。

在玉门关附近，保存有用红柳、芦苇卷沙修建的长城墙体，民间称作"红柳长城"，是一种罕见的现象，备受关注。玉门关以东 10 千米处，有河仓城，又名阿仓城，民间称大方盘城，是汉代的粮仓。为过往玉门关的官兵和客商提供食物。玉门关附近烽燧比较多，反映出玉门关的安全极受重视。

玉门关在国内外学术界极受重视，到此考察的学者很多。1993 年被列为全国重点文物保护单位。敦煌市将它列为对外开放的旅游区，修建了专用公路。这里地处偏远，气候干燥缺雨，生活条件差，缺乏公共交通工具，适于自驾旅行。

8. 黄花镇"野长城"

所谓"野长城"，是指没有经过修复，未纳入旅游体系的长城。有许多人喜欢游"野长城"，在北京和外地都有人游"野长城"，其中以北京怀柔黄花镇"野长城"最为著名。

黄花城是以山上多黄色野花得名，地处燕山南北要路，具有重要军事地位，元代在此设千户所以守之。明代修建蓟镇边墙时，以其地处要害，在这里设立了黄花路城，是蓟镇十一路城之一，路城要高于一般的关城。按明制，路城由参将或守备驻守，黄花路亦当如此。景泰年间（1450—

道关口峡谷中的金汤长城　摄影/盖洛

1457 年），又增设内官（宦官）监督其军事，可知黄花路城之重要。嘉靖四十年（1561 年），撤销黄花路建制，改隶于昌平镇。黄花城从初设到罢废，前后约 200 年。

黄花城具有高大的城墙和三座城门，城内还设有黄花仓，储存大量的军粮。后来城墙和粮仓逐渐被破坏，居民取之建房，大部分用于修建黄花水库。只有一座城门（可能是东城门）甚为高大壮观，见证了黄花城的历史，成为黄花城最后的遗迹。黄花城濒临一条小河，称作九曲河，以河道有九处转弯而得名。在九曲河上有石桥，不知是原有的旧桥，还是新桥。在黄花镇南北山岭上有长城，即所谓的黄花城，成为游人参观的主要景点。有一段古长城墙体为石砌，被黄花水库淹没，被人们称作"水下长城"，可以租船参观，变成了热门景点，参观的人很多。

黄花城名气之大，与"北漂"的年轻打工族有密切的关系。他们在游遍北京城内景点以后，双休日便结成团体到郊区登山，进行户外旅行。他们发现黄花城有真山真水真长城，可以尽情地参观游览，而且民风朴实，热情接待，提供了良好的食宿，乐不可支，认为这才是休闲胜地。于是一时间一传十，十传百，大家都知道京北有个黄花城。到此旅游的人越来越多，从最初的食宿容易，到后来变成必须事前预约。为了满足旅游者的需要，居民家家开饭店、开旅馆，一层房子容量小，便更新改造，盖两层或三层现代化楼房,安装冲水马桶、淋浴和卫生间。这里距北京市区有两小时车程(指小车),最初免停车费,后来修建收费停车场,停车位价钱不断提高。即使如此,游人仍是与日俱增,从前宁静的小山村,一下子变成了热闹的集市和小城镇。前后不到二十年,竟有此天翻地覆的变化。

客观地看,黄花城之所以有强大的吸引力,与以下诸项有关。黄花镇长城残破,仍保持原貌,给人以真实感,事实表明真实的东西才会有魅力,吸引游人光临。黄花城居民诚实淳朴,没有假话,说话算数,这在商业上最为可贵。还有,这里山果山货特别多,游人可以亲自到山林中采摘,比较便宜。农家乐的饭菜与城市大餐相比,更加纯洁、量大,让人放心食用。山村清洁的空气,令人兴奋、提神,在一周劳累以后,人们普遍希望安神休息,这里成为最惬意的休息空间。凡此种种,都满足了游人的需要,大家纷至沓来,摩肩接踵,不是偶然的。人们从中可以悟出许多道理。

从北京城区到黄花镇,全是高低不平的土路,小汽车要低速行驶,有对面车开来,必须小心停车让路。听说有关部门正在修路,如果变成柏油路,到黄花镇看长城的游人,可能会更多。

9. 嘉峪关

嘉峪关关城中轴线剖面图(采自《嘉峪关及明长城》)

嘉峪关关城全景(1970 年由东向西摄)(采自《嘉峪关及明长城》)

　　嘉峪关在明代甘肃镇边墙最西端，也是明代九镇边墙西端起始点。明洪武五年（1372 年），冯胜奉命征讨甘肃，他攻克了黑城（在今额济纳旗）、瓜州（今安西）和沙州（今敦煌），在回师之际修建了嘉峪关，以防止蒙古作乱东侵。他以军事角度考虑，应选择河西走廊的最狭窄处，这最狭窄处就在今日的嘉峪关，从南山到北山只有十五里，正是咽喉之地。而且这里有九眼泉，解决了干旱缺水问题，随即带领士兵修建了一座关城，由于关城邻近嘉峪山，故命名为嘉峪关。

　　初修的嘉峪关，是一座低矮的土城，十分简陋。弘治八年（1495 年）、正德元年（1506 年）加以改建，墙体砌砖，形成了砖城。当时嘉峪关是孤城一座，其军事防御能力有限。嘉靖十一年（1531 年），根据首辅大学士翟銮的建议，增修了城外的三道边墙。一道是在城西，南北走向，北抵黑山，俗称西边墙。在此以后，杨博又增修了城北东西走向的边墙，俗称北边墙。万历元年（1573 年），又在城南修建了东西走向的边墙，俗称南边墙。最后形成了以关城为中心的城防体系。

　　嘉峪关平面呈梯形，外城墙长 733.3 米，城墙高 11.7 米。南北城墙外侧，有低矮的土墙，与主城墙平行走向，当地人称之为罗城，实际上叫羊马墙，属于加强防御的副墙，额济纳元代黑城墙外就有羊马墙。关城有东、西二门，东门叫光化门，西门叫柔远门。东、西城外建有瓮城，东瓮城之门叫朝宗门，西瓮城之门叫会极门。西瓮城外约 10 米许，有"长方形重关"，门额有"嘉峪关"三个大字，可知西城门为嘉峪关正门。因为要防御的敌人在西方，故以城西门为正方。所谓"重关"，实是罗城。

　　西城门外百余步，立有大石碑，碑面刻有"天下雄关"四字，据说是清代所刻立，可能是当地文人所为。嘉峪关有"天下第一雄关"之美称，大概由"天下雄关"演变而来。道光二十一年（1841 年），林则徐因焚烧英国鸦片，被贬至新疆，撰有《荷戈纪程》，文称："出关外，见西面楼上有额曰：天下第一关。"据此可知，"天下第一雄关"之名，当在此以前就出现了。同治十二年（1873 年），陕甘总督左宗棠至此视察，题写了"天下第一雄关"匾额。左宗棠的题匾早已无存，现在的匾额为中国佛教协会原会长赵朴初所题。

嘉峪关甚为外国旅行家所重视。1916 年 3 月 21 日,澳大利亚旅行家 G.E.莫理循曾到达嘉峪关,拍摄了多幅嘉峪关照片,包括光化门、附近的长城,可能光线比较理想,所拍照的结果非常清楚。W.E.盖洛也在 1908 年来到嘉峪关,拍摄了许多照片,至今犹可见到。

新中国成立以后,于 1950 年、1957 年、1973 年先后三次维修嘉峪关城,随后即对游人开放至今日。嘉峪关成为重要的长城旅游景点。

在嘉峪关当地,有两则关于修建嘉峪关的民间传说。一说在修建嘉峪关关城时,究竟要使用多少块青砖,是由工匠计算出来的,最后只剩下一块砖,至今保存于西瓮城城楼后檐台上,参观嘉峪关的游人无不到此查看,引以为豪。二是说在修建西边墙时,要把青砖运送到黑山之上,搬运工苦不堪言。这时有一位搬运工看到山羊上山快步如飞,于是想起何不用山羊背砖? 于是在每只山羊的脖子上系一块砖,然后驱赶羊群上山,于是解决了往山上运砖的困难。在河北抚宁县板厂峪,也有类似的传说。这两种故事传说,不知是有早有晚,还是同时出现的。这种传说反映出长城施工所遇到的种种困难,也反映出人民群众的聪明才智。

10. 张家口大境门

张家口是一座历史悠久的城市,北依阴山(又称大马群山),地处华北平原向蒙古高原的过渡地带。山南气候温和,适于耕作;山北气候寒凉,是天然草原。不过南北农业民族与游牧民族的接触,农业文化与游牧民族的往来,却始终没有间断,张家口成为农耕文化和游牧文化交会的城市。

早在汉代,北方乌桓、鲜卑就已南下到阴山,而中原汉族文化也来到这里,南北经济文化交流十分频繁。汉代在这里设护乌桓校尉,其驻地称宁城、广宁城,其旧址在张家口南宁远堡。宁城、广宁城,就是寄托了人们安宁的梦想和愿望。不同民族的互市贸易,见证了民族团结。自明代以来,互市贸易迅速加快,"隆庆和议",结束了明朝与鞑靼的冲突,封俺答汗为"顺义王",由此进入了长期互市,在张家口定期开放互贸活动。

当时互贸的地点在今大境门外的元宝山。以茶马互市最为兴盛,其

张家口大境门　摄影/加藤新吉

实并不限于茶叶、马匹,还涉及罗缎、丝绸、布帛、绒线和杂货,"各行交易铺沿长四五里许"。互市贸易的发展,使张家口成为货物的集散地,由一个小小的驻军城堡,迅速发展为一个城镇。张家口堡今称堡子里,属于张家口河西区,建于明宣德四年(1429年),周长只有四里许,执行守护长城的任务。随着经贸的发展,张家口迅速变大,除驻兵以外,还有商人进入,出现了文昌阁、玉皇阁、钟鼓楼。明万历中,由宣府巡抚汪道亭提议,在张家口堡北五里,又修建了来远堡,随即变成了蒙汉贸易市场。为了便于客商出入,在来远堡以北又修建小境门。清顺治元年(1644年),嫌小境门太小,在其西边不远处,修建了大境门。《口北三厅志》记载:"大境门据长城之要隘,扼边关之锁钥。"大境门用砖石砌筑,拱门内外长13米,宽9米,高12米。大门顶部为平台,长12米,宽7.5米,外有垛口,内有女儿墙。为什么叫大境门? 其义是大开城门,欢迎内外客商进入,加快经贸活动。

康熙五十二年(1713年),本地儒士在大境门外正沟石崖上刻了"内外一统"四个大字。内外指的是蒙民与汉民,还含有中国和外国,大家共同通商贸易。民国年间,察哈尔都统高维岳题写了"大好河山"四字,河山指的是国家繁荣,互市通商有助于经济发展和繁荣。

张家口是北方贸易中心，也是交通中心。大境门的开辟，加快了内外贸易。雍正五年（1727 年），中俄签订了《恰克图条约》，根据这个条约，中国商人可以到恰克图经商，俄国商人也可以到张家口经商。光绪年间，张家口有对蒙对俄贸易企业 400 余家。俄国商人、中国内地商人，群集张家口，商贾云集，市场繁荣。张家口通往蒙古、俄国的商道，又称张库（库伦，今称乌兰巴托）大道。

新中国成立以来，内蒙古的牛羊、皮张、羊毛、蘑菇等畜产品和草地特产，源源不断地涌向张家口加工，屠宰厂、羊肉加工厂、皮革厂不计其数，带动了张家口经济的发展，大境门作为物资交流通道，功不可没。

1908 年，H.J.包斯威克曾拍照大境门，透过门洞可以看见许多房屋，应是商家所在。1925 年，加藤新吉拍照了大境门洞和大境门外，大境门外车马行人熙熙攘攘，反映出大境门外商业繁荣。

今日大境门，已列为重点文物保护单位，它成为地标性建筑物，对张家口旅游来说，是非去不可的景物。不游大境门，有如到北京旅行不看天安门，会留下很大的遗憾。

三、维修长城必须恢复其原貌

要开展长城旅游，必须维修长城。古代长城残破不堪，不进行维修就不能对游人开放，以保证游人安全。长城维修的原则是"修旧如旧"，就是恢复长城的原貌。长城原有的结构不能改变，所使用的材料也不能改变，这在《文物保护法》《长城管理条例》中有明文规定，然而有些地方、有些单位，竟目无国法，在维修中肆意妄为，根据自己的理念和需要，随意改变建筑材料，将土长城变成石长城，将石长城变成砖长城。今以若干实例说明之。

辽东多山，辽河以东称辽东丘陵，辽河以西称辽西山地。因此，明代辽东镇边墙的起止点都在山区。西端始点叫锥子山，又叫吾名口；东端止

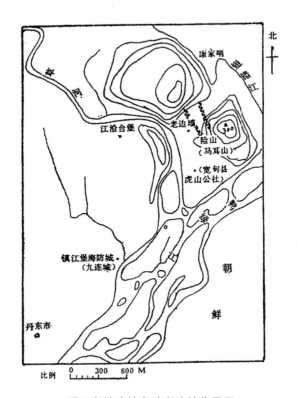

明辽东镇边墙东端老边墙位置图

采自《明辽东镇长城及防御考》

点叫马耳山。马耳山在丹东市宽甸县虎山公社(乡)老边生产队(村)所在地。马耳山以形状如马耳得名,又以山壁陡峭,故名险山,村民习惯称为虎山。虎山公社即以此得名。虎山海拔高 161 米,距离鸭绿江北岸 380 米,站在山顶之上,可以俯视鸭绿江南北之地,具有重要的军事地位。系明成化年间(1465—1487 年)辽东镇副总兵韩斌所建的一个敌台,也是辽东边墙最末端的敌台。在山顶上修建敌台,就地取材,自然是用毛石(北京称虎皮石)砌筑,虽经长期风吹雨打,虎山敌台仍然岿然屹立,完好无缺。

1992 年,当地某领导认为毛石城堡不好看,于是重修虎石台,在毛石墙的四周,全部用青砖加砌,看起来光彩亮丽,必能吸引游人前来观看。

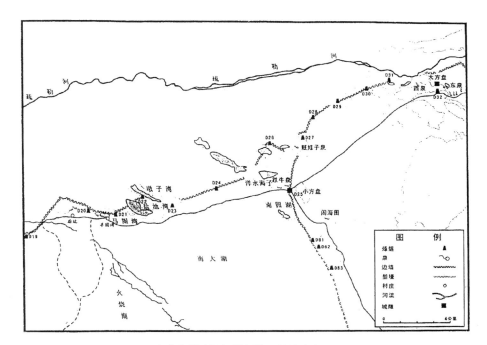

小方盘城（玉门关）附近长城走向图

采自《河西汉塞调查与研究》。D25 是甘肃考古学家所编的序号，D 是敦煌首字拼音的第一个字母，T14 是英国考古学家斯坦因编的序号

然而了解情况的人，均持批评意见，认为既浪费资金，又是一种做假，属于"面子工程"。游人没有增多，反而有所减少，这是始料不及的。学者批评说，改换了脸面，就是破坏了原始风貌，这种意见是正确的。

北京居庸关是全国重点文物保护单位。关城的北城墙延伸到两侧的山坡上，实际属于翼墙，它不是长城墙体。据报道，在某年的维修中，在翼墙上装了五颜六色的琉璃瓦，恐无依据。居庸关不属于皇家建筑物，是不能使用琉璃瓦的，其道理大家都知道。安装琉璃瓦可以变得亮丽一些，却违反了"修旧如旧"的原则。所谓"修旧如旧"，是指修复以后，恢复了原貌而言。

在陕北定边县多为平地，故而古代长城多使用夯土墙，烽火台也是如此。然而该县文物部门，竟把烽火台土皮削掉一层，然后砌上红砖。这种做法显然是错误的，属于做假行为，已被反映到国家文物局，《中国长城博物馆》（内部刊物）也进行报道。这种现象的发生，说明有些人不重视《文物保护法》和《长城管理条例》。

以前还有报道说，某地修缮长城时，将旧墙体推倒，新修的墙体抹上白灰水泥，远望有如白色城墙，被人们称作"白长城"。

由此可知，维修长城是一件大事，涉及一些人法律意识和思想理念。必须加强文物干部的培训，避免由于不正当的维修破坏了长城的本来面目，它会影响到长城旅游开发，不能掉以轻心，熟视无睹。破坏了长城就是罪过，应当依据《文物保护法》《长城保护条例》的规定，予以惩罚。

除了长城维修以外，对长城墙体和附属设施不能过分装饰。修长城累死了许多人，故有孟姜女哭倒秦始皇长城的传说出现。山海关外有姜女庙（又称贞女祠、姜女冢）楹联说："秦王安在哉，万里长城筑怨；姜女未亡也，千秋片石铭贞石。"反映出文人的悲壮情绪，这一点古今相同。

战长城，刀光剑影，血流成河，是令人悲痛的场所，参观者如果嬉戏作乐，就等于缺乏同情心，是对先人的不敬。现在有些长城游览处，彩旗飘扬，歌声喧天，变成了娱乐场所，稍有文化修养的人都会嗤之以鼻。有许多人对这种做法表示不满，因为它失去了应有的氛围。有一位作家写道：

> 我曾多次登上长城。每次登临，我都为这举世闻名的伟大古迹感到骄傲，感到自豪，感到心胸开阔，心旷神怡。但也常常觉得，这长城，固然雄伟，但经过整修之后，现代化的痕迹似乎太明显了一些，好像是一个梳装打扮起来的陈列品，清洁整齐有余，而古朴野趣不足。
> （峻青：《望古长城记》，见《沧海赋》，人民文学出版社 1985 年版）

对长城过分的装饰，使长城失去其古朴的风貌，如同娱乐场，引起了许多人的不满，渐渐远离了它，而去参观游览"野长城"，尽管它很破旧、很肃静，却保留了原始状态，用游人的话来说，是"原汁原味"的古长城。人们仔细观看它的一砖一石，和生长在砖石缝间的一草一木，体味古人的刻苦耐劳和坚忍不拔的精神，发扬中国古代的优良传统，为之拍照，为之作诗，为之撰文，将长城精神留传给子孙后代，有助于加强爱国主义教育，并用之于工作实践。嬉笑、快乐要选择环境和场所，该严肃就严肃，清明节不能唱欢笑歌曲,过春节要大喜大乐,这是人所尽知的生活常识。装饰过度会影响长城真实的面貌,不利于长城旅游的发展,人们应当明白这个道理。

同样的道理,对长城的解读要保持科学的态度,必须实事求是。好多年以前,有人写了篇《长城砖》为题的文章,称美国宇航员在接受美国电视台采访时称,他在外太空看见地球上的人工建筑有二:一是荷兰海堤,二是中国长城。这篇文章当时反响很大,各种报刊纷纷转载,并被收入小学五年级语文课本。然而事后不久,这位美国宇航员就公开表示,他说的本意并非如此,是中文翻译时搞错了。其实,常坐民航班机的人都知道,当飞机上升到 8000 米至 10000 米高空时,乘机人是看不到地面人工建筑物的。这是一个常识性问题,不应当出错,结果在社会上被搞得沸沸扬扬,在国内国外都产生了很大的负面影响。

四、加深长城景点研究

以前的长城研究重点,是长城的沿革和走向,属于宏观研究,这是很有必要的。对于已开放和准备开放的长城景点,或未进行研究,或研究很不充分,因为研究机构不会就具体景点进行研究,题目太小了。然而长城旅游开放以后,长城景点研究必须跟上去,如果长城景点疑难问题得不到解决,就会降低游人的兴趣,影响发展。

1. 居庸关是重要关城

长城就是长长的墙体,城和墙语义相同,长城就是长墙,英文翻译长城作长墙,也是如此。但从广义上来说,作为一个整体性的防御工程,长城体系除了城墙、楼台和烽燧等,还应该包括关隘(关城)。关城是万里长城防线上最为集中的防御据点。作为关城,有的是在长城沿线,但大部分在出入长城的咽喉要道上。关城一般建在狭窄通道上,如两山之间最窄处,山水之间狭长走廊,以及溪流、河谷相交处。由于关隘具有重要军事意义,因此有着更为坚固、完善的防御体系。关隘一般由关口的方形或多边形城墙、城门、城门楼、瓮城组成。有的还有罗城和护城河。明万历年间刘效祖的《四镇三关志》中,"三关"就包括居庸关、紫荆关、山海关。这三处关隘就分别位于当时明朝都城北京的北、西、东方向,扼守防御北方蒙古的通道。其中山海关与辽东长城连接,而居庸关、紫荆关则处于距离长城不远的重要区域(参见下图)。

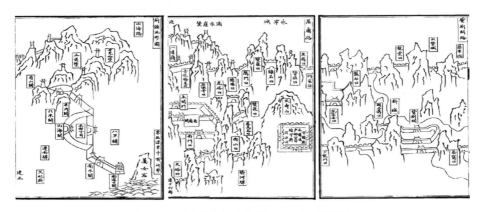

《四镇三关志》中的山海关、居庸关、紫荆关

居庸关是明代重要的边防关隘,原称居庸陉,是太行八陉之一。首先在于其形势险要,是《淮南子》中所说的"天下九塞"之一。"居庸关在府北一百二十里,两山夹峙,一水旁流。关跨南北四十里,悬崖峭壁,最为要险。"①《读史方舆纪要》引燕王朱棣的说法:"居庸关路狭而险,北平之噤喉也,百人守之,万夫莫窥,必据此乃可无北顾忧。"与倒马、紫荆等重要关城相比,"惟居庸重冈复岭,关山严固,三关之守,居庸险而实易"。②

明代前后建过两个居庸关,第一个于洪武二年(1369年)建在上关(今昌平上关),第二个于景泰初年在南侧开阔地重建。③ 明清文献记载

---

① (明)李贤:《明一统志》卷1。

② (清)顾祖禹:《读史方舆纪要》卷10《北直一》,贺次君、施和金点校,中华书局2005年版,第432—433页。

③ 杨程斌:《元明时期居庸关方位考》,《北京档案》2020年第4期。

的居庸关城"在州治西三十里。关跨越南北,约四十里,两山夹峙,一水傍流,悬崖峭壁,最称要险。""洪武二年,大将军徐达累石为城,跨两山之间,为京师北门"①。"周围一十三里有半二十八步有奇,高四丈二尺,厚二丈五尺。南北各设券城,重门二座。城楼各五间,券城楼各三间,水门各二空。"②《四镇三关志》卷前《建置考》附有图画,我们可以很直观地了解到明朝万历年间居庸关的建筑形制。清代末年,居庸关仍保持四重关。清代龚自珍在《说居庸关》一文中写道:

> 关凡四重。南口者,下关也,为之城,城南门至北门一里。出北门十五里,曰中关,又为之城,城南门至北门一里。出北门又十五里,曰上关,又为之城,城南门至北门一里。出北门又十五里,曰八达岭,又为之城,城南门至北门一里。盖自南口之南门,至于八达岭之北门,凡四十八里,关之首尾具制如是,故曰疑若可守然。③

明代中期以后,居庸关有四重,南口为下关,往北依次为中关、上关和八达岭,中关即今居庸关所在地。除此之外,还有一道水门关。由此可见,居庸关是关外有关。如今的居庸关位于北京昌平区关沟中部,具有高大的城墙和整个呈圆形的城圈,东跨巽山(翠屏山)、西跨兑山(金柜山),其北城墙特别长,为4142米。居庸关城主要用于防御北方蒙古,北城墙长些可以加强其防御能力,在北城墙还加砌有垛口墙(女儿墙),有利于向敌人射击。

2. 空心敌台创自文贵

明代出现的空心敌台,提高了长城的防敌能力,成为长城发展的里程碑。蓟镇边墙上空心敌台数量最多,空心的容积最大,备受当时的人以及现代人称赞。它是由戚继光提出和修筑的。《明史》记载,隆庆元年(1567年)戚继光北上,他巡视塞上,提出修建跨墙敌台,虚中为三层,台宿百人,铠仗糈粮具备,令士卒昼夜值守,可先建1200座,隆庆五年完

---

① 隆庆《昌平州志》卷8《关隘》。
② 康熙《昌平州志》卷3《关隘》。
③ 龚自珍:《定庵续集》卷一《说居庸关》,王佩净校,上海古籍出版社1999年版,第135页。

空心敌台　摄影/盖洛

成。《练兵纪实》称为空心敌台。实际上空心敌台三层者至今未见，多数
为二层敌台。空心敌台设有窗，便于观察敌情，早做防敌准备。其次是士
兵居住其中，免除风吹雨淋之苦，防止火枪受潮，保证其使用正常。《练
兵纪实》说："先年……军士暴立暑雨霜雪之下，无所藉庇。军火器具，如
临时起发，则运往不前，如收贮墙上，则无藏处。"说明空心敌台的好处很
多。在蓟镇边墙线上，究竟修建多少空心敌台，由于记载不一，缺乏精确
的统计。有的是戚继光亲修，有的是后人续修，估计其总数应在 1500 座
以上。

　　由于《明史·戚继光传》和戚继光《练兵纪实》对空心敌台之建有详
细记载，影响的范围很大，故当代学者多认为空心敌台是戚继光首创。实
际上并非如此，只是有些人孤陋寡闻，没有看到更多的资料。实际上空心
敌台早在戚继光以前就已出现了，《明孝宗实录》卷 216 记载："巡抚延绥
都御史文贵上边墩式样，谓旧墩易于颓坏，因以意造砖墩，四面作窗，可以
放箭而房不能进近。上从其议，命如式建造，务俾坚久。"事后，明孝宗十

八年(1505年)十二月,文贵向朝廷上文称:"修过榆林城等处新式墩台凡百四十七座。"新墩"易以砖木,中空外坚,多留箭窗铳眼,谓可伏兵御房。"笔者曾实地考察,发现新墩与北京的空心敌台结构相同,只是规模小些,不是二层敌台。这是初期的空心敌台,与后来的空心敌台稍有不同。陕北榆林是风沙大的沙漠化地区,这些空心敌台大部分被流沙埋没,很难发现。据报道,在陕北定边县也发现了空心敌台。

文贵创建的空心敌台,在当时颇受重视。明孝宗以后为明武宗,《明武宗实录》卷25记载,正德二年(1507年)四月,巡按陕西御史邢缵力挺文贵的贡献,提出:"都御史文贵及太监刘保、都督张安,更置砖墩于延绥镇,自定边营达黄甫川,延亘千里,可为制敌之具,宜嘉其绩。"经明武宗认可,"诏俱赐敕奖励,赏银二十两,文绮两袭"。

文贵造空心敌台,在1505—1507年,戚继光造空心敌台是在1567年以后,要比文贵之举晚60余年。文贵在先,戚继光在后,这是很明确的。戚继光是独自创造,还是受文贵的影响,尚需深入研究。

据《四镇三关志》,嘉靖二十九年(1550年)建边墙敌台200座,明代敌台之名以此为最早,此前称墩台,以其形状如土墩故也。据河北考古报道,在调查中发现有单孔单拱空心敌台,与隆庆二年(1568年)以后戚继光所建空心敌台形制不同,却与文贵所建空心敌台相同。若此,文贵所建空心墩台,似已传入蓟镇,或为戚继光所采纳,在旧有的基础上创造了二层空心敌台。

戚继光修筑空心敌台,自然要予以肯定;此前文贵所创造的空心敌台,比戚继光要早半个世纪以上。在讲解空心敌台的起源时,文贵的贡献也应予以介绍,有助于游人知道空心敌台起源和发展的全部过程。科学的发展有从低到高渐进的过程,长城空心敌台也是如此。当初的首创更为艰难而重要,不知初岂有尾。

3. 马道与横墙

马道有两种,一是指登城用的坡道;二是墙顶用于行人的道路。不管是长城或一般的城池,都有马道,有的马道呈台阶状,如北京明清故宫的东南西北四门和四角楼均有马道。概言之,登城之路均称马道。马道之名来自校场战马奔驰之跑道,后来借用于人行上下登城之便道,已不是马行之道了。马道的行状因地形而异,有的坡长路缓,便于士兵运输武器和食物,有的短成楼梯状,只供士兵上下。均设在长城墙体内侧,出于防敌考虑,有的马道设于隐蔽处,不易被敌人发现利用。

北京附近长城之马道,以金山岭段长城最长,坡度也特别缓。金山岭马道上,建有与马道垂直而立的短墙,它一端留有行人小路,另一端与马道之女墙连接。这种短墙有十余道,彼此平行而立,短墙上留有瞭望孔和射击孔。守城士兵可以据守短墙,射击敌人,阻止敌人登上城墙顶部。

这种马道上的短墙很少见,不知其名。有建筑专家命名为"障墙",不知以何为据,其实准确说应叫"横墙",明建墙碑称作"横墙",马道为纵,与马道垂直的墙自然叫横墙。障墙之说不确,应当予以纠正。

在古北口两侧之山,以前都叫金山岭,"两崖壁立,中有路仅容一车。下有深涧,巨石磊砢,凡四十五里,为险绝之道"。"古北口,长城口也。"[1]历来为兵家要地,元代大都、上都之争,在此发生激烈战斗。双方死伤甚多。明代在此设古北口关,《昌平山水记》称为铁门关。明初在此设千户所,后改设参将以守之。嘉靖二十九年(1550年)六月,蒙古俺答汗大兵攻打古北口不利,遂从古北口旁边攻破黄榆沟,从后面包抄古北口,使驻守古北口的官兵大乱,导致古北口失守,于是蒙古大兵长驱直入,到达密云、通州,大肆抢劫,其骑兵到达京师城下,耀武扬威,又攻打皇帝行宫巩华城和明帝皇陵,最后仍从古北口退出。此事震动了明朝廷,史称"庚戌之变"。

如何防止蒙古人偷袭偷入?事后成为许多文武百官思考的问题。既然蒙古人能从黄榆沟小路偷进,那么他们将来能否从边墙马道也强攻进来?为防患于未然,于是在古北口两侧的金山岭上想出了办法,就是在进城的马道上设立横墙以阻之。或许此前也想到了这种措施,边墙碑上的"横墙"记事,并非偶然。

---

[1]　《读史方舆纪要》卷11《北直二》,中华书局2005年版,第487页。

河北金山岭长城的横墙　摄影/景爱

　　戚继光是一个很有军事才能的人，从他在《练兵纪实》的论述，可以看出他善于动脑筋思考问题、解决问题。他进京入主蓟镇总兵，是在"庚戌之变"以后，他在边墙考察中，自然会知道此事的原委，因此，在古北口附近边墙改造中，增建了马道上的横墙，是很有可能的。只是在明代文献中没有见到此事记载，幸好在边墙碑上留下了横墙之记事，我们才能从中看出一些端倪来。

　　关于横墙出现的历史背景，大致如此。至于更详细的说明，还需要更新的资料，特别是碑刻资料。科学研究需要有更多的人参与，俗话说"三个臭皮匠，顶个诸葛亮"，就是这种道理。

4. 双面女墙

长城墙体顶部马道两旁皆建有矮墙，古称短墙。通常外侧短墙上有缺口，呈锯齿状，又称"山"字形，错落有致，在地图上面画作 ⌐⌐⌐ 符号。这种短墙古称睥睨，又作埤堄、俾倪、陴睨。它是做什么用的？《释名·释宫室》解释说："城上垣曰睥睨，言于孔中睥睨非常也。亦曰陴。陴，裨也，言裨助城之高也。亦曰女墙，言其卑小，比之于城，若女子之于丈夫也。"

据此，可知睥睨最初得名于城上观测。睥睨的本义是斜视、轻视，人的双目强弱常有所不同，双目同时前望，容易产生误差，所以要睁一只眼、闭一只眼，现在士兵用枪瞄准、射击运动员瞄准，都要睁一只眼、闭一只眼，其科学道理便在于此。古代男尊女卑，故又称作女墙或女儿墙。女儿墙又称作女头墙，宋人陈规《守城录》称："女头墙，旧制于城外边约地六尺一个，高者不过五尺，作'山'字样，两女头间留女口一个。"若此，则凸出于上者称女头，向下低落者称女口，侧视之有似"山"字形。

睥睨是适应战争的需要产生的，早在春秋时期即已出现。《左传》宣公十二年（前598年）记载："（郑）国人大临，守陴者皆哭。"士兵在睥睨旁守城，看到郑国大兵临近，被吓哭了，说明这时睥睨已用于实战了。

长城墙体的外面临敌，要观察敌人、打击敌人，故后人又称之为垛墙。在建筑物上，突出的部位称垛，在女墙上有凸有凹，凸处更为明显引人注目，故而女墙又泛称垛口墙。在马道内侧，即长城墙体内侧，也建有矮墙，防止士兵跌落墙外，古称短墙，现在有人别出心裁，改称宇墙，于史无证，是不正确的，要予以纠正。内侧短墙没有防敌的功用，因此不作女墙状态，只是一道低矮的城墙而已。

春秋战国是冷兵器时代，以弓箭长矛为主要武器。到了明代出现了火枪火炮，由于武器的进步，在垛墙上面出现了瞭望孔、射击孔，射击孔内高外低，呈斜坡状，城下敌人无法攻击城上守军，这是一个很大的改进。在墙体内侧短墙上，绝大多数不作垛口状，然而也有个别例外。在八达岭长城内侧墙体上，就出现了锯齿状垛口墙，站在青龙桥火车站，可以看得一清二楚。在慕田峪长城、黄花镇长城,也能看到这种现象。有的观众提出疑问:长城内侧垛口墙是在防何人?

在"土木之变"以后,蒙古人对内侵扰明显加强。由于居庸关城、八达岭关城十分坚固,要想从这里破关进城,难度非常之大。于是,他们或从大同进入,先攻破紫荆关,绕道进入京都城下;要么攻打古北口,绕道至京师城下,"庚戌之变"就属于这种情形。明朝廷很担心"庚戌之变"式的悲剧再次发生,于是赶紧在居庸关、慕田峪关和黄花关采取措施,将长城墙体内侧的短墙,改为垛口墙,以防发生不测。于是在重要长城线上,内外两面墙体上便出现垛口墙,不妨简称为"双面女墙"或"双面垛口墙"。这是极为罕见的特殊现象,只有在京师附近出现。在远离京师(今北京)的长城线上,尚未发现"双面女墙"的存在。

5. 居庸之名与秦始皇无关

近年来,北京盛传"居庸"之名的由来,与秦始皇有关。这种说法的产生,与光绪《延庆州志》有关。该《志》称:"古长城,在州南二十余里,即燕塞,燕昭王用秦开谋,置上谷塞,自上谷以北至辽西。秦始皇因其旧址而大筑之,至今岔道以北迤逦而至永宁一带遗址犹存。"秦开逐东胡筑长城之事,见《史记·匈奴列传》。后人往往认为秦长城沿用了燕北长城,燕塞指燕北长城。延庆南部有古长城,北京人士多认为就是秦始皇长城,其实并非如此,而应当是北魏"畿上塞围"之旧迹。

秦汉上谷郡旧址,20世纪50年代,安志敏先生曾在怀来县妫河以南的南辛庄大古城进行考古调查,发现了大量秦汉遗物,证明大古城应为秦汉上谷郡治所在,这种说法已为学术界采纳。延庆州南古长城,如果是秦汉长城,岂能将上谷郡治弃之于长城之外? 因此,光绪《延庆州志》之说显然不能成立。清代大古城无人考察,其详情无人所知。现在大古城已没于官厅水库中,干旱季节尚能看见颓垣断壁。

最早将居庸与秦始皇长城联系起来的,是元代知名的文人王恽。《元史》卷167有传,称他字仲谋,卫州汲县(今河南卫辉市城关)人。中统二年(1261年),元世祖忽必烈诏他去开平(即后来的元上都)备咨询。

事后将往来途中见闻撰《开平纪行》，后收入《中堂事纪》。称中统二年二月，"行有官奉旨北上"，经海店（海淀）、南口新店（龙虎台），"戊辰卯刻，入居庸关。世传始皇北筑时，居庸徙于此，故名。两山巉绝，中若铁峡"。《读史方舆纪要》卷10称，居庸关"两山夹峙，下有巨涧，悬崖峭壁，称为绝险"，有铁关之称。其所纪与《开平纪行》相同，实为同一地点，即辽金居庸关，在居庸北口八达岭下边。

王恽行旅中匆匆而行，从"世传"二字可知，他听到了当地民间传说，即孟姜女寻夫的传说，断定这里为秦始皇修筑长城之地，将居庸释为庸人（百姓）徙居之地。实际上据《史记》所载，秦始皇时代筑长城是在河南（今鄂尔多斯）和河阳（今包头），不在居庸。行旅之人，恐无时间细考此事。由于王恽是元代知名文人，社会地位很高，自然大家都相信之，并以此为据四下传播。许多人未及细察其原委，于是王恽之说法遂成最权威的结论。还有孟姜女寻夫哭倒秦始皇长城的传说，在民间流传甚广，在社会上的负面影响巨大，将修长城列为秦始皇的一大罪状。正是由于这种原因，明代将长城改为边墙，用以减少民众对长城的反感。清代建柳条边，以边为名，也是出于这种考虑。

王恽漫不经心的一句记载，竟产生了如此巨大的影响，恐始料不及。对于缺乏历史知识的民众，传播居庸之说来自秦始皇，是可以理解的。然而对于专家学者来说，却不能人云亦云，要仔细分辨历史事实，予以澄清。在讲解宣传长城知识时，务必真实可靠，不能用传说解释历史，要保证历史的真实性、严肃性，形成正能量。

附　录

长城的保护和利用

　　长城是中国,也是世界最伟大的建筑之一,是世界闻名的人类文化遗产,1987 年被列入世界文化遗产名录。然而由于自然和人为的原因,长城不断地遭到破坏,许多长城墙体已荡然无存。如何保护长城、利用长城,成为备受国内外关注的重要问题。

一、长城的整体保护

　　长城整体保护,是指现存的长城遗址,都应当列为保护对象。长城整体保护,包括两个方面或两个层次。其一是历代长城都应当予以保护;其二是每一道长城自始至终都要予以保护。之所以提出整体保护,是因为目前长城保护存在许多问题,留下了许多漏洞,不利于长城保护。

　　中国古代差不多每一朝代都修筑了长城,这些长城遗址保留至今的很多。战国齐长城、楚长城、魏长城、赵长城、中山长城、燕长城、秦昭王长城,都有遗址存在。在战国以后,秦始皇长城、汉长城、北魏长城、东魏长城、北齐长城、辽长城、金长城、明长城,也都有遗迹存在。然而过去的长城保护,却以明代长城为主,其他朝代的长城很少涉及,已列为全国重点保护单位者,只有战国魏长城、燕长城、齐长城、秦昭王长城和秦始皇长城、玉门关汉长城,而其他各代长城没有被列入。这种做法显然是不全面的,没有体现出长城的整体保护。

尤其值得注意的是,各代长城的重点保护,只限于长城的某一段落,不是自始至终整体保护。为了说明这一点,今将已列为国家重点保护的长城汇为一表。全国重点文物保护单位已颁布了五批,表中编号前半部分表示批次,后半部分表示在本批次中的编号。

序号	编号	长城名称	说明
1	4—32	战国魏长城	河西长城
2	5—442(1)	战国齐长城	山东省
3	5—442(2)	战国秦长城	内蒙古和宁夏
4	5—442(3)	战国燕长城	辽宁建平县
5	4—34	秦始皇长城	内蒙古固阳县
6	3—210	汉代玉门关及长城	甘肃敦煌市
7	1—101	八达岭明长城	北京延庆区
8	1—102	山海关明长城	河北秦皇岛市
9	1—103	嘉峪关明长城	甘肃嘉峪关市
10	3—58	金山岭明长城	河北滦平县
11	4—54	紫荆关明长城	河北易县
12	4—58	九门口明长城	辽宁绥中县、河北秦皇岛市抚宁区
13	5—442(4)	司马台明长城	北京密云区
14	5—442(5)	乌龙沟明长城	河北涞源县
15	5—442(6)	雁门关明长城	山西代县
16	5—442(7)	清水河明长城	内蒙古清水河县
17	5—442(8)	镇北台	陕西榆林市

从上表可以看到,列为国家重点文物保护单位的长城,只是长城整体中的一部分或一小段。例如战国魏长城有三条,即河西长城、河南长城、河北长城,而列为保护对象的只有河西长城。战国燕长城有燕南长城、燕北长城,燕北长城在河北围场县、内蒙古赤峰市、辽宁彰武县,遗址比较完

好,都没有被列为保护对象,只将建平县一小段列为保护对象。汉代外长城现状比较完好,却没有被列为保护对象,只将疏勒河流域玉门关附近的长城列为保护对象。又如明代长城只将其中的十一小段列为保护对象,其余均排斥在保护对象之外。这种做法显然是不妥的。

二、地方政府应负的责任

保护长城也同保护其他文物一样,是各级地方政府应该担负的神圣责任。《中华人民共和国文物保护法》(以下简称《文物保护法》)第八条规定:

地方各级人民政府负责本行政区域内的文物保护工作。县级以上地方人民政府承担文物保护工作的部门对本行政区域内的文物保护实施监督管理。

县级以上人民政府有关行政部门在各自的职权范围内,负责有关的文物保护工作。

第九条明确规定:

各级人民政府应当重视文物保护,正确处理经济建设、社会发展与文物保护的关系,确保文物安全。

基本建设、旅游发展必须遵守文物保护工作方针,其活动不得对文物造成损害。

按照《中华人民共和国宪法》,全国人民代表大会是国家最高权力机关,它所制定的法律,各级人民政府都必须遵守执行。按照《文物保护法》的规定,各级地方人民政府的有关行政部门,都必须依法行事,保护好文物。

事实上长城也好,其他文物也好,其破坏主要是人为造成的。人为破坏与各级地方政府对文物的重要性认识不足有关,由于认识不足,势必导致对文物保护监管不力,而放松了监管正是给破坏文物的种种活动大开方便之门。大量的事实证明,凡是重视文物保护的地方,破坏文物的案件即大大减少,反之,不重视文物保护的地方,往往会盗窃文物成风,甚至会出现盗窃文物的黑社会集团。

群众出于无知在盖房舍、修农田时破坏长城,一般多是零星的、分散的,所造成的危害是局部的,规模比较小。大规模地破坏长城,往往与地方政府有关,其表现形式多种多样。

其一是以保护长城的名义去破坏长城,这种现象相当普遍。宁夏灵武县小龙头风景区,将原先夯土版筑的长城墙体,改建为砖砌墙体。山西娘子关,将原先石砌的长城改为砖砌的长城。辽宁宽甸县虎山长城,原是用石料砌筑,改建以后变成砖石混筑。古代的长城经过如此修复改建以后,完全丧失了原有的风貌,面目全非。

其二是在基础设施建设中破坏长城,这种现象也比较普遍。工业园区在建设中,有的地方违反审批要求,擅自将长城挖断,形成大豁口;有的竟然在长城墙体上修建道路、铺设排污管道。陕西靖边县的燃气管道,从长城墙体上穿过;有的地方在遗址上建起汽车制造厂。

其三是地方政府将长城承包给公司管理,如金山岭明长城由承德金山岭有限责任公司管理,山海关明长城由旅游局管理等。这些公司是以营利为目的,随意地处置长城,造成长城的破坏。

目光短浅,以掠夺、破坏文物资源来发展地方经济,迅速求得政绩,是造成文物破坏、长城破坏的重要原因。长城是中国的象征,是中华民族的象征,保护长城就是保护国家的尊严、保护民族的尊严。只有从这个高度上来看待长城,才能增强保护长城的责任感和自觉性。各级地方政府都应当重视《文物保护法》,宣传《文物保护法》,这是衡量、考核各级地方政府公务员素质高低的重要方面。只有政府人士爱护长城、保护长城,才能带动广大人民群众去热爱长城、保护长城,形成以保护长城为荣,以破坏长城为耻的良好社会风气。

各级地方政府都要增强法律意识,要重视《文物保护法》,不能违反《文物保护法》。要严肃法纪,让那些违反《文物保护法》,在基本建设施工中监管不力,给长城造成严重破坏的人士,必须承担法律责任,给予适当的行政处分,令其引咎辞职。必须维护《文物保护法》的严肃性和权威性。全国人民代表大会通过的《文物保护法》。体现了全国各族人民的意志和要求,包括政府官员在内的一切人,都必须遵守,无一例外。

三、长城保护与旅游业

许多地方政府关心长城的一个重要原因,是因为长城可以开辟旅游点,成为"摇钱树"和"聚宝盆"。利用先人留下的遗产,用微小的投资即可取得巨大的回报,被称作"无烟工业",很少有投资风险。因此,凡是有长城遗址的地方,纷纷建立旅游区,成为旅游景点中最火爆的地方。

长城旅游虽然可以取得高额的回报,然而对长城的保护不利。游人的践踏、抚摸、涂刻,都会损坏长城。因此,长城旅游应当以长城保护为前提。《文物保护法》第四条规定:"文物工作贯彻保护为主、抢救第一、合理利用、加强管理的方针";第九条规定:"基本建设、旅游发展必须遵守文物保护工作的方针,其活动不得对文物造成损害。"利用长城发展旅游业,必须强调对长城的保护,因为长城与博物馆中的文物展品不同,游客可以直接接触长城,隐患比较多。

对游人开放的长城,应当是整修过的长城。对游人开放比较早的长城景点,如山海关长城、八达岭长城、嘉峪关长城,都属于整修过的长城。近年向游人开放的金山岭长城、司马台长城、慕田峪长城,也是经过了一定的整修。

然而值得注意的是,有些长城未经整修也向游人开放。2000 年 6 月,北京延庆区在八达岭西南约 10 公里处的石峡关,又向游人开放了一段"野长城",其范围大约有 2 平方公里。石峡关在明代称石峡峪,属于居庸路。由于这里远离居民点,长城墙体保存比较完好,长城下的采石场和砖窑遗址至今可见。对游人开放以后,长城的墙体和采石场、砖窑址都要受到破坏。其实,在此前数年怀柔区黄花镇景区即将"野长城"向游人开放了。

旅游部门未经文物主管部门的同意,擅自将未经整修的"野长城"向游人开放,完全违反了《文物保护法》,是极端错误的。古长城受风吹雨淋自然破坏的影响,墙体都出现了程度不同的坍塌现象。在游人的攀登、践踏之下,墙体的砖石很容易脱落,不仅破坏了长城,也容易出现人员伤亡事故。轻者摔伤,重者跌入深谷,难以救助,在司马台长城未经整修的地方,就出现过三起游客坠崖死亡的事故。在游"野长城"时,还容易遭到坏人的拦路抢劫,这种现象在有些偏僻山区曾出现过,强迫游人留下"过路费""买路钱"。因此,开放"野长城"会引发许多意想不到的社会治安问题。

长城是一种重要的旅游资源,被视为地方经济的增长点。为了开展长城旅游,有些地方未经文物部门批准,擅自动工维修长城,由于缺乏长城修缮知识和技术力量,反而造成了长城的破坏。

长城属于古代建筑物中的一种,对古代建筑物的修缮有严格的要求。《文物保护法》第二十一条规定:"文物保护单位的修缮、保养、迁移,必须遵守不改变文物原状的原则。"不改变文物原状,是古建筑修缮的原则,也是长城维修的原则,用古建筑业的行话来说,叫作"修旧如旧",即整修以后仍然保留原来的旧风貌,不能有任何改变。因此,古建筑物的维修必须要有科学的依据,如文字记载、图纸、照相等。还要掌握古代的建筑技术和建筑方法,使用当时所用的建筑材料。古建筑物维修是一种科学性很强、技术水平要求很高的工作,不是任何建筑部门都可以承担的。《文物保护法》第二十一条明文规定:"文物保护单位的修缮、迁移、重建,由取得文物保护工程资质证书的单位承担。"

然而有些地方为了省事、省钱,无视《文物保护法》的有关规定,擅自按照自己的需要去维修长城。有的地方将原有的残长城全部铲掉,在原址上修建新长城。以虎皮石代替青砖,以水泥代替白灰,甚至使用其他更新的建筑材料。于是,灰色的长城变成了白色的长城,长城的高度、宽度也与原来的长城不符。这种做法是对长城的巨大破坏,使古老的长城丧失了其原有的风貌,变成了名副其实的"现代长城"。这是一场恶作剧,白白浪费了大量的人力和物力。旅游产品应当是真实的,以"现代长城"来接待游客、搞长城旅游,属于旅游中的欺诈行为,很容易引起民事纠纷。

长城旅游有一个重要的问题尚未引起人们的重视,这就是如何保护长城的环境和风貌。不仅长城的墙体需要保护,长城周围的环境也需要保护。长城与自然的山河融为一体,在空旷的山间田野,长城突兀屹立,显得格外高大雄伟,使游人情不自禁地赞美长城的伟大。如果在长城附近修建许多宾馆、饭店、娱乐场所、购物中心,往往会将长城掩埋在现代建筑群中,使长城黯然失色,严重影响长城的风貌。

长城是古代的战场,许多悲壮的故事在这里产生。因此,向游人开放的长城应当保持严肃的气氛,使人感受到战争的残酷,唤起人们对和平的热爱。现在有些旅游点,将长城装饰得过于现代化,游人看到的是彩旗飘扬,听到的是流行歌曲,严肃的长城被现代文化气息所遮盖,长城的风貌已无法充分展示出来。一些文化修养比较高的人,早就对此表示不满,他们转而去游"野长城",这是一种无声的抗议。

长城是一个巨大的露天博物馆,应当陈列一些与长城有关的历史文物,如古代常用的大铁炮、铜火铳、石礌弓箭、盔甲、军旗、战鼓等,可以演示拉弓射箭、施放烟火,应当播放古代的军乐,悬挂古代的旗帜,使游长城的人对长城防守、对军事武器有一定的了解,从而对长城有更深刻的认识。

对古代长城的现代装饰,反映出旅游部门对长城认识的肤浅和长城旅游的浮躁情绪。他们认为只有把长城装饰得花花绿绿,才有利于吸引游人的到来。实际的情形正相反,花花绿绿的装饰恰恰是本末倒置,喧宾夺主。这种做法对于宣传长城、提高游人的保护长城意识,并不是很合适的。古老的长城如何迎接游客,如何展示长城的风貌,是一个很重要的问题,应当进行深入的研究和探讨。

将长城开辟为旅游景点,固然是一件好事,它可以提高长城的地位,扩大长城的影响。但是,必须将长城的保护放在优先地位加以考虑。长城旅游会对长城造成磨损,铺地砖被践踏出沟槽,石条也被磨损。有鉴于此,应当建立长城补偿基金,即从长城旅游收入中提取一部分,用于长城的维修和养护，以延长长城的寿命，保证长城旅游的可持续发展。

四、关于长城的研究

为了实施长城的整体保护，制定科学正确的长城保护方案，必须加强长城的科学研究。长城研究是长城保护的基础，长城研究水平的高低，直接影响到长城保护方案的制订是否科学合理。

长城研究如果从清末杨守敬算起，迄今已有100余年。在此期间，经过许多专家学者的共同努力，解决了许多有关长城的重要问题，必须予以肯定。然而受时代和条件的限制，以前的长城研究存在着重大的缺陷，即文献考证与实地考察没有实现完美的结合和统一。

清代和民国年间的学者熟悉历史文献，通过文献记载来考证长城，取得了很大的成就。然而历史文献的记载不是很精确的，因而根据历史文献考证出的结果，往往存在很多误差，其推断的结论有的近于真实，有的与事实相差太远，甚至是错误的结论。他们没有条件进行长城实地考察，这是时代的限制，我们不能苛求前人。

自新中国成立以来，许多人走上长城考察之路。由于长城研究没有列入国家科研规划，因此，历史考古专业人员参与者甚少，大多是古建筑专业人士和长城爱好者。他们在实地考察中发现了长城遗址，固然很有贡献，然而他们不熟悉历史文献，难以将所见到的长城与文献记载完美地结合起来，进行综合性的研究。于是，出现了许多错误的报道。

由于上述原因，有关长城的许多重要问题，尚处在疑似状态，难以精确地计量。为了说明这一点，需要举出实例。

（1）长城的长度不清

中国历代长城的总长度，是一个非常重要的数据，在制定长城保护规划时，必须要搞清长城的长度。现在通行的说法，是长城10万里，即50000公里。这个说法最早见于《长城保护研究工作座谈会侧记》，为《文物》月刊记者所撰写，其时间为 1979 年。这本是一个估计的数字，是很不精确的。然而经过书刊和新闻媒介的传播，影响极其广泛。本书经过计算，我国长城总长度为 21147.93 公里，虽然其中也存在一定的误差，却比长城 10 万里之说更接近于事实。那么，我国长城的精确长度到底有多长？需要进一步深入测量计算。

（2）长城沿用情况不清

在文献中后代沿用前代长城有所记载，考古学家在实地考察中也找到了证据，即使是时代最晚的明长城，也沿用了前代长城。那么，中国后代沿用前代长城到底有多长，在计量历代长城总长度时，如何处理这种现象？也是一个不清楚的问题。不仅如此，在长城墙体修复过程中，又会遇到这个问题——按照什么时代的标准维修？

（3）发现的石城性质不清

近年发现了许多石城，见于报道的有云南石城、南方石城、南召石城等。发现者称这些石城就是古代的长城，而许多专家学者持否定态度。那么，这些石城到底是不是长城？在统计长城的长度、制定长城保护规划时，能否把石城也列在其中？这是目前说不清楚的问题。

（4）长城毁坏的长度不清

长城墙体受自然和人为破坏非常严重，破坏长城的事件屡屡见于新闻报道。有的长城墙体已被夷为平地，有的长城墙体只残有一点痕迹。那么，历史上和当代被破坏的长城到底有多少？被毁坏的长城累计长度有多少？这些数字目前也是若明若暗，很不清楚的。除此以外，还有长城墙体未破坏和半破坏的程度如何，现存的长城长度有多少？目前也不甚清楚。

为了保护长城，必须制定出科学准确的长城整体保护规划，长城研究是长城整体保护的基础，必须重视长城的科学研究，要把长城研究作为重要的科研项目，列入国家科研规划中，予以重点扶持，吸收各方面有关的专家学者参加，在最短的时限内，取得高质量的研究成果，以满足长城保护的需要。

后　记

　　本书是我从事沙漠考古研究的第八种著作。此前我一直从事沙漠考古研究，多次进入中国北方沙漠草原地区进行实地考察。长城和边壕多分布在沙漠草原地区，因而在考察过程中频频接触到长城与边壕。出于研究的需要，对这些长城和边壕我都进行了观察和思考。在我以前出版的沙漠考古著作中，对长城和边壕曾有所提及，例如在《中国北方沙漠化的原因与对策》(1996)、《沙漠考古通论》(1999)等书中，均提到了长城、边壕的修建破坏了生态环境，引起了土地沙漠化。

　　不过上述著作主要是论述沙漠化与人类活动的关系，对长城和边壕本身没有详细论述。2003年初，中国文物研究所领导嘱我关心一下长城，做好长城保护研究的前期准备工作，因为保护长城是我所的重要科研任务。于是，根据研究所的建议，我把研究重点转向长城，将以前考察所见和思考加以系统化，对长城中的重要问题进行研究论证，拟撰写《长城研究》一书。2004年7月已完成了初稿，约25万字。其后由于身体不适，住进了北京中日友好医院。在住院中我想起此书的某些论述尚有不甚完备的地方，需要修改补充。于是在出院以后便着手修改，不久收到上海人民出版社来函，表示愿意出版此书，并提出了一些建议。修改后的书稿，在结构、内容上都有了不小的变化，篇幅也增加了许多。

　　此书的撰写得到了国家文物局单霁翔局长和中国文物研究所张廷皓所长的关怀、鼓励，上海人民出版社总编辑李伟国先生、专题编辑室主任虞信棠先生提出了宝贵意见,徐苹芳先生、瞿林东先生在百忙中撰写序言。又承凯迪世纪文化传播有限公司胡琴女士、金雪莲图片社邓桂敏小姐录入书稿,在此一并表示衷心的感谢。

　　又,地图中标示长城的符号有两种,一为⎍⎍⎍⎍,一为⊥⊥⊥⊥。长城的侧视图呈⎍⎍⎍⎍状,俯视图呈⊥⊥⊥⊥状。本书采用后者。地图系手绘,以后者易于手绘的缘故。

景　爱

2006 年 7 月于北京西郊银杏书屋

再 版 后 记

  《中国长城史》是《专题史研究》之一种，2006 年 10 月由上海人民出版社出版。后来纳入"中国国际出版工程"之一种，2014 年被译成英文在美国纽约出版。此后，我转向少数民族研究，出版了《达斡尔族通史》《达斡尔族论著提》，均由人民出版社出版。

  2021 年 8 月，《长城国家文化公园建设保护规划》制定，此后各相关部门和长城沿线省份结合实际也制定了建设保护规划。2021 年末，人民出版社编辑翟金明先生告诉我，拟将《中国长城史》纳入"人民文库"，予以再版。当时我正忙于《达斡尔族通史》的出版事宜，未及于此事。2022年初，翟先生发来《中国长城史》修改方案，提出要删去部分章节，补充长城旅游的内容。于是，我参照人民出版社的建议，结合《长城国家文化公园建设保护规划》，删去一部分章节，又增加一些新的内容，以期为相关部门和读者提供参考。

  由于本书初版距今已有 16 年之久，以前搜集的长城资料大多散失；在此期间各地长城又有新发现。因此，趁再版之机会应当多补充一些内容。然而新冠肺炎疫情的反复肆虐，造成足不出户，使查阅资料面临许多困难，最初的修改计划一改再改。北京的疫情反弹甚烈，看来短期内难以恢复正常，不能向后拖延了。我自己虽不满意，却也无计可施，只好向人民出版社交稿。

  本书属于再版，其篇章结构不能改动，一依以前，只是在个别章节，稍有调整和增删。长城旅游是新增加的一章。

　　《中国长城史》的宗旨,是记述长城的起源、发展和世代演变。属于长城的纵向研究。由于体例所限,其他相关问题就割爱了,若有时机,另撰专著补充之。

景　爱

2022 年 5 月 18 日于京东沁园

责任编辑：翟金明

装帧设计：肖　辉　王欢欢

图书在版编目(CIP)数据

中国长城史/景爱 著. —增订本. —北京：人民出版社,2023.3

(人民文库. 第二辑)

ISBN 978－7－01－025084－7

Ⅰ.①中⋯　Ⅱ.①景⋯　Ⅲ.①长城-历史-中国　Ⅳ.①K928.77

中国版本图书馆 CIP 数据核字(2022)第 176197 号

中国长城史（增订本）

ZHONGGUO CHANGCHENGSHI（ZENGDINGBEN）

景　爱　著

人民出版社 出版发行

(100706　北京市东城区隆福寺街 99 号)

北京新华印刷有限公司印刷　新华书店经销

2023 年 3 月第 1 版　2023 年 3 月北京第 1 次印刷

开本：710 毫米×1000 毫米 1/16　印张：25.25

字数：368 千字

ISBN 978－7－01－025084－7　定价：88.00 元

邮购地址 100706　北京市东城区隆福寺街 99 号

人民东方图书销售中心　电话 (010)65250042　65289539